찾아보고 발견하며 배우고 즐기는
우주 대백과사전!

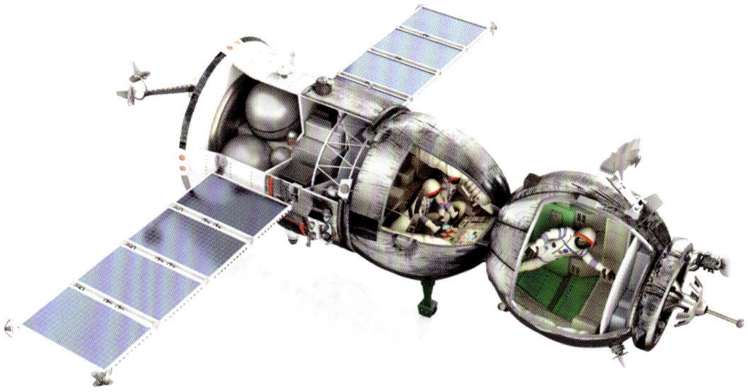

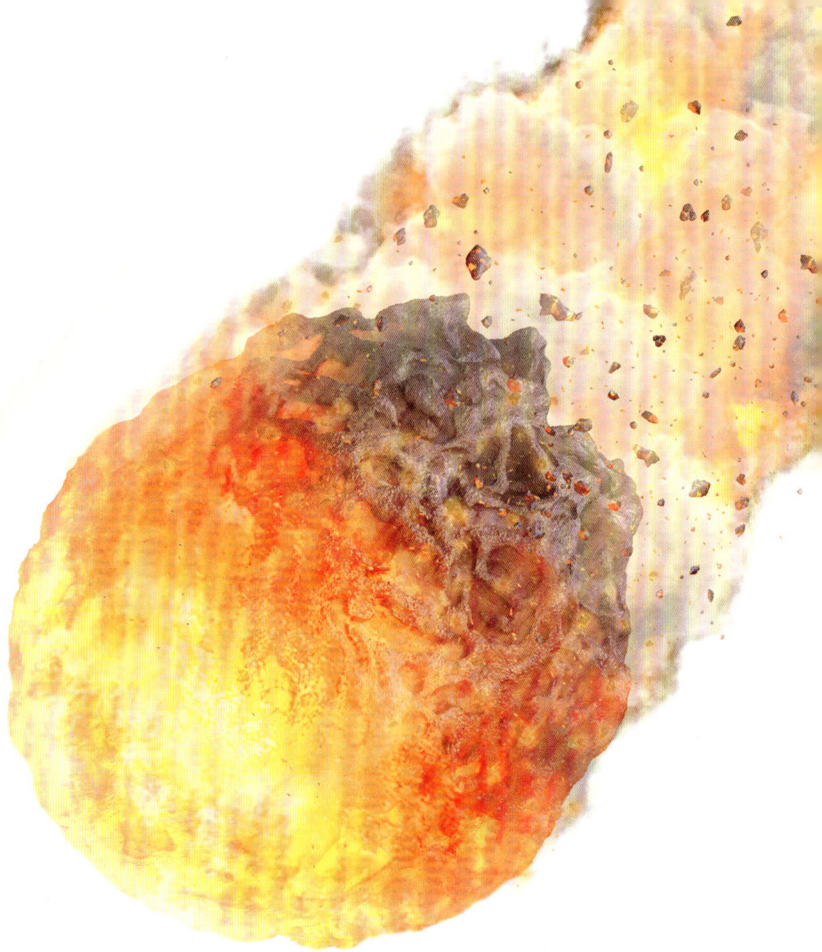

DK

찾아보고 발견하며 배우고 즐기는
우주 대백과사전!

지은이 DK 『우주 대백과사전!』 편집 위원회
편집 선임 | 벤 모건, 바티 베디
미술 편집 선임 | 스밀리카 술라, 니시에이시 바트나가
편집 | 스티브 셋포트, 클레어 겔
디자인 | 재키 스완, 소피아 MTT, 로라 브림
집필 | 로버트 딘위디, 존 판던, 지레인트 존스, 이언 리드패스, 자일스 스패로우, 캐롤 스톳
과학 자문 | 재클린 미턴
일러스트 | 피터 불, 제이슨 하딩, 애런 루이스
제작 | 니콜레타 파라시키, 메리 슬레이터
편집 주간 | 폴라 리건
미술 편집 주간 | 오언 페이턴 존스
발행 | 앤드루 매킨타이어
어소시에이트 퍼블리싱 디렉터 | 리즈 윌러
아트 디렉터 | 캐런 셀프
디자인 디렉터 | 스튜어트 잭맨
퍼블리싱 디렉터 | 조너선 멧케프

옮긴이 이강환
서울대학교 천문학과를 졸업하고 같은 대학원에서 박사 학위를 받은 뒤, 영국 켄트대학교에서 로열 소사이어티 펠로우로 연구를 하였다. 국립과천과학관 연구관, 서대문자연사박물관 관장을 역임했다. 글, 강연 등을 통해 사람들에게 과학을 알리는 일을 좋아한다. 저서 『우주의 끝을 찾아서』로 제55회 한국출판문화상을 수상하였다. 지은 책으로 『빅뱅의 메아리』, 『응답하라 외계생명체』 등이 있으며 옮긴 책으로 『신기한 스쿨버스』 시리즈, 『더 위험한 과학책』 등이 있다.

찾아보고 발견하며 배우고 즐기는
우주 대백과사전!

1판 1쇄 펴냄 2022년 1월 31일 1판 3쇄 펴냄 2024년 12월 1일
지은이 DK 『우주 대백과사전!』 편집위원회 옮긴이 이강환
펴낸이 박상희 편집주간 박지은 편집 김지호 디자인 시다현
펴낸곳 (주)비룡소 출판등록 1994.3.17.(제16-849호)
주소 06027 서울시 강남구 도산대로1길 62 강남출판문화센터 4층
전화 02)515-2000 팩스 02)515-2007 홈페이지 www.bir.co.kr
제품명 어린이용 각양장 도서 제조자명 FoShan NanHai XingFa Printing Co., Ltd.
제조국명 중국 사용연령 3세 이상

Original Title: Knowledge Encyclopedia Space!:
The Universe as You've Never Seen it Before
First published in Great Britain in 2021 by
Dorling Kindersley Limited
One Embassy Gardens, 8 Viaduct Gardens, London, SW11 7BW

Copyright © Dorling Kindersley Limited, 2021
A Penguin Random House Company
All rights reserved.

Korean Translation Copyright © 2022 by BIR Publishing Co., Ltd.
This Korean translation edition is published by arrangement
with Dorling Kindersley Limited, London.

이 책의 한국어판 저작권은 저작권사와 독점 계약한 (주)비룡소에 있습니다.
저작권법에 의해 한국 내에서 보호를 받는 저작물이므로 무단 전재와 무단 복제를 금합니다.

ISBN 978-89-491-5374-2 74440/ ISBN 978-89-491-5371-1(세트)

www.dk.com

차례

태양계

태양의 가족	8
태양을 중심으로	10
태양계의 탄생	12
태양	14
수성	16
금성	18
지구	20
지구의 내부	22
달	24
달 탐사	26
충돌 크레이터	28
일식과 월식	30
화성	32
매리너스 협곡	34
화성 탐사	36
붉은 행성	38
소행성	40
유성과 운석	42
목성	44
목성의 위성	46
이오	48
토성	50
토성의 고리	52
고리의 세계	54
토성의 위성	56
타이탄	58
천왕성	60
해왕성	62
해왕성 너머	64
혜성	66

별

별이 작동하는 법	70
별의 종류	72
별의 탄생	74
외계행성	76
뜨거운 목성들	78
별의 일생	80
나비 성운	82
적색 초거성	84
중성자별	86
블랙홀	88
다중성	90
별의 구름	92

은하

우주란 무엇일까?	96
은하수	98
은하	100
활동 은하	102
충돌하는 은하들	104
은하단	106
우주	108
빅뱅	110

우주 탐사

우주로 나가기	114
우주 발견의 역사	116
망원경	118
우주 망원경	120
로켓	122
우주로 간 최초의 사람	124
우주 탐사선	126
로버	128
유인 우주선	130
우주 왕복선	132
아폴로 계획	134
달 착륙선	136
월면차	138
우주복	140
우주 유영	142
우주 정거장	144
미래의 우주 탐사	146
생명체 찾기	148

밤하늘

천구	152
별 보는 법	154
북반구 별 건너가기	156
남반구 별 건너가기	158
별 지도	160
별자리	162

참고 자료

태양계	196
행성 탐사	198
별과 은하들	200
낱말 풀이	202
찾아보기	204

태양계

우리의 이웃 우주를 태양계라고 한다. 태양계의 중심에는 평범한 별 태양이 우리 지구에 빛이 넘치게 해 줄 수 있을 정도로 가까이 있다. 지구와 다른 7개의 행성, 이 행성들의 위성, 그리고 수많은 혜성과 소행성이 태양의 중력에 잡혀 태양 주위를 돌고 있다.

8

수성　금성　지구　화성　목성　토성　천왕성

태양과 행성들

태양은 가장 큰 행성인 목성보다 훨씬 더 크고 태양계 전체 질량의 99.8퍼센트를 차지한다. 지름은 약 140만 킬로미터로 목성보다 10배 더 크고, 질량은 1,000배 이상 더 크다. 하지만 목성은 지구에 비하면 엄청나게 크다. 태양계의 8개 행성은 두 그룹으로 명확하게 나뉜다. 안쪽 행성인 수성, 금성, 지구, 화성은 암석과 금속으로 이루어진 단단한 구이다. 반면, 바깥쪽 행성은 대부분 액체와 기체로 이루어진 거대한 행성이다.

태양 안에는 **지구 130만 개**가 들어갈 수 있다.

태양의 가족

태양계는 태양을 중심으로 너비가 3조 킬로미터가 넘는 거대한 평면이다. 대부분의 공간은 텅 비어 있지만 수많은 천체들이 태양의 중력에 묶여 대부분 같은 방향으로 태양을 공전하고 있다. 공전은 태양의 주위를 돌고 있다는 뜻이다. 거의 완벽한 구형이며 가장 커다란 천체들을 행성이라고 한다. 행성은 비교적 작은 암석 행성인 수성부터 거대한 목성까지 8개가 있다. 그리고 수백 개의 위성과 수백만 개의 소행성, 수백만 개에서 수십억 개까지 될 수도 있는 혜성이 있다.

공전 궤도면

행성과 대부분의 소행성의 궤도는 공전 궤도면이라고 하는 평면 위에 있다. 그래서 서로 충돌할 일이 거의 없다. 그런데 혜성의 궤도는 다양한 각을 가질 수 있다.

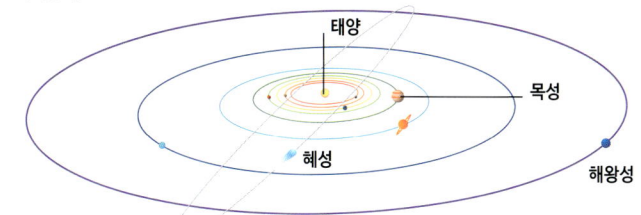

공전이 이루어지는 법
영국의 과학자 아이작 뉴턴은 공전이 어떻게 일어나는지 이해하기 위해서 발사된 대포알을 상상했다. 대포알은 아주 빠르게 날아가다가 떨어지는 곡선이 지구의 곡면과 일치하게 되면 영원히 떨어지지 않고 지구 주위를 공전하게 된다.

- 빠른 대포알은 지구의 중력을 벗어난다.
- 느린 대포알은 땅으로 떨어진다.
- 적당한 속도의 대포알은 계속 떨어지지만 땅에 닿지는 않는다.

작은 천체들

행성 외에도 태양계에는 천문학자들이 전부 다 찾을 수가 없을 정도로 다른 천체들이 많이 있다. 왜행성이나 큰 위성처럼 지름이 200킬로미터 이상인 것은 구형이다. 작은 천체들은 울퉁불퉁한 모양을 가진다.

소행성
대부분 화성과 목성 사이의 소행성대에서 태양 주위를 돌고 있는 울퉁불퉁한 암석이며 수백만 개에 이른다. 몇몇 소행성들은 지구나 다른 행성에 위협이 될 정도로 가까이 다가가는 궤도를 가진다.

혜성
혜성은 태양계 바깥쪽에서 온 얼음 천체로, 태양에 가까워지면 얼음이 증발하여 밝은 꼬리가 만들어진다. 많은 혜성들은 아주 멀리 있는 오르트 구름이라는 거대한 구름에서 오는 것으로 보인다.

왜소행성
큰 천체들은 오랜 시간이 지나면 중력에 의해 공처럼 둥근 구형이 된다. 왜소행성은 구형이 될 정도로는 중력이 크지만 비슷한 궤도의 다른 천체들을 지배할 정도로는 크지 않은 천체를 말한다. 왜소행성의 전체 수는 아직 모른다.

위성
태양계 대부분의 행성과 많은 다른 천체들은 행성이 태양의 주위를 도는 것과 같은 방식으로 자신의 주위를 도는 자연 위성을 가지고 있다. 이 위성들 중 19개는 구형이 될 정도로 크고 2개는 행성인 수성보다도 크다.

태양계의 구조

태양계는 바깥쪽 경계가 명확하지 않고, 너무나 크기 때문에 거리의 단위는 킬로미터가 아니라 천문단위(Astronomical Units)인 AU를 사용한다. 1AU는 지구와 태양 사이의 평균 거리이다.

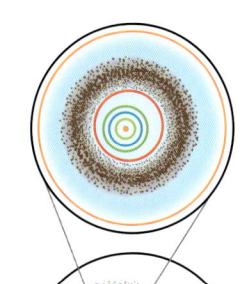

태양계 안쪽
태양 가장 가까이에는 4개의 행성, 즉 수성, 금성, 지구, 화성이 있다. 화성 밖에는 소행성대가 있고, 소행성대 밖에는 태양에서 5AU 거리에 목성(주황색 궤도)이 있다.

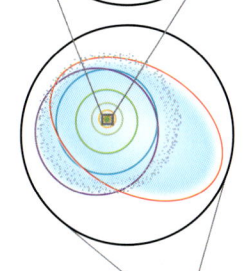

태양계 바깥쪽
목성, 토성, 천왕성, 해왕성의 궤도 밖에는 태양에서 30~50AU 거리에 카이퍼 벨트라고 하는 얼음 천체들의 고리가 있다. 카이퍼 벨트에서 가장 큰 두 개의 천체는 명왕성(보라색 궤도)과 에리스(붉은색 궤도)이다.

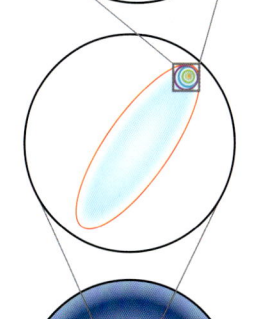

명왕성 너머
태양계에서 가장 멀리 있는 천체 중 하나는 태양에서 937AU까지 멀리 가는 길쭉한 궤도를 가진 작은 천체인 세드나이다. 세드나는 태양 주위를 완전히 도는 데 11,400년이 걸린다. 세드나에서 태양은 너무나 작게 보여서 핀으로도 가릴 수 있을 정도다.

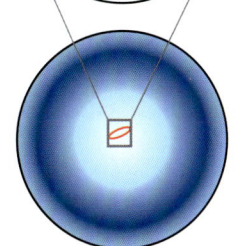

오르트 구름
세드나의 궤도보다 훨씬 더 바깥에는 오르트 구름이 있다. 태양에서 100,000AU까지 이르고 얼음 천체가 잔뜩 모인 거대한 구이다. 몇몇 혜성은 오르트 구름에서 온 것으로 보인다. 여기서는 태양의 중력이 너무나 약해서 오르트 구름의 천체가 다른 별의 중력에 의해 이탈할 수도 있다.

태양계 ○ 태양을 중심으로

800,000km/h 태양계 전체가 우리은하를 공전하는 속력.

소행성
행성보다 훨씬 더 작은 소행성은 거대한 암석으로, 대부분 화성과 목성 사이에 있는 소행성대에서 태양 주위를 돈다. 어떤 소행성은 지구와 수성 같은 안쪽 행성들을 가로지르는 경로를 가지고 있기도 하다.

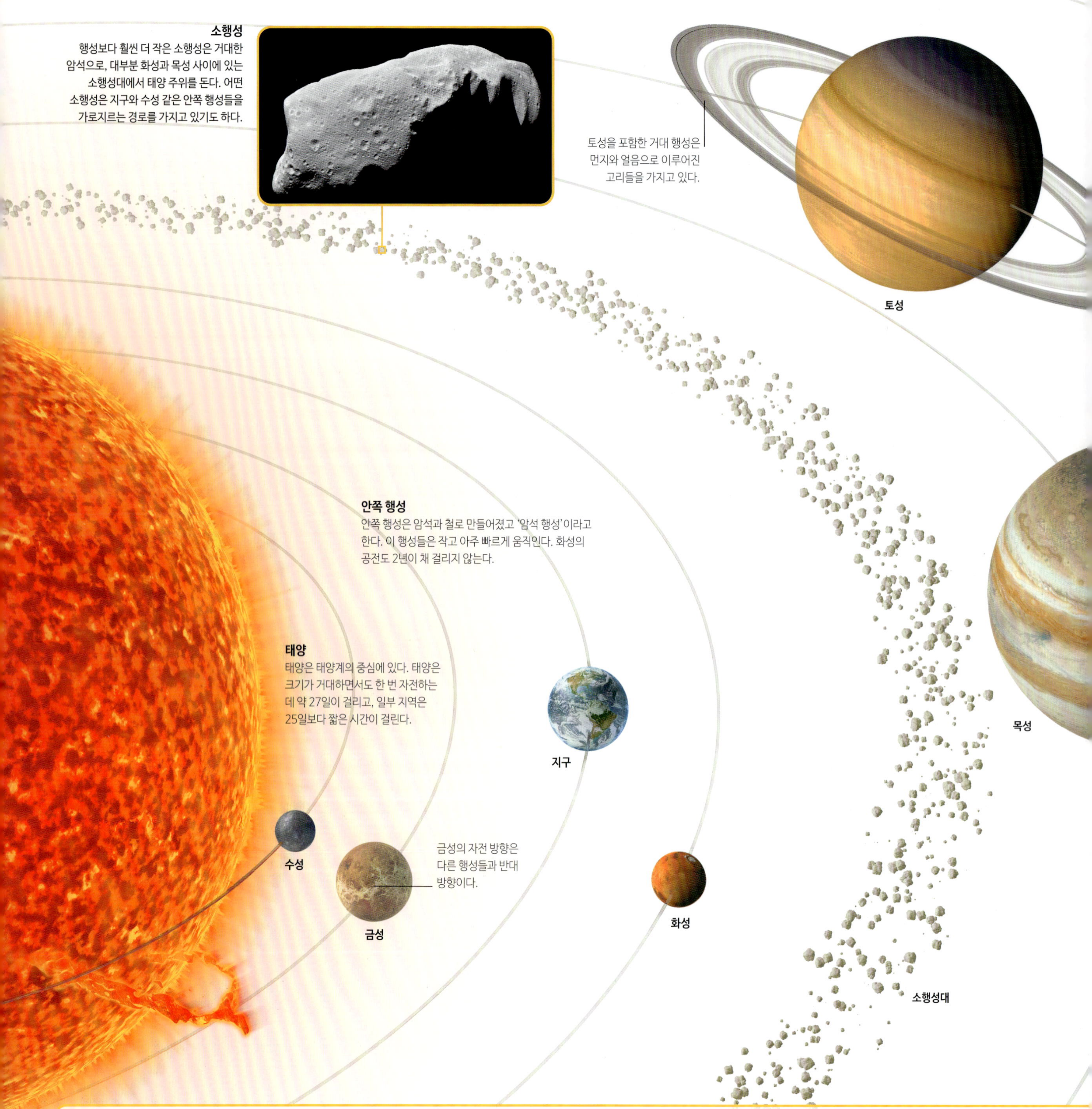

토성을 포함한 거대 행성은 먼지와 얼음으로 이루어진 고리들을 가지고 있다.

토성

안쪽 행성
안쪽 행성은 암석과 철로 만들어졌고 '암석 행성'이라고 한다. 이 행성들은 작고 아주 빠르게 움직인다. 화성의 공전도 2년이 채 걸리지 않는다.

태양
태양은 태양계의 중심에 있다. 태양은 크기가 거대하면서도 한 번 자전하는 데 약 27일이 걸리고, 일부 지역은 25일보다 짧은 시간이 걸린다.

지구

금성의 자전 방향은 다른 행성들과 반대 방향이다.

수성

금성

화성

목성

소행성대

태양에서의 거리
오른쪽 그림은 행성들 사이의 실제 거리를 보여 준다. 거리는 천문단위인 AU로 표시되어 있다. 1AU는 지구와 태양 사이의 평균 거리이다.

수성 금성 지구 화성   목성   토성
0.4 AU 0.7 AU 1.5 AU   5.2 AU   9.5 AU
     1 AU

2억 5000만 년 태양계가 우리은하를 공전하는 데 걸리는 시간.

혜성
혜성은 큰 타원 궤도를 가진 얼음과 먼지 덩어리이다. 혜성은 태양계 아주 바깥에서 수백 년을 보내고, 태양 가까이 오면 가열되어 꼬리가 생긴다.

천왕성은 다른 행성들과 달리 옆으로 누운 채 자전을 하여 앞으로 굴러가듯이 공전한다.

해왕성

천왕성

카이퍼 벨트
행성들 바깥에는 얼음 천체들의 띠가 있고, 그중 몇몇은 왜소행성으로 분류될 정도로 크다. 이들은 너무나 멀리 있어서 태양의 주위를 공전하는 데 수백 년이 걸린다.

거대 기체행성
바깥쪽 행성들은 거대 행성이다. 이들은 대부분 암석으로 된 핵을 감싼 액체로 이루어져 있다. 이 액체는 점차 기체로 이루어진 대기에 합쳐진다.

목성은 다른 어떤 행성보다 빠르게 자전하여, 자전 주기가 10시간이 채 되지 않는다. 적도 표면에서는 시속 43,000킬로미터로 움직인다.

태양을 중심으로

태양계의 8개 행성은 태양의 중력에 묶여 태양 주위를 거의 원형의 경로를 따라 돌면서 동시에 팽이처럼 자전한다.

태양에서 멀수록 행성은 더 느리게 움직여 궤도를 도는 데 더 오래 걸린다. 가장 멀리 있는 행성인 해왕성은 겨우 초속 5킬로미터 정도로 움직여 태양 주위를 도는 데 165년이 걸린다. 지구는 이보다 약 6배 빠르게 움직이고, 태양에서 가장 가까이 있는 행성인 수성은 초속 50킬로미터로 빠르게 움직여 불과 88일 만에 태양을 돈다. 행성의 궤도는 원형이 아니다. 약간 찌그러진 타원형으로 특정한 지점에서 태양에 더 가까이 다가간다. 수성의 궤도가 가장 많이 찌그러져 있어서 태양에서 가장 먼 지점은 가장 가까운 지점보다 50퍼센트 더 멀다.

행성과 위성부터 별, 블랙홀, 은하까지 우주에 있는 모든 천체는 **자전을 한다.**

천왕성 19 AU

해왕성 30 AU

새로운 태양
태양은 태양계 물질의 99.8퍼센트를 가지고 있다.

암석 행성들
암석과 금속 알갱이들은 바깥쪽보다 훨씬 더 뜨거운 젊은 태양계의 안쪽 지역에 모인다. 이 물질들은 암석 껍질과 철로 이루어진 핵을 가지는 안쪽 행성이 된다. 즉 수성, 금성, 지구, 화성이 만들어진다.

태양계의 탄생

태양계의 행성들은 새롭게 만들어진 태양 주위의 기체와 먼지 알갱이, 그리고 얼음으로 만들어졌다.

태양계는 거대하고 어두운 기체와 먼지 구름에서 태어났다. 약 50억 년 전 무언가가 구름 속에서 별의 탄생을 자극했다. 아마도 가까운 별의 폭발이 구름 속으로 충격파를 보냈을 것이다. 수백 개의 기체 덩어리들이 단단하게 뭉쳐졌다. 이들의 중력이 더 많은 기체를 끌어당겨 덩어리는 더 크고 단단해졌다. 그래서 안쪽이 뜨거워져 빛나기 시작했다. 결국에는 덩어리들의 중심부가 아주 뜨겁고 단단해져 핵반응이 시작되어 별이 되었다. 이 별들 중 하나가 우리의 태양이다.

가장 오래된 암석
운석은 지구에 떨어진 우주 암석이다. 운석에는 지금까지 알려진 가장 오래된 암석이 포함되어 있다. 많은 운석이 행성을 만들고 남은 잔해 구름의 일부이다.

거대 행성들은 태양 이외의 태양계 물질의 99퍼센트를 차지한다.

초기 태양계의 수많은 **작은 행성들**이 충돌하여 겨우 4개의 암석 행성들을 만들었다.

뜨거운 지역
태양 가까운 곳에서는 기체가 가열되어 날아가고 암석과 금속 알갱이들만 남는다.

태양계 성운
태양이 기체와 먼지로 이루어진 거대한 구름에서 만들어졌을 때, 구름은 회전을 하는 중이어서, 물질들이 편평한 평면인 회전하는 원반에 모이게 되었다. 이 원반을 태양계 성운이라고 한다.

차가운 지역
'결빙선' 바깥쪽의 차가운 영역에 있는 물질은 대부분 물, 메테인, 암모니아 얼음이다.

잔해들
태양 성운에 있는 모든 물질이 행성을 만들지는 않는다. 남은 잔해들은 위성, 소행성, 혜성, 왜소행성 등을 만든다.

거대 행성들의 탄생
태양계의 차가운 바깥 지역에는 엄청난 양의 얼음 잔해들이 모여 있다. 이 물질들이 서로 끌어당겨 수소와 헬륨 같은 기체들을 끌어 올 정도로 충분한 중력을 가진 큰 행성이 된다. 이 행성들이 거대 행성인 목성, 토성, 천왕성, 해왕성이 되었다.

태양계의 형성
태양계는 46억 년 전에 기체와 먼지 덩어리가 거대한 구름 속에서 자체 중력으로 수축하여 만들어졌다. 수축한 물질은 태양과 주변을 둘러싼 편평한 회전하는 원반(태양계 성운)을 이루었고, 이 원반에서 행성들이 생겨났다.

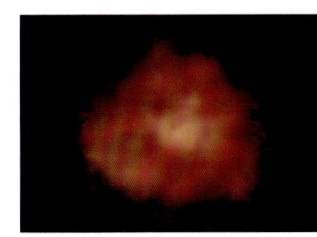

수축하는 덩어리
거대한 구름 속에서 하나의 기체 덩어리가 수축하기 시작한다. 아마도 초신성(폭발하는 별)의 충격파가 구름에 영향을 주었을 것이다.

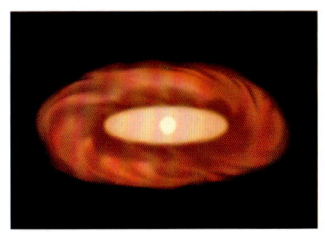

회전하는 원반
덩어리는 수축하면서 회전하기 시작하고 점점 더 빠르게 회전하여 원반이 만들어진다. 중심부는 뜨거워지기 시작한다.

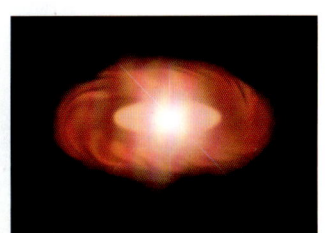

태양의 탄생
밀집된 중심부에서 핵반응이 시작되면 별로서 빛나기 시작한다. 남은 물질은 태양계 성운이라고 하는 원반을 만든다.

미행성
중력이 원반에 있는 입자들을 뭉치게 하여 수십억 개의 작은 행성, 혹은 미행성을 만든다..

행성의 형성
미행성들이 서로 충돌하여 달라붙으며 점점 큰 행성으로 자라난다.

이동
거대 행성들의 궤도가 바뀐다. 천왕성과 해왕성은 더 멀리 움직이면서 더 작은 얼음 천체들을 훨씬 더 먼 궤도로 밀어낸다.

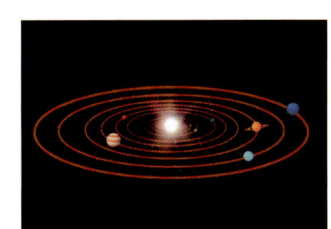

현재의 태양계
약 39억 년 전에 태양계 행성들은 현재의 모습으로 자리를 잡았다. 태양으로부터의 순서와 궤도를 갖추게 된 것이다.

태양

평범한 별인 우리 태양은 대부분 엄청나게 뜨거운 수소와 헬륨 기체로 이루어진 거대한 빛나는 공이다.

태양은 약 50억 년 동안 빛나고 있고 앞으로도 50억 년을 더 빛날 것이다. 부피는 지구보다 100만 배 이상 더 크고 태양계 전체 질량의 99퍼센트 이상을 차지하고 있다. 이 질량이 만들어 내는 엄청난 중력이 태양계 행성들을 궤도에 묶어 둔다. 태양의 에너지원은 온도가 섭씨 1500만 도에 이르는 깊은 핵 속에 숨어 있다. 핵의 엄청난 온도와 압력이 핵융합 반응을 일으켜 매초마다 400만 톤의 물질을 순수한 에너지로 바꾼다. 이 에너지가 펄펄 끓는 태양의 표면으로 전달되고, 태양 표면은 빛과 여러 형태의 복사를 통해 우주 공간으로 에너지를 뿜어낸다.

핵
태양의 핵에서 에너지가 만들어진다. 마치 핵융합로와 같다. 수소 원자핵이 헬륨 원자핵으로 뭉쳐지는 핵융합 현상이 일어난다.

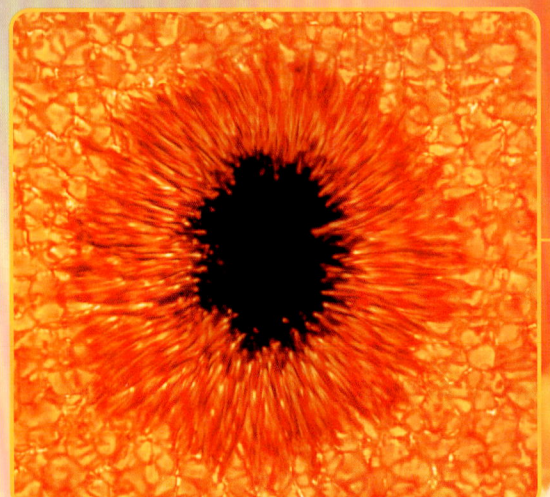

흑점
가끔씩 태양 표면에 어두운 점들이 주로 단체로 나타난다. 이것을 흑점이라고 하는데 태양 표면의 다른 부분보다 약 2,000도가량 차갑기 때문에 어둡게 보인다. 흑점은 태양의 자기장 때문에 생기며, 몇 주 정도만 지속된다.

홍염
가끔씩 태양 밖으로 뿜어져 나오는 뜨거운 기체이다. 홍염은 태양의 보이지 않는 자기장을 따라 고리를 만든다.

간단한 지식
- **지름:** 1,392,684 km
- **질량(지구 = 1):** 333,000
- **표면 온도:** 5,500°C
- **핵 온도:** 15,000,000°C

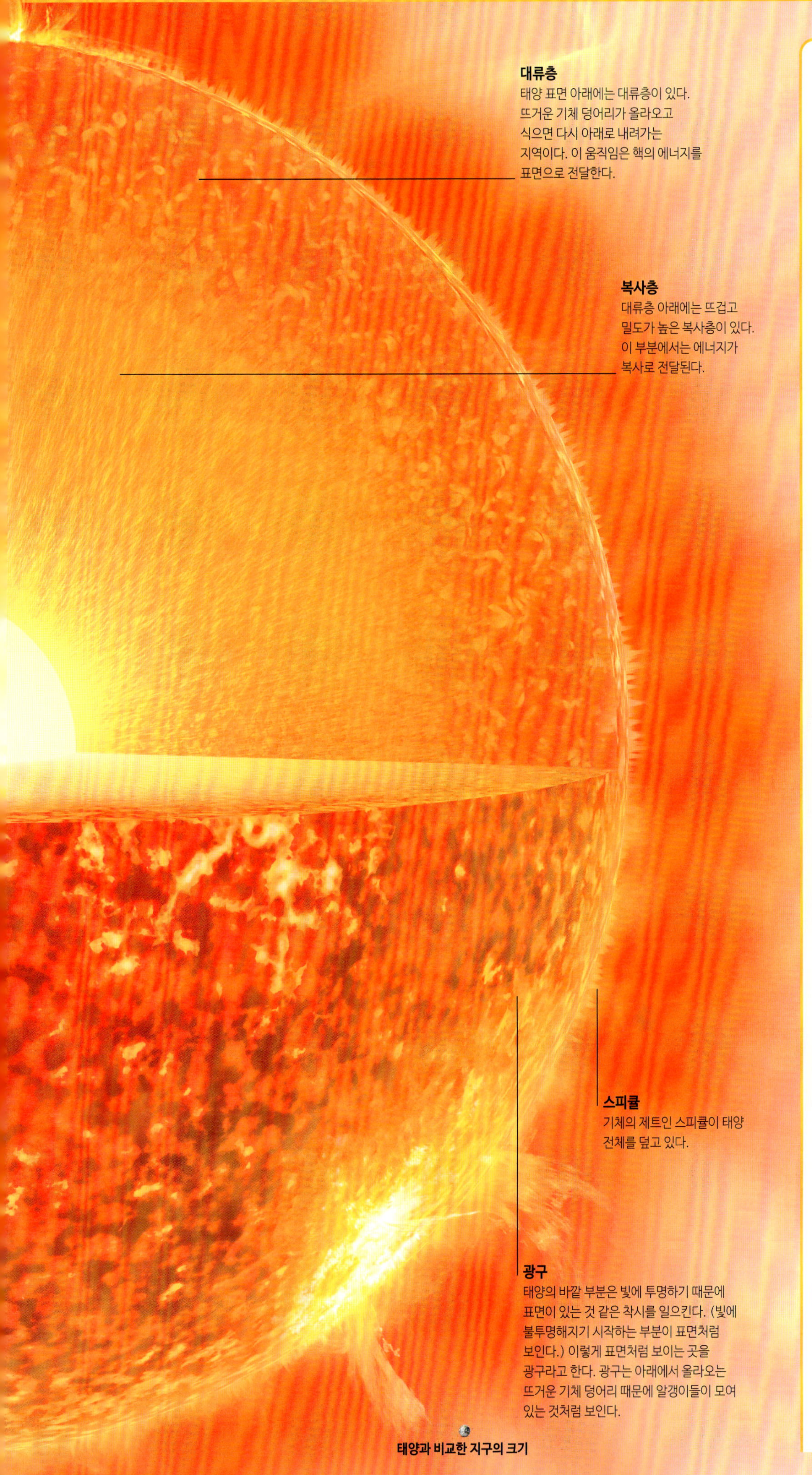

20억×10억×10억 톤 태양의 질량.

1947년에 나타난 태양의 거대한 흑점은 해 질 녘에 맨눈으로도 볼 수 있었다.

대류층
태양 표면 아래에는 대류층이 있다. 뜨거운 기체 덩어리가 올라오고 식으면 다시 아래로 내려가는 지역이다. 이 움직임은 핵의 에너지를 표면으로 전달한다.

복사층
대류층 아래에는 뜨겁고 밀도가 높은 복사층이 있다. 이 부분에서는 에너지가 복사로 전달된다.

스피큘
기체의 제트인 스피큘이 태양 전체를 덮고 있다.

광구
태양의 바깥 부분은 빛에 투명하기 때문에 표면이 있는 것 같은 착시를 일으킨다. (빛에 불투명해지기 시작하는 부분이 표면처럼 보인다.) 이렇게 표면처럼 보이는 곳을 광구라고 한다. 광구는 아래에서 올라오는 뜨거운 기체 덩어리 때문에 알갱이들이 모여 있는 것처럼 보인다.

태양과 비교한 지구의 크기

빛의 속력
태양의 에너지는 빛의 속력으로 전달되기 때문에 지구에 도달하는 데 8분밖에 걸리지 않는다. 하지만 태양의 밀집된 내부에서 표면으로 에너지가 전달되기까지 100,000년이 걸린다.

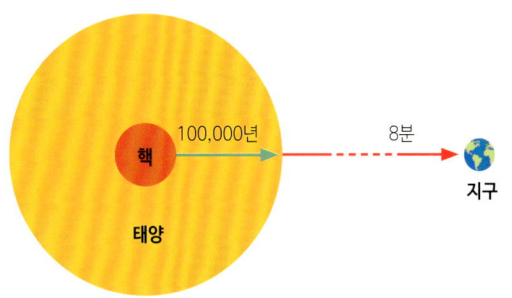

오로라
태양은 열과 빛뿐만 아니라 '태양풍'이라고 하는 치명적인 고에너지 입자들을 방출한다. 태양풍은 지구로 오지만 지구의 자기장이 마치 그물망처럼 이 입자들을 막아 준다. 하지만 강력한 폭발이 일어나면 자기장에 교란이 생겨 잡혀 있던 입자들이 지구 대기로 쏟아진다. 이 입자들은 지구의 극지방 근처에서 멋진 빛을 만드는데 이것을 오로라라고 한다.

태양 주기
태양 흑점의 수는 일정한 주기를 따라 변하는데, 매 11년마다 최대가 되었다가 줄어든다. 이 현상은 태양이 자전하는 방식 때문에 나타난다. 태양의 적도는 양쪽 극보다 20퍼센트 더 빠르게 자전하기 때문에 태양의 자기장이 뒤엉키게 된다. 그래서 매 11년마다 자기장이 너무 뒤엉켜 부서졌다가 새롭게 만들어진다.

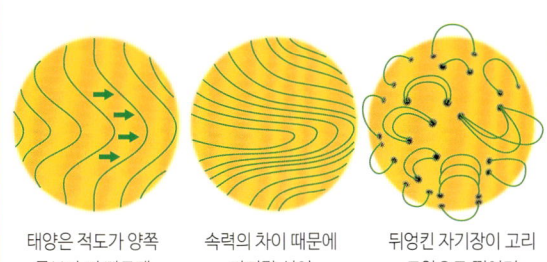

태양은 적도가 양쪽 극보다 더 빨리 자전한다.

속력의 차이 때문에 자기장 선이 찌그러진다.

뒤엉킨 자기장이 고리 모양으로 찢어져 표면에서 흑점이 만들어진다.

수성

176일 지구 시간으로 수성에서 해가 떴다가 다시 뜨는 **하루의 길이**.

수성은 얇은 암석층이 덮고 있는 거대한 철의 행성이다. 수성은 가장 작고 태양에 가장 가까이 있는 행성이다.

수성은 가장 빠르게 움직이는 행성이며, 시속 173,000킬로미터로 지구 시간으로 88일 만에 태양을 공전한다. 달처럼 생긴 수성의 먼지 덮인 표면은 태양의 열에 가열되어 낮에는 오븐보다 더 뜨겁지만 밤에는 얼어붙을 정도로 차갑다. 표면 아래쪽 깊은 곳에는 철로 된 거대한 핵이 행성 안쪽 거의 전부를 채우고 있다. 핵이 이렇게 지나치게 큰 이유는 한때 수성에서 일어난 충돌이 아주 격렬하여 암석으로 된 바깥층 대부분을 우주로 날려 버렸기 때문인 것으로 보인다.

수성의 절벽
수성에서 가장 눈에 띄는 모습은 이 그림과 같은 길고 구불구불한 절벽이다. 이것은 적어도 30억 년 전에 생긴 것으로 보이는데, 이때 젊은 행성이 식으면서 수축하여 표면에 주름이 생겼을 것이다.

수성의 크레이터에는 멘델스존 크레이터처럼 작가나 화가, 음악가의 이름이 붙어 있다.

태양 공전
수성은 지구 시간으로 88일 만에 태양을 공전한다. 수성이 움직이면 망원경으로 보이는 수성의 모습은 변한다. 우리는 태양빛이 수성을 비추는 부분만 보기 때문이다.

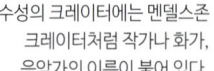

대충돌
색을 입힌 모습의 이 칼로리스 분지는 태양계에서 가장 큰 충돌 크레이터 중 하나이다. 이 크레이터의 너비는 1,550킬로미터이지만 이것을 만든 충돌은 너무나 강력하여 잔해를 크레이터 경계에서 1,000킬로미터보다 더 멀리 날려 보냈다.

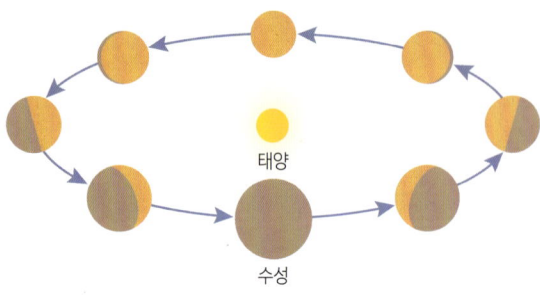

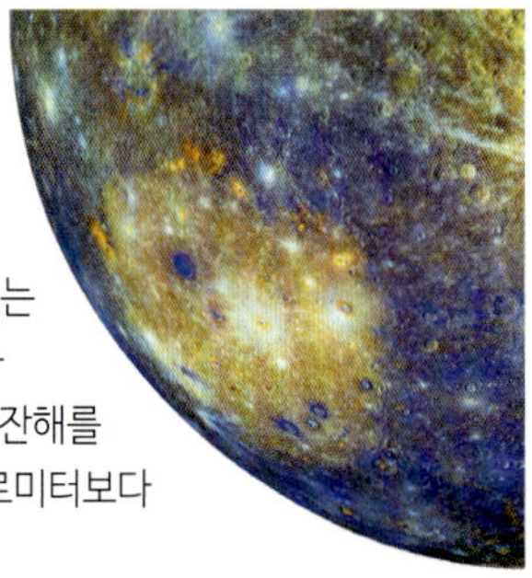

칼로리스 분지

금이 간 행성
수성의 칼로리스 분지 반대편에는 울퉁불퉁한 언덕들로 이루어진 이상한 지역이 있다. 과학자들은 거대한 충돌에 의한 충격파가 수성을 통과하여 이곳으로 나오면서 땅을 갈라지게 했다고 생각한다.

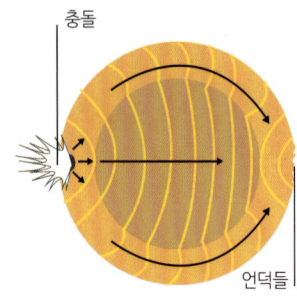

큰 크레이터들은 충돌로 쏟아져 나온 물질이 만든 선들로 둘러싸여 있다.

랑게 크레이터

에미네스쿠 크레이터의 너비는 125킬로미터이다.

50km/s 수성이 태양을 공전하는 속력은 초속 50킬로미터에 이른다.   **430°C** 수성에서 낮일 때 가장 높은 온도.   **−180°C** 수성에서 밤일 때 가장 낮은 온도.

간단한 지식
- **표면 중력 (지구 중력 = 1):** 0.38
- **자전 주기:** 지구 시간으로 59일
- **1년:** 지구 시간으로 88일
- **위성의 수:** 0개

핵
수성의 거대한 핵은 철로 이루어져 있다. 수성은 자전하면서 약간 흔들리기 때문에 과학자들은 핵의 바깥쪽으로 이루어졌을 것이라고 생각한다.

맨틀
수성의 맨틀은 두께가 불과 600킬로미터로 아주 얇다. 이것은 지구의 맨틀처럼 규산염 암석으로 이루어져 있다.

지각
여러 개의 판으로 나누어져 있는 지구의 지각과는 달리 수성의 지각은 하나의 암석 껍질로 이루어져 있다.

대기
수성은 중력이 약하고 표면은 태양 복사를 매우 강하게 받기 때문에 대기는 아주 얇고 아주 소량의 기체만 있다.

흉진 얼굴
수십억 년 전에 일어난 충돌은 수성 표면에 수많은 크레이터를 남겼다. 수성은 작아서 중력이 약하기 때문에 두꺼운 대기를 가질 수 없어 운석이 부딪혀 오는 것을 막을 수가 없다.

맨틀의 바닥에는 고체 황화철 층이 있다. 지구에서 이 광물은 '바보의 금'이라는 별명이 있는 빛나는 암석을 만든다.

금성

우주에서 우리의 가장 가까운 이웃인 금성은 지구와 크기가 아주 비슷하다. 하지만 이 암석 행성의 용광로 같은 표면은 우리 세계에서 닮은 것이 거의 없다.

금성은 노란 구름의 소용돌이에 둘러싸여 있다. 생명을 주는 물을 포함하고 있는 지구의 구름과는 달리 금성의 구름은 치명적인 황산으로 이루어져 있다. 대기가 너무 두꺼워서 표면의 압력은 지구의 92배나 된다. 자동차를 납작하게 만들기에 충분한 압력이다. 표면 온도는 섭씨 460도로 태양계의 어떤 행성보다 더 뜨겁다.

1966년 러시아의 베네라 7호가 금성에 착륙한 최초의 우주탐사선 이 된 해.

금성은 다른 행성들과 반대 방향으로 자전한다.

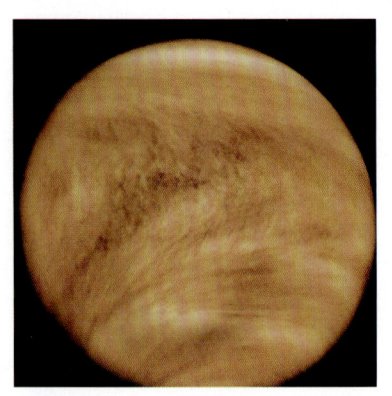

죽음의 구름
금성의 밀집한 대기의 약 97퍼센트는 이산화탄소이다. 표면에서 약 60킬로미터 높이에 있는 두꺼운 구름층은 금성의 표면을 완전히 가린다. 이 구름들은 황산 방울로 이루어져 있다.

화산들
금성에는 태양계의 어떤 행성보다 많은 화산이 있다. 5억 년 전 금성의 전체 표면은 화산 폭발로 새롭게 만들어졌다. 금성의 두꺼운 구름이 시야를 가리기 때문에 우리는 화산이 활동하고 있는지 볼 수 없다. 하지만 과학자들은 가장 큰 화산인 마트몬(아래)에서 이 화산이 폭발할 가능성을 보여 주는 비정상적인 열을 관측했다.

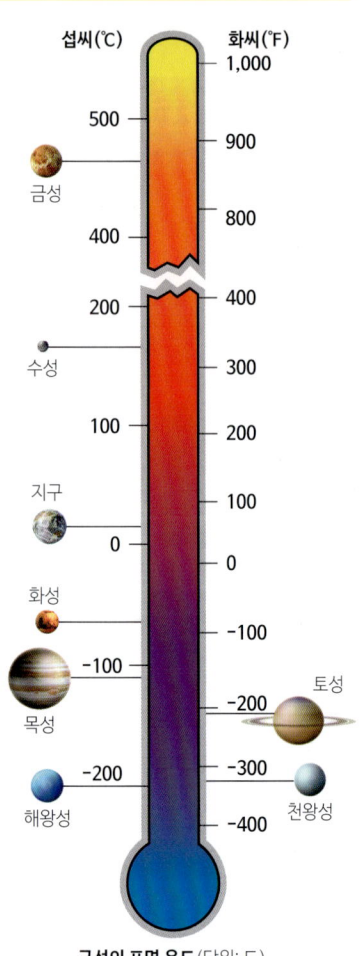

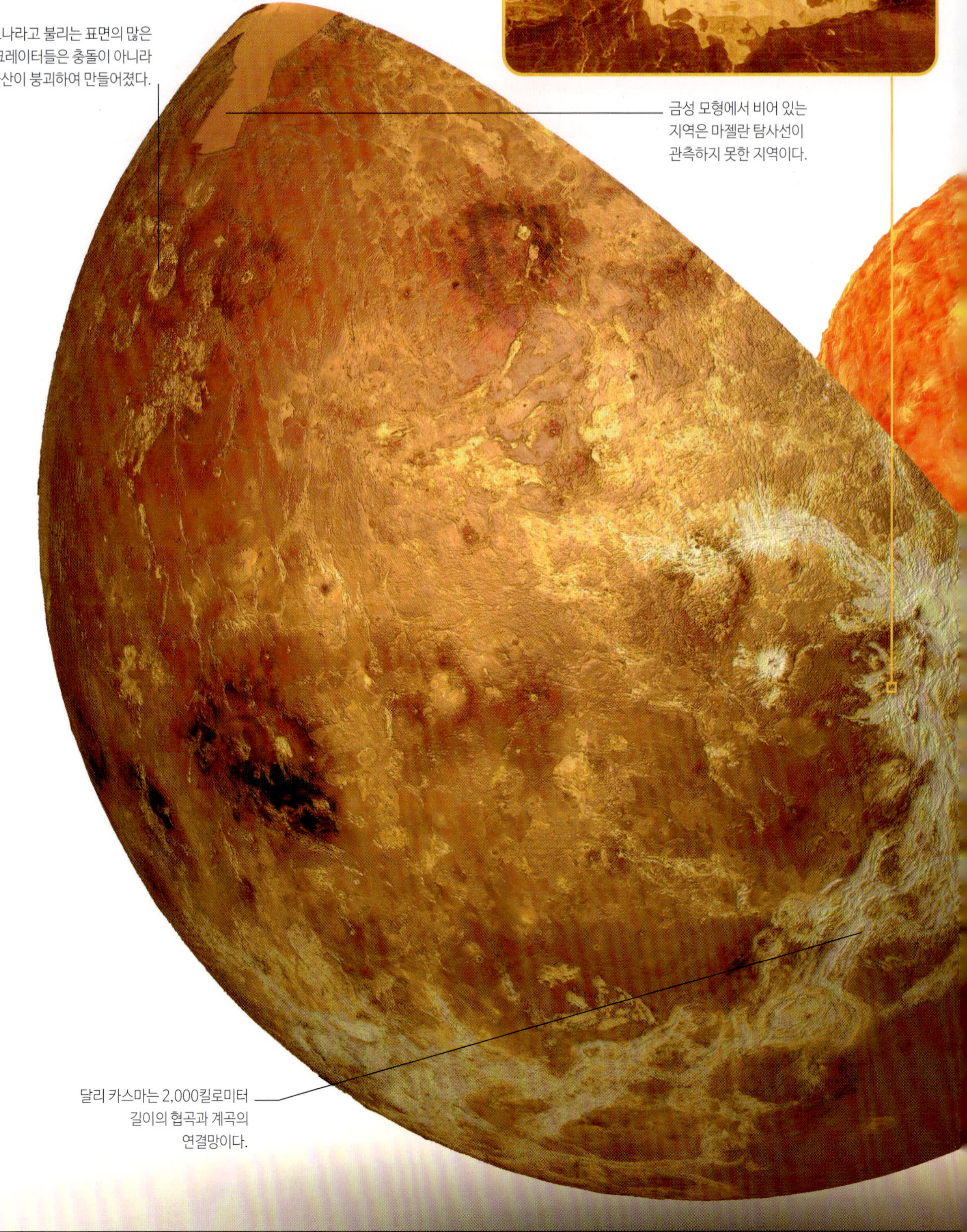

금성의 표면 온도 (단위: 도)

코로나라고 불리는 표면의 많은 크레이터들은 충돌이 아니라 화산이 붕괴하여 만들어졌다.

금성 모형에서 비어 있는 지역은 마젤란 탐사선이 관측하지 못한 지역이다.

달리 카스마는 2,000킬로미터 길이의 협곡과 계곡의 연결망이다.

뜨거운 행성
금성은 태양에 가까이 있을 뿐 아니라 공기에 너무나 많은 이산화탄소가 포함되어 있기 때문에 뜨겁다. 이 온실 효과는 지구를 따뜻하게 만들기도 한다. 지구의 공기에도 수증기와 이산화탄소가 있기 때문이다. 하지만 그 효과는 금성보다 훨씬 약하다.

금성의 자전은 아주 느려서 **금성의 하루는 금성의 1년보다 길다.**

1,600개 금성 표면에 있는 화산의 수.

8km 금성에서 가장 높은 화산인 마트몬의 높이.

19

간단한 지식
표면 중력 (지구 = 1): 0.91
위성: 0개
1년: 지구 시간으로 225일
자전 주기: 지구 시간으로 243일

팬케이크 돔
지구의 화산과는 달리 금성의 화산은 폭발적으로 분출하지 않고 용암이 서서히 흘러내린다. 어떤 곳에서는 용암이 쌓여 팬케이크 돔이라고 불리는 편평하고 둥근 화산들을 만든다.

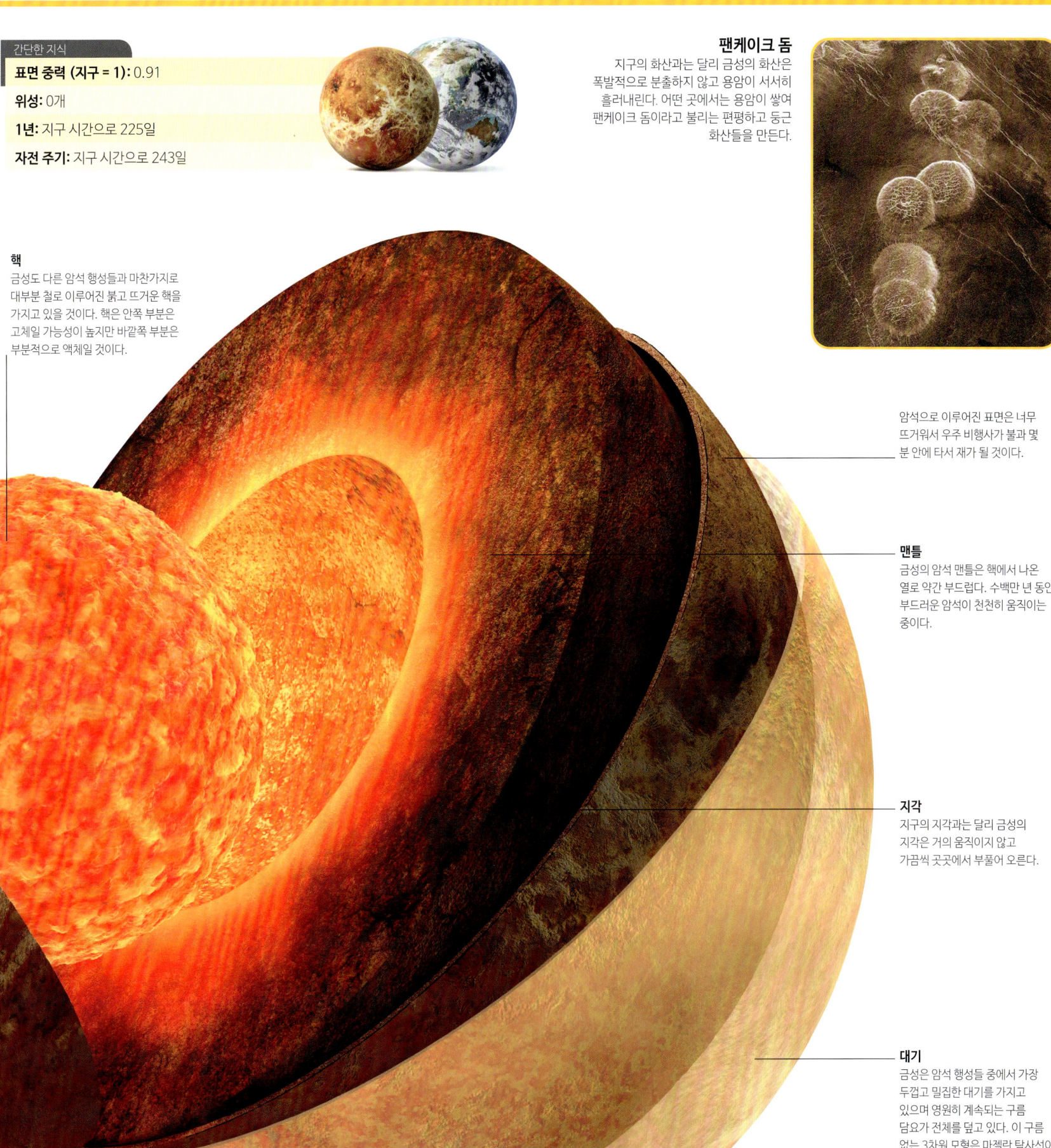

핵
금성도 다른 암석 행성들과 마찬가지로 대부분 철로 이루어진 붉고 뜨거운 핵을 가지고 있을 것이다. 핵은 안쪽 부분은 고체일 가능성이 높지만 바깥쪽 부분은 부분적으로 액체일 것이다.

암석으로 이루어진 표면은 너무 뜨거워서 우주 비행사가 불과 몇 분 안에 타서 재가 될 것이다.

맨틀
금성의 암석 맨틀은 핵에서 나온 열로 약간 부드럽다. 수백만 년 동안 부드러운 암석이 천천히 움직이는 중이다.

지각
지구의 지각과는 달리 금성의 지각은 거의 움직이지 않고 가끔씩 곳곳에서 부풀어 오른다.

대기
금성은 암석 행성들 중에서 가장 두껍고 밀집한 대기를 가지고 있으며 영원히 계속되는 구름 담요가 전체를 덮고 있다. 이 구름 없는 3차원 모형은 마젤란 탐사선이 지구로 보낸 레이더 자료를 바탕으로 만든 것이다.

지구

과학계에 알려진 모든 행성들 중에서 우리 지구는 유일한 행성이다. 생명체와 표면에 액체 상태의 물로 이루어진 거대한 바다를 가지고 있기 때문이다.

태양에서 적당한 거리와 적당히 두꺼운 대기는 지구의 표면이 너무 뜨겁지도 너무 차갑지도 않게 해 준다. 사실 지구는 물이 액체 상태를 유지하여 우리가 알고 있는 생명체가 존재할 수 있게 해 주는 딱 알맞은 온도를 갖추었다. 모든 물이 끓어서 없어지는 뜨거운 금성이나 모든 물이 얼어 버리는 차가운 화성과는 아주 다른 상황이다. 지구의 생명체는 새롭게 만들어진 지구가 식어서 물이 바다를 이룬 직후인 약 38억 년 전에 시작되었다. 그때부터 생명체들은 천천히 지구의 표면을 변화시켰다. 육지를 녹색으로 물들이고 대기에 산소를 더하여 숨을 쉴 수 있는 공기로 만들었다.

107,000km/h 지구가 태양을 공전하는 평균 속력.

물속의 생명체
물은 지구에 있는 모든 형태의 생명체에 꼭 필요하다. 생명체가 살아 있게 해 주는 화학 반응은 물속에서 일어나기 때문이다. 대부분의 과학자들은 물속에서 생명체가 시작되었다고 생각한다. 아마도 화산 굴뚝이 중요한 온기와 영양분을 제공해 준 바다의 밑바닥이었을 것이다. 지금의 바다는 적도 해양의 산호와 같은 가장 다양한 자연 서식지를 가지고 있다.

극지방의 얼음
지구의 극지방은 태양의 온기를 너무 적게 받기 때문에 영원히 춥고 얼음에 덮여 있다. 지구의 남극에는 얼음 대륙이 있고, 북극에는 얼음 해양이 있다.

간단한 지식
자전 주기: 23.9시간
1년: 지구 시간으로 365.26일
위성: 1개
평균 온도: 15°C (59°F)

자전축

600회 지난 10,000년 동안 폭발한 화산의 수.

1,667km/h 적도에서의 지구 자전 속력.

−93℃ 지구에서 기록된 가장 낮은 온도.

기울기
지구는 태양을 공전하는 경로에 수직으로 서서 자전하지 않고, 23.4도만큼 기울어진 상태로 자전한다. 지구는 아주 천천히 흔들리기도 하기 때문에 기울기는 42,000년마다 22.1도에서 24.5도 사이를 왔다 갔다 한다.

생명체는 **땅속 5킬로미터에 있는** 암석과 16킬로미터 높이의 공기 중에서도 발견되었다.

공전과 계절 변화
지구는 기울어져 있기 때문에 1년 동안 서로 다른 부분이 태양을 향하거나 멀어지는 방향으로 기울어지고, 따라서 계절이 나타나게 된다. 북반구가 태양을 향하여 기울어지면 날씨는 따뜻해지고 낮이 길어져 여름이 된다. 태양에서 멀어지는 방향으로 기울어지면 날씨는 추워지고 밤이 길어져 겨울이 된다. 남반구에서는 계절이 반대로 나타난다.

대륙
지구의 육지는 대부분 거대한 대륙에 모여 있다. 대륙은 수백만 년 이상 천천히 움직이며 충돌하고 떨어져 새로운 모양을 만들어 낸다.

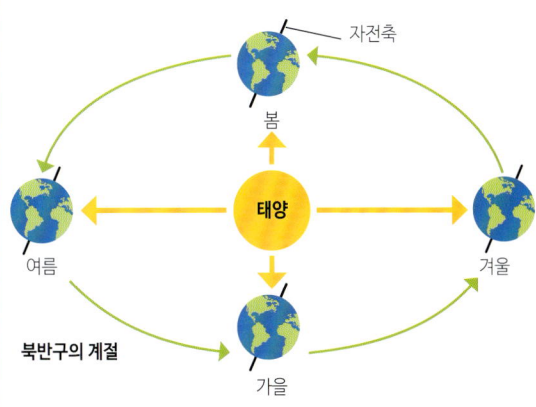

사람의 영향
최근 몇 세기 동안 우리 인간 종은 지구의 표면을 너무나 많이 바꾸어 놓았다. 우주에서도 우리의 영향력을 볼 수 있다. 지구의 밤이 되는 부분을 전기로 불을 밝힐 뿐만 아니라 대기와 기후를 변화시키고 넓은 면적의 자연 생태계를 농장이나 도시로 바꾸었다.

육지의 생명
생명체는 수십억 년 동안 물속에만 존재했다. 그러다가 4억 7500만 년 전 작은 식물들이 조금씩 늪지에서 벗어나 육지로 나왔다. 이 작은 시작으로 생명체는 대륙 전체에 퍼져 비가 가장 많이 오는 지역을 무성한 숲으로 덮었다.

물의 행성
물은 지구의 3분의 2 이상을 덮고 있다. 과학자들은 물의 상당량이 지구 역사 초기에 지구에 충돌한 혜성과 소행성에서 왔다고 생각한다.

사막
지구의 모든 표면이 생명체로 덮여 있는 것은 아니다. 사막에는 숲을 유지할 만한 충분한 물이 없고, 특별한 종류의 식물과 동물들만이 살아갈 수 있다. 오스트레일리아 중앙부의 사막은 화성의 사막과 같은 붉은색을 띠고 있다. 화성의 색을 만드는 화합물인 흙 속의 산화철 때문이다.

지구의 내부

지구를 손으로 쪼갤 수 있다면 지구가, 마치 양파처럼 뚜렷하게 구별되는 여러 층들로 이루어져 있다는 사실을 알 수 있을 것이다.

지구는 거의 전체가 암석과 금속으로 이루어져 있다. 젊은 지구가 만들어지면서 내부가 대부분 녹아 있을 때 금속과 같은 무거운 물질은 중심부로 가라앉고 암석과 같은 가벼운 물질은 바깥쪽에 자리 잡았다. 오늘날 지구의 내부는 대부분 고체이지만 여전히 뜨거워서 핵의 온도는 섭씨 6,000도에 이르러 태양의 표면보다 더 뜨겁다. 이 강력한 내부의 열 때문에 지구의 내부는 천천히 움직이고 있다.

45억 년 지구의 나이.

화산 활동
지구의 지각과 맨틀에 있는 대부분의 암석은 고체이다. 하지만 부분적으로 녹은 암석이 있다. 주로 판이 충돌하는 곳이나 지구의 핵에서 나온 열이 올라오는 열점에서 만들어진다. 녹은 암석인 마그마가 지표면으로 분출하여 화산을 만들기도 한다.

폭풍의 하늘
바다에서 온 물은 지구 대기의 낮은 부분에 구름을 만든다. 구름들은 비나 눈 그리고 미국 플로리다 상공의 이 허리케인과 같은 폭풍을 일으킨다.

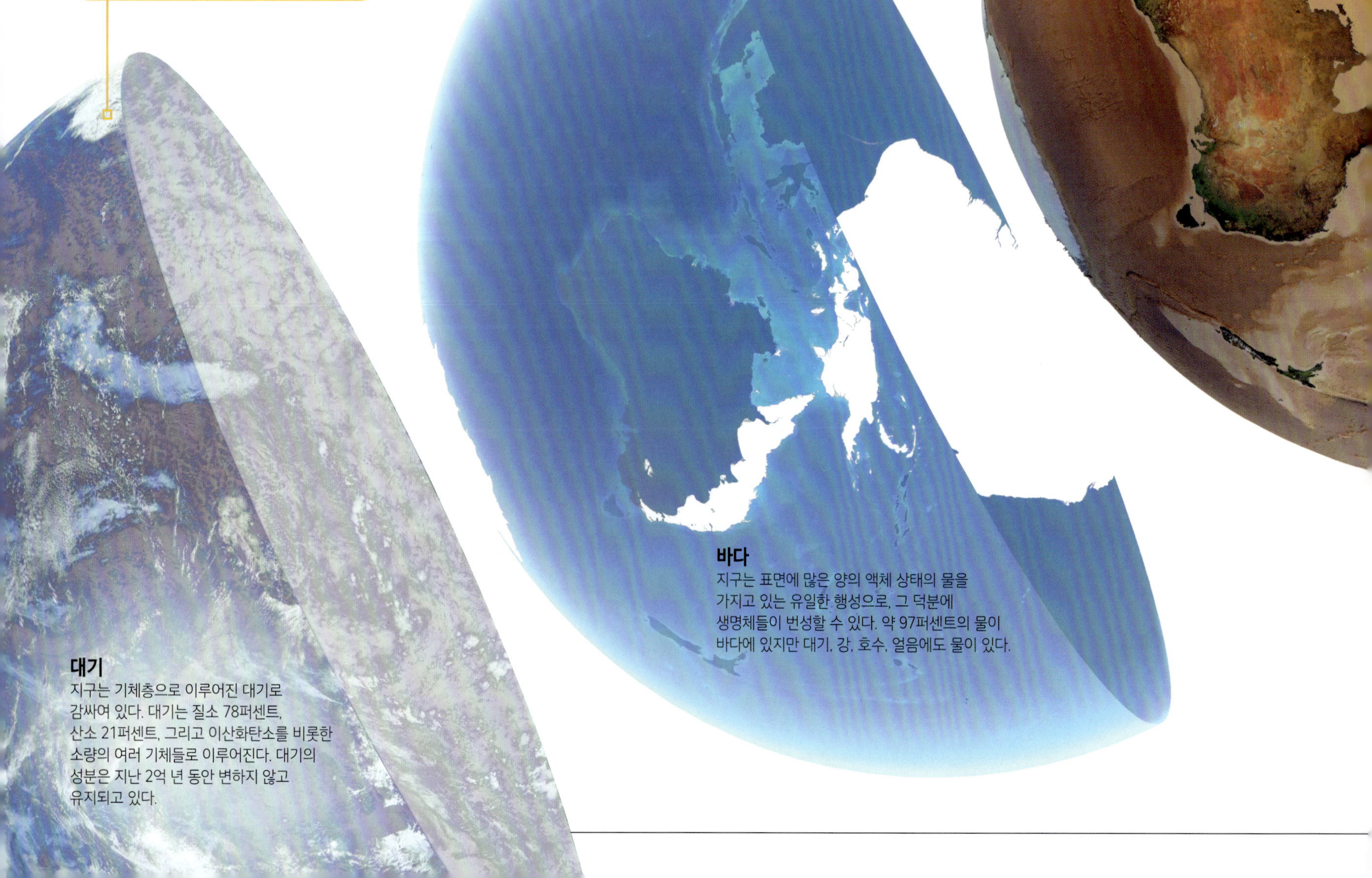

바다
지구는 표면에 많은 양의 액체 상태의 물을 가지고 있는 유일한 행성으로, 그 덕분에 생명체들이 번성할 수 있다. 약 97퍼센트의 물이 바다에 있지만 대기, 강, 호수, 얼음에도 물이 있다.

대기
지구는 기체층으로 이루어진 대기로 감싸여 있다. 대기는 질소 78퍼센트, 산소 21퍼센트, 그리고 이산화탄소를 비롯한 소량의 여러 기체들로 이루어진다. 대기의 성분은 지난 2억 년 동안 변하지 않고 유지되고 있다.

35% 지구 지량에서 철이 차지하는 비율.

71% 지구 표면에서 물이 덮고 있는 면적의 비율.

내핵
핵의 안쪽 부분은 고체 금속이다. 이곳은 압력이 너무 높기 때문에 엄청난 열에도 불구하고 철과 니켈이 녹지 않고 고체로 있다. 온도는 약 섭씨 6,000도이다.

외핵
지표면에서 약 3,000킬로미터 아래에는 뜨거운 철과 니켈로 이루어진 핵이 있다. 핵은 너무나 뜨겁기 때문에 바깥 부분은 녹아서 회전을 한다. 이 회전이 지구의 자기장을 만든다.

맨틀
지각 아래에 있는 2,900킬로미터 두께의 암석층을 맨틀이라고 한다. 핵에서 오는 열이 맨틀의 암석을 살짝 부드럽게 만든다. 수백만 년이 넘도록 맨틀은 끈끈한 당밀이 흐르듯 천천히 움직였고, 이 움직임은 위에 있는 단단한 지각을 움직이게 했다.

지각
지구의 단단한 표면 중 가장 바깥쪽이 지각으로, 깊이는 몇 킬로미터밖에 되지 않는다. 지각이 두꺼운 지역은 대륙이 되고 얇은 지역은 바다가 된다.

지각 판
불안정한 지구의 지각은 지각 판이라는 거대한 조각으로 쪼개져 있다. 7개 혹은 8개의 주요 판과 수십 개의 작은 판이 있다. 판들은 대략 손톱이 자라는 속도로 지구 표면 위를 움직이면서, 판 위에 있는 대륙을 운반한다.

대기
지구의 대기는 5개의 층으로 나뉘며, 가장 아래쪽 층에만 구름과 숨을 쉴 수 있는 공기가 있다. 비행기들은 구름 위 깨끗한 공기가 있는 성층권에서 난다. 대기는 위쪽으로 경계가 없이 점차적으로 사라지지만 대기권과 우주의 경계는 열권에 해당되는 고도 100킬로미터로 정의한다.

달은 어떻게 만들어졌을까

과학자들은 달이 만들어진 과정에 대한 다양한 학설을 가지고 있다. 대부분은 약 45억 년 전에 작은 행성이 젊은 지구에 충돌하여 만들어졌다고 생각한다. 이 충돌로 작은 행성은 부서지고 지구의 자전축이 기울어졌다. 잔해는 우주로 날아가 구름을 만들었다. 시간이 지나면서 잔해들이 서로 달라붙어 달이 만들어졌다.

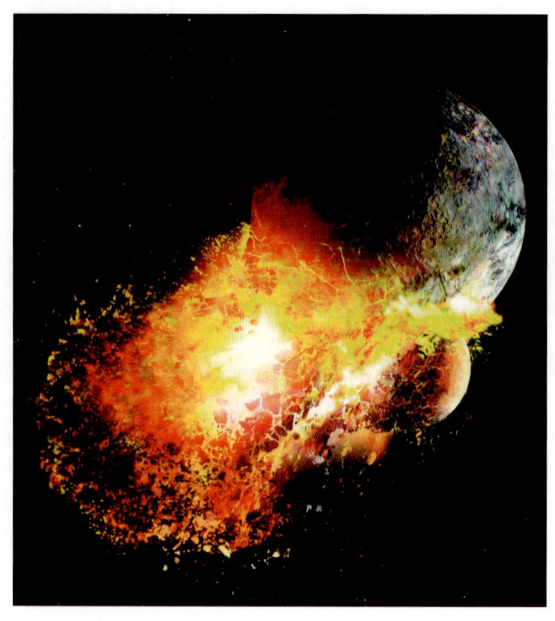

약한 중력

달은 질량이 작기 때문에 물체를 땅으로 끌어당기는 중력이 지구보다 훨씬 약하다. 우주 비행사들의 몸무게는 지구에서의 6분의 1이 되고 무거운 우주복을 입고 있지 않다면 6배 더 높이 뛰어오를 수 있을 것이다.

지구   달

380kg 아폴로 우주 비행사들이 지구로 가져온 달의 암석 무게.

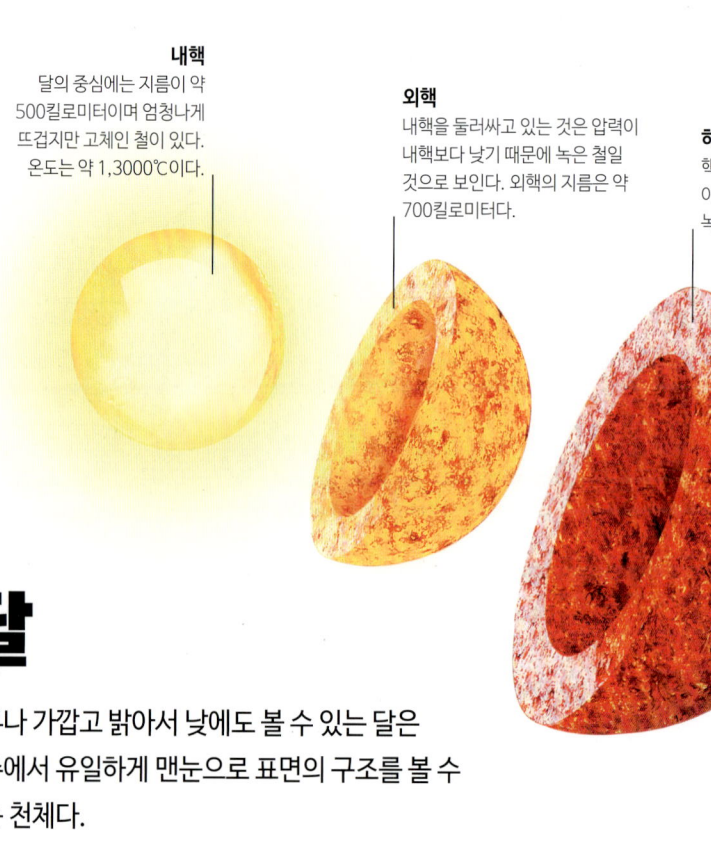

내핵
달의 중심에는 지름이 약 500킬로미터이며 엄청나게 뜨겁지만 고체인 철이 있다. 온도는 약 1,3000℃이다.

외핵
내핵을 둘러싸고 있는 것은 압력이 내핵보다 낮기 때문에 녹은 철일 것으로 보인다. 외핵의 지름은 약 700킬로미터다.

하부 맨틀
핵에서 나오는 열이 암석으로 이루어진 맨틀의 아랫부분을 녹였을 것이다.

달

너무나 가깝고 밝아서 낮에도 볼 수 있는 달은 우주에서 유일하게 맨눈으로 표면의 구조를 볼 수 있는 천체다.

달의 지름은 지구의 4분의 1로, 태양계에서 달은 모행성과 비교해서 가장 큰 위성이다. 그리고 밤하늘에서 가장 크고 밝게 빛나는 천체이기도 하다. 달을 쌍안경이나 망원경으로 보면 수십만 개의 크레이터로 얼룩진 환상적인 표면을 확인할 수 있다. 달은 지구가 만들어진 직후인 약 45억 년 전에 만들어졌는데, 지구와는 달리 달의 표면은 수십억 년 동안 거의 변하지 않았다. 앞면에 있는 어두운 '바다'는 약 30억 년 전에 분출한 엄청난 양의 용암이 만든 평평한 평원이다. 바다를 둘러싸고 있는 것은 달의 고원 지대고, 이곳의 오래된 언덕과 계곡에는 수많은 운석 충돌의 잔해가 흩어져 있다.

간단한 지식

지구를 공전하는 주기: 지구 시간으로 27.32일
질량 (지구 = 1): 0.167
지구에서의 거리: 385,000km
평균 지름: 3,474km

| 49개 | 지구 안에 들어갈 수 있는 달의 개수. | 120°C | 달의 적도에서 한낮의 온도. | 3,683km/h | 달이 지구를 공전하는 속도. | 25 |

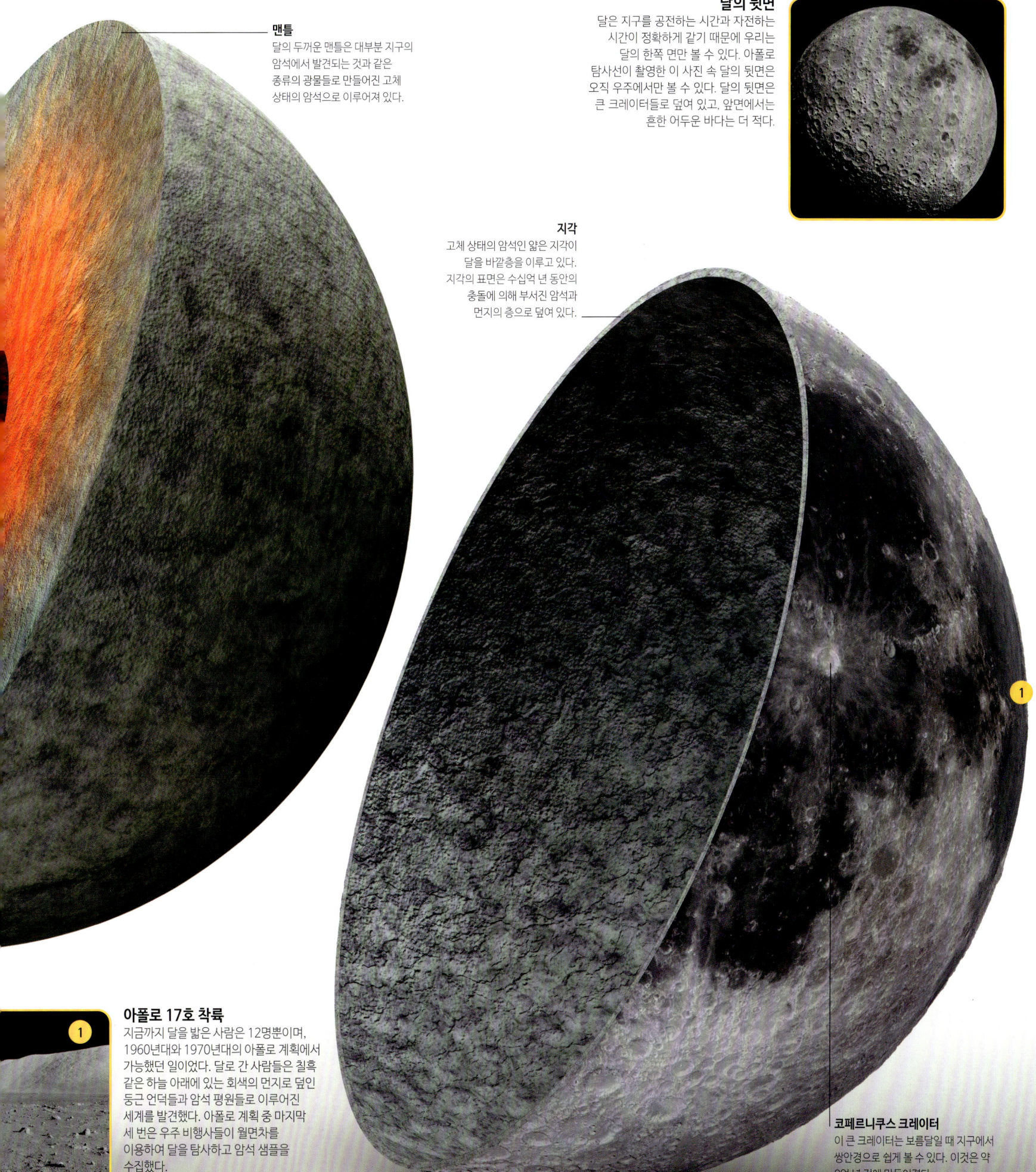

맨틀
달의 두꺼운 맨틀은 대부분 지구의 암석에서 발견되는 것과 같은 종류의 광물들로 만들어진 고체 상태의 암석으로 이루어져 있다.

달의 뒷면
달은 지구를 공전하는 시간과 자전하는 시간이 정확하게 같기 때문에 우리는 달의 한쪽 면만 볼 수 있다. 아폴로 탐사선이 촬영한 이 사진 속 달의 뒷면은 오직 우주에서만 볼 수 있다. 달의 뒷면은 큰 크레이터들로 덮여 있고, 앞면에서는 흔한 어두운 바다는 더 적다.

지각
고체 상태의 암석인 얇은 지각이 달을 바깥층을 이루고 있다. 지각의 표면은 수십억 년 동안의 충돌에 의해 부서진 암석과 먼지의 층으로 덮여 있다.

아폴로 17호 착륙
지금까지 달을 밟은 사람은 12명뿐이며, 1960년대와 1970년대의 아폴로 계획에서 가능했던 일이었다. 달로 간 사람들은 칠흑 같은 하늘 아래에 있는 회색의 먼지로 덮인 둥근 언덕들과 암석 평원들로 이루어진 세계를 발견했다. 아폴로 계획 중 마지막 세 번은 우주 비행사들이 월면차를 이용하여 달을 탐사하고 암석 샘플을 수집했다.

코페르니쿠스 크레이터
이 큰 크레이터는 보름달일 때 지구에서 쌍안경으로 쉽게 볼 수 있다. 이것은 약 8억 년 전에 만들어졌다.

26 태양계 o 달 탐사

기호
- ☼ 실패
- 📍 성공

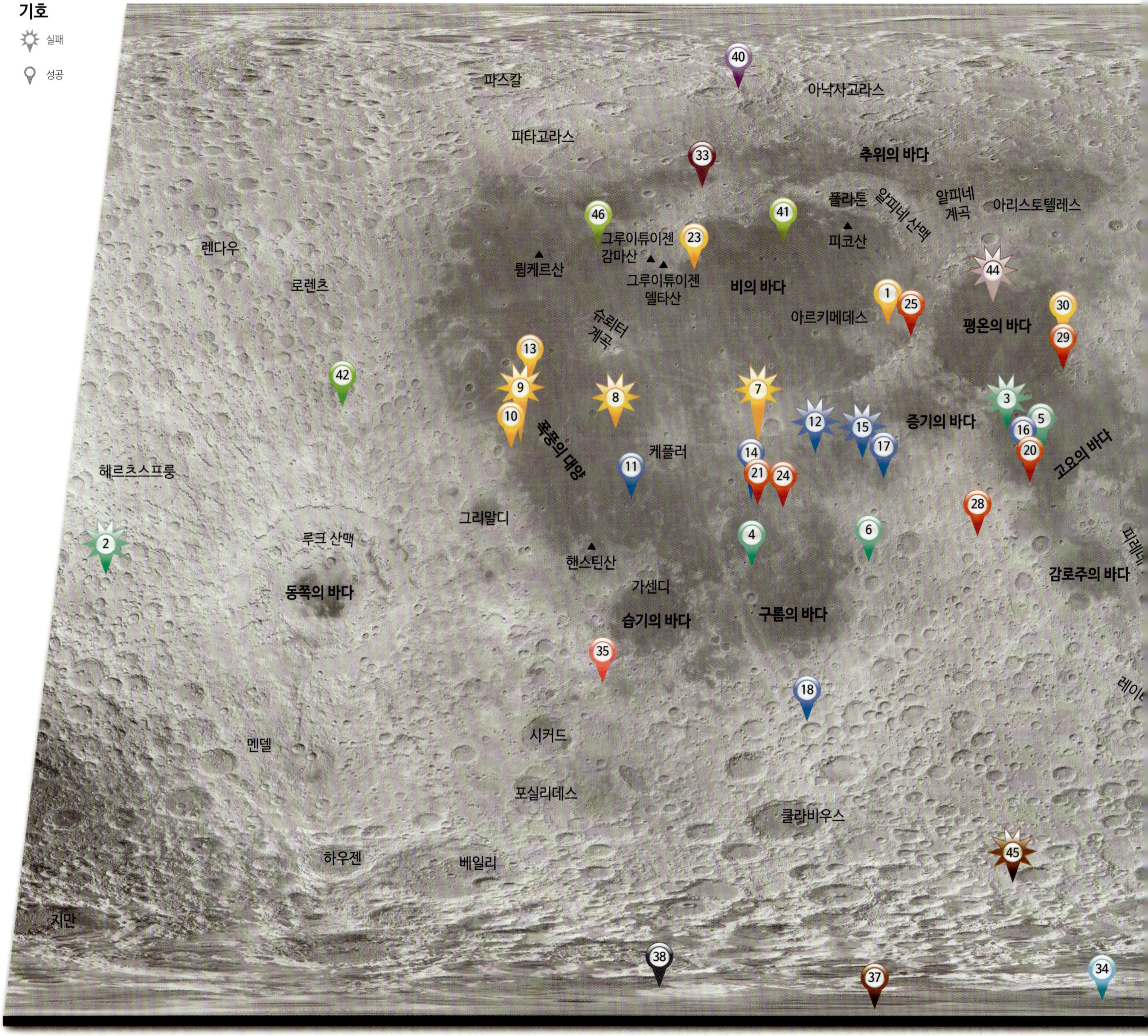

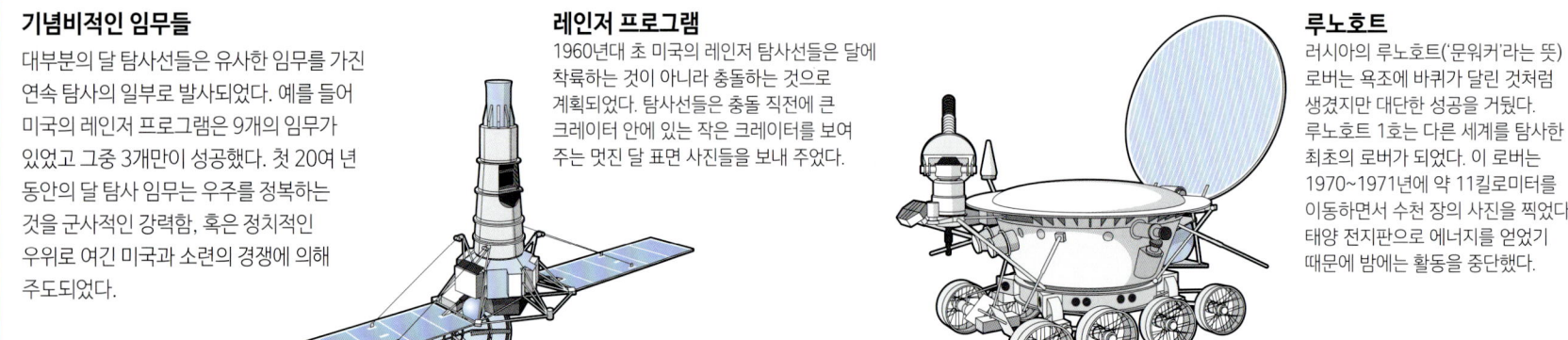

기념비적인 임무들
대부분의 달 탐사선들은 유사한 임무를 가진 연속 탐사의 일부로 발사되었다. 예를 들어 미국의 레인저 프로그램은 9개의 임무가 있었고 그중 3개만이 성공했다. 첫 20여 년 동안의 달 탐사 임무는 우주를 정복하는 것을 군사적인 강력함, 혹은 정치적인 우위로 여긴 미국과 소련의 경쟁에 의해 주도되었다.

레인저 프로그램
1960년대 초 미국의 레인저 탐사선들은 달에 착륙하는 것이 아니라 충돌하는 것으로 계획되었다. 탐사선들은 충돌 직전에 큰 크레이터 안에 있는 작은 크레이터를 보여 주는 멋진 달 표면 사진들을 보내 주었다.

루노호트
러시아의 루노호트('문워커'라는 뜻) 로버는 욕조에 바퀴가 달린 것처럼 생겼지만 대단한 성공을 거뒀다. 루노호트 1호는 다른 세계를 탐사한 최초의 로버가 되었다. 이 로버는 1970~1971년에 약 11킬로미터를 이동하면서 수천 장의 사진을 찍었다. 태양 전지판으로 에너지를 얻었기 때문에 밤에는 활동을 중단했다.

2008년 인도의 달 충돌 탐사선은 **빠른 속도로 달에 충돌하여** 잔해들을 달 표면 위로 날려 보냈다.

중국의 창어 4호는 지구에서는 보이지 않는 **달의 뒤편에 착륙한 최초의 우주선**이다.

달 탐사

인류는 태양계 어떤 천체보다 지구의 이웃인 달에 더 많은 탐사선을 보냈고, 달은 지구 이외에 인간이 발을 디딘 유일한 세계로 남아 있다.

탐사선이 달에 도착하는 데에는 4일밖에 걸리지 않기 때문에 로봇 탐사선의 분명한 목표가 된다. 달을 향한 100개가 넘는 임무가 시도되었고, 40개가 넘는 탐사선이 달에 착륙했다. 탐사선들이 착륙한 지점들은 이 지도에 표시되어 있다. 잘 제어하여 달에 부드럽게 착륙하는 것은 아주 어렵다. 그래서 대부분은 '단단한 착륙'을 했다. 달 표면에 충돌한 것이다. 최초의 단단한 착륙은 1959년에, 최초의 부드러운 착륙은 1966년에 있었다. 놀랍게도 불과 3년 후에 미국의 아폴로 11호가 두 사람을 달에 내려놓았다가 지구로 안전하게 데려왔다.

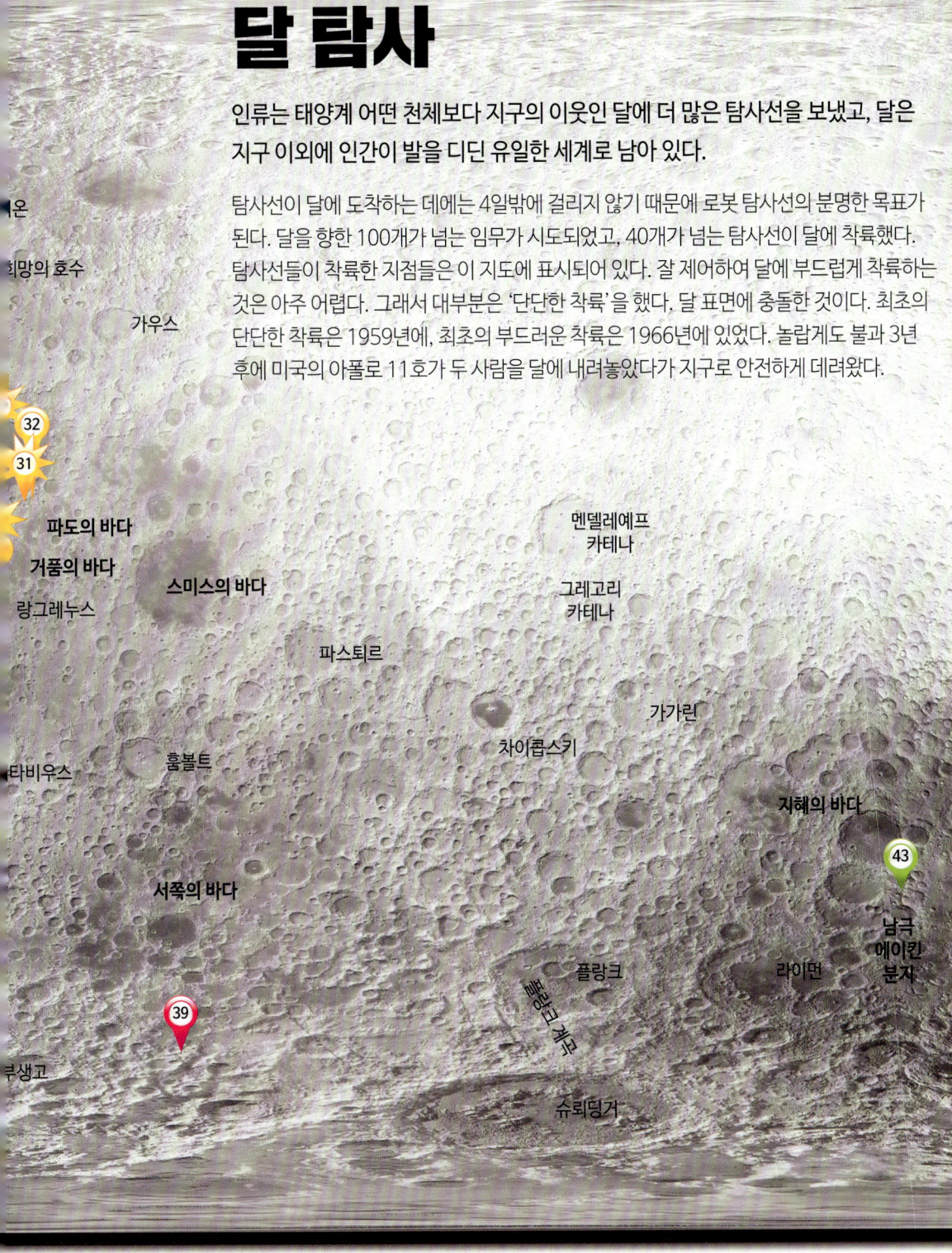

	이름	연도	국가
1	루나 2호	1959	소련
2	레인저 4호	1962	미국
3	레인저 6호	1964	미국
4	레인저 7호	1964	미국
5	레인저 8호	1965	미국
6	레인저 9호	1965	미국
7	루나 5호	1965	소련
8	루나 7호	1965	소련
9	루나 8호	1965	소련
10	루나 9호	1966	소련
11	서베이어 1호	1966	미국
12	서베이어 2호	1966	미국
13	루나 13호	1966	소련
14	서베이어 3호	1967	미국
15	서베이어 4호	1967	미국
16	서베이어 5호	1967	미국
17	서베이어 6호	1967	미국
18	서베이어 7호	1968	미국
19	루나 15호	1969	소련
20	아폴로 11호	1969	미국
21	아폴로 12호	1969	미국
22	루나 16	1970	소련
23	루나 17/루노호트 1호	1970	소련
24	아폴로 14호	1971	미국
25	아폴로 15호	1971	미국
26	루나 18호	1971	소련
27	루나 20호	1972	소련
28	아폴로 16호	1972	미국
29	아폴로 17호	1972	미국
30	루나 21호/루노호트 2호	1973	소련
31	루나 23호	1974	소련
32	루나 24호	1976	소련
33	히텐*	1993	일본
34	루나 프로스펙터*	1999	미국
35	스마트-1*	2006	esa
36	창어 1호*	2007	중국
37	찬드라얀 1호*	2008	인도
38	LCROSS	2009	미국
39	셀레네*	2009	일본
40	그레일*	2012	미국
41	창어 3호/유투	2013	중국
42	라디*	2014	미국
43	창어 4호/유투-2	2018	중국
44	베레시트	2019	이스라엘
45	비크람/쁘라그얀	2019	인도
46	창어 5호	2020	중국

*임무를 마치고 달에 충돌한 달 궤도선

아폴로 계획

러시아 달 탐사 계획의 성공은 경쟁자인 미국이 아폴로 계획에 수십억 달러를 투자해 만들었다. 아폴로 계획은 1969년에서 1972년 사이에 6개의 유인 탐사선을 달에 착륙시키는 데 성공했다. 아폴로 임무의 후반부에는 월면차(Lunar Roving Vehicle, LRV)를 가지고 갔다.

유투 로버

중국의 유투 로버는 2013년에 달에 도착했다. 1973년 루노호트 2호 이후로 최초의 달 로버였다. 처음에는 성공적이었지만 밤의 엄청난 추위에 대비하여 태양 전지판을 접는 데 실패하여 추위에 손상됐다. 그래서 창어 3호와 함께 착륙한 직후 짧은 거리만 이동했다

충돌 크레이터

3,300km 태양계에서 가장 큰 충돌 크레이터, 화성의 '유토피아 평원'의 지름.

소행성, 혜성, 운석은 우주를 엄청난 속도로 날아다니기 때문에 행성이나 위성에 충돌하면 어마어마한 에너지로 단단한 암석을 순식간에 녹인다. 이들이 남긴 흔적을 충돌 크레이터라고 한다.

운석 충돌은 암석 행성과 위성들에 수많은 크레이터를 만들었다. 우리의 달은 크레이터로 덮여 있지만 지구의 크레이터는 훨씬 더 적다. 지구에서는 크레이터가 침식과 다른 힘들에 의해 부서지지만 달에서는 수십억 년 동안 그대로 남아 있기 때문이다. 달 크레이터의 많은 수는 안쪽 행성들이 소행성들의 폭격을 받은 태양계 역사 초기에 만들어졌다. 지금은 충돌이 훨씬 드물어졌지만 여전히 지구에 치명적인 위협이 된다.

산란물 커튼
운석이 충돌을 하면 산란물이라고 하는 부서진 암석의 잔해들이 거대한 원뿔 모양으로 날아가 충돌 지점에서 멀리 떨어진 곳에서 땅으로 떨어진다.

달 충돌
운석 충돌의 폭발적인 힘은 충돌하는 운석의 크기뿐만 아니라 속력에서도 온다. 일반적인 운석은 달과 같은 천체에 충돌할 때 시속 약 70,000킬로미터로 움직이고 있다. 이것은 같은 크기의 암석이 자동차 속도로 움직일 때보다 운동 에너지가 1,000배 더 크다. 운석이 충돌하면 대부분의 운동 에너지는 열로 바뀌어 땅의 암석을 녹이거나 기체로 증발시키기까지 한다.

달 표면의 먼지 층 아래에는 과거의 충돌로 만들어진 부서진 암석 잔해들이 깊은 층을 이루고 있다.

충돌 지점
운석은 대체로 충돌할 때 완전히 증발하지만 이리듐과 같은 충돌의 증거가 되는 소량의 원소는 종종 충돌 지점에 남아 있다.

지구에서 가장 큰 크레이터인 남아프리카공화국의 브레데포트 크레이터는 **약 20억 년**이 되었다.

달 남극의 에이킨 분지의 지름은 **2,500킬로미터**이다.

배린저 크레이터

미국 애리조나의 배린저 크레이터는 지구에서 처음으로 밝혀진 충돌 크레이터이다. 지름은 1킬로미터를 조금 넘고 약 50,000년 전에 지름 불과 50미터 정도의 니켈-철 운석이 시속 50,000킬로미터의 속도로 지표면과 충돌하여 만들어졌다. 이 충돌은 히로시마에서 터진 원자폭탄보다 천 배나 더 많은 에너지를 만들어 냈다.

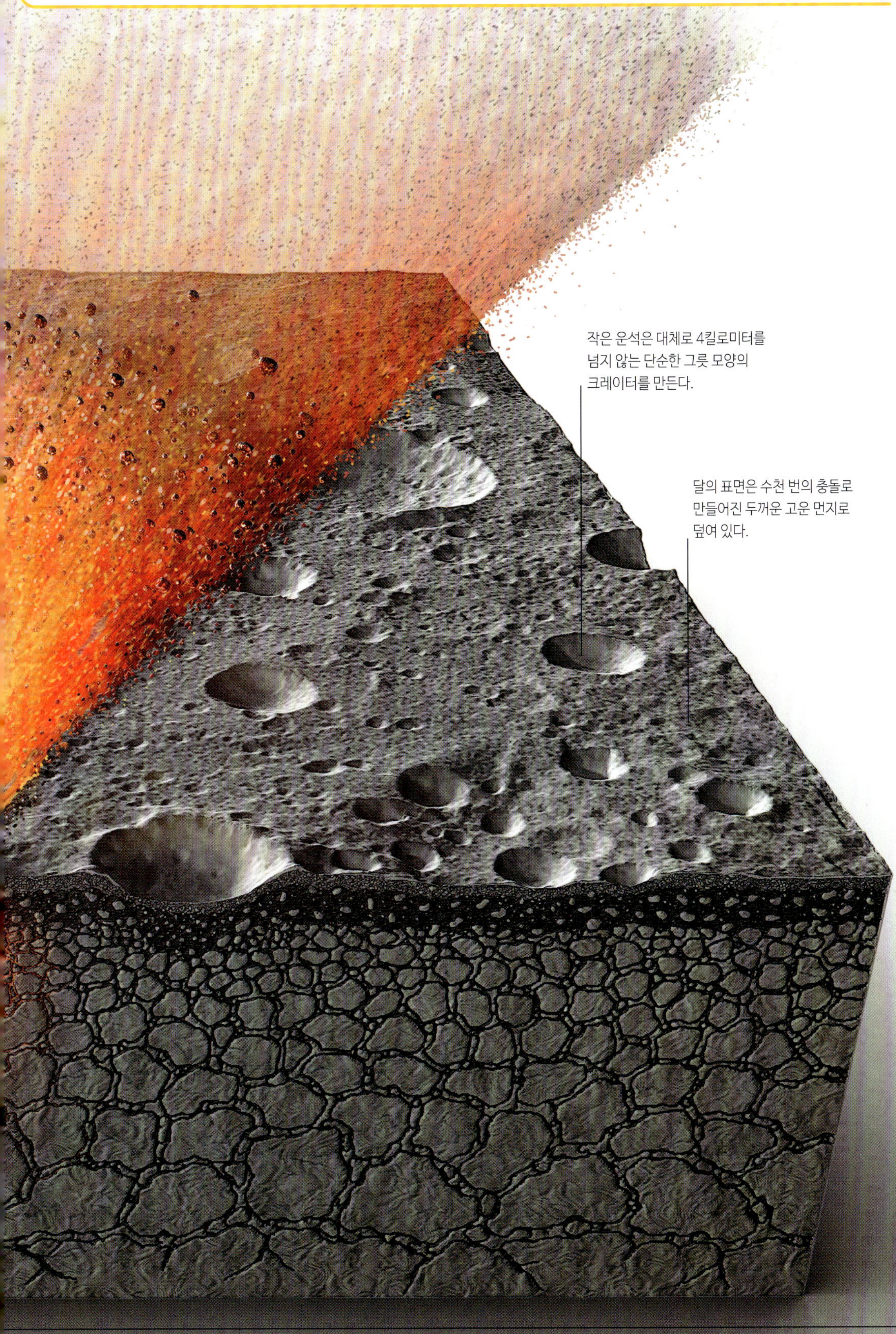

크레이터는 어떻게 만들어질까

충돌 크레이터가 완전히 만들어지는 데에는 불과 10분밖에 걸리지 않는다. 게다가 대부분의 사건은 운동 에너지가 원자폭탄과 같은 효과를 일으키는 몇 초 사이에 일어난다. 작은 충돌은 그릇 모양의 구멍만 만들지만 큰 충돌은 중심의 언덕이나 계단과 같은 복잡한 크레이터를 만든다.

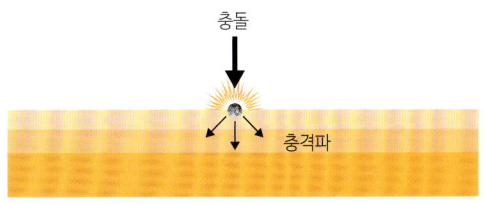

1 접촉
운석이 달을 때리면 표면을 극적으로 압박하여 땅속으로 엄청난 충격파를 보내고 암석을 분쇄시킨다.

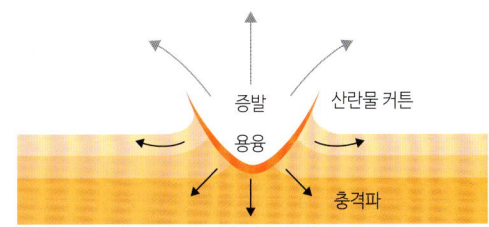

2 임시 크레이터 형성
충돌에서 나온 에너지는 운석과 많은 표면의 암석을 증발시킨다. 잔해가 날아올라 산란물 커튼을 만들고 깊은 임시 크레이터가 만들어진다.

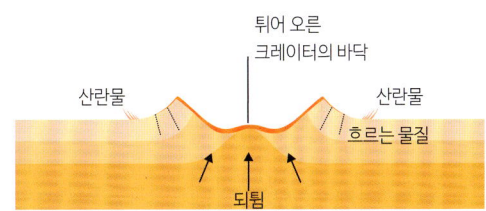

3 붕괴와 되튐
큰 충돌의 힘은 너무나 강해서 분쇄된 땅이 액체처럼 흐른다. 임시 크레이터의 바깥쪽은 붕괴하고, 크레이터의 바닥은 물처럼 다시 튀어 올라 중앙 언덕을 만든다.

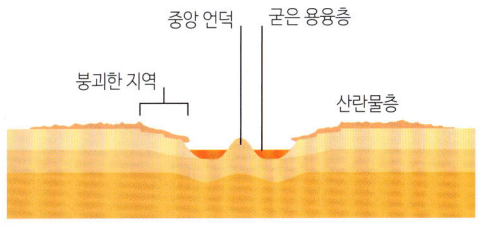

4 최종 크레이터
크레이터가 만들어지고 나면 화산이나 다른 지질 활동에 의해 변화되지 않는 한 오랫동안 그대로 유지된다. 달에는 오래된 크레이터 안에 더 새로운 크레이터가 종종 있다.

작은 운석은 대체로 4킬로미터를 넘지 않는 단순한 그릇 모양의 크레이터를 만든다.

달의 표면은 수천 번의 충돌로 만들어진 두꺼운 고운 먼지로 덮여 있다.

2,000km/h 일식 동안 **달의 그림자**가 지구를 가로지르는 **속력**.

일식과 월식

개기일식은 놀라운 현상이다. 몇 분 동안 태양이 달 뒤로 사라져 낮이 갑자기 밤이 된다.

일식과 월식은 지구, 달, 태양이 일직선으로 있어서 서로에게 그림자를 드리울 때 일어난다. 달의 그림자가 지구에 드리우면 태양이 가려져서 우리는 일식을 보게 된다. 달이 지구 뒤로 돌아가서 지구의 그림자를 통과하면 월식이 일어나 달이 어두워지고 평소와 달리 붉은색으로 보인다.

코로나
개기일식 동안에는 평소에는 볼 수 없는 태양의 멋진 바깥쪽 대기를 볼 수 있게 된다. 이것은 코로나라고 불린다. 마치 빛나는 흰색의 후광처럼 흐릿한 기체의 꿈틀거리는 선들이 태양을 둘러싸고 있다.

일식
한 달에 한 번씩 지구를 공전하는 달은 대부분의 경우 태양과 나란하게 위치하지 않는다. 달의 본 그림자(본영)가 지구를 지나갈 때 그 넓이는 몇 킬로미터밖에 되지 않기 때문에 개기일식은 지구의 아주 좁은 영역에서만 볼 수 있다. 그림자의 바깥쪽 부분(반영)에서 보는 사람들은 태양이 완전히 가려지지 않기 때문에 일식을 거의 알아차리지 못한다. 지구가 자전하기 때문에 달의 본영은 지구의 표면을 빠르게 가로질러서 특정한 지점에 있는 사람들은 개기일식을 몇 분밖에 볼 수 없다.

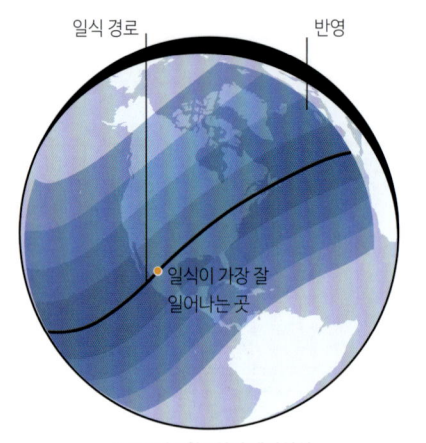

2024년 4월 8일의 개기일식

일식 경로
천문학자들은 일식과 월식을 수년 전에 예측할 수 있다. 이 그림은 2024년 개기일식을 어디에서 볼 수 있는지 보여 준다. 이것은 오후 6:07(세계시, UT)에 멕시코 동부 해안에서 오후 7:46 캐나다 뉴펀들랜드 동부 해안까지 북아메리카를 가로지를 것이다.

달의 궤도

태양빛

태양

108분 지난 세기에 **가장 길었던 월식**이 지속된 시간.

1504년, 크리스토퍼 컬럼버스는 자메이카의 원주민들이 **월식**을 정확하게 예측하는 것에 놀랐다.

월식 때의 달은 **붉은색, 노란색, 주황색, 갈색**으로 보일 수 있다.

월식

개기월식이 일어나면 지구의 그림자는 태양을 완전히 덮는다. 하지만 달은 밤하늘에서 완전히 사라지지 않는다. 태양빛의 일부가 지구의 대기에 굴절되기 때문이다. 이 약한 빛은 해가 질 때처럼 붉은색을 띠기 때문에 달의 색을 변화시킨다.

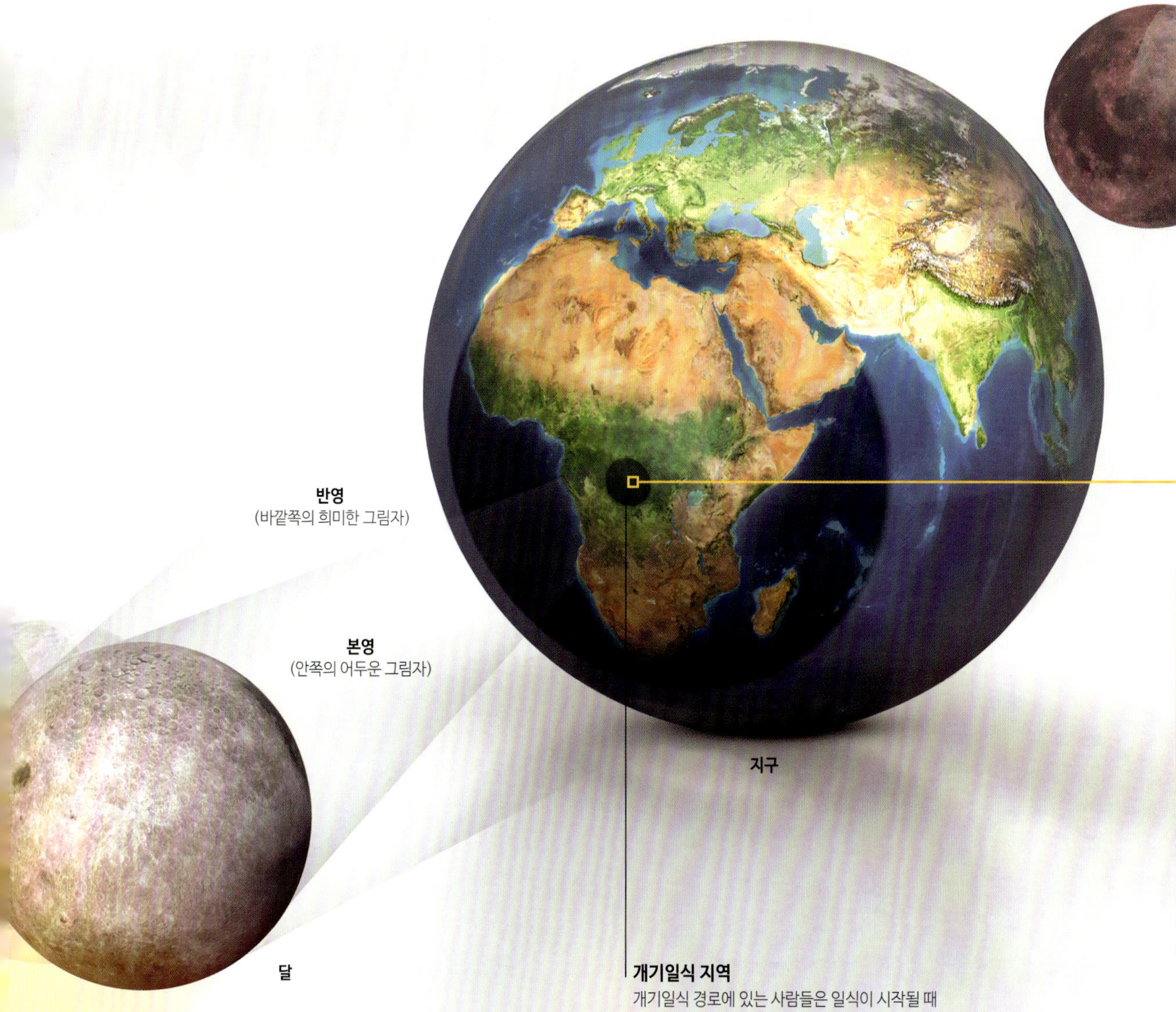

반영
(바깥쪽의 희미한 그림자)

본영
(안쪽의 어두운 그림자)

달

지구

개기일식 지역
개기일식 경로에 있는 사람들은 일식이 시작될 때 달의 그림자가 땅을 가로지르는 것을 볼 수 있다. 태양이 사라지기 바로 직전에 달의 산들 사이를 지나온 마지막 태양빛은 마치 보석과 같이 반짝이는 빛을 만든다.

완벽한 일치
신기한 우연으로 달보다 400배 큰 태양은 달보다 400배 더 멀리 있다. 결과적으로 달은 하늘에서 태양과 정확하게 같은 크기를 가지게 되어 개기일식이 일어날 때 태양을 완벽하게 가린다.

붉은 달(레드문)
개기월식은 평균적으로 1년에 한 번씩 일어나고, 지구의 밤인 지역에서는 어디서든 보이기 때문에 쉽게 볼 수 있다. 지구의 그림자는 몇 시간 동안 달을 천천히 가로지르기 때문에 지구 그림자에 가리지 않고 남은 달의 밝은 부분은 특정한 모양을 띠게 된다. 개기일식 동안에는 달이 붉은색으로 바뀌고 약 2시간 정도 지속된다.

화성

> 수십억 년 전 화성 표면에는 **거대한 강들이 흘러서** 큰 계곡들을 만들었다.

> 화성에서 일어난 **가장 최근의 화산 폭발**은 200만 년 전에 있었다.

지구에서 두 번째로 가까운 이웃인 화성은 한때 생명체가 살았을 수도 있는 얼어붙은 사막 세계다.

화성은 지름이 지구의 절반이고 훨씬 더 춥지만, 건조한 표면은 암석 평원, 둥근 언덕, 그리고 지구와 비슷한 모래 언덕과 같이 묘하게 익숙하다. 먼지 덮인 땅은 녹(산화철) 때문에 적갈색을 띠고, 이 때문에 지구에서 화성을 붉게 보인다. 그래서 고대 그리스와 로마인들은 이 행성에 자신들의 전쟁의 신 이름을 붙였다. 화성은 과거에는 더 따뜻하고 물이 많았던 것으로 보이고, 한때는 물이 표면 위를 흘러 도랑을 파고 퇴적암을 만든 흔적들이 있다. 어쩌면 미세한 외계 생명체의 화석이 땅속에 숨어 있을지도 모른다.

표면에서
화성에 처음으로 부드러운 착륙을 한 것은 1971년 소련의 탐사선 마르스 3호였다. 25개가 넘는 탐사선이 성공적으로 화성 가까이에서 궤도를 돌거나 화성에 착륙했다. 그중 10개의 착륙선은 성공적으로 자료를 보내왔다. 많은 화성 탐사 임무가 실패로 끝났지만 2012년에 착륙한 자동차 크기의 로버 큐리오시티(사진)처럼 성공적으로 무인 로버를 착륙시킨 임무도 있다.

핵
화성의 작고 뜨거운 핵은 대부분 철인데, 지구와는 달리 대부분 고체 상태이다. 바깥쪽 층만 부분적으로 녹아 있다.

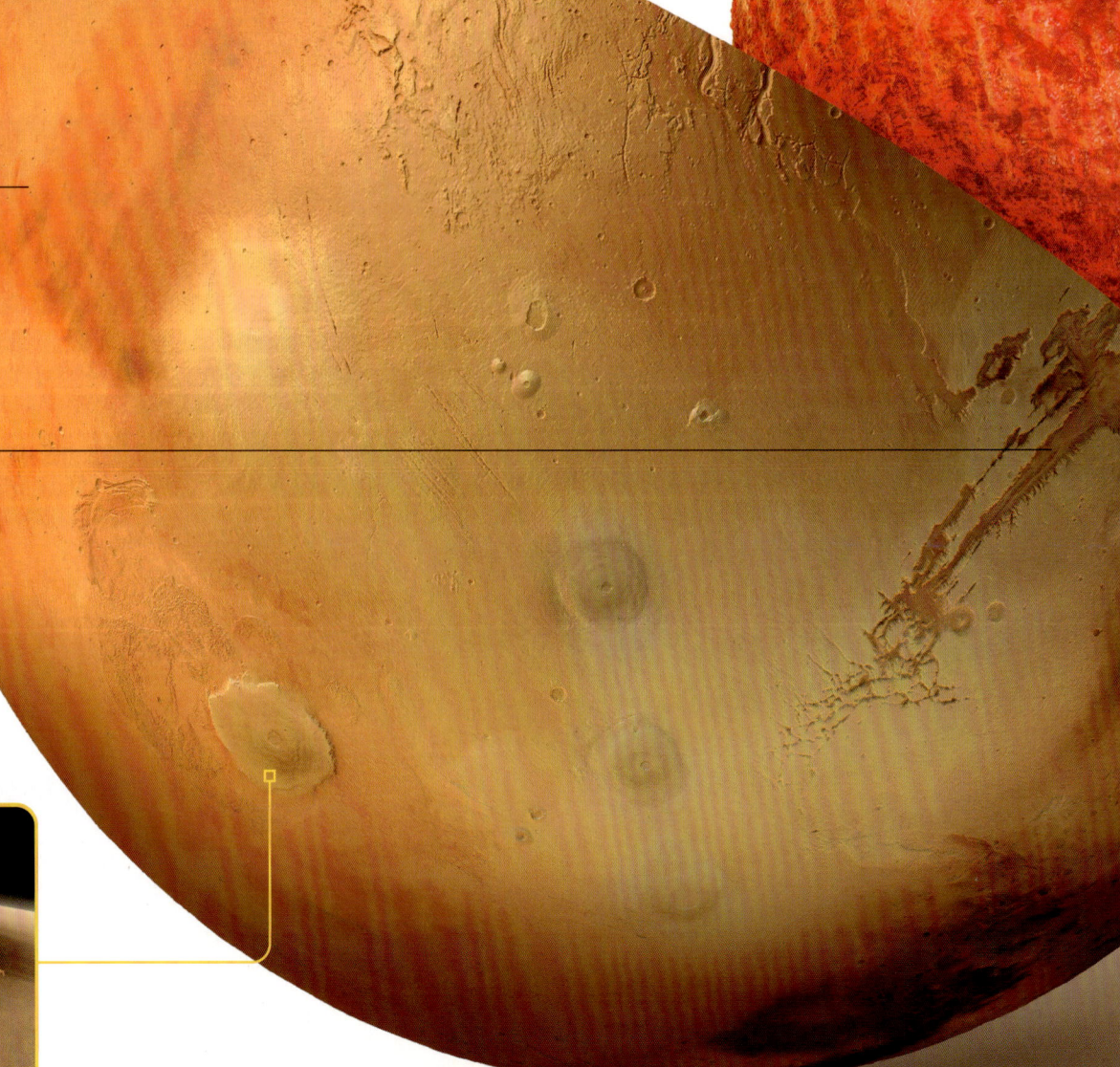

화성은 지구와 같이 극지방에 영구적인 얼음을 가지고 있다.

표면
사막 같은 표면은 암석 평원, 둥근 언덕, 산, 그리고 계곡들로 이루어져 있다. 모래 지역은 희미해 보이고 암석이 드러난 지역은 어둡게 보인다.

매리너스 협곡
매리너스 협곡이라고 불리는 계곡 시스템은 화성 표면의 적도 근처에 깊이 파여 있다.

올림푸스산
화성에는 태양계에서 가장 큰 화산이 있다. 화성 올림푸스산의 높이는 22킬로미터로 에베레스트산보다 3배 더 높다. 하지만 산의 경사가 너무 넓고 완만하기 때문에 방문객은 꼭대기를 거의 볼 수가 없을 것이다. 지구의 화산과는 달리 화성의 화산은 수백만 년 동안 계속 커질 수 있다. 화성의 지각은 움직이지 않기 때문이다.

화성에는 태양계에서 **가장 큰 먼지 폭풍**이 일어난다.

화성을 향해 시도했던 최초의 47개의 임무 중 24개만이 부분적으로 성공했다.

간단한 지식
표면 중력 (지구 = 1): 0.38
자전 주기: 지구 시간으로 24.6시간
1년: 지구 시간으로 687일
위성: 2개

지각
지각은 대부분 먼지로 덮인 화산암으로 이루어져 있다. 움직이는 판으로 쪼개져 있는 지구의 지각과는 달리 화성의 지각은 하나의 껍질처럼 되어 있다.

맨틀
화성의 지각 아래에는 규산염 암석으로 이루어진 두꺼운 층인 맨틀이 있다. 과거에는 내부의 열이 맨틀을 당밀처럼 움직일 수 있을 정도로 부드럽게 만들어 지각을 뒤틀어서 화산을 만들었다.

위성
화성은 감자처럼 생긴 두 개의 작은 위성을 가지고 있다. 그리스 공포의 신 이름을 딴 포보스와 데이모스다. 이 달들은 화성 가까이 날아왔다가 화성의 중력에 잡힌 소행성일 것으로 보인다.

포보스   데이모스

공전과 계절 변화
화성은 25시간이 조금 안 되는 주기로 자전하기 때문에 화성의 하루는 지구와 아주 비슷하다. 하지만 화성의 1년은 지구보다 훨씬 더 긴 687일이다. 화성은 자전축이 기울어져 있기 때문에 지구처럼 봄, 여름, 가을, 겨울의 사계절을 가지지만 모두 엄청나게 춥고 건조하다.

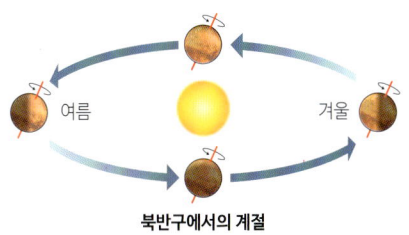

북반구에서의 계절

대기
화성은 주로 이산화탄소로 이루어진 얇은 대기를 가지고 있다. 가끔씩 강한 바람이 건조한 땅에서 먼지를 끌어올려 먼지 구름을 만든다.

수십억 년 전 화성 표면에는 **거대한 강들이 흘러서** 큰 계곡들을 만들었다.

태양계 ○ 매리너스 협곡

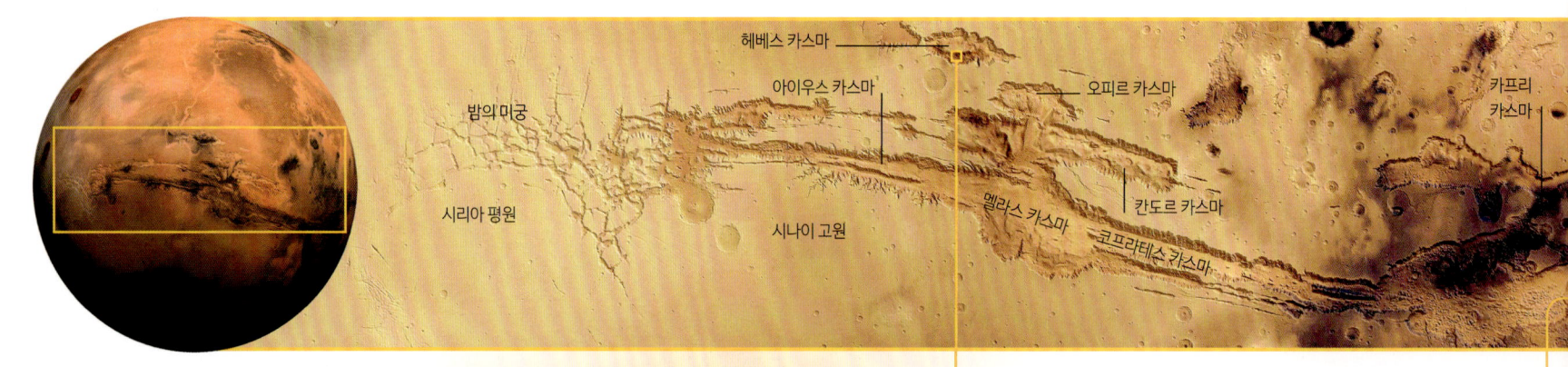

밤의 미궁
시리아 평원
헤베스 카스마
아이우스 카스마
시나이 고원
오피르 카스마
멜라스 카스마
칸도르 카스마
코프라테스 카스마
카프리 카스마

모래 언덕들
바람에 날려 온 모래가 매리너스 협곡의 바닥에 모여 거대한 모래 언덕들을 만들었다. 화성 정찰 궤도선이 찍은 이 가상 컬러 사진에서는 화성의 붉은 모래가 푸른색으로 보인다. 모래 언덕들이 바람에 의해 천천히 이동하기 때문에 모양은 계속해서 변한다.

방수로
매리너스 협곡의 안쪽과 주변에는 방수로라고 불리는 작은 계곡들이 있다. 이들은 얼음이 갑자기 녹아 홍수를 일으킬 때 만들어졌거나 화산이 폭발할 때 만들어졌을 수도 있다.

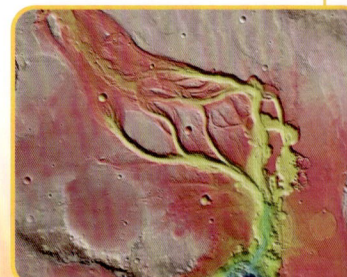

지구(graben)라고 불리는 깊은 참호는 거대한 암석 판들이 떨어져 나가면서 만들어졌다.

시리아 평원

계곡의 바닥은 산사태로 인한 돌무더기와 먼지로 덮여 있다.

시나이 평원

매리너스 협곡은 뉴욕에서 로스엔젤리스에 이를 정도로 길다.

화성에 있는 모든 모래 언덕의 5분의 1이 계곡에 있다.

매리너스 협곡

지구의 그랜드캐니언보다 5배 더 길고 약 4배 더 깊은 화성의 거대한 매리너스 협곡은 태양계의 불가사의 중 하나다.

1972년 이것을 처음 발견한 매리너 9호 탐사선의 이름을 딴 매리너스 협곡은 골짜기이다. 화성 역사 초기에 가까이 있는 화산들이 화성의 지각을 튀어나오게 만들 때 처음 갈라진 거대한 틈새다. 현재 이것은 화성 둘레의 5분의 1만큼 뻗어 있어서 화성 얼굴에 난 큰 흉터처럼 보인다. 수십억 년이 지나는 동안 홍수가 땅을 더 깊게 파고 산사태가 계곡의 벽을 무너뜨려 계곡, 절벽, 모래 언덕이 놀랍도록 다양한 풍경을 이루도록 만들었다.

밤의 미로

매리너스 협곡의 서쪽 끝은 벽이 급경사를 이루는 계곡들로 갈라지는데 이것을 '밤의 미로'라고 한다. 이곳의 계곡들은 화성의 다른 어떤 곳보다 물과 관련된 광물들을 많이 가지고 있다. 화성의 다른 곳이 말라 있던 20억 년 전에 이곳은 생명체가 있을 정도로 습기가 있었을 수 있다.

여러 개의 거대한 화산들이 매리너스 협곡 서쪽에 늘어서 있다.

밤의 미로에 있는 일부 계곡의 깊이는 5,000미터가 넘는다.

형성

매리너스 협곡은 화산 활동이 화성 지각의 가까운 지역을 솟아오르고 갈라지게 한 약 35억 년 전에 만들어지기 시작했다. 강한 힘이 지각을 갈라지게 하여, 중심부가 내려가서 깊은 계곡이 만들어졌다. 시간이 지나면서 벽이 침식되어 계곡은 더 넓어졌다.

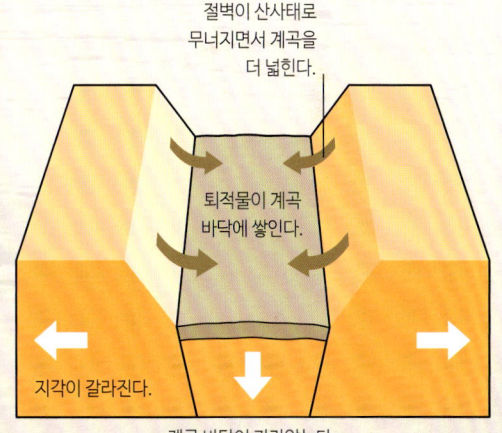

절벽이 산사태로 무너지면서 계곡을 더 넓힌다.

퇴적물이 계곡 바닥에 쌓인다.

지각이 갈라진다.

계곡 바닥이 가라앉는다.

크기

어마어마한 매리너스 협곡은 길이가 4,000킬로미터가 넘고 깊이는 최대 7킬로미터나 된다. 미국 애리조나에 있는 길이 약 800킬로미터에 1.6킬로미터 깊이의 그랜드캐니언을 초라하게 만든다.

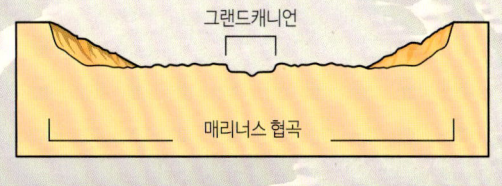

그랜드캐니언

매리너스 협곡

태양계 ○ 화성 탐사

150~300일 탐사선이 화성에 도착하는 데 걸리는 시간.

	이름	연도	국가
①	마르스 2호	1971	소련
②	마르스 3호	1971	소련
③	마르스 6호	1974	소련
④	바이킹 1호	1976	미국
⑤	바이킹 2호	1976	미국
⑥	소저너	1997	미국
⑦	화성 극지방 탐사선	1999	미국
⑧	비글 2호	2003	영국
⑨	스피릿	2004	미국
⑩	오퍼튜니티	2004	미국
⑪	피닉스	2007	미국
⑫	큐리오시티	2012	미국
⑬	스키아파렐리	2016	러시아/ESA
⑭	인사이트	2018	미국
⑮	퍼서비어런스	2021	미국
⑯	톈원 1호	2021	중국

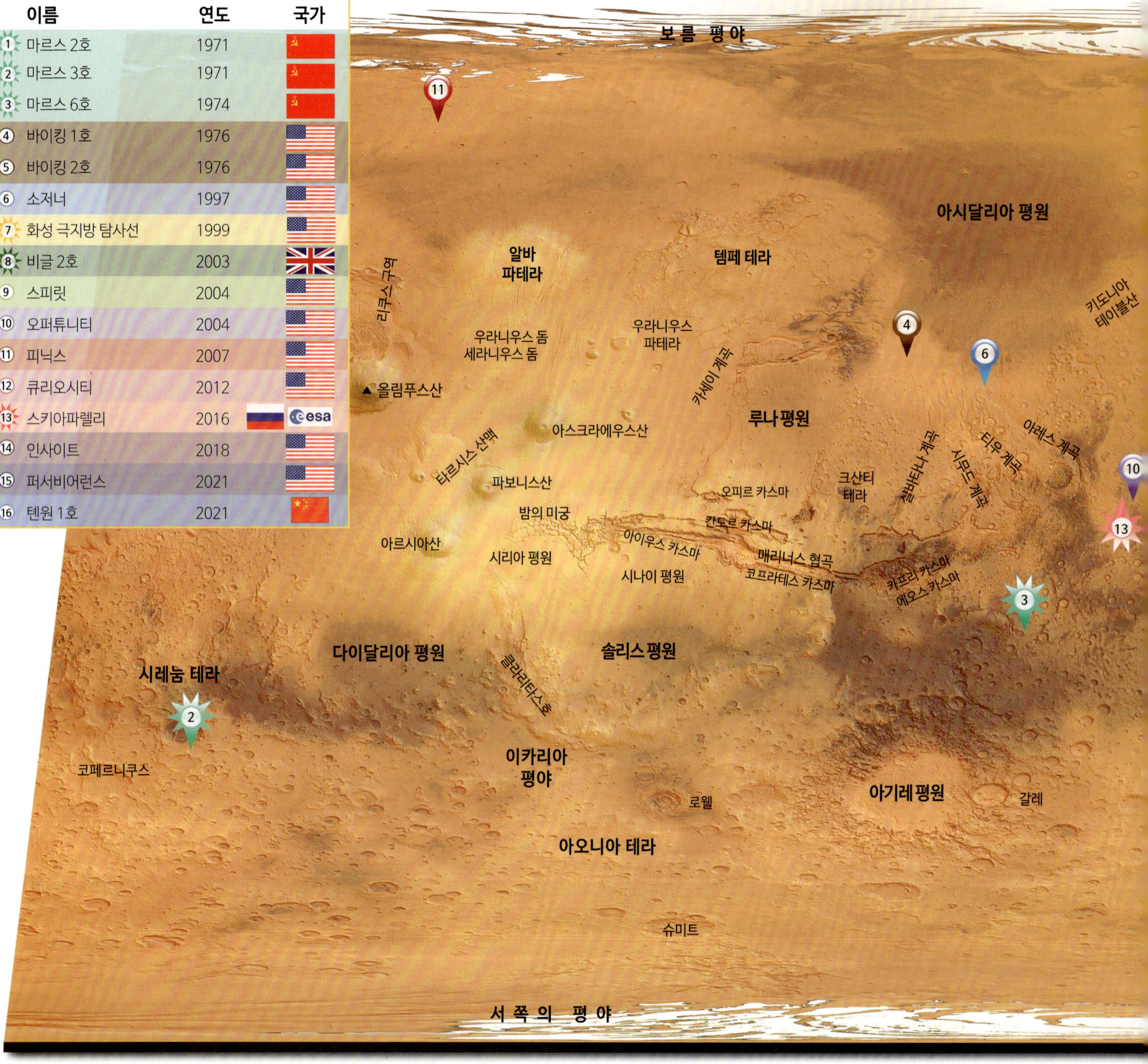

바이킹 침공
1976년 7월 바이킹 1호가 화성에 착륙하는 최초의 탐사선이 되었고, 곧이어 9월에 바이킹 2호(위)가 뒤따랐다. 착륙선들은 화성의 흙에서 생명 현상을 확인해 보았지만 생명체의 증거는 찾지 못했다.

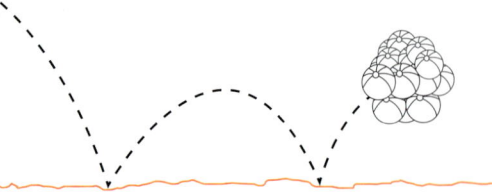

화성에서 튕기기
1997년 패스파인더 탐사선은 화성에 착륙하기 위해 에어백을 사용했다. 탐사선은 5번을 튕긴 후에 정지했다. 그리고 에어백의 바람이 빠지고 탐사선의 옆쪽 패널이 꽃잎처럼 열리면서 작은 로버가 굴러 나왔다.

6년 3개월 22일 바이킹 1호가 화성에서 작동한 시간.

100m 소저너 로버가 화성에서 이동한 거리.

기호
☀ 실패
📍 성공

화성 탐사

화성의 표면은 지구와 비슷하기 때문에 이 사막 세계는 다른 어떤 행성보다 많은 탐사선의 목표가 되었다. 거의 50개 이상의 임무가 화성을 향해 시도되었고 16개의 탐사선이 화성에 착륙했다. 착륙한 지점들은 이 지도에 표시되어 있다.

화성으로 보내진 너무나 많은 탐사선들이 실패로 끝났기 때문에 화성은 탐사선의 무덤으로 불린다. 어떤 것은 작은 목표물을 놓쳐 우주로 날아가고, 어떤 것은 착륙 전에 속력을 줄이는 데 실패하여 추락하기도 했다. 어떤 것은 모두 성공했는데 그냥 작동을 하지 않았다. 계속된 실패 끝에 1976년 드디어 바이킹 1호와 2호가 화성에 착륙하는 데 성공하여 멋진 화성 표면 사진들을 보내 주었다. 다음 성공적인 임무는 20년 후 NASA가 화성에 로버를 착륙시켰을 때 이루어졌다. 곧 더 크고 더 나은 로버들이 뒤를 이었고, 사람을 직접 보내는 유인 탐사 계획도 개발 중이다.

큐리오시티 로버

큐리오시티 로버는 지금까지 가장 성공적인 화성 방문객이었고 엄청난 양의 자료를 보내 주었다. 2013년 8월 6일 큐리오시티 로버는 생일 축하곡을 연주하여 1주년을 기념했다. 지구가 아닌 다른 행성에서 처음으로 연주된 음악이었다.

드론 인제뉴어티

이 드론은 첫 비행에서 10미터 높이로 나는 데 성공하여 다른 행성에서 비행한 최초의 동력 비행 물체가 되었다. 이 실험의 목적은 드론이 작동하는지 시험하여 앞으로 이와 비슷한 기기를 사용할 수 있을지 확인하기 위한 것이다.

붉은 행성

녹슨 색의 화성 풍경은 지구의 모래사막을 떠오르게 하지만 이곳의 온도는 지구의 한겨울 남극만큼 춥다.

우주복이 없는 사람에게 치명적인 화성에서도 로봇 로버는 움직인다. NASA가 만든 자동차 크기의 큐리오시티 로버는 화성 탐사 538일째인 2014년 2월 9일, 자신의 바퀴 자국 사진을 찍었다. 먼 언덕은 큐리오시티가 화성에서 한때 살았을지 모르는 생명체의 흔적을 찾는 크레이터의 경계다.

950km 한때 가장 큰 소행성으로 알려졌던 케레스의 지름.

소행성대

대부분의 소행성은 화성과 목성 궤도 사이에 있는 도넛 모양의 소행성대에 있다. 하지만 안쪽 행성들 사이에 흩어져 자리하는 소행성도 있으며, 목성과 같은 궤도에 '트로이 소행성군'이라는 그룹으로도 존재한다. 소행성대는 그림에서는 흔히 붐비는 것으로 그려지지만 사실 소행성들은 너무 멀리 떨어져 있어서 우주선을 타고 소행성대를 지나가는 승객은 단 하나의 소행성도 보지 못할 수 있다. 소행성대에 있는 모든 소행성들의 전체 질량은 달의 질량의 4퍼센트밖에 되지 않는다.

크기

큰 소행성은 아주 드물다. 26개의 소행성만이 200킬로미터보다 크다. 하지만 1킬로미터보다 큰 것은 수십만 개가 되고 그보다 작은 것은 수백만 개나 된다.

소행성

소행성이라고 알려진 수백만 개의 암석들이 태양계 안쪽을 질주하고 있다. 대부분은 화성과 목성 궤도 사이의 소행성대에 있다. 크기의 범위는 조약돌에서 수백 킬로미터의 괴물까지 다양하다.

소행성은 행성을 만든 암석 구름에서 남은 잔해들이다. 태양계 안쪽의 대부분의 암석들은 함께 모여 암석 행성이 되었는데, 목성 근처의 암석들은 거대 행성의 중력의 방해를 받아 뭉치지 못했다. 소행성대는 그 잔해들이 지금까지 남은 것이다. 소행성들은 행성들처럼 자전하면서 자신들만의 궤도로 태양을 공전한다. 소행성대에서 가장 큰 소행성인 케레스는 왜소행성으로 분류된다. 소행성들은 가끔씩 충돌하여 크레이터를 만들거나 서로를 부수기도 한다. 아주 가끔은 달들이나 행성들에 충돌하기도 한다.

머리와 몸통

투타티스의 모양은 이것이 소행성 두 개가 세로로 붙어서 만들어졌을 것이라고 추정하게 한다. 작은 소행성이 '머리'(왼쪽 부분)가 되고 큰 소행성이 '몸통'이 되었다. 대부분의 소행성은 불규칙한 모양을 띠지만, 가장 큰 소행성은 자체 중력으로 스스로를 끌어당겨 공처럼 둥근 구형을 이루고 있다.

| 2001년 | 소행성에 처음으로 부드러운 착륙을 한 해. | 2069년 | 소행성 투타티스가 다음으로 지구를 가까이 지나갈 해. | 0 | 앞으로 600년 안에 투타티스가 지구와 충돌할 가능성.

투타티스는 감자 같은 모양 때문에 두 축으로 자전한다. 그래서 마치 **잘못 던져진 럭비공처럼** 흔들리며 우주 공간을 날아간다.

케레스
NASA의 소행성 탐사선 돈이 촬영한 이 사진은 케레스 표면의 크레이터들을 잘 보여 준다. 돈은 2011~2012년에 소행성 베스타의 궤도를 돌았고, 2015~2017년에는 케레스를 조사했다. 다른 많은 소행성들과 달리 케레스는 물이 풍부하고, 표면으로 올라온 소금물이 증발하여 밝게 빛나는 결정을 남긴다.

크레이터
소행성들은 더 작은 소행성들과의 충돌로 만들어진 크레이터들이 있다.

투타티스
1989년 프랑스의 천문학자 크리스티앙 폴라는 5킬로미터 크기의 소행성 4197 투타티스(위 그림)를 발견했다. 투타티스는 가끔씩 지구에 가까이 다가오는 궤도를 가진 지구 근접 소행성이다. 2004년에 지구를 지나갔을 때는 달보다 불과 4배 더 먼 거리까지 다가왔다. 투타티스 정도 크기의 소행성은 약 2000만 년에 한 번씩 지구와 충돌하는데, 전 세계 인류를 쓸어 버릴 잠재력이 있다. 현재, 천문학자들은 우리 지구 가까이에서 돌아다니는 소행성들을 계속해서 지켜보고 있다. 지금까지 약 25,000개의 지구 근접 소행성이 발견되었고 그중에서 약 1,000개는 폭이 1킬로미터 이상이다. 큰 도시만한 크레이터를 만들기에 충분한 크기다.

유성과 운석

가끔씩 밤하늘을 가로지르며 날아가는 유성은 사실 별이 아니라 우주 암석의 작은 조각이다. 유성체라고 불리는 이런 암석 조각들이 매년 수백만 개씩 지구의 대기로 돌진한다.

대부분의 유성체는 소행성대나 혜성에서 왔지만, 일부는 운석 충돌로 달이나 화성에서 떨어져 나온 것이다. 보통은 모래알보다 크지 않다. 하지만 아주 작은 알갱이도 대기를 너무나 강하고 빠르게 때려대므로 대기의 공기 중에서 빛나며 우리가 유성이라고 부르는 빛의 선을 만든다. 대부분의 유성체는 공기 중에서 완전히 타지만 드물게 아주 큰 것은 살아남아 땅으로 떨어져 운석이 된다.

떨어지는 운석

큰 우주 암석이 대기를 때리면 극적인 효과가 나타난다. 지나가는 경로에 있는 공기는 엄청나게 압축되어 밝게 빛날 때까지 가열된다. 암석이 공기 중을 빠르게 지나가면 바깥층은 불이 붙어 떨어져 나가며 뒤쪽으로 수증기와 연기의 꼬리를 만든다. 큰 암석 운석은 너무나 뜨거워서 공중에서 폭발하여 엄청난 불꽃이 일고, 폭발음은 수 킬로미터까지 퍼지기도 한다.

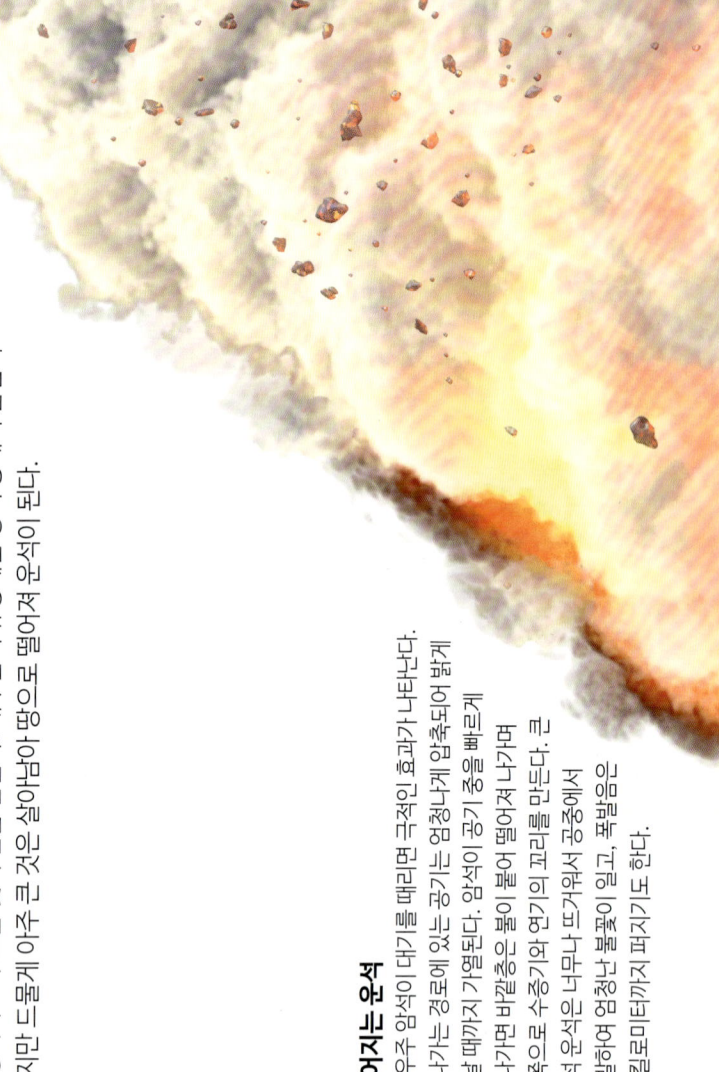
연기의 꼬리

하늘 위의 암석들

모래알 크기의 유성체는 밤에만 볼 수 있는 유성이 된다. 축구공만한 유성체는 낮에도 볼 수 있고 연기 꼬리를 남기기도 하는 밝은 파이어볼이 된다. 몇몇 큰 암석 유성체는 대기를 너무나 강한 힘으로 공중에서 폭발한다. 이 '폭발하는 유성' 의 충격으로 나무들을 쓰러뜨릴 수 있다. 살아남아 땅에 떨어지는 유성을 운석이라고 한다.

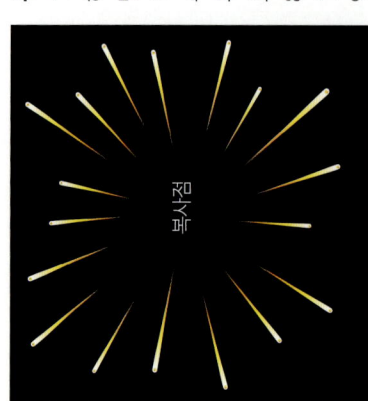

유성우

1년 중 특정한 시기에 지구가 혜성이 남겨 둔 우주공간의 먼지 경로 속으로 들어가면 때로 1시간에 100개가 넘는 유성을 볼 수 있다. 이 유성들은 복사점이라 부르는 같은 점에서 나오는 것처럼 보인다. 인상적인 유성우로는 8월의 페르세우스자리 유성우와 12월의 쌍둥이자리 유성우가 있다.

복사점

대충돌

북아메리카에서 가장 큰 운석은 미국 자연사 박물관에 있는 윌라메트 운석이다. 1902년 오리건에서 발견된, 아주 거대한 철 덩어리로 무게가 15톤에 이른다. 이 운석은 13,000년 전에 떨어진 것으로 여겨진다.

미국 자연사 박물관에 전시된 윌라메트 운석

매일 무게가 적어도 10그램 이상 되는 운석 100개가 지구 표면에 닿는다.

1908년 **시베리아 상공에서 폭발한 운석**은 2,000제곱킬로미터 면적의 나무를 쓰러뜨렸다.

45억 5000만 년
대부분의 유성체의 나이.

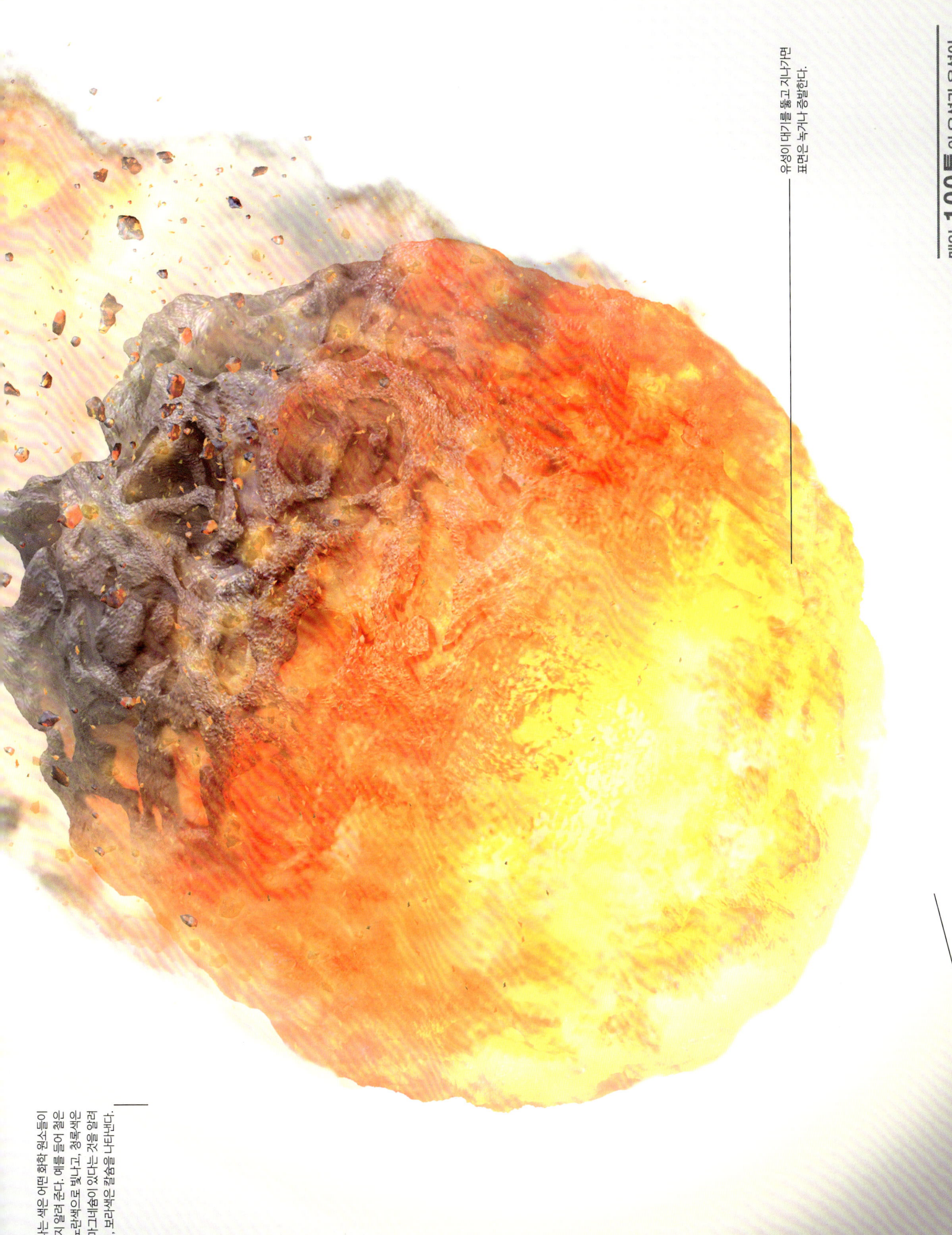

매일 100톤의 유성과 운석이 지구와 충돌한다. 고래리 20마리와 같은 무게다.

유성이 대기를 뚫고 지나가면 표면은 녹거나 증발한다.

유성의 앞쪽에는 공기가 엄청난 힘으로 압축되어 점점 뜨거워지며 흰색으로 빛난다.

빛나는 색은 어떤 화학 원소들이 있는지 알려 준다. 예를 들어 노란색으로 빛나고, 청록색은 마그네슘이 있다는 것을 알려 주며, 보라색은 칼슘을 나타낸다.

목성

목성은 가장 큰 행성으로, 질량이 다른 모든 행성들을 합친 질량의 두 배이다. 지구나 화성과 같은 암석 세계와는 달리 목성을 거대 기체행성으로, 단단한 표면이 없는 회전하는 기체와 액체의 구다.

목성의 부피는 지구보다 1,300배 더 크고 중력이 워낙 강하기 때문에 태양계를 날아다니는 소행성과 혜성의 경로를 휘어지게 한다. 엄청난 크기에도 불구하고 아주 빠르게 자전하여 하루가 채 10시간이 되지 않는다. 빠른 자전은 목성의 적도 부근을 눈에 띄게 튀어나오게 만들고, 다양한 색상의 수평의 줄무늬와 소용돌이치는 폭풍을 만든다. 가장 큰 폭풍, 대적반은 지구보다 크다. 번개가 목성 밤 쪽의 어둠 속에서 번쩍이는 것을 볼 수 있다. 행성은 전체가 유인 임무를 극도로 위험하게 만드는 치명적인 방사선대로 둘러싸여 있다.

목성에 충돌하는 혜성과 소행성들이 관측된다.

−148°C 목성의 구름 꼭대기의 온도.

목성은 지구보다 318배 더 무겁다.

핵
목성의 중심은 점점 퍼지는 큰 핵이다. 무거운 원소들이 수소, 헬륨과 섞인다. 이곳은 거의 섭씨 15,000~20,000도여서 태양의 표면보다 뜨겁다.

핵의 크기
핵은 표면까지 절반쯤 확장되어 있고, 점차 위층과 섞인다.

폭풍 지점
목성 대기의 폭풍은 여러 색깔의 타원형을 이룬다. 지름 12,000킬로미터의 대적반은 수백 년 동안 몰아치고 있다. 이곳의 붉은색은 태양빛이 가장 높이 있는 구름들의 꼭대기에 있는 화학 물질을 분해하여 만들어지는 것으로 보인다.

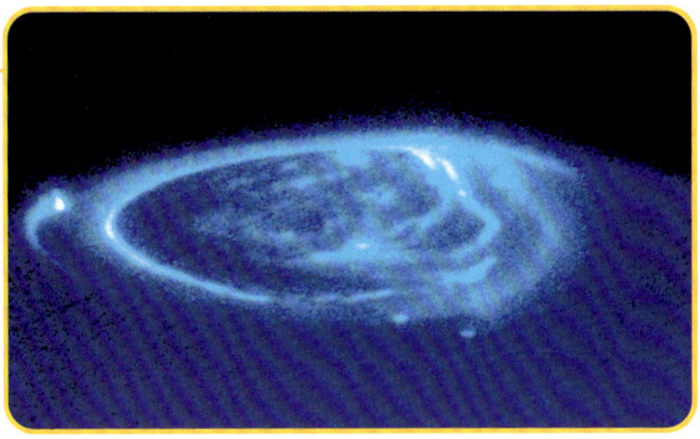

360km/h 목성에서 일반적인 바람의 속력.   **46km/s** 목성에서 일반적인 바람의 속도.   목성은 **내부의 열** 때문에 목성으로 들어간 에너지보다 1.6배 많은 에너지를 방출한다.   45

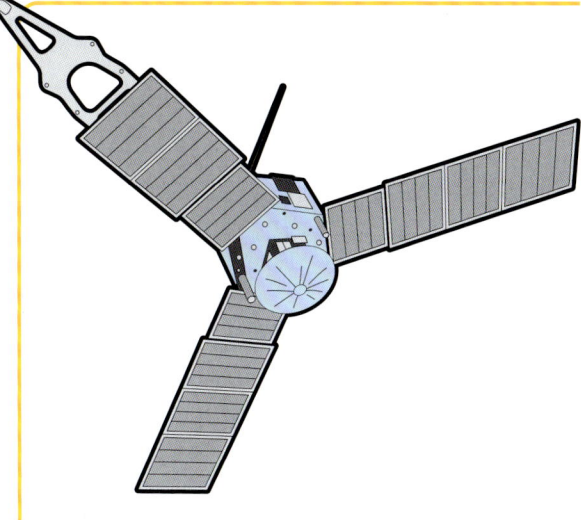

오로라
목성의 극에서는 가끔 오로라(위는 자외선으로 본 모습)라고 하는 빛이 나타난다. 이것도 지구 북극과 남극의 오로라처럼 우주에서 온 전기를 띤 입자가 대기와 충돌하여 기체 원자를 빛나게 해서 만들어진다. 목성의 오로라는 지구의 오로라보다 100배 더 밝다.

액체
목성 깊은 곳에 있는 수소는 거대한 압력 때문에 액체처럼 행동한다. 이 층에는 아마 헬륨과 네온도 있을 것이다.

액체층
금속층 위에는 거대한 액체 수소의 바다가 있다. 이 바다는 표면을 가지고 있지 않고, 위로 가면서 점점 얇아져 목성 대기의 기체와 결합한다.

대기
기체 수소가 목성 대기의 90퍼센트를 차지하고 있다. 나머지는 대부분 헬륨이고 소량의 다른 원소들이 있다.

이웃하는 구름 대와 반대 방향으로 바람이 불기 때문에 경계에서 소용돌이무늬가 만들어진다.

구름층
구름층은 두께가 50킬로미터밖에 되지 않는다. 구름의 대부분은 응결된 암모니아 결정으로 이루어진 것으로 보인다.

주노 우주선
NASA의 탐사선 주노는 2016년 7월, 목성 궤도에 들어갔다. 목성의 중력, 자기장, 구성을 연구하고 사진을 찍는 임무를 맡았다. 주노가 보내온 자료는 목성의 핵에 대한 과학자들의 생각을 바꾸었다. 이제는 핵이 수소, 헬륨, 더 무거운 원소들이 섞인 상태이며 중심에서 표면까지 반쯤 차지하고 있다고 생각한다.

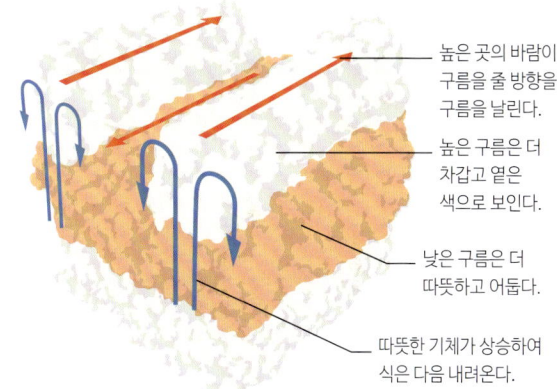

높은 곳의 바람이 구름을 줄 방향을 구름을 날린다.

높은 구름은 더 차갑고 옅은 색으로 보인다.

낮은 구름은 더 따뜻하고 어둡다.

따뜻한 기체가 상승하여 식은 다음 내려온다.

구름 대
목성의 다양한 색상의 줄무늬는 높이가 다른 구름들로 이루어져 있다. 옅은 색의 줄은 기체가 상승하여 높은 얼음 구름을 만드는 곳이다. 높은 구름의 줄무늬 사이에는 아래쪽의 따뜻한 구름층이 어두운 색으로 보인다.

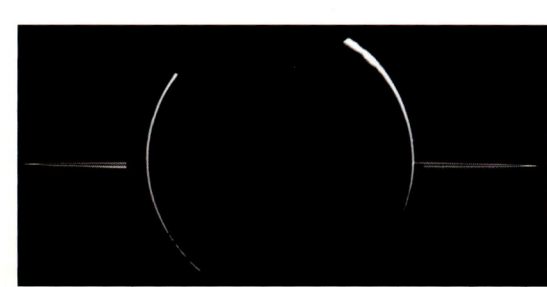

가는 고리
목성의 어두운 고리들은 1979년 보이저 1호가 찍은 사진에서 처음 발견되었다. 이 고리들은 이후 지구에서도 적외선으로 관측되었다. 이 고리들은 주로 목성의 작은 위성들에서 나온 먼지로 이루어졌다.

간단한 지식
- 표면 중력(지구=1): 2.36
- 자전 주기: 지구 시간으로 9.9시간
- 1년: 지구 시간으로 12년
- 위성: 최소 79개

태양계 • 목성의 위성

2009년에 혜성이 목성에 충돌하여 **태평양 크기의 검은 흉터를** 만들었다.

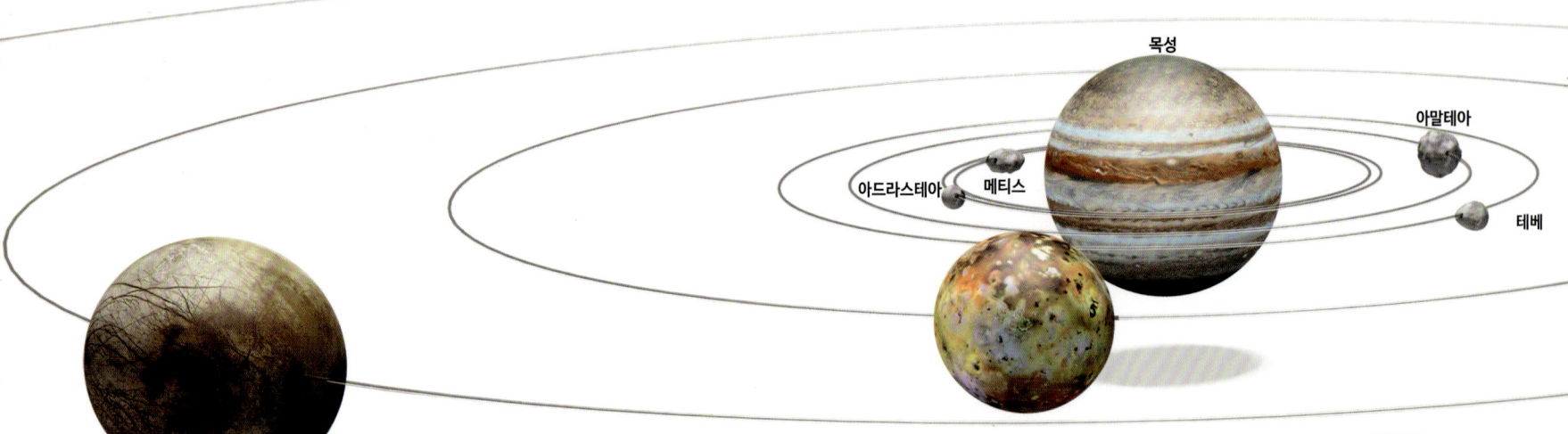

유로파
유로파의 얼음 표면은 이상한 흠과 틈새로 덮여 있다. 지구의 암석 지각이 충돌하는 조각들로 쪼개져 있는 것처럼 유로파의 얼음 지각도 반대 방향으로 밀고 당기는 조각으로 쪼개져 있다. 지하 깊은 곳에 있는 염분의 바다에 있는 물이 틈새로 분출하여 얼어서 새로운 땅을 만든다.

이오
목성과 다른 갈릴레오 위성들 사이의 중력에 의한 줄다리기 때문에 이오는 강력한 힘으로 뒤틀어져 내부가 녹아 있다. 다양한 색상의 황 화합물이 풍부한 용융된 암석이 거대한 화산들을 통해서 전 표면에서 분출한다.

가니메데
이 큰 위성은 수성보다 지름이 약 10퍼센트 더 크고, 만일 목성이 아니라 태양의 주위를 돌았다면 행성으로 분류되었을 것이다. 표면은 크레이터가 많고 오래된 어두운 영역과 크레이터가 거의 없으며 젊고 옅은 영역이 뒤섞여 있다. 지하에서 분출된 얼음 슬러시가 젊은 영역의 표면을 새롭게 만든다.

목성의 위성

목성은 질량이 거대하기 때문에 중력도 매우 강하다. 결과적으로 이 거대 행성은 최소 70개의 위성을 자기 주위를 도는 궤도에 붙잡았다. 작은 위성들은 원래는 소행성이나 혜성이었는데 목성에 너무 가까이 다가갔다가 목성의 중력에 붙잡혔을 것이다. 원래의 위성은 크기가 커서 그중 4개는 행성만큼이나 크다.

목성의 가장 큰 4개의 위성은 1610년 이탈리아의 위대한 천문학자 갈릴레오 갈릴레이가 발견했기 때문에 갈릴레오 위성이라고 불린다. 이 4개의 세계는 아주 다르다. 가장 안쪽의 위성인 이오에는 수백 개의 화산이 있다. 그다음은 얼음으로 덮여 있고 그 아래에 바다를 숨겨 둔 것으로 보이는 유로파로 태양계에서 생명체가 있을 수 있는 몇 안 되는 곳 중 하나다. 가니메데는 태양계 위성들 중에서 가장 크고 자기장을 지닌 유일한 위성이다. 칼리스토는 크레이터로 덮여 있다. 칼리스토의 표면은 태양계의 어떤 위성이나 행성보다 더 오래되었을 것이라고 여겨진다.

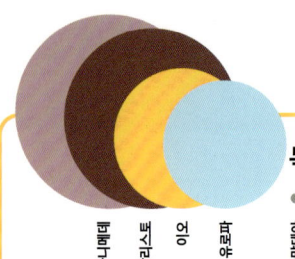

목성의 위성 크기 비교

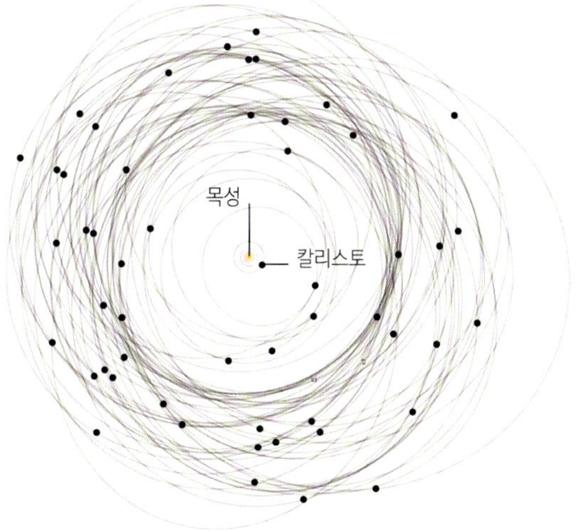

칼리스토
태양계에서 크레이터가 가장 많은 천체다. 칼리스토는 운석의 흉터로 덮여 있다. 많은 크레이터의 수는 표면이 아주 오래되었다는 것을 말해 준다. 이상하게도 작은 크레이터는 칼리스토에 거의 없다. 과학자들은 작은 크레이터들이 가장자리의 얼음이 우주로 증발하여 작은 언덕을 남기며 점점 사라졌다고 생각한다.

바깥 위성들
목성의 많은 바깥 위성들은 크기가 몇 킬로미터밖에 되지 않고 복잡한 구름 속에서 목성의 궤도를 돈다. 안쪽 위성들은 목성의 자전과 같은 방향으로 공전하고 원형의 궤도는 목성의 적도와 잘 일치한다. 반면 바깥 위성들은 양쪽 방향 모두로 공전하고 궤도는 종종 크게 기울어지거나 찌그러져 있다. 이런 경향 때문에 이들 대부분은 사로잡힌 천체들이라고 여겨진다.

운석들이 칼리스토의 어두운 표면에 구멍을 만들어 아래에 있던 밝은색의 얼음을 드러나게 했다.

48 태양계 · 이오

1610년 이탈리아의 천문학자 **갈릴레오 갈릴레이**가 이오를 발견한 해.

화산 분화구
경사가 급한 절벽으로 둘러싸인 화산 분화구 투판 파테라는 용암이 황이 풍부한 물질과 섞이면서 만들어 낸 다양한 색을 보여 준다.

폭발
이오는 중력이 약하기 때문에 화산이 폭발하면 물질을 수백 킬로미터의 우주로 날릴 수 있다.

이오의 표면에서는 충돌 크레이터가 발견되지 않는다. 용암과 재가 충돌로 만들어진 모든 흉터를 빠르게 숨긴다.

하부 맨틀
이오의 핵은 약 1,000킬로미터 두께의 부분적으로 용융된 암석층으로 둘러싸여 있다.

핵
이오는 지름 약 1,500킬로미터의 뜨거운 용융된 철 혹은 황화철의 핵을 가졌을 수 있다.

대부분 편평하긴 하지만, 이오의 100개가 넘는 산들 중에는 높이가 18킬로미터에 이르는 것도 있다.

조석력은 이오의 지면을 최대 **100미터** 높이거나 낮춘다. 지구에서 가장 높은 조차의 5배보다 크다.

간단한 지식
목성 공전 주기: 지구 시간으로 1.77일
질량 (지구 = 1): 0.015
표면 온도: -163°C
지름: 3,643 km

이오   달

용융된 상부 맨틀
50킬로미터 두께의 용융된 암석층이 이오의 지각 아래에 있는 것으로 보인다.

대기
이오는 밤에는 얼어서 땅으로 떨어지고 밤에는 증발하는 얇은 이산화황 대기를 가지고 있다. 태양빛을 받는 쪽에서 어두운 쪽으로 끊임없이 강한 바람이 분다.

펠레라고 불리는 이 활화산은 분화구 중심부에 용암 호수가 있다.

지각
이오는 굳은 용암과 폭발 때 나온 황 화합물로 덮인 40킬로미터 두께의 지각을 가지고 있다. 다양한 색은 여러 종류의 황에서 온 것이다.

이오

태양계에서 화산 활동이 가장 활발한 천체인 목성의 위성 이오는 끊임없이 우주로 물질을 분출하고 있다. 이오의 얼룩진, 용암으로 뒤덮인 얼굴은 얼음으로 덮인 목성의 다른 위성들과는 완전히 다른 세계다.

이오의 화산은 이오 자신에게만 영향을 미치는 것이 아니다. 화산들은 엄청난 양의 물질을 우주로 내보내 목성 주위에 도넛 모양의 전하를 띤 입자들의 고리인 '플라스마 토러스'를 만든다. 플라스마 토러스는 목성과 이오 사이의 공간에 전류를 흐르게 하여 목성에 번개 폭풍을 일으켜 주변의 기체를 빛나게 한다. 이오에 화산이 있다는 사실은 1979년 보이저 1호 우주선이 가까이 다가가기 전에 이미 과학자들이 예측하고 있었다. 보이저가 보내온 놀라운 사진들은 과학자들의 예측을 확인해 주었다. 이오는 너무나 자주 폭발하기 때문에 말 그대로 안팎이 뒤집히고 있다.

조석 가열

이오의 화산 활동의 원인은 중력이다. 이오는 목성의 주위를 돌면서 목성과 다른 위성들의 중력에 의해 여러 방향으로 늘어난다. 이 조석력은 이오의 모양을 계속 바꾸어 내부를 가열하여 녹이는 마찰력을 만들어 낸다.

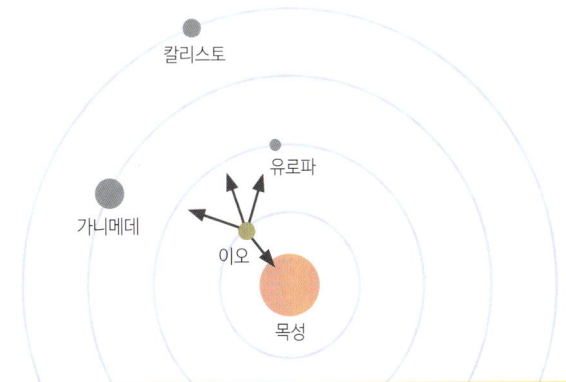

바뀌는 얼굴

이오의 겉모습은 자주 일어나는 폭발 때문에 빠르게 바뀔 수 있다. 5개월 간격으로 찍은 이 사진에서 폭발에 의한 낙진이 지름 400킬로미터의 영역을 검은 물질로 덮은 것을 볼 수 있다. 붉은 고리는 펠레라고 불리는 다른 화산의 낙진이다.

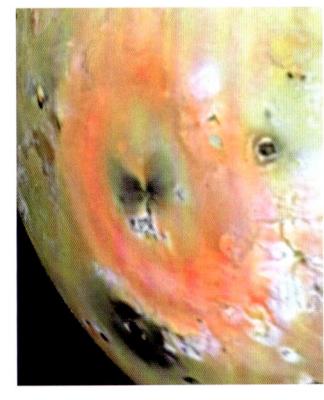 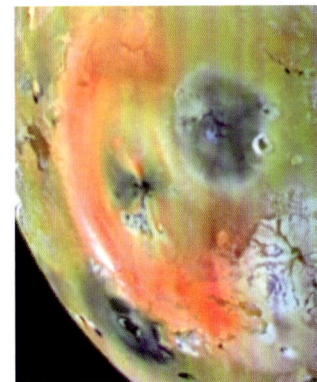

토성

764개 토성 안에 들어갈 수 있는 지구의 수.

이 거대한 행성을 둘러싸고 있는 멋진 고리는 태양계의 장관 중 하나이다. 토성은 목성 다음으로 큰 행성이고 목성처럼 거대한 위성 가족을 데리고 있다.

토성은 수소와 같이 지구에서는 기체로 존재하는 화학 물질로 만들어진 회전하는 거대 행성이다. 목성의 96퍼센트는 수소지만 바깥층들만 기체로 되어 있다. 토성의 깊은 안쪽은 그 위에 있는 기체의 무게에 눌려 수소가 액체로 압축되어 있다. 토성은 거의 목성만큼이나 크지만 질량은 목성의 3분의 1도 되지 않아서 밀도가 훨씬 낮다. 실제로 행성들 중에서 가장 밀도가 낮다. 그리고 구형에서 가장 크게 벗어나 있기도 하다. 토성은 너무나 빠르게 회전하기 때문에 적도 부분이 튀어나와 아래위보다 옆으로 더 넓다. 목성과 마찬가지로 폭풍 치는 바깥쪽 대기는 강한 바람으로 구름을 쓸어 수평의 줄무늬를 만든다.

토성의 극지방은 겨울에 파란색이 된다. 태양빛이 상대적으로 구름이 적은 공기에 산란되어 나타나는 효과다.

대기
토성의 대기는 대부분 수소와 헬륨이며, 맨 위에는 암모니아 얼음과 물 얼음의 구름이 있다. 수평 방향으로 부는 바람이 부드러운 색의 구름을 쓸어 목성처럼 줄무늬를 만든다. 하지만 소용돌이와 폭풍은 목성보다 더 적다.

액체 수소 층
토성 대기의 엄청난 무게가 아래에 있는 수소를 액체가 되도록 눌러 거대한 내부 바다를 만든다. 이 액체 수소의 바다는 경계가 없이 그 위에 있는 기체층과 점차적으로 합쳐진다.

고리들
토성의 고리들은 거의 완벽한 평면에서 토성의 궤도를 도는 얼음 조각으로 이루어져 있다. 얼음은 태양빛을 반사하여 종종 아주 밝게 보인다.

간단한 지식
- **표면 중력 (지구 = 1):** 1.02
- **자전 주기:** 지구 시간으로 10.7시간
- **1년:** 지구 시간으로 29년
- **위성:** 최소 82개

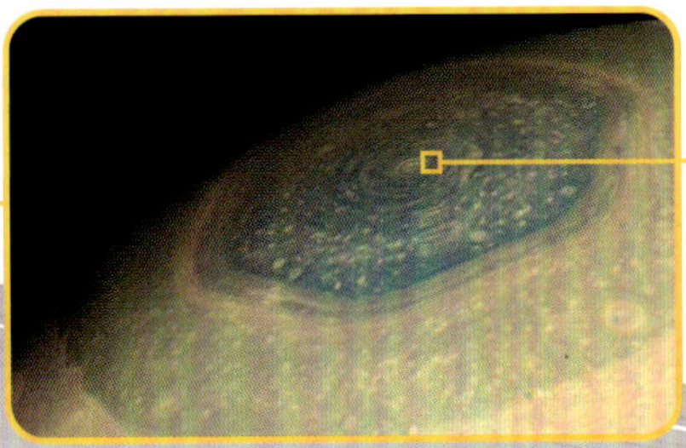

번개는 지구의 번개보다 10,000배 더 강하다. 토성은 태양계에서 물보다 밀도가 낮은 유일한 행성이다. **1979년** 토성에 우주선이 처음으로 방문한 해.

극의 6각형

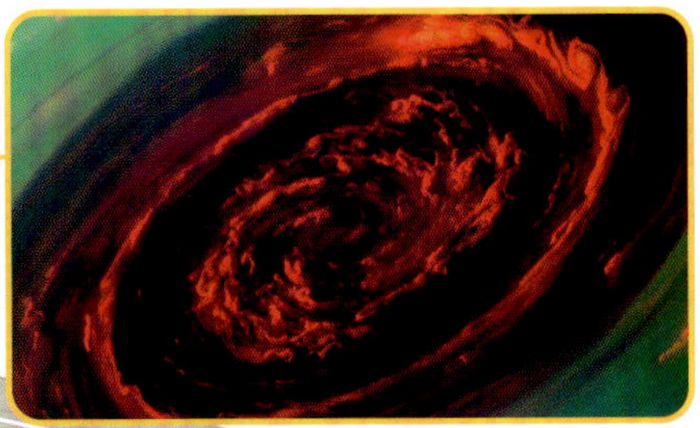

극의 허리케인

극의 6각형
토성의 북극 근처에는 구름들이 의문의 6각형 모양을 만들어 수십 년간 지속되고 있다. 6각형의 각 변은 지구 지름보다 더 길다. 이것은 수명이 긴 파동으로 보인다. 남극에는 이런 모양이 보이지 않는다. 그 중심에는 위 사진처럼 색을 입혀 표시한 무시무시한 허리케인이 있다. 풍속은 최대 시속 530킬로미터로 지구의 허리케인보다 5배 더 빠르다.

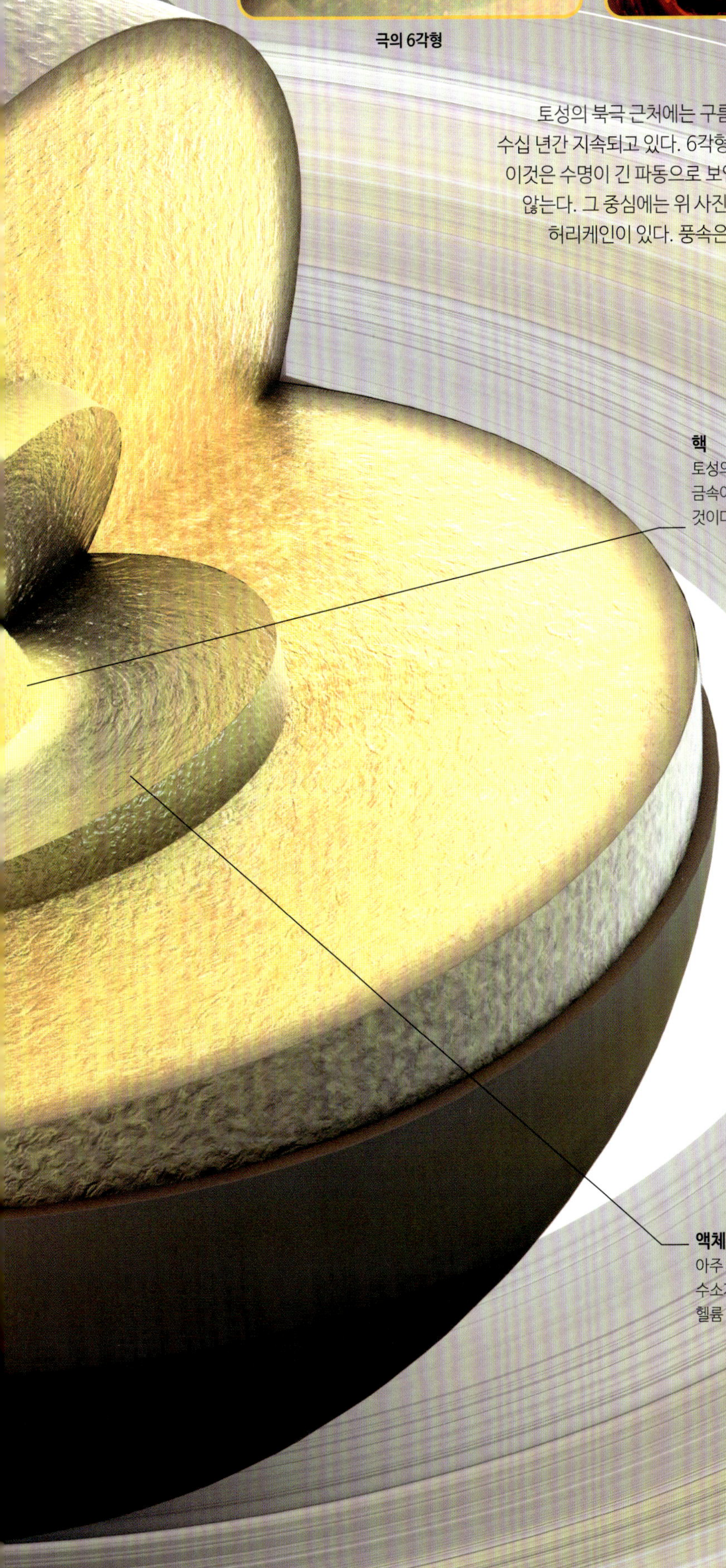

핵
토성의 중심에는 암석과 철과 니켈 금속이 섞여서 만들어진 핵이 있을 것이다.

액체 금속 층
아주 깊은 곳에서는 압력이 너무 강하여 수소가 액체 금속으로 바뀐다. 추가로 액체 헬륨 층이 핵을 둘러싸고 있을 수도 있다.

바뀌는 모양
토성은 자전축이 기울어져 있기 때문에 지구에서 보는 고리의 모양은 토성이 태양의 궤도를 도는 동안 크게 바뀐다. 고리가 옆으로 있을 때(2010년)는 거의 보이지 않는다. 고리가 완전히 보였다가 보이지 않게 되었다가 다시 보이기까지는 대략 15년이 걸린다.

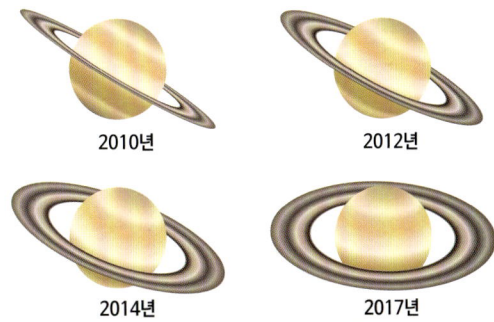

2010년   2012년

2014년   2017년

길쭉한 폭풍
2011년 거대한 폭풍이 토성의 뿌연 표면에 나타나 동쪽으로 빠르게 퍼졌다. 몇 달 후 이것은 토성 전체에 퍼져 구름을 소용돌이와 물결(아래 사진에서 색을 입힌 부분)로 휘저었다.

토성을 향한 임무
핵연료로 작동하고 토성과 토성의 고리와 위성들을 연구할 과학 장비들로 무장한 카시니 우주선은 2014년 토성에 도착하여 2017년까지 작동했다. 여기서 보내온 자료와 사진은 토성에 대한 우리의 이해를 완전히 바꿔 놓았다. 카시니 호는 토성의 가장 큰 위성인 타이탄으로 하위헌스 탐사선을 발사했고, 하위헌스 호는 낙하산을 펴고 타이탄 표면에 내려갔다.

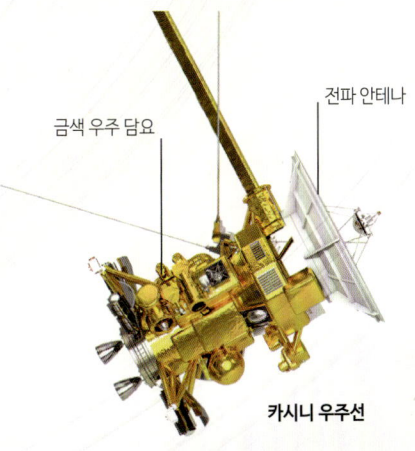

금색 우주 담요   전파 안테나

카시니 우주선

토성의 고리

토성의 궤도를 도는 얼음 조각들이 만든 거대한 원은 과거에 부서진 위성의 잔해일 수 있다. 작은 망원경으로도 볼 수 있는 토성의 고리는 지름은 수천 킬로미터이지만 두께는 몇 미터밖에 되지 않는다.

토성 고리의 모든 입자들은 거대 행성의 중력에 잡혀 토성의 궤도를 돈다. 떠다니는 얼음 덩어리들은 서로를 중력으로 끌어당기기도 하고 토성 위성들의 중력에도 끌린다. 이 모든 힘들이 결합되어 고리의 물질들을 특정한 거리에서는 모이게 하고 어떤 거리에서는 별로 없게 하여 여러 개의 고리와 틈새를 만든다. 모든 거대 행성들은 고리 시스템을 가지고 있지만 목성, 천왕성, 해왕성의 고리 시스템은 토성보다 훨씬 약하다.

카시니 호의 눈으로
카시니 우주선은 토성 주위를 돌면서 토성의 고리들을 자세히 연구했다. 2013년 7월 카시니 호는 토성의 그림자 속으로 들어가 태양빛으로 빛나는 토성 고리들의 환상적인 사진들을 찍었다. 이 사진들은 평소에는 볼 수 없는 뿌연 푸른색의 바깥쪽 고리들을 보여 주었다. 그중에서 가장 큰 고리인 E고리는 토성 위성 엔켈라두스의 간헐천에서 분출된 미세한 얼음 알갱이들의 구름이다.

고리 시스템

토성 위성의 중요한 부분에는 알파벳이 붙어 있고, 그 사이에 있는 틈새에는 유명한 천문학자들의 이름이 붙어 있다. 토성의 위성 미마스의 중력은 카시니 간극이라고 알려져 있는 가장 큰 틈새를 만든다.

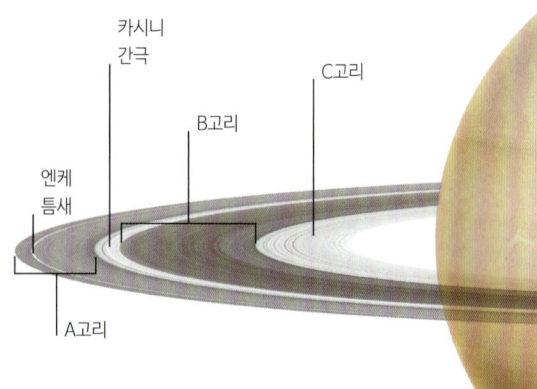

카시니 간극
B고리
C고리
엔케 틈새
A고리

주요 고리

아래 그림은 토성의 주요 고리인 B고리에서 가장 밀집한 부분을 보여 준다. 여기에 있는 얼음 조각들은 가끔씩 충돌하여 부서진다. 새롭게 드러난 얼음 표면이 태양빛을 반사하여 토성의 고리를 다른 거대 행성들의 어둡고 먼지 같은 고리들에 비해 훨씬 밝게 만들어 준다.

고리의 얼음 덩어리들의 크기는 작은 얼음 알갱이만 한 것부터 집채만 한 크기까지 다양하다.

양치기 위성들
몇몇 토성 위성들은 고리 사이에서 토성 궤도를 돈다. 이런 '양치기 위성'은 자기 궤도를 청소하여 얼음 조각들을 다른 곳으로 보낸다. 토성의 위성인 다프니스(위) 역시 토성 주위를 돌면서 고리에 파도를 일으킨다.

280,000km 토성의 주요 고리의 지름. **10m** 토성 고리 대부분 지역의 두께. **1000만~1억 년** 추정되는 토성 고리의 나이.

1983년 혜성 혹은 소행성이 토성의 고리를 때려 고리 안의 물질들이 **30년 넘게** 진동하였다.

고리들은 주로 산소로 이루어진 자신만의 아주 약한 대기가 있다.

대부분의 얼음들은 아주 편평한 면에 있지만 큰 얼음들이 위로 솟아 있기도 하는데, 높이가 4킬로미터에 이르는 '혹'도 있다.

고리의 세계

토성의 환상적인 고리들은 작은 곡물에서 버스 크기에 이르는 반짝이는 얼음 조각들로 이루어져 있다.

토성의 고리를 처음 본 사람인 이탈리아의 천문학자 갈릴레오 갈릴레이는 고리를 '귀'라고 불렀다. 이후 망원경과 탐사선으로 관측해 토성의 고리가 수천 개의 독립적인 고리들로 이루어져 있음을 알게 되었다. 이 사진은 2004년 카시니 우주선이 찍은 사진 126장을 합친 것이다. 중력은 고리에 있는 물질들을 놀라울 정도로 얇은 평면으로 끌어당겼다. 주요 고리의 축소 모형을 복사 용지로 만들면 그 지름은 약 2킬로미터가 된다.

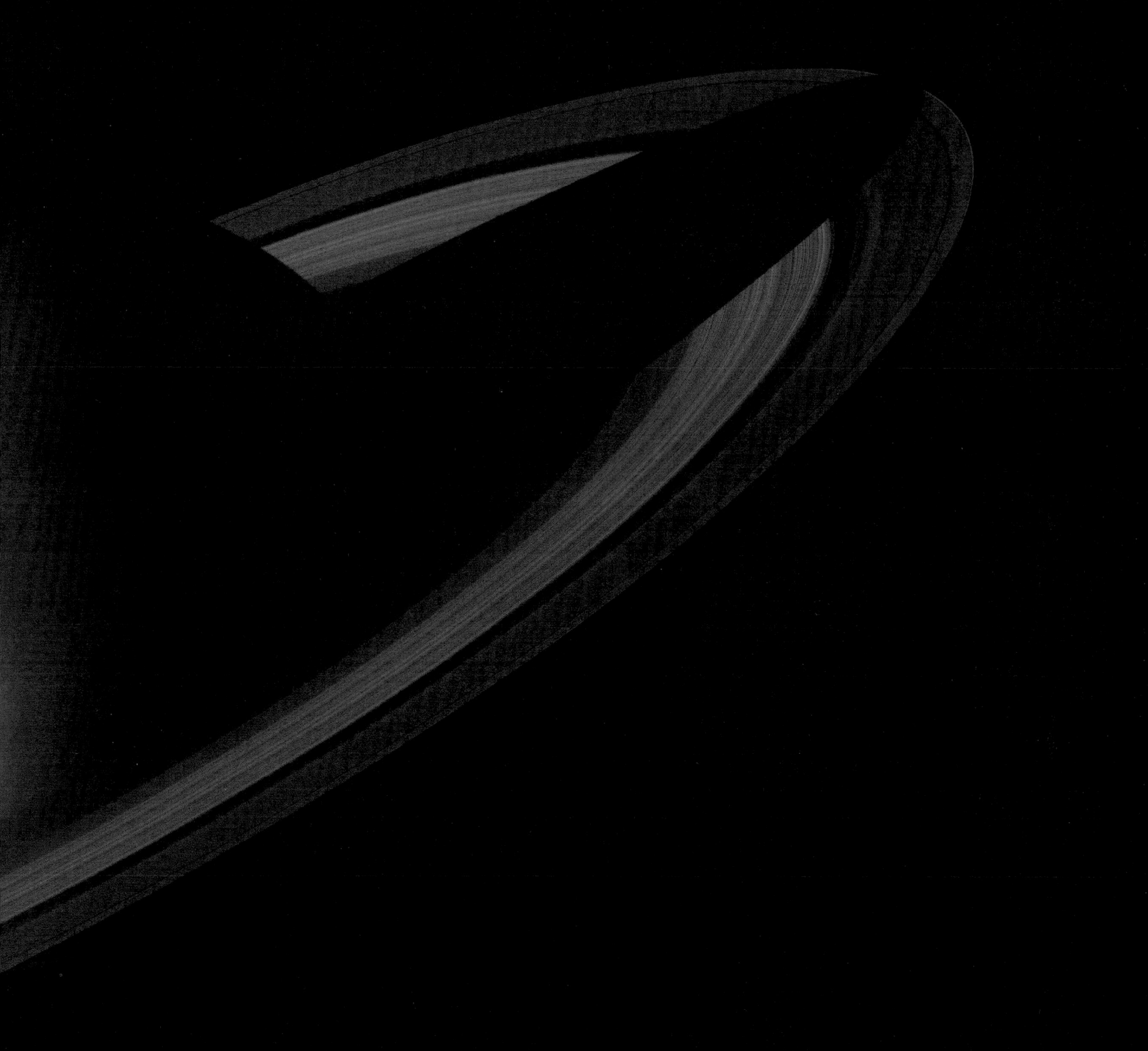

토성의 위성

토성의 주위를 도는 위성은 너무나 많다. 토성의 위성들은 복잡한 체계를 이루고, 궤도는 몇 가지 그룹으로 구분된다.

토성에는 최소 82개의 위성이 있는데 실제로는 더 많을 것이다. 가장 안쪽의 위성들은 토성의 고리 시스템의 일부인데 그중 어떤 것은 자신들의 적도 주변에 얼음 조각이 너무 많이 모여서 두드러지는 능선을 가지고 있다. 고리 바깥에는 지름 수백 킬로미터에 대부분 얼음 지각을 가진 토성의 가장 큰 위성들이 있다. 그중에서 가장 큰 것은 행성인 수성보다 더 큰 타이탄이다. 안쪽의 위성들과 큰 위성들은 모두 토성의 자전 방향과 같은 방향으로 움직이는데, 이는 이들이 모두 토성과 같이 만들어졌다는 것을 시사한다. 하지만 더 멀리 나가면 작은 위성들의 복잡한 구름이 여러 각의 궤도를 돌고 있다.

토성의 거대한 위성은 대부분 조석력이 잠겨 있어서, **항상 같은 면**을 토성으로 향하고 있다.

바깥 위성들의 궤도
토성에서 아주 먼 곳에는 기울어지고 원형이 아닌 궤도를 도는 수십 개의 작은 위성들이 있다. 이 중 많은 것은 주요 위성들과 반대 방향으로 궤도를 돈다. 이는 이 위성들이 다른 곳에서 만들어진 뒤 토성의 중력에 잡혔다는 것을 시사한다.

토성　하이페리온

레아
토성의 두 번째로 큰 위성인 레아는 적도 근처에 이상한 퇴색된 얼룩이 있는 얼음 표면을 가지고 있다. 이 얼룩은 레아에 한때 고리가 있었음을 시사한다.

타이탄
토성의 가장 큰 위성인 타이탄은 태양계에서 두 번째로 큰 위성이다. 두껍고 뿌연 대기를 가지고 있어 표면이 보이지 않는다.

하이페리온
이 특이한 위성은 깊은 크레이터가 너무나 많아서 마치 목욕용 스펀지처럼 보인다. 이것은 뒤뚱거리며 우주를 날아다니는데, 주로 타이탄의 중력 때문에 자전축이 흔들린다. 하이페리온은 부분적으로 비어 있는 것으로 측정된다. 표면 아래에 큰 구멍이 있는 것이 분명하다.

타이탄

토성의 가장 큰 위성인 타이탄은 지구와 약간 유사한 점들이 있다. 질소가 풍부한 대기, 구름 낀 하늘, 산 강 그리고 호수까지. 하지만 이 차가운 세계는 우리가 알고 있는 종류의 생명체가 살기에는 너무 춥다.

1980년 보이저 1호 우주선이 최초의 타이탄 근접 사진을 보내왔을 때 지구에 있는 과학자들은 실망했다. 두꺼운 주황색 안개가 타이탄을 덮고 있어서 표면을 볼 수 없었기 때문이었다. 그런데 이 안개가 수십억 년 전 생명체가 시작되기 전의 지구에 있었던 것과 같이, 절묘하게 섞인 탄소 화합물들이라는 사실이 드러났다. 먼 훗날 태양이 더 밝아지고 타이탄이 따뜻해지면 타이탄 표면은 생명체에게 적합한 환경이 될 수도 있다.

1655년 네덜란드의 크리스티안 하위헌스가 타이탄을 발견한 해.

구름 사이로 보기
타이탄을 둘러싸고 있는 안개층 때문에 우주에서 타이탄 표면의 사진을 찍을 수 없다. 하지만 카시니 우주선은 전파를 땅에 반사시켜 안개를 뚫고 '볼' 수 있는 레이더 시스템을 갖추었다.

레이더 빔
카시니 호가 타이탄 위를 날 때 레이더 빔은 타이탄의 표면을 한줄 씩 관측하여 전체 지도를 만들었다.

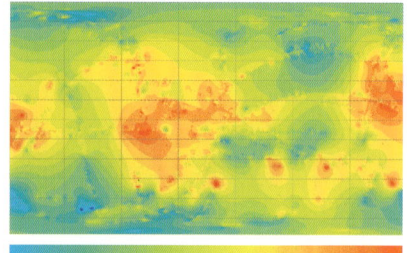

타이탄 지도 그리기
카시니 호가 그린 타이탄 지도는 높이를 색으로 보여 준다. 산꼭대기는 붉은 색이다. 화산의 일부는 용암이 아닌 물과 암모니아의 혼합물이 분출하는 얼음 화산일 것이다. 흘러내리는 액체가 얼어서 화산을 더 높게 만든다.

머나먼 해안
이 카시니 호의 레이더 사진은 낮고 부드러운 지역은 푸른색으로, 높고 거친 지역은 주황색으로 보이도록 색을 입혔다. 이 색들은 타이탄의 강과 호수를 드러낸다. 이들은 물이 아니라 에탄과 같은 탄소 화합물을 가지고 있다.

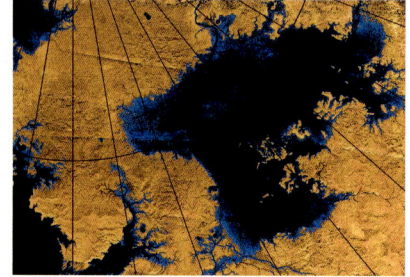

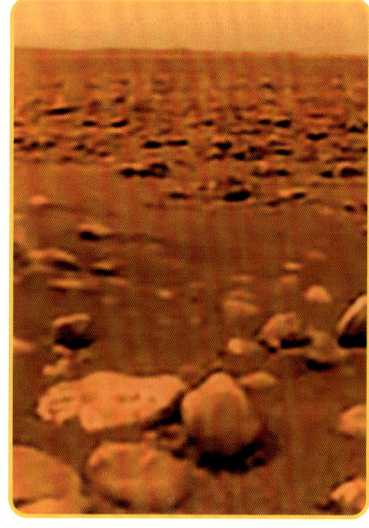

표면 모습
2005년 1월 유럽 우주 기구(ESA)의 하위헌스 우주 탐사선이 타이탄의 표면에 착륙했다. 궤도를 돌고 있는 카시니 우주선에서 발사된 하위헌스 호는 3주 만에 타이탄에 도착하여 낙하산을 펴서 표면으로 내려가 아래에 있는 숨겨진 세계의 최초의 사진을 보내 주었다. 이 사진은 한때 호수의 바닥에서 뒹굴던 얼음 '바위들'을 보여 준다. 뿌연 주황색 하늘이 전체 풍경에 음울한 빛을 드리우고 있다.

지각
암석만큼 단단한 물의 얼음이 타이탄 바깥 지각의 대부분을 이루고 있을 것이다.

간단한 지식

토성에서의 거리: 1,400,000,000km
질량 (지구 = 1): 0.002
자전 주기: 지구 시간으로 16일
크기: 지름 5,150km

95% 타이탄 대기에서 질소의 비율.

타이탄은 항상 **같은 면**이 모행성인 토성을 향하고 있다.

타이탄은 목성의 위성 가니메데에 이어 **태양계에서 두 번째로 큰 위성**이다.

극의 호수들
지구에서는 구름, 비, 호수가 물로 이루어져 있지만 타이탄에서는 에테인과 메테인이라는 화학 물질들로 이루어져 있다. 이 물질들은 지구에서는 눈에 보이지 않는 기체이지만 타이탄은 너무나 춥기 때문에 액체 상태로 있다. 공중에서 액체 방울이 되어 비로 내려서 이 상상도처럼 북극 근처의 호수를 채운다.

대기
타이탄의 공기는 지구와 같이 대부분이 질소이다. 질소는 타이탄에 충돌한 혜성들이 전달해 주었을 것이다.

핵
타이탄의 핵은 중심부까지 모두 고체 암석이거나 얼음과 암석의 복합체일 것이다.

맨틀
타이탄의 맨틀의 제일 윗부분은 액체 물로 이루어진 바다를 숨기고 있을 수 있다. 더 깊은 곳의 맨틀은 얼음으로 이루어져 있다.

맨틀의 아랫부분은 높은 압력에서 만들어진 특별한 종류의 얼음일 것으로 생각된다.

태양계 ○ 천왕성

42년 천왕성 북극과 남극에서 하룻밤의 길이.

천왕성

1781년 천문학자 윌리엄 허셜은 영국의 자기 집 정원에서 망원경으로 하늘을 보다가 해왕성으로 보이는 것을 발견했다. 이 천체는 해왕성보다 훨씬 더 흥미로운 것으로 밝혀졌다. 새로운 행성이었다.

천왕성은 얼음으로 누워 있다는 것만 제외하고는 해왕성과 아주 비슷한 거대 얼음 행성이다. 허셜이 천왕성을 발견한 뒤 2세기 동안 천왕성에 대해서는 위성과 고리, 특이한 기울기 이외에는 거의 알려진 것이 없었다. 천왕성을 방문한 우주선은 단 하나, 보이저 2호뿐이다. 보이저 2호가 1986년에 보내온 사진은 몇 개의 흐릿한 구름 조각들을 가진 실망스러울 정도로 지루한 창백한 구였다. 다른 거대 행성들과 달리 천왕성은 상대적으로 열을 거의 방출하지 않는다. 강한고 한쪽으로 치우친 자기장을 가지고 있다.

천왕성의 위성들

천왕성은 알려진 위성이 27개 있다. 위성 중에 가장 큰 타이타니아의 지름은 1,577킬로미터이다. 가장 작은 것은 트린큘로와 큐피드로 지름이 18킬로미터밖에 되지 않는다. 모든 위성의 이름은 윌리엄 셰익스피어와 시인 알렉산더 포프의 작품에 등장하는 이름을 땄다.

- 타이타니아
- 오베론
- 움브리엘
- 아리엘
- 미란다
- 퍽
- 시코락스
- 포르티아
- 줄리엣
- 벨린다
- 크레시다
- 로잘린드
- 데스데모나
- 비앙카
- 큐피드
- 오필리아
- 코르델리아
- 프란시스코
- 칼리반
- 페르디난드
- 마르가리타
- 페르디타
- 마브
- 스테파노
- 트린큘로
- 세테보스
- 프로스페로

이상한 위성

천왕성의 얼음 위성 미란다는 태양계에서 독특한 천체 중 하나이다. 조각들이 엉성하게 함쳐져 다시 만들어진 것처럼 일그러진 형태로, 행성이 과정은 아직 확실히 알려지지 않았다. 미란다의 베로나 절벽은 태양계에서 손꼽히게 높은 절벽이며, 그 높이가 20킬로미터로 추정된다.

베로나 절벽의 상상도

간단한 지식

- 표면 중력 (지구 = 1): 0.89
- 자전 주기: 17.2 시간
- 1년: 지구 시간으로 84년
- 위성: 최소 27개

고리들

천왕성은 여러 개의 얇은 고리들로 둘러싸여 있다. 대부분의 고리들은 천왕성이 1977년에 다른 별 앞을 지나갈 때 발견되었다. 작은 위성들과 궤도를 공유하고 있는 더 많은 고리들이 나중에 발견되었다.

대기

수소와 헬륨이 천왕성 대기의 주요 기체이지만 메테인도 풍부하다. 이 메테인이 천왕성을 창백한 푸른색으로 보이게 한다.

맨틀

물, 메테인, 암모니아가 결합되어 천왕성 맨틀을 이룬 슬러시와 얼음을 만든다. 맨틀 바닥에는 다이아몬드 바다가 있을 수도 있다.

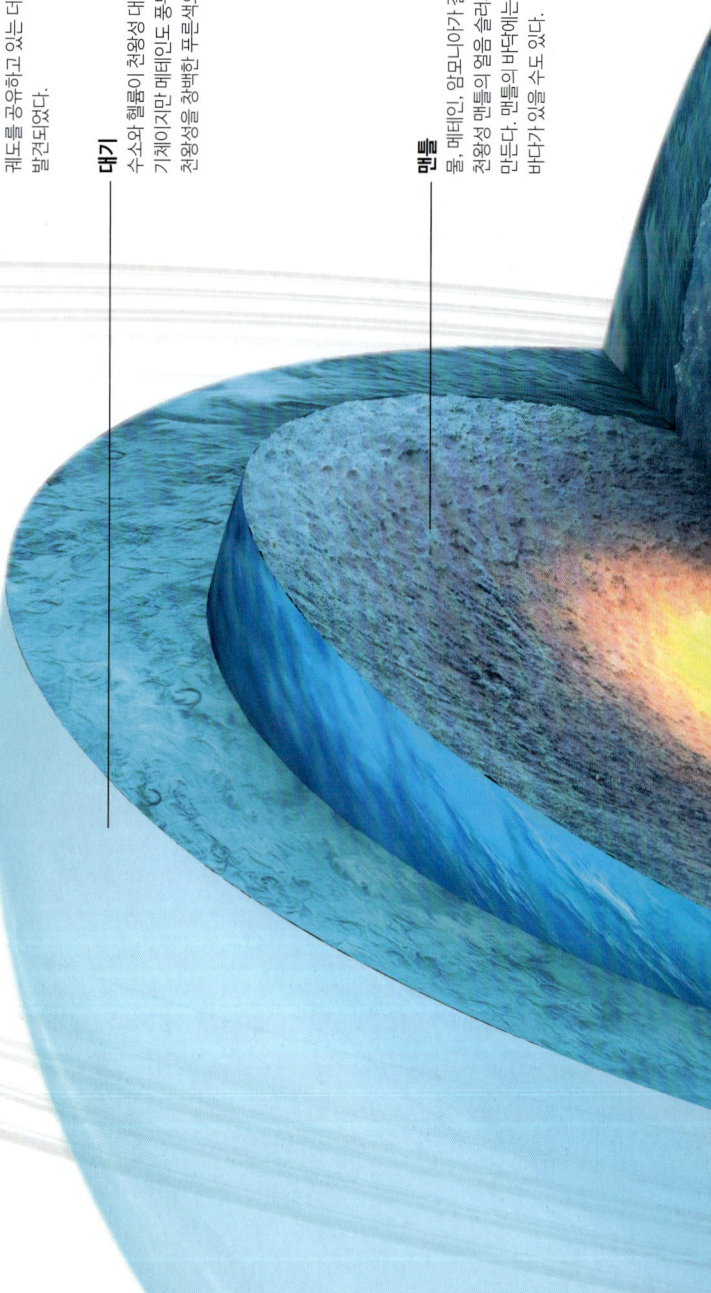

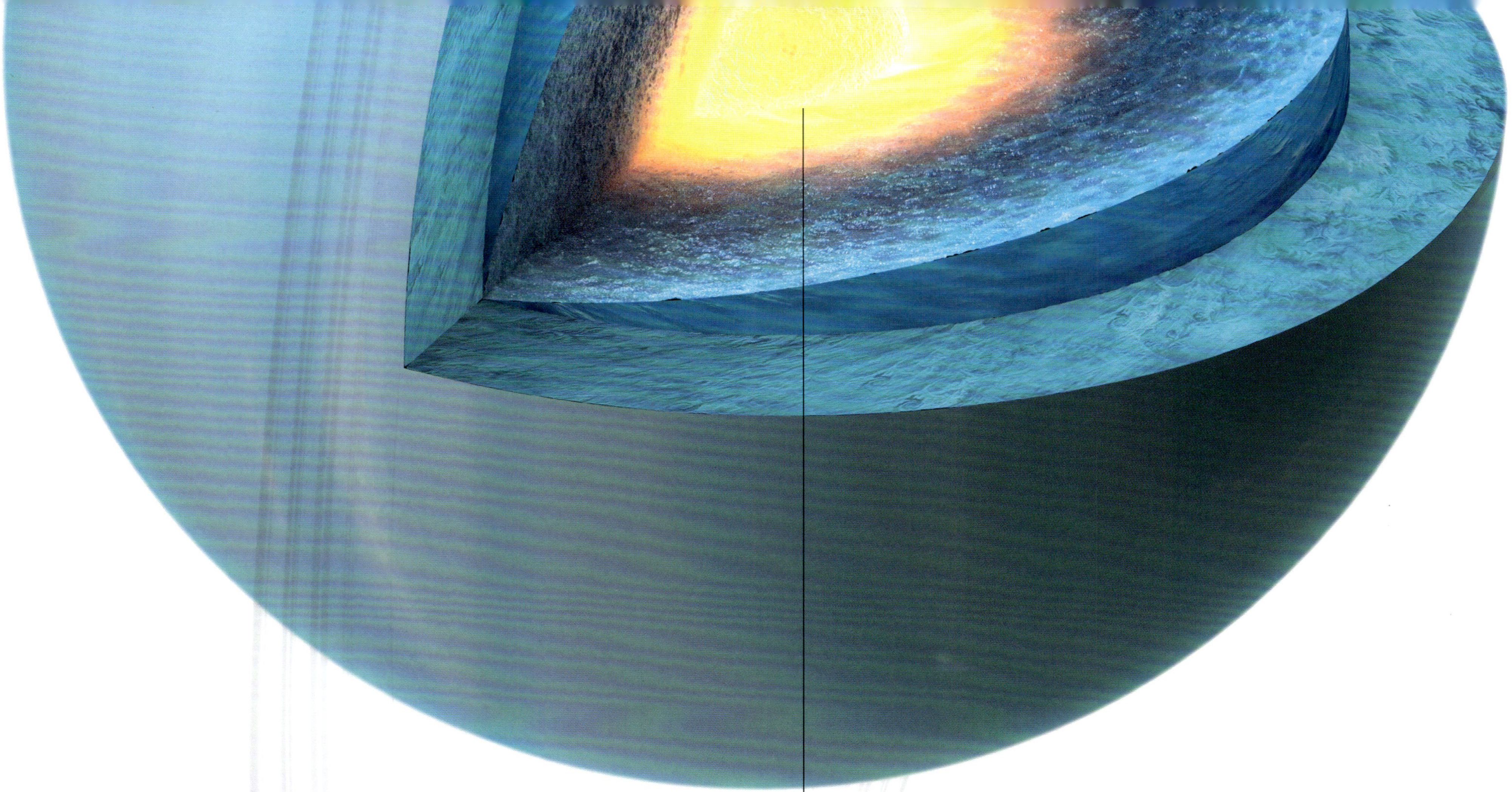

| 63개 천왕성 안에 들어갈 수 있는 지구의 수. | 13개 지금까지 알려진 천왕성의 고리의 수. | −224°C 천왕성 대기의 최저 온도. |

옆으로 구르기

대부분의 행성들은 회전하는 팽이처럼 서서 자전하지만 천왕성의 자전축은 옆으로 누워 있다. 겨울이 되는 반구에서는 극지방이 42년 동안 어둠이 계속되고, 여름인 지방은 계속 햇빛을 받는다.

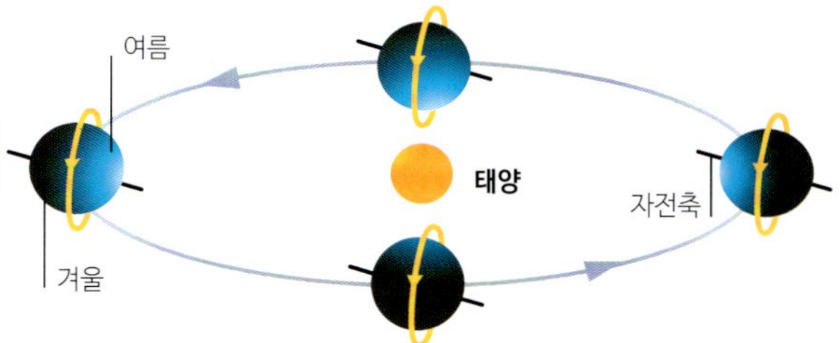

핵

천왕성의 중심에는 용융된 암석, 철, 니켈이 핵이 있을 가능성이 있고, 온도는 5,000도가 넘는다.

폭풍 구름

보이저 2호가 1986년에 방문하여 사진을 보내왔을 때 천왕성은 거의 아무런 무늬가 없어 보였다. 하지만 2012년에 하와이 켁 망원경의 적외선 카메라로 찍은 사진에는 목성에서와 같은 줄무늬, 강력한 폭풍이 보인다.

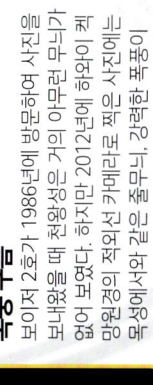

해왕성

태양계의 가장 바깥에 있는 행성인 해왕성은 지구처럼 뚜렷한 푸른색을 띠고 있다. 천왕성과 크기와 구조가 비슷한 해왕성은 기체로 감싸인 뜨거운 액체와 고체로 이루어진 거대 행성이다.

해왕성은 수학으로 발견된 마지막 행성이다. 천문학자들은 천왕성이 마치 숨겨진 행성의 중력에 끌리는 것처럼 예정된 경로에서 벗어나는 것을 발견했다. 그들은 의문에 세계가 어디에 있을지 계산하여 망원경으로 해왕성을 찾았다. 불과 17일 후인 1846년 10월에는 해왕성의 얼음 위성 트리톤도 발견했다. 해왕성을 방문한 것은 보이저 2호뿐이다. 보이저 2호는 1989년에 해왕성을 지나가면서 강한 바람 때문이 줄이 생긴 해왕성 하늘의 흰 구름과 주위의 고리들의 사진을 보내 주었다. 트리톤은 분출하는 간헐천과 얼어붙은 질소 호수가 있으며 얇은 대기에 둘러싸인 흥미로운 세계로 밝혀졌다.

고리들
해왕성은 주로 먼지로 이루어진 얇고 어두운 고리들로 둘러싸여 있다.

해왕성은 태양에서 **지구보다 30배 더** 멀리 있다.

액체 다이아몬드 층이 핵을 둘러싸고 있을 수 있다.

먼지 고리

해왕성의 고리들은 어두운 먼지로 이루어져 있어서 보기가 어렵다. 보이저 2호는 고리들이 뒤에서 햇빛을 받아 빛날 때 이 사진을 찍었다. 고리들은 두꺼운 부분과 얇은 부분이 있어서 고르지 않다.

해왕성의 위성들

발견된 뒤 1세기가 넘도록 트리톤은 해왕성의 유일한 위성이었다. 하지만 지금은 다른 위성들이 14개 더 발견되었다. 트리톤 다음으로 큰 위성인 프로테우스는 지름이 420킬로미터이다. 네레이드는 크게 늘어진 궤도를 가지고 있어서 해왕성에 가까이 다가갔다가 7배 더 멀리까지 날아간다.

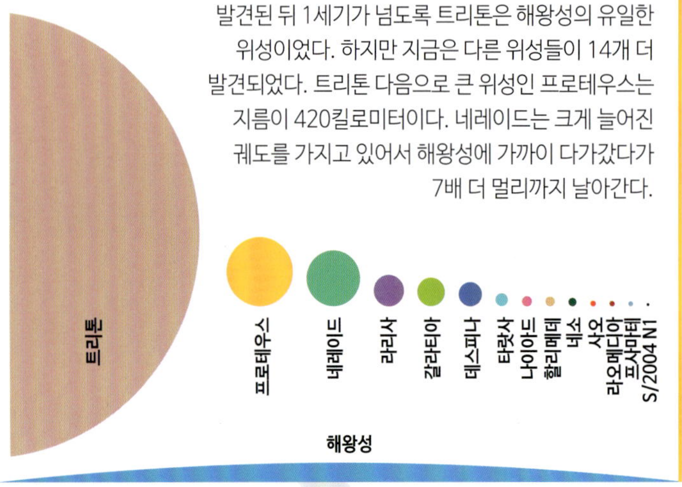

천문학자 갈릴레오 갈릴레이는 **해왕성이 발견되기 234년 전에** 해왕성을 발견했지만 이것이 행성이라는 것을 알아차리지 못했다.

트리톤의 간헐천
보이저 2호는 트리톤에서 거대한 간헐천들을 발견했다. 질소 기체의 제트가 이 상상도에서처럼 얼음 알갱이들을 최대 8킬로미터 높이까지 날린다. 이 알갱이들이 바람에 잡혔다가 땅에 내려앉은 곳에 어두운 줄들이 만들어진다.

맨틀
맨틀은 물, 메테인, 암모니아 액체와 얼음의 슬러시로 이루어져 있다. 이 층은 지구보다 10배 더 무겁다.

트리톤
해왕성의 가장 큰 위성은 거의 지구의 달만큼 크다. 표면 온도는 영하 235도로 태양계에서 가장 추운 곳 중 하나다. 트리톤은 해왕성의 자전 방향과는 반대인 '잘못된' 방향으로 궤도를 돈다. 이것은 트리톤이 해왕성의 중력에 잡혔다는 것을 시사한다.

핵
중심에는 암석과 철로 된 지구보다 큰 흰색의 뜨거운 핵이 있다. 온도는 5,000도가 넘는다.

폭풍의 하늘
지구의 허리케인보다 약 10배 빠른 최대 시속 2,100킬로미터의 엄청난 바람이 해왕성의 하늘을 찢어 놓는다. 폭풍은 나타났다 사라진다. 보이저 2호는 1989년에 거대한 폭풍인 대흑반(왼쪽)을 찍었는데, 1994년 허블 망원경이 보았을 때는 사라지고 없었다.

대기
해왕성의 바깥층은 수소와 헬륨으로 이루어져 있고 점점 깊이 들어갈수록 물, 암모니아, 메테인의 양이 증가한다. 해왕성의 푸른색은 메테인 때문이다.

구름은 최대 시속 2,100킬로미터에 이르는 바람에 실려 해왕성 주위를 날아다닌다.

간단한 지식
표면 중력 (지구 = 1): 1.12

자전 주기: 지구 시간으로 16.1시간

1년: 지구 시간으로 165년

위성: 최소 14개

해왕성 너머

수십억 개의 암석과 얼음 천체들이 태양의 주위를 돈다. 일부는 행성들 사이를 돌아다니지만 대부분은 아주 멀리서 궤도를 돈다. 해왕성보다 더 바깥 궤도를 도는 이 천체들은 태양계가 만들어질 때 남은 잔해들이며, 그 자체로 흥미로운 세계가 많다.

작은 천체들은 태양계 전체에 흩어져 있지만 대부분은 무리를 지어 비슷한 궤도를 공유한다. 태양에서 가장 가까이 있는 소행성들은 대부분 암석으로 이루어져 있다. 더 먼 곳의 소행성들은 얼음이 많다. 어떤 소행성들은 자신의 위성과 고리를 가지고 있고, 가장 큰 몇 개는 구형을 이루고 있어서 왜소행성으로 분류된다. 그중에서 가장 유명한 것은 한때 행성으로 여겨지던 명왕성이다.

오르트 구름에는 지름 1킬로미터보다 큰 천체가 1조 개 넘게 있을 것이다.

하우메아
왜소행성 하우메아는 구형이라기보다는 달걀 모양이다. 하우메아의 모양은 망원경으로 보기에는 너무 작다. 하지만 천문학자들은 하우메아가 자전을 할 때 반사하는 빛의 양이 어떻게 달라지는지를 연구하여 모양을 알아냈다. 하우메아는 2개의 위성을 가지고 있다. 이 상상도에 있는 히이아카와 나마카이다.

에리스
왜소행성 에리스는 2005년에 발견되었는데, 명왕성보다 질량이 더 크다. 이것은 카이퍼 벨트 원반에서 남북으로 멀리 떨어진 얼음 천체 집단인 흩어진 원반에 속해 있다.

소행성대
대부분의 작은 암석 천체들은 화성과 목성 궤도 사이의 소행성대에서 태양 주위를 돈다. 이 중에서 가장 큰 것으로 알려진 케레스는 왜소행성으로 분류된다.

트로이 소행성군
트로이 소행성군이라고 알려진 두 소행성 집단은 목성과 같은 궤도를 공유한다.

카이퍼 벨트
지구와 태양 거리보다 30~50배 더 먼 곳에 뻗어 있는, 얼음 천체들의 모여 있는 곳이다. 명왕성은 카이퍼 벨트에서 알려진 가장 큰 천체다.

센타우르스
바깥 행성들 사이의 공간에 있는 천체들을 센타우르스 소행성이라고 한다. 이들은 아마도 한때 카이퍼 벨트에 속해 있었을 것이다. 몇몇 센타우르스 소행성은 큰 혜성처럼 행동한다.

1992년 명왕성 너머에 있는 천체가 처음으로 발견된 해.

248년 명왕성이 태양 궤도를 한 바퀴 도는 데 걸리는 시간.

−243°C 명왕성의 평균 표면 온도.

명왕성의 표면
명왕성은 지구의 달 크기의 3분의 2 정도이다. 얼음 표면은 주로 질소와 메테인이 얼어 있고, 물이 얼어서 산맥을 이룬다. 뉴호라이즌스호가 찍은 이 사진이 명왕성의 실제 색깔에 가깝다.

카론
명왕성의 가장 큰 위성인 카론은 지름이 명왕성의 절반 정도이다. 암석과 얼음으로 이루어졌고 회색 표면은 물이 얼어 있다. 조석력은 카론의 궤도를 묶어 놓아 항상 같은 면으로 명왕성을 바라보게 한다. 이 사진은 2015년에 뉴호라이즌스호에서 찍은 것이다.

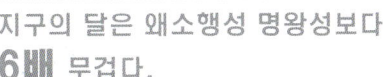

지구의 달은 왜소행성 명왕성보다 **6배** 무겁다.

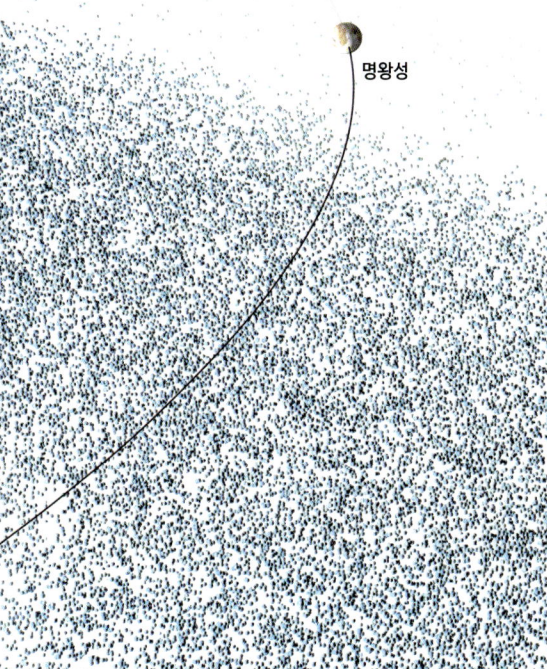
명왕성

뉴호라이즌스 임무
핵에너지로 작동되는 NASA의 뉴호라이즌스 우주선은 2015년에 왜소행성 명왕성과 명왕성의 5개의 위성을 방문했다. 이 만남 후 400킬로그램의 장비 세트는 다른 카이퍼 벨트 천체를 향해 나아갔으며, 2019년에는 소행성 아로코트를 지나가며 사진을 지구로 보냈다.

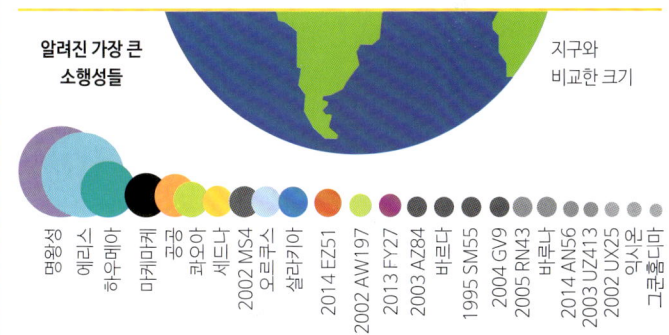

크기
지구보다는 작지만 해왕성 너머의 소행성들은 태양계 위성들과는 크기를 경쟁해 볼 만하다. 그중 에리스, 명왕성, 하우메아, 마케마케 등 4개는 왜소행성으로 분류된다. 하지만 해왕성 너머에는 왜소행성의 자격을 갖춘 천체가 수백 개는 있을 것이다.

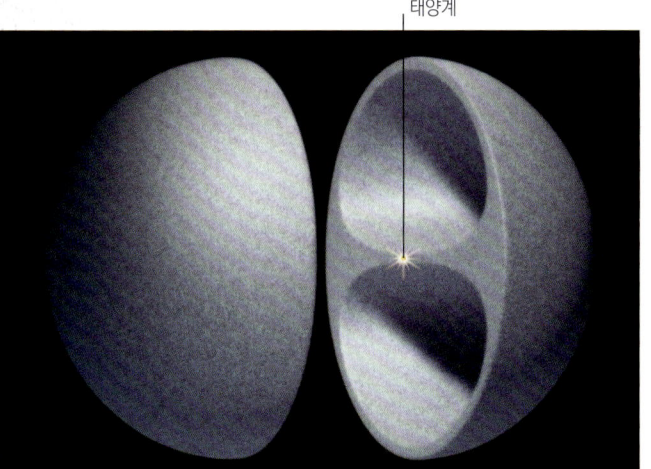

오르트 구름
카이퍼 벨트 너머에는 아마도 가장 가까운 별까지 거리의 약 4분의 1 정도 뻗어 있으며 대략 구형인 얼음 천체 구름이 있다. 많은 혜성들이 이 먼 얼음 세계에서 오는 것으로 보인다.

태양계 · 혜성

46억 년 혜성의 평균 나이.

혜성의 구조
핵을 둘러싸고 있는 기체와 먼지 구름을 코마라고 한다. 자외선으로 보이는 코마의 가장 큰 부분은 수소로 이루어져 있다. 두 꼬리는 태양 주위를 도는 혜성의 움직임을 따라간다.

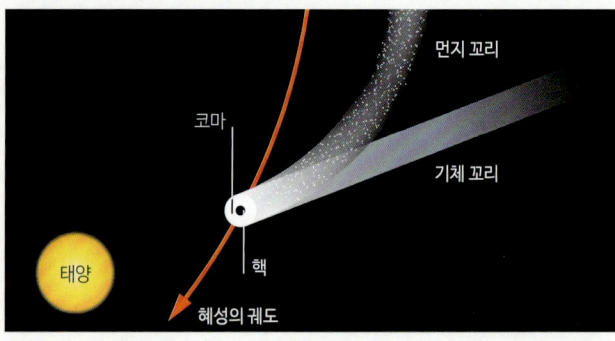

태양을 돌아서
혜성의 궤도는 대체로 타원형이다. 혜성이 태양에 가까이 갔을 때에만 꼬리가 만들어진다. 궤도를 한 바퀴 도는 시간은 크게 다르다. 단주기 혜성인 엥케 혜성은 태양 궤도를 도는 데 3년밖에 걸리지 않지만 장주기 혜성은 수백만 년이 걸리기도 한다.

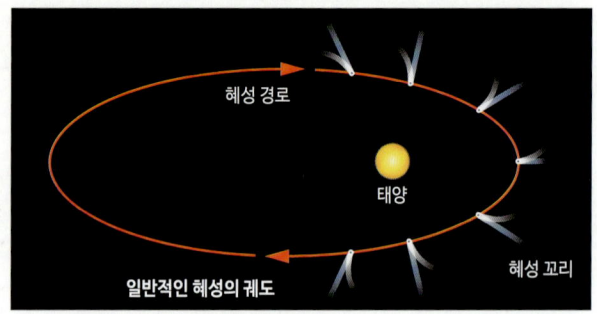

도시와 비교한 67P 혜성의 크기

67P 혜성
역사적으로 가장 잘 연구된 혜성은 유럽의 로제타 우주선이 2014년에 탐사했던 지름 5킬로미터의 67P 혜성이다. 로제타는 필레라는 이름의 탐사선을 발사했고 필레는 혜성의 핵에 처음으로 (격렬한 충돌이 아니라) 부드러운 착륙을 했다. 착륙할 때 필레를 혜성에 붙잡아두는 작살을 발사하는 데 실패하여 필레는 우주 공간으로 수백 킬로미터 튀어 올랐다. 필레는 두 번 튀어 오른 뒤에 내려앉았다.

혜성

혜성은 마치 빛나는 꼬리를 가진 별처럼 이상하지만 아름다운 모습을 가지고 있다. 혜성은 해마다 수십 개씩 태양계 안쪽으로 갑자기 들어와 태양의 주위를 돌다가 사라진다. 대부분의 혜성은 맨눈으로 볼 수 없다.

사람들은 수천 년 동안 혜성의 갑작스러운 등장을 불길한 징조로 여겨 당황하거나 심지어 공포를 느꼈다. 이제 우리는 태양계 바깥쪽에서 오는 이 방문객들이 그저 얼음과 먼지 덩어리일 뿐이라는 것을 알고 있다. 수십억 년 전 행성들이 만들어진 돌무더기 구름의 잔해인 것이다. 혜성이 태양에 가까이 다가오면 얼음이 가열되고 기체와 먼지를 방출하여 거대한 구름과 꼬리를 만든다. 혜성은 처음 만들어진 이후 거의 변하지 않았기 때문에 태양계 초기에 대해 더 많은 것을 알기를 원하는 과학자들에게 중요한 연구 대상이 된다.

지각
새까만 먼지로 된 지각은 혜성 핵의 표면을 석탄보다 더 어둡게 만든다. 혜성의 핵은 태양계에서 가장 어두운 천체 중 하나다.

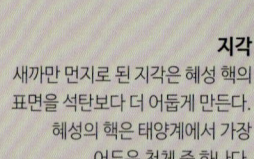

긴 꼬리들
혜성은 마치 꼬리를 뒤로 길게 늘어뜨리며 우주 공간을 날아가는 것처럼 보이지만 그것은 착시일 뿐이다. 사실은 혜성이 어느 방향으로 움직이든 꼬리는 태양의 반대 방향을 향한다. 꼬리는 크게 두 개로 나뉜다. 기체 꼬리(왼쪽의 헤일-밥 혜성 사진에서 푸른색)와 먼지 꼬리(흰색)이다. 기체 꼬리는 거의 정확하게 태양의 반대쪽을 향하지만 먼지 꼬리는 혜성의 경로 뒤쪽을 향해 휘어진다.

5억 7000만km 측정된 **혜성의 기체 꼬리** 중 가장 긴 것의 길이 　　지구의 궤도를 가로지르는 혜성의 먼지 꼬리는 **유성우**를 일으킨다.　　궤도의 경로가 처음으로 계산된 혜성은 **핼리 혜성**이다.　　67

내부
혜성의 내부는 암석 먼지와 얼음 덩어리가 복잡하게 섞여 있고 모두 중력으로 느슨하게 모여 있다.

혜성의 핵
혜성의 중심에는 핵이라고 불리는 단단한 부분이 있다. 보통 지름 몇 킬로미터밖에 되지 않는 핵은 주위에 만들어지는 기체와 먼지 구름이나 수백만 킬로미터 이상 뻗어 나가기도 하는 꼬리에 비하면 너무나 작다.

기체와 먼지 제트
태양의 열기가 혜성 안에 있는 얼음을 기체로 증발시킨다. 기체 제트는 핵의 태양을 향하는 쪽에서 분출되며 먼지 알갱이들을 가지고 나온다.

코마
코마라고 불리는 거대한 먼지와, 기체, 얼음 입자 구름은 혜성이 태양에 다가가면 만들어진다. 코마는 태양보다 더 크게 커지기도 한다.

별

우리는 밤하늘에서 수천 개의 반짝이는 별을 볼 수 있을 것이다. 하지만 가늠할 수 없을 정도로 깊고 넓은 우주에는 셀 수 없을 정도로 많은 별들이 널리 흩어져 있다. 우리 태양처럼 모든 별은 핵융합 반응으로 에너지를 얻어 수십억 년 동안 빛날 수 있는, 공 모양의 뜨거운 기체 덩어리이다.

별이 작동하는 법

별은 핵에서 엄청난 양의 에너지를 만들어 내는, 주로 수소로 이루어진 밝게 빛나는 극도로 뜨거운 기체 공이다. 핵에서 만들어진 에너지는 별을 통과하여 표면으로 나와 빛과 열, 그리고 우리 눈에 보이지 않는 여러 형태의 복사를 통해 우주로 흘러 나간다. 별은 엄청난 양의 에너지를 만들어 내기 때문에 밝고 뜨겁다.

별의 구조

별은 크기가 아주 다양하지만 모두 구조가 같다. 모든 별은 중심에 에너지를 만들어 내는 매우 뜨거운 핵이 있으며, 에너지가 밖으로 나오면서 거치는 하나 혹은 여러 개의 기체층, 뜨거운 표면, 그리고 대기로 이루어진다.

평균적인 별
우리의 태양은 평범한 별인데 우리에게 아주 가까이 있기 때문에 거대해 보인다. 태양 크기의 별은 핵에서 에너지가 밖으로 나올 때 통과하는 층을 두 개 가지고 있다. 안쪽 층에서는 에너지가 복사로 이동하고 바깥쪽 층에서는 대류(올라가고 내려가는 흐름)로 이동한다. 더 큰 별에서는 이 두 층이 다른 형태를 가지고, 더 작은 별 일부는 대류층만 가진다. 다른 모든 별처럼 태양도 빛과 열을 방출하는 밝은 표면을 가지고 있다.

태양

별이 빛나는 법
별이 만들어 내는 에너지는 별의 핵에서 일어나는 원자핵융합에서 나온다. 이 과정은 원자의 핵(중심부)들이 모여서 더 무거운 핵을 만드는 것이다. 핵융합은 별의 핵에서 구현되는 극도로 높은 온도에서만 일어날 수 있다.

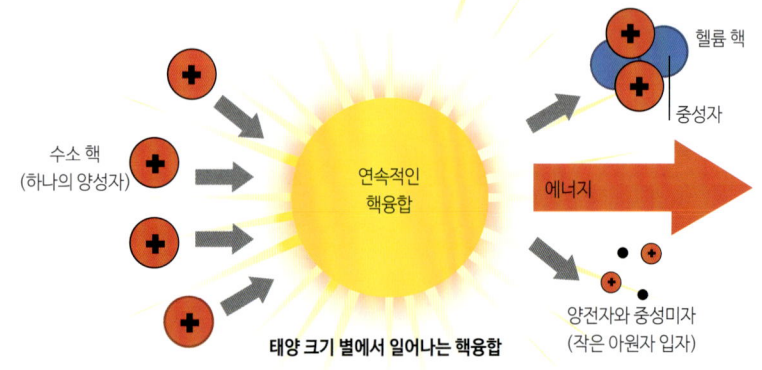

태양 크기 별에서 일어나는 핵융합

별에서의 힘들
대부분의 별은 두 힘 사이의 절묘한 균형을 통해 안정된 상태로 존재한다. 물질을 안으로 당기는 중력과 핵에서 방출되는 에너지 때문에 생겨 물질을 밖으로 밀어내는 압력이다.

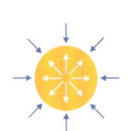
균형 잡힌 힘들
보통의 별에서는 안쪽으로 당기는 중력과 밖으로 미는 압력이 균형을 이룬다.

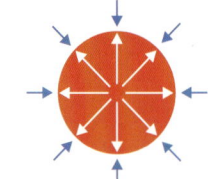
적색 거성이 되는 별
오래된 별의 핵에서 열이 증가한다. 남는 열이 밖으로 미는 압력을 증가시켜 별을 부풀게 한다.

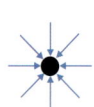
블랙홀로 수축
특별히 큰 별이 죽을 때는 중력이 핵을 수축시켜 블랙홀이 만들어질 수 있다.

별빛

별은 눈에 보이는 빛뿐만 아니라 자외선이나 초단파와 같이 눈에 보이지 않는 형태의 복사도 방출한다. 모두 파동으로 이동한다. 빛을 포함한 이 모든 종류의 복사를 전자기 스펙트럼이라고 한다. 별들은 우리가 방문하여 연구하기에는 너무나 멀리 있지만 우리는 별들이 방출하는 빛과 복사들로부터 별에 대해 많은 것을 알 수 있다.

별의 밝기
등급으로 표시되는 별의 밝기는 겉보기에 얼마나 밝은지와 실제로 얼마나 밝은지로 이야기할 수 있다. 별의 밝기는 지구와 별의 거리에 따라 달라진다. 거리는 얼마나 밝게 보이는지에 영향을 주기 때문이다. 특이하게도 별의 밝기는 밝은 별은 작은 숫자로, 어두운 별은 큰 숫자로 표시한다.

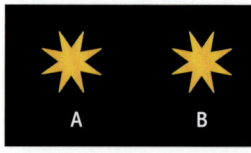
별 A와 B는 밤하늘에서 같은 밝기로 보이지만 실제로는 A 별이 더 밝고 더 멀리 있다.

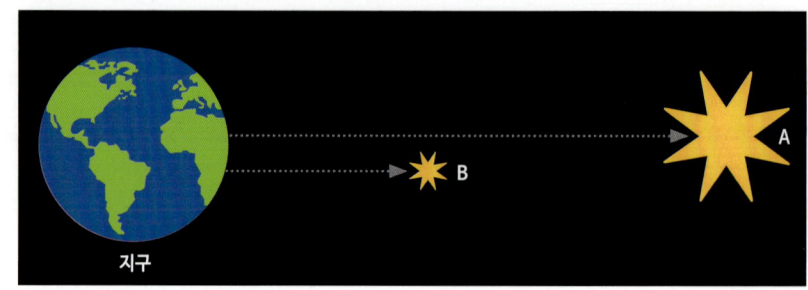
지구

전자기 스펙트럼
빛은 파동으로 이동하고, 우리는 빛의 파장의 차이를 색으로 구별하여 본다. 예를 들어 붉은 빛은 푸른빛보다 파장이 더 길다. 별들은 아주 넓은 범위의 파장에서 에너지를 만들어 내는데 대부분은 우리에게 보이지 않는다.

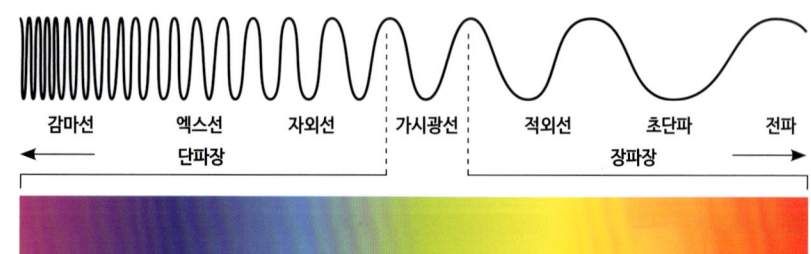

감마선 | 엑스선 | 자외선 | 가시광선 | 적외선 | 초단파 | 전파
단파장 ←————————→ 장파장

변광성
어떤 별은 크기와 밝기가 규칙적으로 변한다. 이런 별들은 안으로 당기는 중력과 밖으로 미는 압력 사이의 균형을 잡기 위한 시도를 계속 하고 있는 것이다. 이들은 몇 시간에서 몇 년까지 다양한 규칙적인 주기로 팽창했다가 수축한다. 가장 작을 때 (가장 뜨거울 때) 가장 밝고, 가장 클 때 (가장 차가울 때) 가장 어둡다.

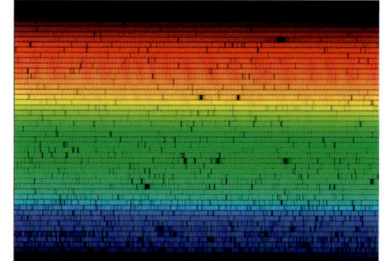

별 연구
천문학자들은 별의 스펙트럼을 연구하여 별에 포함된 많은 화학 원소들을 알아낸다. 별의 대기에 있는 각각의 원소는 아래에 있는 더 뜨거운 기체에서 나오는 복사 스펙트럼의 특정한 파장을 흡수하여 마치 지문처럼 고유한 무늬를 만들어 낸다. 우리 태양에서 오는 빛의 스펙트럼(위)에 있는 어두운 틈새들은 67종의 원소들이 만들어 낸 것이다.

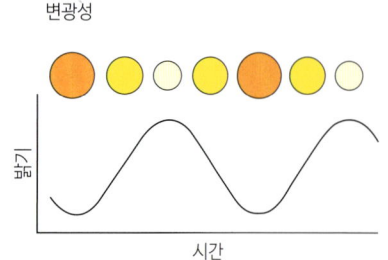
변광성

별들은 얼마나 멀리 있을까?

태양을 제외한 모든 별들은 지구에서 믿을 수 없을 정도로 먼 거리에 있다. 그래서 별들이 밤하늘에서 작은 점으로밖에 보이지 않는 것이다. 별들은 너무나 멀리 있기 때문에 별까지의 거리를 표현하기 위해서는 특별한 단위가 필요하다. 이 단위는 빛이 1년 동안 가는 거리인 광년이다. 1광년은 약 9조 5000억 킬로미터다.

가까운 별들

태양에서 12.5광년 거리 안에는 33개의 별이 있고, 그중 일부는 둘 혹은 세 개의 별을 가지고 있는(쌍성계 혹은 삼중성계) 다중성계에 속해 있다. 이 가까운 별들의 상당수는 적색 왜성이라는 작고 어두운 별이지만 몇 개는 더 크고 빛나는 노란색, 주황색, 흰색의 별들이다.

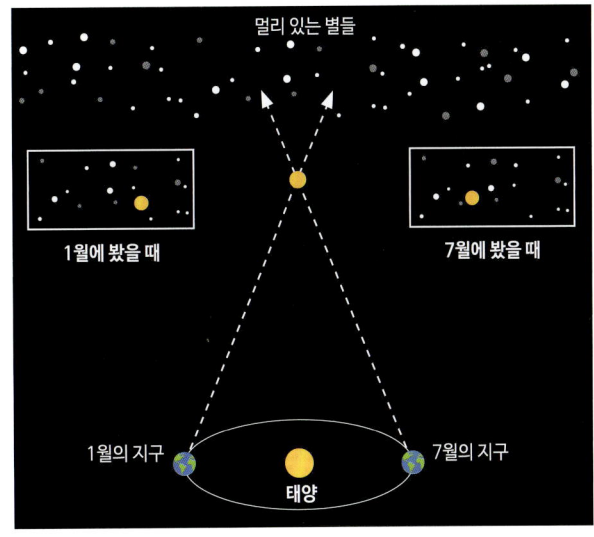

거리 측정

별들이 얼마나 멀리 있는지 측정하는 방법은 다양하다. 한 가지 좋은 방법은 같은 별을 1년 중 완전히 다른 시기, 그러니까 지구가 태양 궤도의 양쪽 반대편에 있을 때 보는 것이다. 별이 가까이 있으면 두 지점에서 본 별의 위치가 더 멀리 있는 별들을 기준으로 볼 때 이동한 것으로 보인다. (이런 현상을 시차라고 한다.) 이렇게 이동한 양은 별이 정확하게 얼마나 멀리 있는지 계산하는 데 이용될 수 있다. 천문학자들은 이 방법을 이용하여 태양에서 가장 가까운 별인 프록시마 켄타우리가 약 4.2광년 거리에 있다는 것을 알아냈다.

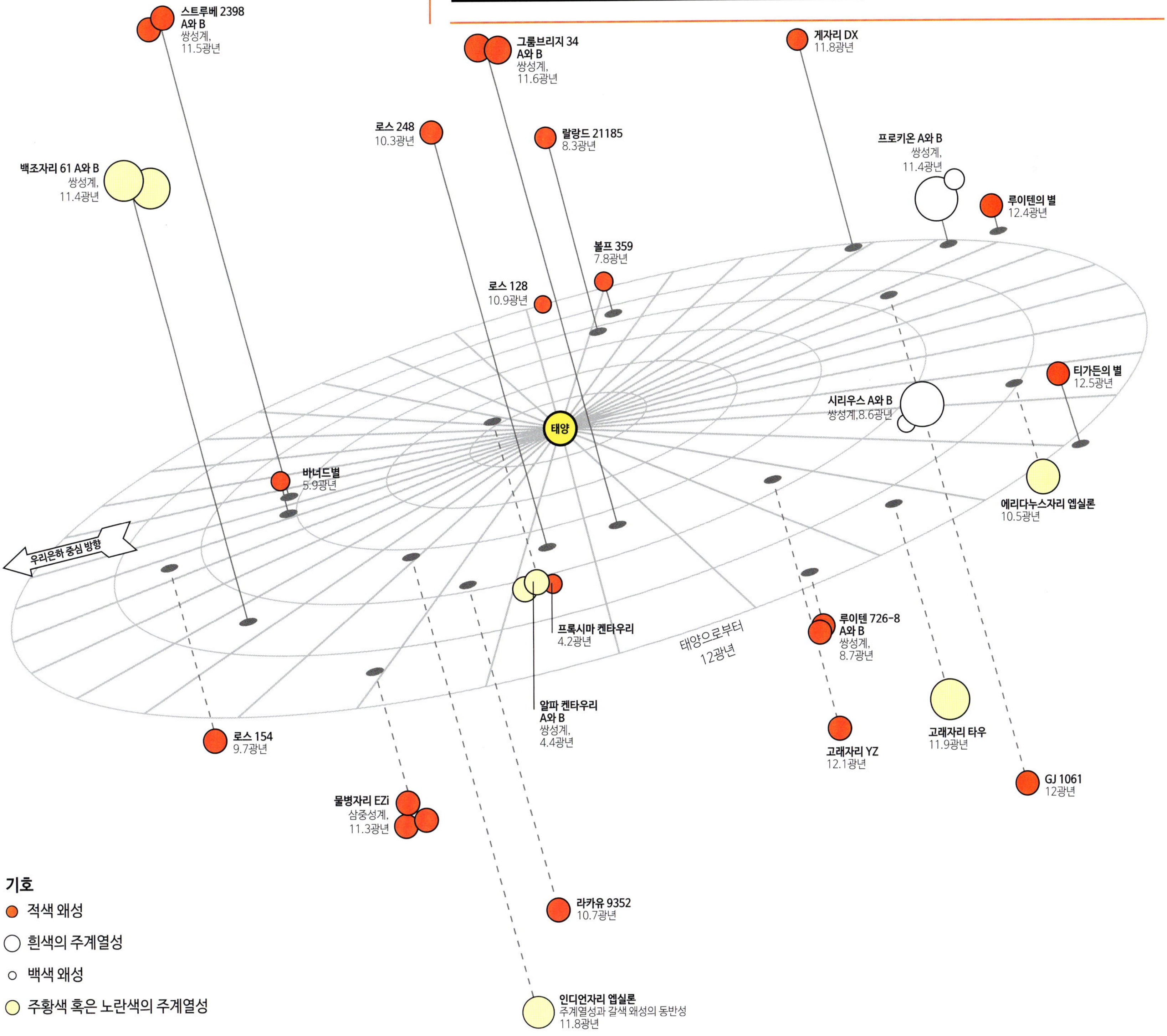

기호

- 🔴 적색 왜성
- ⚪ 흰색의 주계열성
- ○ 백색 왜성
- 🟡 주황색 혹은 노란색의 주계열성

별의 종류

밤하늘에서 모든 별은 작은 점으로 보인다. 하지만 별들은 크기, 색, 밝기, 수명이 저마다 크게 다르다.

가장 작은 별은 부피가 태양의 1,000분의 1보다도 작은 왜성이다. 가장 큰 별은 태양보다 부피가 80억 배 더 크다. 가장 큰 별은 가장 작은 별보다 밝기도 수십억 배 더 밝다. 별의 성질은 주로 얼마나 많은 물질을 가지고 있는지에 따라 결정된다. 바로 질량이다. 질량이 큰 별일수록 더 뜨겁고 더 밝지만 수명은 더 짧다. 큰 별은 핵연료를 훨씬 더 빠르게 태우기 때문이다. 천문학자들은 색, 크기, 밝기를 이용하여 별들을 몇 개의 집단으로 분류한다.

거성

가장 큰 별들은 생의 마지막으로 가면서 엄청나게 팽창하고 밝아진 늙은 별들이다. 거성은 태양보다 지름이 약 200배 더 크고 수천 배 더 밝을 수 있다. 초거성과 극대거성은 태양보다 지름이 최대 2,000배 더 크고 최대 10억 배 더 밝다.

왜성

왜성은 별 중에서 가장 많은 수를 차지하고 상대적으로 작고 어둡다. 여기에는 태양 정도나 약간 더 큰 별과 적색 왜성이라고 하는 더 작은 별들이 포함되어 있다. 그리고 바깥쪽 층들을 잃어버린 거성의 작고 밀도 높은 잔해인 백색 왜성도 있다.

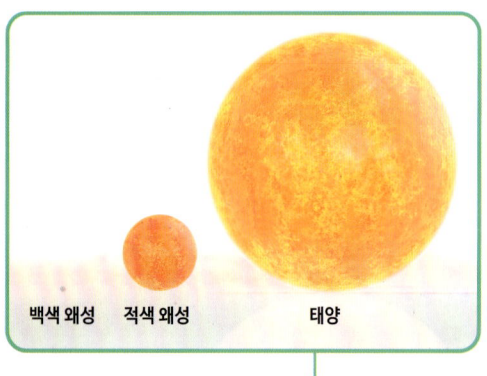

백색 왜성 　 적색 왜성 　 태양

황색 거성 　 적색 거성 　 청색 초거성

별의 색

별의 색은 표면이 얼마나 뜨거운지에 따라 결정된다. 가장 뜨거운 별은 푸른색 빛을 만들고 차가운 별은 주황색이나 붉은색을 만든다. 맑은 날 밤에 망원경으로 여러 별들을 보면 이 색들을 볼 수 있을 것이다.

별의 색	온도
푸른색	45,000℃
청백색	30,000℃
백색	12,000℃
황백색	8,000℃
노란색	6,500℃
주황색	5,000℃
붉은색	3,500℃

별의 그래프

약 100년 전 두 천문학자가 별을 분류하고 각 별들이 일생에서 어떤 지점에 있는지도 보여 주는 기발한 방법을 발견했다. 이 천문학자들, 즉 아이나르 헤르츠스프룽과 헨리 러셀은 별의 온도를 가로축으로 하고 밝기를 세로축으로 하는 그래프를 만들었다. 헤르츠스프룽·러셀도(H-R도)라고도 한다. 태양을 포함한 대부분의 별들은 주계열성 띠 안에 포함된다. 여러 색을 가진 작거나 중간 정도의 별들이다. 거성과 왜성 같은 다른 별들은 별도의 집단을 형성한다. 이들은 수백만 년 전에는 주계열에 있었던 늙은 별들이다.

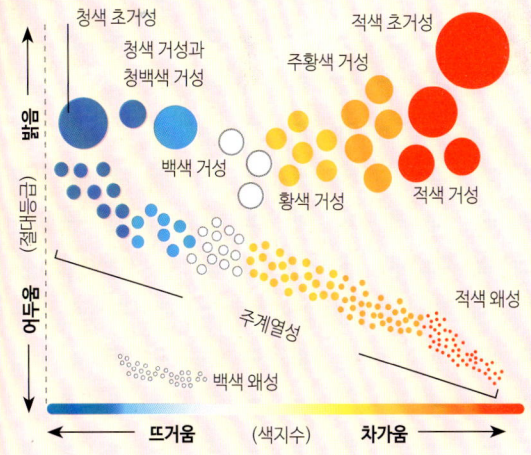

별 보기

초거성 별들은 유명한 별자리인 오리온자리를 찾으면 쉽게 볼 수 있다. 오리온의 어깨는 북반구 하늘에서 가장 큰 별 중 하나인 베텔게우스라는 적색 초거성이다. 오리온의 발은 청색 초거성인 리겔이다.

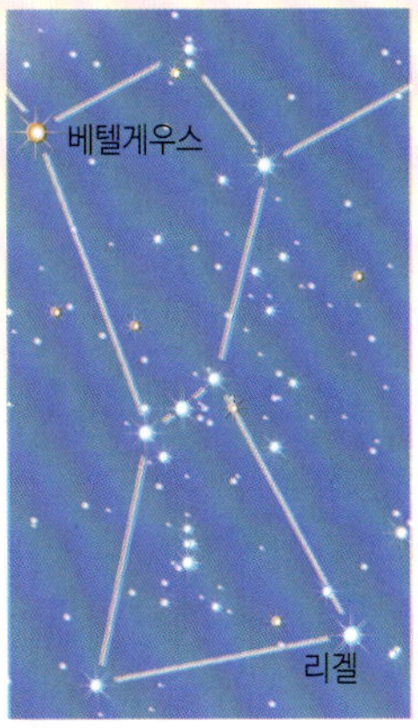

오리온자리

청색 극대거성

적색 초거성

태양계 · 별의 탄생

별들이 만들어지는 분자 구름은 너비가 **600광년**에 이를 수 있다.

오리온 성운
지구에서 1,500광년 거리에 있는 이 아름다운 색의 기체 구름은 지구와 가장 가까운 별 탄생 지역이다. 오리온 성운은 엄청난 양의 에너지를 방출하는 무거운 젊은 별들을 가지고 있고, 이 별들은 주변의 기체를 밝게 빛나게 만든다. 오리온 성운은 쌍안경으로 오리온자리를 보면 쉽게 볼 수 있지만 색은 여기 있는 것보다 훨씬 희미하게 보일 것이다.

사다리꼴 성단
오리온 성운의 한가운데에는 사다리꼴 성단이라고 하는 새롭게 태어난 별들로 이루어진 아주 밝은 성단이 있다. 이 별들은 태양보다 최대 30배 더 무겁고, 이들의 강력한 에너지는 주위에 있는 구름의 많은 부분을 비춘다. 트라페지움이라고도 부른다.

이 기체 구름은 성운의 주요 부분과 어두운 먼지 선들로 구별되고 중심에 있는 젊은 별에 의해 빛나고 있다.

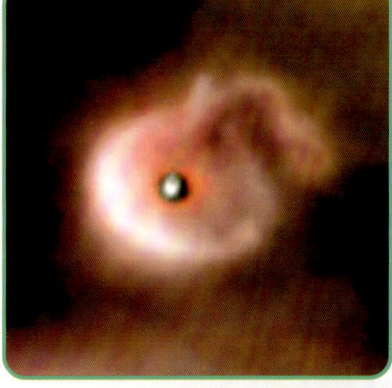

아기별
오리온 성운에서 가장 젊은 별은 아직 기체와 먼지의 두꺼운 원반에 둘러싸여 있다. 허블 우주 망원경은 이런 원시 행성계 원반을 200개 이상 촬영하였다. 여기에 있는 기체와 먼지에서 나중에 행성이 만들어질 수 있다.

별의 탄생

새로운 별과 행성들은 거대한 성간 기체와 먼지 구름 속에서 수백만 년이 걸리는 과정을 거쳐 태어났다.

별을 탄생시키는 기체 구름은 분자 구름으로 알려져 있고 수소 기체로 만들어졌다. 대부분의 수소는 우주 공간을 가로지르며, 상상하기 어려울 정도로 얇게 퍼져 있다. 하지만 뭔가가 영향을 주면 수소 밀도가 높은 기체 덩어리들이 만들어질 수 있다. 그 뒤 기체 덩어리들은 중력에 의해 수축을 시작하고 더 많은 기체를 끌어당겨 중심으로 뭉치게 한다. 결국 중심부는 아주 밀도가 높고 뜨거워져 별이 점화된다. 이렇게 새로 태어난 밝은 별들은 자신이 태어난 구름을 비추어 눈부신 빛과 색을 만들어 내기도 한다.

나이르알사이프는 오리온의 칼에서 가장 밝은 별이다

5000만 년 기체 구름 안에서 **태양계가** 만들어지는 데 걸리는 시간.

700개 오리온성운 안에 있을 것으로 추정되는 **별의 수.**

젊은 별에서 나오는 강한 자외선 복사가 기체 구름 안에 있는 원소들이 빛을 방출하게 한다. 각 원소들은 특정한 색을 낸다. 예를 들어 수소는 붉은색으로 빛난다. 이 사진의 색은 강조된 것이다.

뜨거운 기체를 가지고 있는 거품 모양의 영역

새로 태어난 질량이 큰 별에서 나온 강력한 항성풍이 기체와 먼지의 호를 만든다.

수소 기체와 먼지 가닥

어두운 영역은 빛을 가리는 먼지 구름들이다.

별은 어떻게 만들어질까

별의 탄생은 깊은 우주에 있는 기체와 먼지 구름이 가까운 초신성이나 가까운 별과의 만남과 같은 현상으로 자극을 받을 때 시작된다. 일단 구름이 수축을 시작하면 중력이 나머지 일을 처리한다.

덩어리의 형성
분자 구름(차갑고 어두운 기체와 먼지로 이루어진 거대한 구름)에서 밀도가 기체 덩어리들이 만들어진다.

덩어리의 수축
중력이 기체 덩어리를 수축시키고 주변에서 더 많은 기체를 끌어당긴다.

회전하는 원반
덩어리는 수축하여 뜨겁고 밀도가 높은 핵이 되고 회전하는 물질의 원반이 주위를 둘러싼다. 양 극에서 기체의 제트가 뿜어 나온다.

별 점화
중심부가 충분히 뜨거워지면 핵융합이 시작되고 별이 태어난다. 물질의 원반은 아직 새로운 별의 주위를 돈다.

원반 흩어짐
남은 물질은 우주 공간으로 흩어지거나 함께 뭉쳐서 행성, 위성, 다른 천체들을 만든다.

별의 요람

우리은하에는 많은 별 탄생 지역이 있다. 말머리 성운은 보통의 빛으로는 말머리 윤곽처럼 보이지만 아래의 적외선 사진에서는 분홍색으로 보인다. 오리온 성운보다 4배 더 큰 용골자리 성운(카리나 성운)에는 신비의 산으로 알려진 어마어마한 먼지-기체 기둥이 있다.

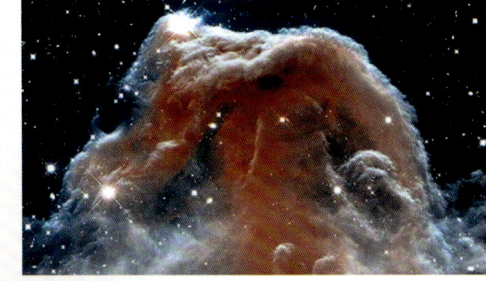
말머리 성운

용골자리 성운(카리나 성운) 안에 있는 신비의 산

외계행성

최초의 외계행성, 즉 태양계 밖의 평범한 별 주위를 도는 행성은 1995년에 발견되었다. 그 이후로 천문학자들은 4,000개가 넘는 외계 세계를 발견했고, 그중 몇 개는 지구와 비슷하며 어쩌면 생명체가 있을 수도 있다.

1990년대가 되기까지 과학계에 알려진 행성은 우리 태양의 주위를 도는 8개의 행성뿐이었다. 사람들은 다른 별의 주위를 도는 행성이 있을 것이라고 추측했지만 우리에게서 너무나 멀리 있기 때문에 그런 세계를 찾는 것은 불가능했다. 하지만 망원경이 발달함에 따라 천문학자들은 멀리 있는 별들의 색이나 빛의 세기가 미세하게 변하는 것을 알아차리기 시작했다. 이것은 행성이 별 앞을 지나가면서 생긴 차이라고 생각할 수 있었다. 주의 깊은 연구가 이어졌고 1995년 최초의 외계행성이 확인되었다. 지금까지 수천 개의 외계행성계가 발견되었고 그중 일부는 최대 8개의 행성을 가진다. 행성들의 범위는 지구처럼 작고 아마도 암석으로 이루어진 것부터 토성보다 200배 더 넓은 고리들을 가진 거대 행성까지 다양하다. 우리은하에는 수조 개의 외계행성이 있을 것이다.

천문학자들은 우리은하에 지구와 비슷하고 **거주 가능한 외계행성이 110억 개쯤** 있을 것이라고 추정한다.

케플러-62 시스템

2013년 케플러 우주 망원경은 지구에서 1,200광년 거리에 있는 별 케플러-62의 주위를 도는 외계행성 5개를 발견했다. 아래 그림은 너무 멀어서 사진을 찍을 수 없는 이 행성들의 상상도이다. 이 중 둘은 온도가 생명체가 살기에 적당한 '거주 가능 지역' 궤도에 있다. 새롭게 발견된 모든 외계행성들처럼 케플러-62의 행성들도 목록 이름을 가지고 있지만 미래에는 적절한 이름이 붙을 수도 있다.

케플러-62d는 아마도 두꺼운 구름이 둘러싸고 있을 것이다. 케플러-62d는 두꺼운 대기가 있다고 여겨진다.

태양에 그을은 행성
케플러-62b 행성은 별에서 아주 가까운 궤도를 돈다. 6일에 한 바퀴를 돌고 표면 온도는 475도로 생명체가 살기에는 너무 뜨거울 것이다.

화성 크기 행성
케플러-62c는 화성과 비슷한 크기이고, 표면 온도는 300도로 끔찍하게 뜨겁다.

가장 큰 행성
케플러-62d는 두꺼운 대기를 붙잡아 두기에 충분한 중력을 가지고 있다. 표면은 끓는 물보다 뜨겁다.

1584년 이탈리아의 학자 조르다노 브루노가 외계행성의 존재를 예견한 해.

알려진 **가장 큰 외계행성은** 목성보다 약 30배 더 크다.

황소자리에 있는 **알데바란은 외계행성을 가진 가장 밝은 별**로 알려져 있다.

거주 가능 지역

케플러-62 시스템의 행성 중 2개가 거주 가능 지역(골디락스 지역)이라고 알려진 영역에 있는 궤도를 돈다. 행성의 표면에 물이 액체 상태로 존재할 수 있는 딱 적당한 온도를 가진 지역이다. 많은 과학자들은 생명체가 번성하기 위해서는 액체 상태의 물이 필수라고 생각한다.

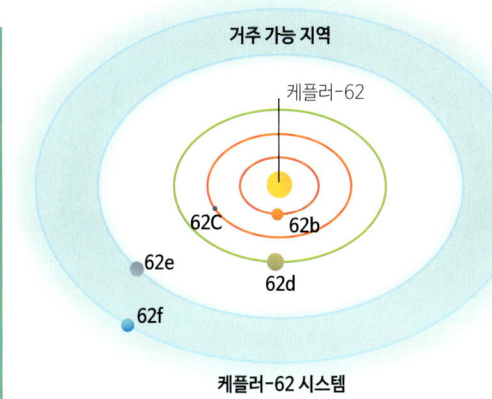

최초의 외계행성 사진

2004년에 찍힌 이 적외선 사진은 색을 입힌 것으로, 최초의 외계행성 사진이다. 더 밝은 모행성 옆에서 붉은색으로 보인다. 이 행성은 엄청나게 뜨거운 거대 기체 행성인 '뜨거운 목성'이라고 불리는 종류에 속한다. 지구에서 약 172광년 떨어진 2M1207이라는 갈색 왜성 주위를 돌고 있다.

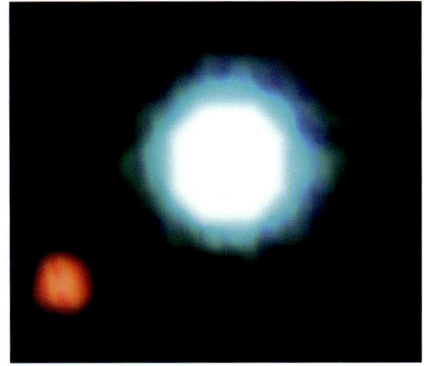

머나먼 세계

이 상상도는 행성 62f에서 보면 케플러-62 시스템이 어떻게 보일지를 그린 것이다. 행성 62e가 하늘에서 가까이 보이고 다른 세 개의 행성과 케플러-62 별이 배경으로 보인다.

케플러-62e는 아마도 두꺼운 대기와 표면에 바다나 얼음을 가지고 있는 암석 행성일 것이다.

지구와 유사한 행성

케플러-62e는 지구와 가장 유사한 행성 중 하나로 알려져 있다. 표면 온도는 0도로 액체 상태의 물, 구름 낀 대기가 있다. 어쩌면 생명체도 있을 수 있다.

추운 지구 같은 행성

케플러-62f는 62e와 비슷하지만 더 춥다. 표면에 물이나 얼음이 있을 수 있다. 1년은 267일이고 표면 중력은 지구보다 더 강할 것이다.

대기에는 많은 양의
수중기가 있다.

주황색 별
주황색 왜성인 HD 189733 A는 단 하나의 외계행성을 가지고
있다. 2.2일마다 별의 주위를 도는 뜨거운 목성 HD 189733
b이다. 이 행성은 행성이 별과 지구 사이를 지나갈 때마다
별빛이 조금씩 어두워지는 현상으로 발견되었다.

뜨거운 목성 중 가장 뜨거운 것의 표면 온도는 2,000℃가 넘는다.

뜨거운 목성들의 죽음

뜨거운 목성은 종종 격렬한 죽음을 맞이한다. 어떤 것은 별로 끌려 들어가 삼켜진다. 어떤 것은 암석이나 금속 핵만 남기고 우주로 끓어서 날아간다.

중력에 끌리다
뜨거운 목성 WASP-12의 궤도는 별에 너무 가까워서 별의 중력이 행성을 찌그러지게 만들고 대기를 벗겨낸다.

대기를 잃어버리다
HD 209458 b의 대기는 1초에 수천 톤씩 우주로 끓어서 날아가 긴 수소 꼬리를 만든다.

행성 대기의 온도는 1,000도가 넘기 때문에 우리가 아는 형태의 생명체는 살 수가 없다.

푸른 행성

이 상상도는 가장 가까이 있는 뜨거운 목성 중 하나를 보여 준다. 지구에서 63광년 거리에 있다. 짙은 푸른색을 띠는 이유는 대기에 있는 규소 입자들, 유리 비 때문이다.

HD 189733 b의 표면에서는 매초 몇 백만 킬로그램의 수소가 끓어서 날아간다.

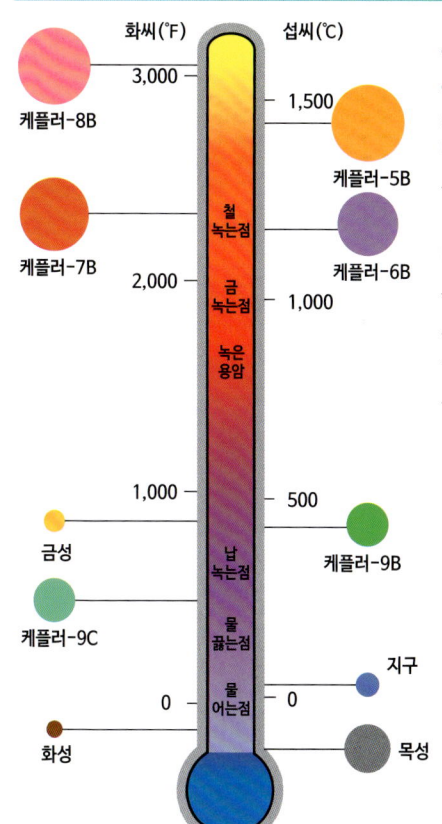

뜨거운 목성은 얼마나 뜨거울까?

케플러 우주 망원경이 발견한 뜨거운 목성, 예를 들어 케플러 5b와 7b를 비롯하여 몇 개의 온도를 태양계 행성들의 표면 온도와 비교하였다. 어떤 뜨거운 목성은 용암이나 심지어 액체 철보다도 뜨겁다.

뜨거운 목성들

우리 태양계 밖에서 발견된 많은 행성들은 '뜨거운 목성'이라고 불리는 종류에 속한다. 크기는 목성 정도이거나 더 크고 별에서 가까운 궤도를 돌기 때문에 훨씬 더 뜨거운 특이하고 낯선 거대 기체 행성이다.

뜨거운 목성들은 별에서 200만~7500만 킬로미터 거리의 궤도를 돈다. 태양에서 1억 킬로미터 거리의 궤도를 도는 목성보다 훨씬 가깝다. 별에 바짝 붙은 이 세계들은 별에 그을리고 엄청남 바람, 철을 녹이기에 충분한 온도, 용융된 유리의 비와 같은 극단적인 날씨를 만들어 낸다. 과학자들은 뜨거운 목성들은 별에서 먼 곳에서 만들어져 별 쪽으로 이동해 왔다고 생각한다. 별에 그렇게 가까운 곳에는 그렇게 큰 행성을 만들 만큼 충분한 물질이 없었을 것이기 때문이다.

극단적인 궤도

안드로메다자리 입실론 b는 처음으로 발견된 뜨거운 목성 중 하나이다. 다른 세 행성과 함께 44광년 거리에 있는 별을 돌고 있다. 여기에 그중 3개 행성의 궤도를 나타냈다. 궤도들이 각기 다른 각도로 크게 기울어져 있다.

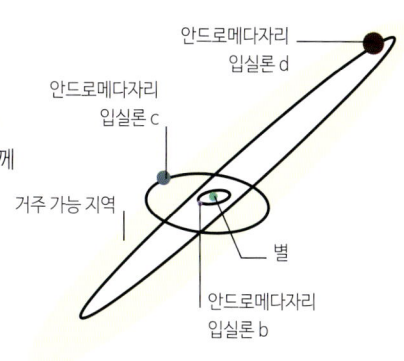

태양계 · 별의 일생

> 초신성은 관측 가능한 우주의 어딘가에서 **1초에 하나씩** 나타난다.

기체와 먼지 구름

원시별

원시별

원시별

별의 탄생
모든 별은 중력에 의해 기체와 먼지 구름이 뜨겁고 회전하는 구조로 만들어지면서 태어난다. 이것을 원시별이라고 한다. 별 탄생 구름들은 우리은하나 다른 은하들의 나선 팔에 흩어져서 발견된다.

적색 왜성

작은 별
가장 작은 별(태양 질량의 4분의 1까지)은 상대적으로 차갑고 어두우며 적색 왜성이라고 불린다. 이들은 수천억 년 동안 빛날 수 있다. 나이를 먹으면 표면 온도가 올라가서 결국에는 청색 왜성이 된다. 그다음에 식어서 백색 왜성이 되었다가 마지막에는 차가운 흑색 왜성으로 죽는다.

중간 별
태양과 비슷한 질량의 별은 수십억 년에서 수백억 년 동안 지속된다. 이들은 일생의 마지막에 적색 거성으로 팽창한다. 적색 거성은 평화로운 죽음을 맞이하고, 바깥층들이 떨어져 나가 행성상 성운이라고 불리는 뿌연 구름의 잔해를 만든다.

> 적색초신성 **베텔게우스**는 앞으로 100,000년 안에 언젠가 초신성으로 폭발할 것으로 기대된다.

무거운 별
질량이 가장 큰(태양 질량의 8배 이상) 별은 100만 년에서 1억 년 정도의 가장 짧은 수명을 가진다. 보통 생의 대부분은 흰색이나 푸른색이고 나이가 들면 붉은색이 되었다가 가장 멋지고 격렬한 방법으로 죽음을 맞이한다.

별의 일생

별은 안으로 당기는 자체 중력과 핵에서 에너지가 나오며 밖으로 미는 압력이 정교한 균형을 유지하는 한 계속 빛난다. 이것이 얼마나 지속되는지는 별이 얼마나 많은 물질을 가지고 시작하느냐에 달려 있다.

질량이 큰 별들은 핵반응에서 수소 연료를 빨리 소진하기에 상대적으로 수명이 짧다. 가장 큰 별들은 엄청난 폭발을 하고 죽는데, 이것을 초신성이라고 한다. 작은 별들은 연료를 적게 가지고 있지만 천천히 쓰기에 점차 사라지기 전까지 수억 년간 지속된다. 중간 질량의 별들은 중간 경로를 따라 진화하고 행성상 성운이라는 아름다운 천체가 되어 죽음을 맞이한다.

적색 초거성
무거운 별이 핵에서 모든 수소를 융합하고 나면 헬륨 원소를 융합하여 에너지를 만들기 시작한다. 결국 핵에 있는 헬륨도 모두 소진된다. 하지만 원자들을 계속 융합하여 철 원자가 만들어질 때까지 점점 더 무거운 원소들을 만든다. 이와 동시에 별은 적색 초거성으로 팽창한다. 핵이 철로 바뀌면 더 이상 안으로 당기는 별의 중력을 견딜 수 있는 정도의 에너지를 만들어 내지 못하고 격렬하게 수축하여 초신성으로 폭발한다.

가장 큰 별은 수명이 **300만 년**밖에 되지 않는다.

우리의 태양은 50억 년 후에 적색 거성이 되어 **지구를 삼킬 정도로 커질 것이다.**

별빛이 어두워지기 시작한다.

청색 왜성

흑색 왜성

인생 이야기
주요 별 세 종류의 인생 이야기를 도표로 표현했다. 질량이 작은 별(맨 위), 태양과 같은 중간 질량의 별(중간), 그리고 무거운 별(아래) 이다. 작은 별들은 수명이 가장 길다. 사실 이들의 수명은 너무 길어서 우주의 어떤 적색 왜성도 아직 청색 왜성이나 백색 왜성 단계까지 진화하지 못했다.

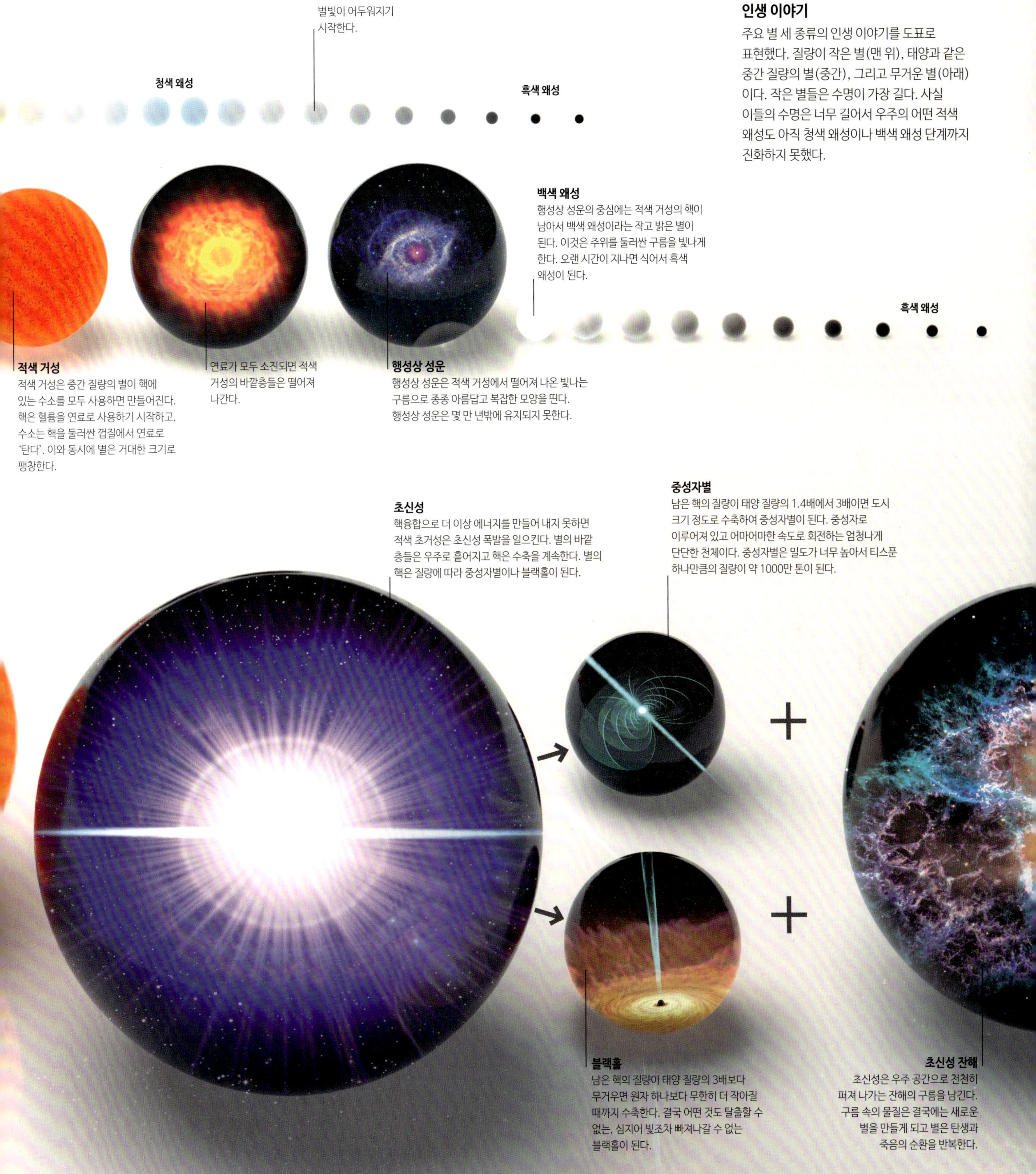

백색 왜성
행성상 성운의 중심에는 적색 거성의 핵이 남아서 백색 왜성이라는 작고 밝은 별이 된다. 이것은 주위를 둘러싼 구름을 빛나게 한다. 오랜 시간이 지나면 식어서 흑색 왜성이 된다.

흑색 왜성

적색 거성
적색 거성은 중간 질량의 별이 핵에 있는 수소를 모두 사용하면 만들어진다. 핵은 헬륨을 연료로 사용하기 시작하고, 수소는 핵을 둘러싼 껍질에서 연료로 '탄다'. 이와 동시에 별은 거대한 크기로 팽창한다.

연료가 모두 소진되면 적색 거성의 바깥층들은 떨어져 나간다.

행성상 성운
행성상 성운은 적색 거성에서 떨어져 나온 빛나는 구름으로 종종 아름답고 복잡한 모양을 띤다. 행성상 성운은 몇 만 년밖에 유지되지 못한다.

초신성
핵융합으로 더 이상 에너지를 만들어 내지 못하면 적색 초거성은 초신성 폭발을 일으킨다. 별의 바깥 층들은 우주로 흩어지고 핵은 수축을 계속한다. 별의 핵은 질량에 따라 중성자별이나 블랙홀이 된다.

중성자별
남은 핵의 질량이 태양 질량의 1.4배에서 3배이면 도시 크기 정도로 수축하여 중성자별이 된다. 중성자로 이루어져 있고 어마어마한 속도로 회전하는 엄청나게 단단한 천체이다. 중성자별은 밀도가 너무 높아서 티스푼 하나만큼의 질량이 약 1000만 톤이 된다.

+

블랙홀
남은 핵의 질량이 태양 질량의 3배보다 무거우면 원자 하나보다 무한히 더 작아질 때까지 수축한다. 결국 어떤 것도 탈출할 수 없는, 심지어 빛조차 빠져나갈 수 없는 블랙홀이 된다.

+

초신성 잔해
초신성은 우주 공간으로 천천히 퍼져 나가는 잔해의 구름을 남긴다. 구름 속의 물질은 결국에는 새로운 별을 만들게 되고 별은 탄생과 죽음의 순환을 반복한다.

나비 성운

우리 태양과 같은 별이 죽을 때는 바깥층들을 빛나는 잔해의 구름으로 던진다. 이 희미한 잔해는 행성상 성운이라고 불린다.

행성상 성운은 처음으로 발견되었을 때 모양이 행성처럼 둥글게 보였기 때문에 붙여진 이름이다. 하지만 어떤 것은 자신들의 기체를 두 방향으로 날려 보내 날개나 8자 모양을 만든다. 허블 우주 망원경에 찍힌 이 나비 성운은 우리 태양계보다 약 500배 더 넓고 날개에 있는 기체는 시속 950,000킬로미터로 우주를 날아간다.

적색 초거성

우주에서 가장 큰 별은 적색 초거성이다. 이것은 나이가 들면서 엄청난 크기로 팽창한 무거운 별이다.

모든 별은 핵융합 과정으로 에너지를 만들어 낸다. 별의 핵은 온도와 압력이 너무나 높기 때문에 수소 원자들이 헬륨 원자로 융합된다. 이 과정에서 엄청난 양의 에너지가 나온다. 무거운 별은 핵에 있는 연료를 빠르게 소진한 다음 크기가 커지기 시작하면서 핵융합이 핵에서 밖으로 퍼져 나간다. 가장 무거운 별들은 바깥층들이 엄청난 크기의 빛나는 기체 구로 팽창하여 적색 초거성이 된다. 결국 별은 초신성이라는 갑작스럽고 격렬한 폭발을 일으키고 작은 중성자별이나 블랙홀을 남긴다.

1000억 °C 초신성 폭발 직전의 초거성 핵의 온도.

대류층
대류층에서는 뜨거운 기체 덩어리들이 위로 올라갔다가 식어서 다시 내려간다. 올라갔다가 내려가는 과정을 대류라고 한다.

구조
이 모형은 일생의 마지막 순간에 다다른 적색 초거성의 내부 구조를 보여 준다. 적색 초거성 전체에 비해서 너무나 작은 핵의 크기를 과장하여 나타냈다. 수소가 소진되고 나면 핵은 점점 더 무거운 원소들을 융합하여 별의 중심에 여러 개의 껍질을 만든다. 별이 융합할 수 있는 가장 무거운 원소는 규소이고, 이것은 별에 하루 정도 에너지를 공급하면서 철로 융합한다. 별이 철을 융합하려고 하면 폭발한다.

수소 융합 껍질

헬륨 융합 껍질

바깥층
별의 바깥 부분은 얇게 퍼진 수소 기체로 이루어져 있다. 뚜렷한 표면은 없고 기체가 점차적으로 우주의 빈 공간으로 사라진다.

크기 비교를 위한 태양

우리 이웃의 적색 초거성
지구에서 가장 가까운 적색 초거성은 안타레스로, 너비가 우리 태양보다 880배 더 크다. 550광년 떨어져 있지만, 안타레스는 밤하늘에서 쉽게 볼 수 있다. 100만 년 안에 언제든 초신성으로 폭발할 수 있지만 지구에는 어떤 위협도 되지 않을 것이다.

초신성 하나의 폭발은 은하 전체보다 밝을 수 있다.

적색 초거성 **안타레스**는 태양보다 57,000배 이상 더 밝다.

초거성의 삶과 죽음

두 가지 강력한 힘이 별의 일생을 좌우한다. 물질을 별의 안쪽으로 당기는 중력과 물질을 바깥쪽으로 미는 압력이다. 평소에는 균형을 이루는 이 힘들은 별의 일생을 마지막에는 균형을 잃게 된다.

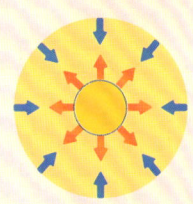

1 수소 연소
별의 일생 대부분의 기간 동안 별의 핵은 핵융합으로 수소를 헬륨으로 바꾼다. 이 과정에서 나오는 에너지가 별의 물질을 바깥쪽으로 미는 압력을 유지시켜 안쪽으로 당기는 중력과 균형을 이룬다.

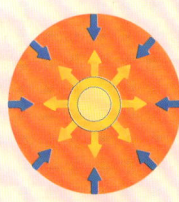

2 헬륨 연소
별의 핵에 있는 수소가 소진되면 무거운 별은 헬륨 융합을 시작한다. 수소 연소는 별의 안쪽 핵 밖에 있는 껍질로 퍼져 나가 별의 바깥층들을 팽창시킨다.

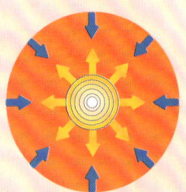

3 여러 층의 핵
별의 핵에 있는 헬륨이 소진되면 별은 탄소를 네온으로 융합하기 시작한다. 다음에는 네온을 산소로 융합한다. 별의 핵 지역에서는 여러 원소들을 융합하는 껍질들이 만들어진다.

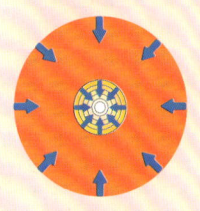

4 수축
별의 핵에서 마지막으로 철을 융합하려고 하면 재앙이 일어난다. 철 융합은 밖을 향하는 압력을 유지할 수 없기 때문에 중력이 별의 핵을 지배하게 된다. 별은 안쪽으로 빛의 4분의 1의 속력으로 달려 들어 순식간에 도시 크기로 수축한다.

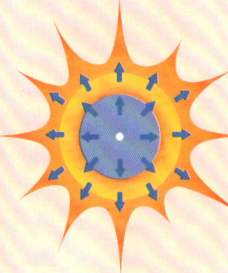

5 폭발
별의 핵 온도가 치솟으면 중성미자라고 하는 입자들의 홍수가 일어난다. 수축하는 별의 바깥층들이 이 홍수에 되튀면서 태양보다 10억 배 더 밝은 파국적인 폭발이 일어나 초신성이 된다.

초거대 별

보통의 적색 초거성이 태양계의 중심에 있다면, 화성과 목성 궤도 사이까지 자리를 차지할 것이다. 큰 적색 거성은 겨우 지구 궤도 정도까지 미칠 것이다.

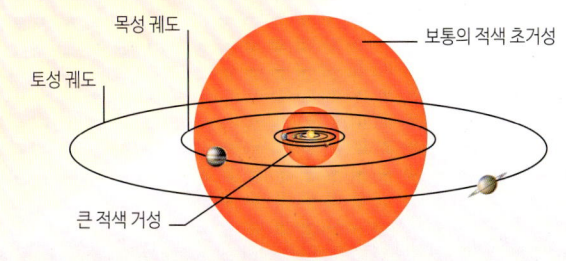

목성 궤도
토성 궤도
큰 적색 거성
보통의 적색 초거성

핵
핵융합은 수소와 같은 원소들이 더 무거운 원소로 융합하는 별의 핵에서만 일어난다.

철 핵
규소 융합 껍질
산소 융합 껍질
네온 융합 껍질
탄소 융합 껍질

따뜻한 색
적색 초거성의 바깥 층 온도는 약 3,800도로 태양과 같은 별의 표면 온도보다 훨씬 더 낮다. 별의 표면이 더 차가울수록 붉은색을 띤다.

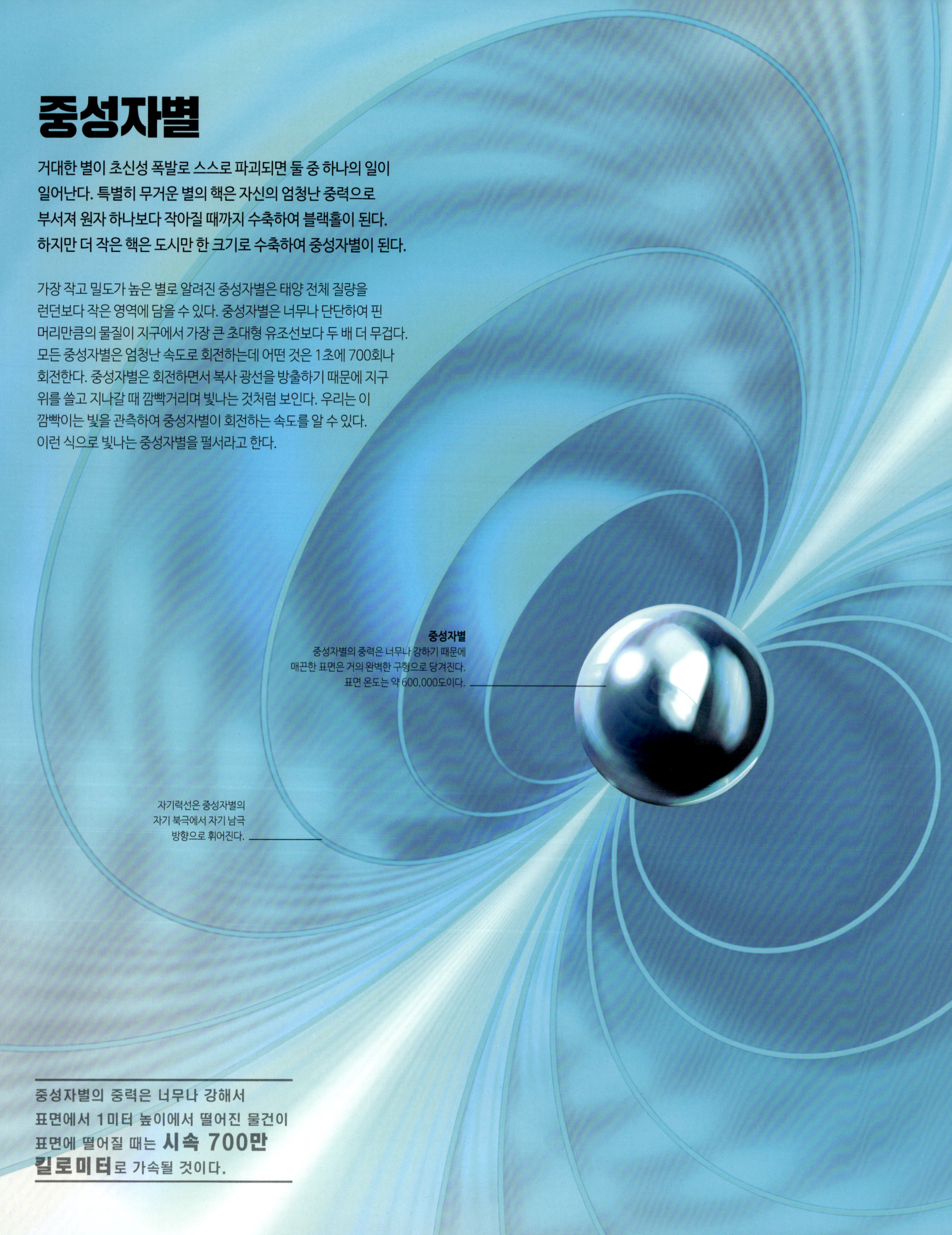

중성자별

거대한 별이 초신성 폭발로 스스로 파괴되면 둘 중 하나의 일이 일어난다. 특별히 무거운 별의 핵은 자신의 엄청난 중력으로 부서져 원자 하나보다 작아질 때까지 수축하여 블랙홀이 된다. 하지만 더 작은 핵은 도시만 한 크기로 수축하여 중성자별이 된다.

가장 작고 밀도가 높은 별로 알려진 중성자별은 태양 전체 질량을 런던보다 작은 영역에 담을 수 있다. 중성자별은 너무나 단단하여 핀 머리만큼의 물질이 지구에서 가장 큰 초대형 유조선보다 두 배 더 무겁다. 모든 중성자별은 엄청난 속도로 회전하는데 어떤 것은 1초에 700회나 회전한다. 중성자별은 회전하면서 복사 광선을 방출하기 때문에 지구 위를 쓸고 지나갈 때 깜빡거리며 빛나는 것처럼 보인다. 우리는 이 깜빡이는 빛을 관측하여 중성자별이 회전하는 속도를 알 수 있다. 이런 식으로 빛나는 중성자별을 펄서라고 한다.

중성자별
중성자별의 중력은 너무나 강하기 때문에 매끈한 표면은 거의 완벽한 구형으로 당겨진다. 표면 온도는 약 600,000도이다.

자기력선은 중성자별의 자기 북극에서 자기 남극 방향으로 휘어진다.

중성자별의 중력은 너무나 강해서 표면에서 1미터 높이에서 떨어진 물건이 표면에 떨어질 때는 **시속 700만 킬로미터**로 가속될 것이다.

1억 개 우리은하에 있을 것으로 추정되는 중성자별의 수.

중성자별의 고체 표면은 **100억 배 더 강하다.**

중성자별에서 **가장 높은 '산'**은 **5밀리미터보다 낮다.**

87

펄서
천문학자들은 1967년 처음 펄서(반짝이는 중성자별)를 발견한 이후로 약 2,000개를 발견했다. 이 중성자별들은 강력한 자기장을 가지고 있고 자극에서 전파 광선을 만들어 낸다. 별이 자전축을 중심으로 회전하면 두 극에서 나오는 전파 광선은 원뿔 모양으로 하늘을 쓸고 지나가고, 이것이 지구를 쓸고 지나가면 반짝이는 것으로 보이게 된다. 가장 느린 펄서는 1초에 5번 반짝이고, 가장 빠른 것은 1초에 716번 반짝인다.

복사 광선
중성자별은 자극에서 복사 광선을 방출한다. 복사는 전파, 엑스선, 감마선, 그리고 가시광선으로도 나올 수 있다.

중성자별 내부
대부분의 별은 기체로 이루어져 있지만 중성자별의 지각은 약 1킬로미터 두께의 고체 철로 되어 있다. 그 아래에는 중성자라는 아원자 입자들의 바다가 있다. 강력한 중력으로 짓눌려서 지구에는 존재하지 않는 종류의 액체를 이루고 있다..

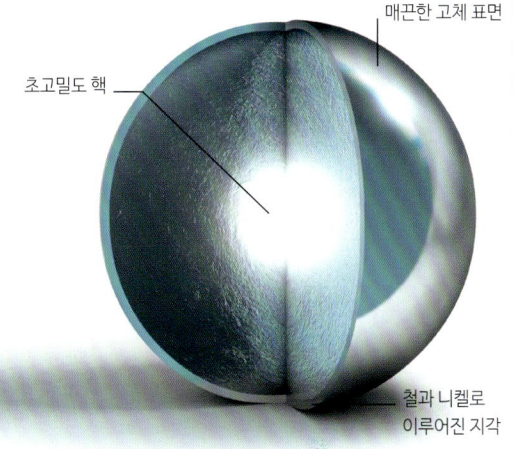

매끈한 고체 표면
초고밀도 핵
철과 니켈로 이루어진 지각

크기
중성자별은 지름 15~25킬로미터로 도시 정도의 크기이다. 하지만 다른 별들과 비교하면 아주 작다. 별의 밀도는 엄청난 표면 중력을 만들어 낸다. 평범한 사람이 중성자별 위에서는 몸무게가 70억 톤이 된다.

캐나다 밴쿠버와 비교한 중성자별

자기장
중성자별의 자기장은 지구의 자기장보다 1000조 배 더 강할 수 있다. 자기장은 중성자별과 같은 속도로 회전한다.

밀도
중성자별을 이루는 물질의 밀도는 너무나 높아서 티스푼 하나만큼 물질을 지구로 가지고 오면 전 세계 사람의 무게보다 더 무거울 것이다. 중성자별 물질로 만든 축구공은 5조 톤이 될 것이다. 에베레스트산의 무게와 비슷하다.

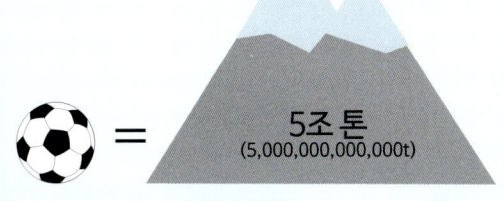

= 5조 톤
(5,000,000,000,000t)

블랙홀

블랙홀은 우주에서 가장 이상한 천체 중 하나다. 중력이 당기는 힘이 너무나 강해서 어떤 것도 탈출할 수 없다. 심지어 빛도 못 벗어난다.

대부분의 블랙홀은 무거운 별이 연료를 소진하고 폭발하며 죽을 때 만들어진다. 자기 중력이 누르는 힘을 견딜 수 없는 죽은 별의 핵은 붕괴하여 1밀리초 이내에 원자보다 무한히 작게 수축한다. 별의 핵은 과학자들이 특이점이라고 부르는 상태가 된다. 불가능할 정도로 작아서 크기는 0이 되고 밀도가 무한대가 되는 상태. 특이점에서 특정한 거리 안에 있는 것은 무엇이든 중력으로 끌려 들어가서 영원히 사라진다. 돌아올 수 없는 지점은 특이점을 둘러싼 구를 이루는데 이것을 사건의 지평선이라고 한다. 반대로 생각하면 사건의 지평선은 안전하게 가까이 갈 수 있는 경계가 된다.

사건의 지평선
밖에서 이 경계를 넘어가는 어떤 것도 탈출할 수 없다.

우리은하에는 **수천만 개의 블랙홀**이 존재할 수 있다.

3,000광년 가까이 있는 블랙홀 후보까지의 거리.

블랙홀의 종류

블랙홀은 크게 두 종류가 있다. 별 질량 블랙홀과 초거대 질량 블랙홀이다. 별 질량 블랙홀은 아주 큰 별이 일생의 마지막에 초신성으로 폭발할 때 만들어진다. 초거대 질량 블랙홀은 더 크고 은하들의 중심에서 발견되며, 종종 엄청나게 뜨겁고 빛나는 물질에 둘러싸여 있다.

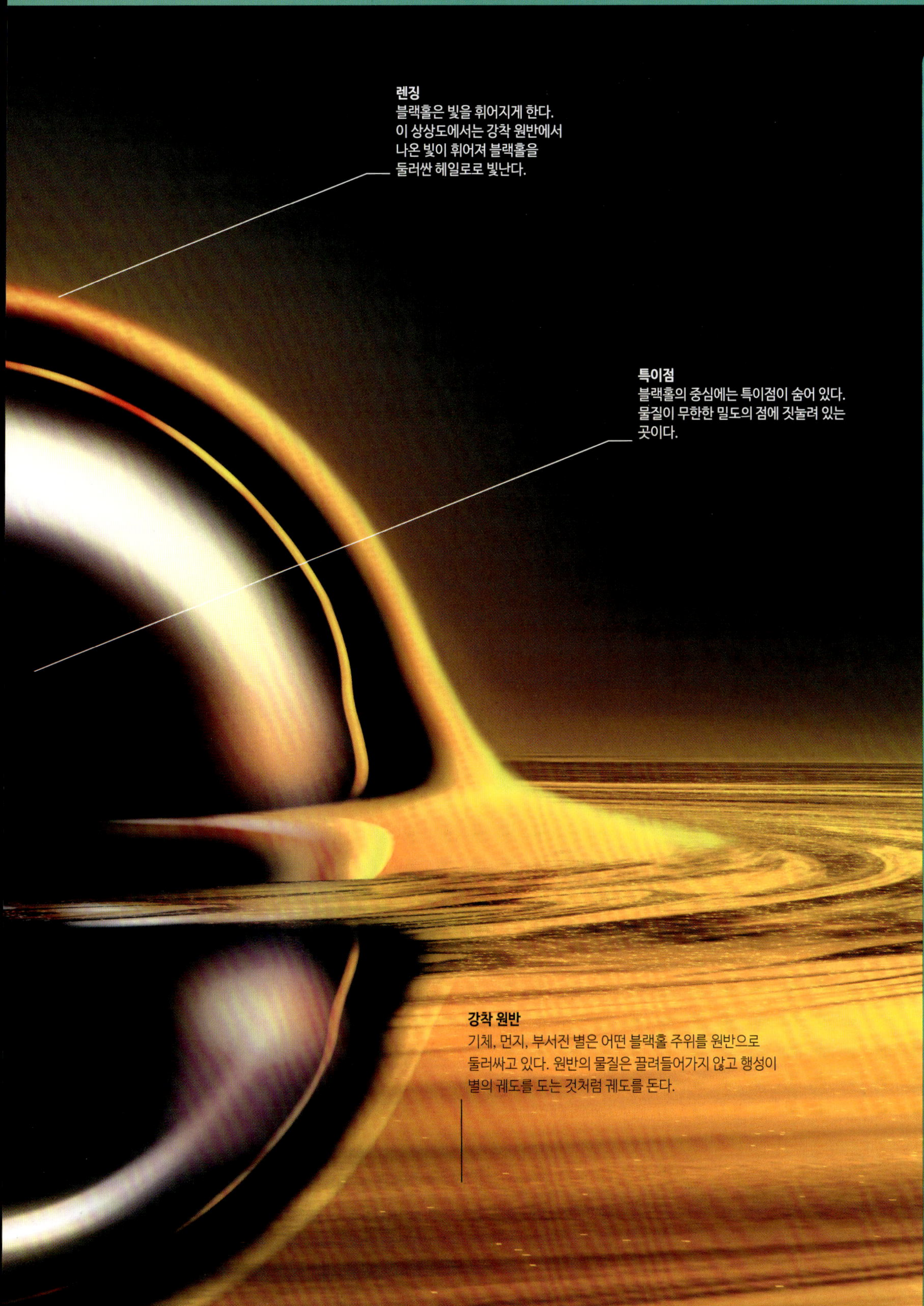

어떤 과학자들은 블랙홀이 열을 방출하여 오랜 시간이 지나면 **증발하여 사라질 수도** 있다고 생각한다.

초거대 질량 블랙홀 주변을 휘도는 물질의 구름은 **우주에서 가장 밝은 천체**이다.

어떤 블랙홀은 1초에 **수천 회** 회전한다.

렌징
블랙홀은 빛을 휘어지게 한다. 이 상상도에서는 강착 원반에서 나온 빛이 휘어져 블랙홀을 둘러싼 헤일로로 빛난다.

특이점
블랙홀의 중심에는 특이점이 숨어 있다. 물질이 무한한 밀도의 점에 짓눌려 있는 곳이다.

강착 원반
기체, 먼지, 부서진 별은 어떤 블랙홀 주위를 원반으로 둘러싸고 있다. 원반의 물질은 끌려들어가지 않고 행성이 별의 궤도를 도는 것처럼 궤도를 돈다.

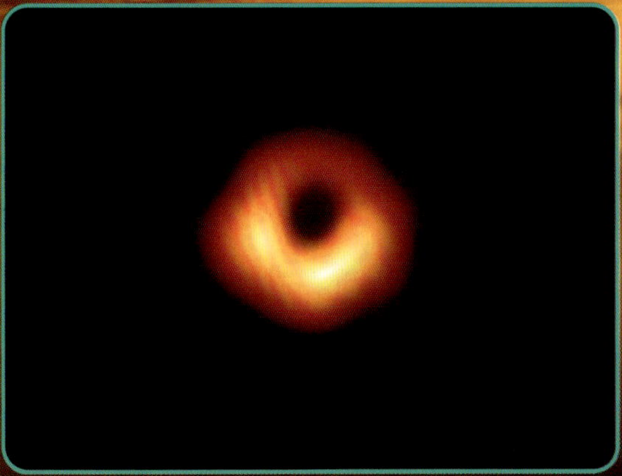

스파게티화
블랙홀이 당기는 힘은 가까운 곳에서 너무나 빠르게 커지기 때문에 블랙홀로 떨어지는 우주 비행사는 스파게티처럼 늘어져 찢어질 것이다.

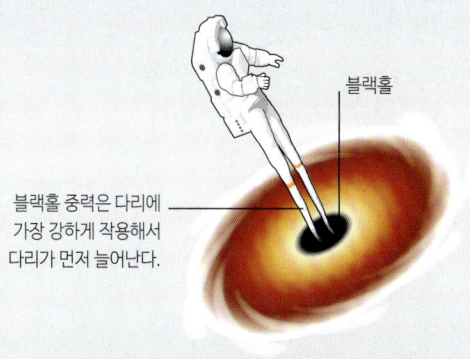

블랙홀 중력은 다리에 가장 강하게 작용해서 다리가 먼저 늘어난다.

블랙홀

빛을 휘어지게 하고 시간을 늘인다
블랙홀은 중력이 엄청나게 강하기 때문에 마치 거대한 렌즈처럼 빛을 휘게 한다. 만일 지구가 블랙홀 주위를 돌고 있다면 우주의 관찰자는 위 그림처럼 크게 왜곡된 지구의 모습을 볼 것이다. 알베르트 아인슈타인의 상대성 이론에 따르면 블랙홀은 시간도 늦춘다. 블랙홀 근처에서 한 시간 정도 보낸 우주 비행사는 지구로 돌아왔을 때 몇 년이 지나간 것을 발견하게 될 수도 있다.

웜홀
아인슈타인의 상대성 이론에 따르면 무거운 물체는 4차원 시공간을 휘어지게 한다. 몇몇 전문가들은 블랙홀이 시공간을 너무 많이 휘어지게 해서 우주의 서로 다른 공간이나 시간 사이를 연결하는 웜홀이라고 불리는 지름길을 만들어 낼 수도 있을 것이라고 생각했다. 웜홀이 존재한다는 직접적인 증거는 없다.

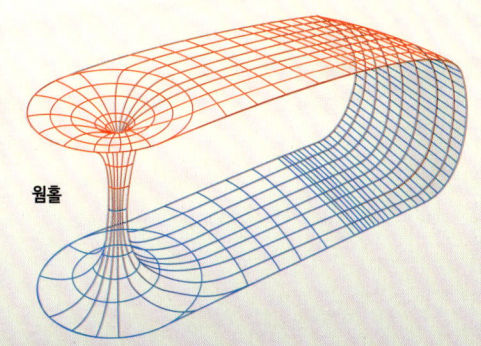

웜홀

최초의 블랙홀 사진
2019년 4월, 과학자들은 역사상 최초의 블랙홀 사진을 발표했다. 이 획기적인 사진은 사건의 지평선 망원경(Event Horizon Telescope, EHT)이라는 국제적인 망원경들의 네트워크를 이용하여 황금색 강착 원반에 둘러싸여 있는 M87은하의 초거대 질량 블랙홀을 찍은 것이다.

북극성은 사실 **삼중성계**이다. 두 개의 동반성이 있다.

어떤 별들의 쌍은 서로의 주위를 도는 데 **수백만 년**이 걸린다.

성단

대규모 별의 집단을 성단이라고 한다. 성단에는 수십 개에서 수백만 개의 별이 있을 수 있다. 성단은 크게 구상 성단과 산개 성단 두 종류가 있다. 우리은하에는 두 종류 모두 많이 포함되어 있다.

구상 성단
구상 성단은 동시에 만들어진 최대 몇 백만 개의 오래된 별들이 거의 구형을 이루고 있는 집단이다. 위의 예는 헤르쿨레스자리에 있는 거대 구상 성단이다.

산개 성단
구상 성단은 같은 기체 구름에서 거의 동시에 만들어진 젊은 별들이 느슨하게 묶여 있는 집단이다. 위의 예는 전갈자리에 있는 나비 성단이다.

다중성

다른 많은 별들과는 달리 우리 태양은 짝이 없는 외로운 별이다. 우리가 밤하늘에서 볼 수 있는 대부분의 별은 다중성계에 속해 있다. 다중성계란 두 개 이상의 별들이 중력으로 한데 묶여 서로의 주위를 도는 것이다.

두 별이 단순히 서로의 주위를 도는 것을 쌍성계라고 한다. 그런데 세 개나 네 개, 또는 그보다 많은 별들이 복잡한 궤도를 도는 것도 있다. 쌍성 중에는 너무 가까이 있어서 두 별 사이에 물질이 흐르는 경우도 있다. 이런 별들을 상호작용 쌍성이라고 한다. 별이 나이를 먹으면 쌍성계는 극적으로 다양한 방향으로 발전한다. 예를 들어 엑스선 쌍성에서는 보통의 별이나 거성에서 물질이 극도로 밀도가 높은 짝별(주로 중성자별이나 블랙홀)로 흘러 들어가면서 강력한 엑스선을 방출한다. 다른 경우로는 보통의 별이나 거성에서 나온 물질이 백색 왜성으로 들어가서, 백색 왜성이 가끔씩 밝은 빛을 폭발적으로 방출하는 신성이 된다.

공여 별의 한쪽은 기체가 백색 왜성의 중력에 끌려가면서 찌그러진다.

기체는 거성에서 끌려 나오며 깔때기 모양을 만든다.

강착 원반
중력은 이 원반에 있는 물질을 중심에 있는 별을 향해 끌려가게 한다. 그 과정에서 엄청난 양의 에너지가 열과 복사로 방출된다.

백색 왜성
백색 왜성은 이전의 거성이 바깥층들을 잃고 남은 것이다. 이것은 밀도가 아주 높아서 티스푼 하나만큼의 백색 왜성 물질은 무게가 약 15톤에 이른다.

상호작용 쌍성

여기에서는 적색 거성에서 기체가 가까이 있는 백색 왜성으로 흘러가 휘도는 원반을 만든다. 백색 왜성은 질량이 증가하면서 불안정해져 표면에서 핵폭발이 일어난다. 이렇게 갑자기 빛이 나면 지구에서는 새로운 별이 나타난 것처럼 보이기 때문에 신성이라고 불린다. 신성을 뜻하는 영어 단어 'nova'는 새롭다는 뜻의 라틴어에서 온 것이다

공여 별
상호작용 쌍성에서 짝별에게 물질을 빼앗기는 별을 공여 별이라고 한다. 이것은 보통 더 큰 별이고 여기서는 적색 거성이다.

상대적으로 차갑고 밀도가 낮은 수소 기체

1a형 초신성

백색 왜성으로 기체가 이동하면 신성 폭발만 일어나는 것이 아니라 1a형 초신성이라고 하는 격렬한 폭발이 일어날 수도 있다고 과학자들은 생각한다. 이것은 백색 왜성이 신성 폭발로 잃는 질량보다 폭발 사이에 얻는 질량이 더 많아서 질량이 점점 커질 때 일어난다. 결과적으로 질량이 너무 커져서, 완전히 부서지며 초신성이 된다.

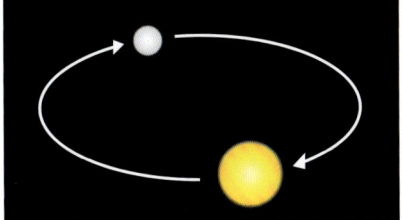

1 서로의 주위를 도는 한 쌍의 별
상호작용 쌍성의 두 별이 비교적 가까운 곳에서 서로의 주위를 돈다. 하나는 태양과 같은 노란색 별이고, 더 작고 밀도가 높은 짝별은 백색 왜성이다.

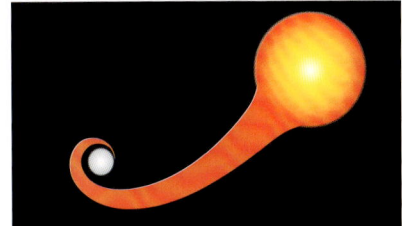

2 물질 이동
태양과 같은 별이 나이를 먹으면 팽창하여 적색 거성이 된다. 기체의 일부가 작은 백색 왜성으로 흘러간다. 그 결과로 표면에서 연속적인 폭발이 일어나 신성이 될 수 있다.

3 백색 왜성 폭발
백색 왜성의 질량이 점점 증가하여 불안정해지면 1a형 초신성으로 폭발한다. 이 폭발은 적색 거성을 날려 버릴 수도 있다.

별의 구름

우리은하 중심을 담은 이 사진의 작은 점들은 모두 별이며, 행성 가족을 데리고 있을 수도 있다.

우리의 눈은 밤하늘에서 약 6,000개의 별을 볼 수 있다. 이는 우리은하에 있는 별의 100만 분의 1에 불과한 수다. 대부분의 별은 먼지 구름 뒤에 숨어 있지만 적외선을 쓰면 볼 수 있다. 이 사진은 팔을 위로 뻗어 주먹으로 가려지는 하늘을 적외선 망원경으로 찍은 것이다. 밝은 부분은 초거대 질량 블랙홀이 숨어 있는 우리은하의 중심이다.

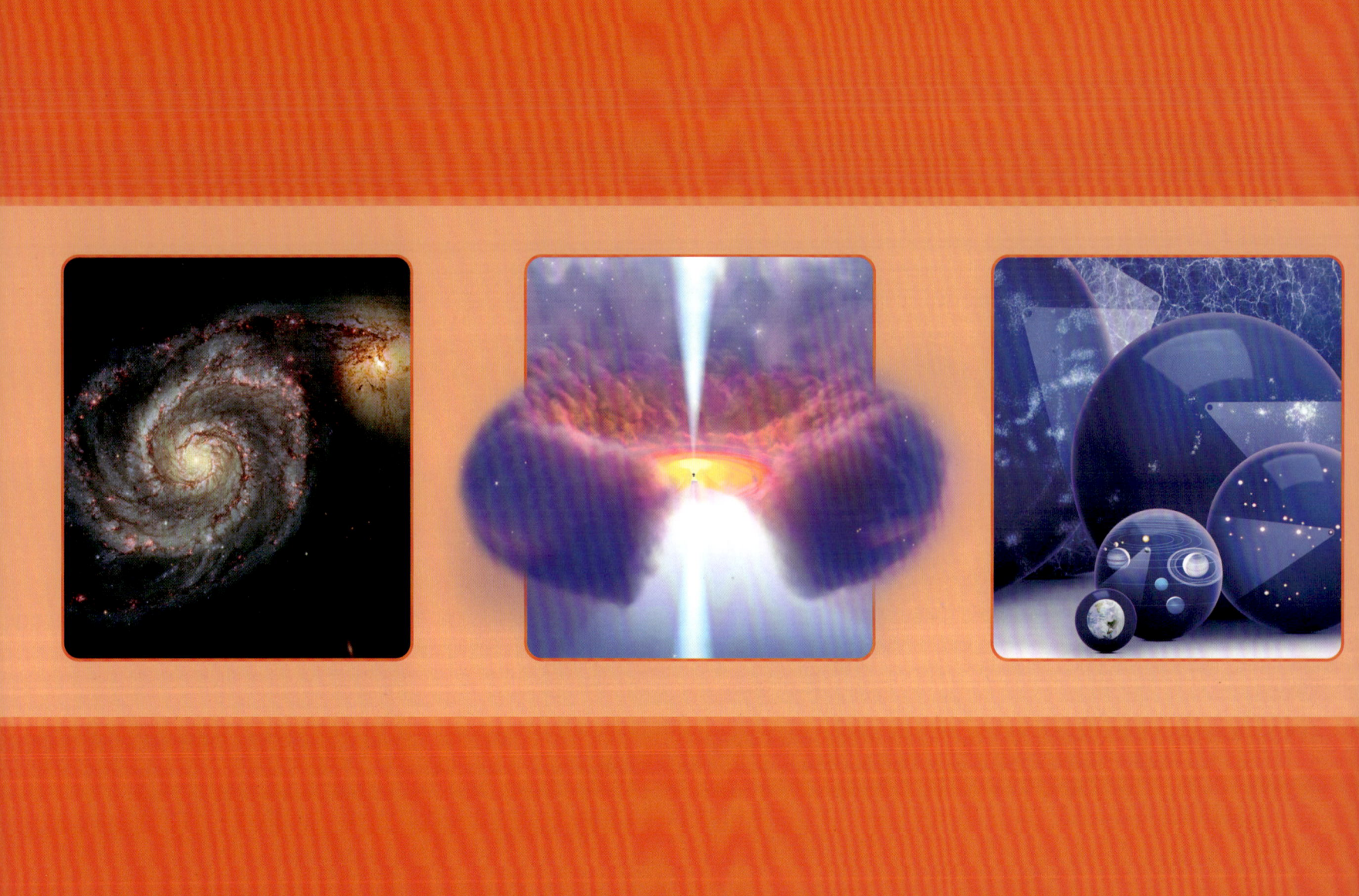

은하

우리 태양은 중력으로 서로 묶여 은하를 이루고 있는 대략 2000억 개의 별 중 하나에 불과하다.

은하는 별, 먼지, 기체, 그리고 보이지 않는 물질이 소용돌이 모양으로 모여 있는 거대한 집단이다.

우주에는 수천억 개의 은하들이 모든 방향으로, 우리가 볼 수 있는 가장 먼 곳까지 뻗어 있다.

우주란 무엇일까?

우주는 지구나 태양계만이 아니라 가늠할 수 없는 정도로 광활한 공간을 포함하는, 존재하는 모든 것이다. 우주는 우리 태양이 속해 있는 은하와 수천억 개의 다른 은하들, 그리고 은하들 사이의 무한한 공간을 모두 포함한다. 우주를 연구하는 과학자를 우주론 학자라고 한다. 천문학자들은 별과 은하를 연구하고, 우주론 학자들은 우주가 언제 어떻게 시작되었고, 시간이 지나면서 어떻게 변하며, 최종적인 운명은 어떻게 될 것인지를 알아내려 한다. 천문학이 좀 더 넓은 의미이기에 우주론도 천문학에 포함된다.

우주는 무엇으로 이루어져 있을까?

우주는 물질과 에너지로 이루어져 있다. 물질에는 별과 같이 눈에 보이는 물체들이 있는 한편, 암흑 물질이라고 부르는 눈에 보이지 않는 미지의 성분이 있는데 이것은 중력으로만 감지가 된다. 에너지에는 빛과 같은 복사와 암흑 에너지가 있다. 암흑 에너지에 대해서는 우주를 점점 더 빠른 속도로 팽창시킨다는 것 이외에는 아무것도 알지 못한다.

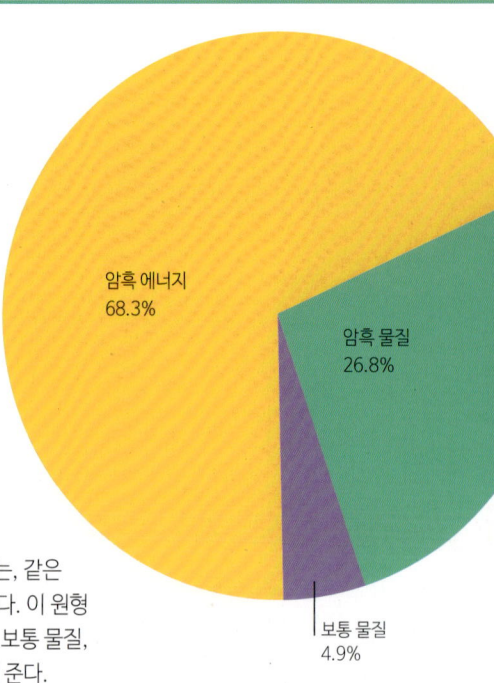

암흑 에너지 68.3%
암흑 물질 26.8%
보통 물질 4.9%

질량-에너지
과학자들은 물질과 에너지가 서로 변환될 수 있는, 같은 것이라는 사실을 발견하고 질량-에너지라고 한다. 이 원형 도표는 우주의 전체 질량-에너지가 얼마만큼의 보통 물질, 암흑 물질, 암흑 에너지로 나누어져 있는지 보여 준다.

지구

태양 8광분

태양에서 가장 가까운 별 (프록시마 켄타우리) 4.2광년

가장 가까운 적색 초거성 (안타레스) 550광년

우리은하의 중심 27,000광년

가장 가까운 나선은하 (안드로메다은하) 250만 광년

관측 가능한 가장 먼 은하 수백억 광년

우주의 거리
태양계 밖 공간의 거리는 너무나 거대해서 거리 측정을 위해서는 특별한 단위가 필요하다. 1광년은 대략 시속 10억 킬로미터의 빠르기로 움직이는 빛이 1년 동안 이동하는 거리로 약 9조 5000억 킬로미터이다. 우리가 볼 수 있는 가장 멀리 있는 천체는 관측 가능한 우주의 경계가 되지만 전체 우주는 훨씬 더 멀리 뻗어 있다.

팽창하는 우주

약 90년 전 천문학자들은 멀리 있는 은하들이 빠른 속력으로 멀어지고 있다는 것을 발견했다. 이것은 은하들이 공간 속으로 날아가고 있기 때문이 아니라 공간 그 자체가 팽창하여 멀리 있는 은하일수록 더 빠르게 멀어지게 하고 있기 때문이다. 이 발견은 우주가 한때는 훨씬 더 작았어야만 했고, 어쩌면 하나의 점에서 갑작스럽고 극적인 팽창으로 시작되었을 수 있다는 것을 의미했다. 빅뱅 이론으로 알려진 이 아이디어는 우주가 어떻게 시작했는지에 대한 가장 좋은 설명이다. 더 최근에 과학자들은 우주의 팽창이 점점 빨라지고 있다는 증거를 발견했다.

팽창하는 공간
우주는 팽창하고 있지만 어딘가를 향해서 팽창하는 것은 아니다. 공간 그 자체가 팽창하는 것이다. 이 난해한 아이디어를 시각화하는 한 가지 방법은 풍선 표면에 있는 2차원 우주를 상상하는 것이다. 풍선이 팽창하면 은하들은 점점 멀어진다.

은하들 사이의 공간은 팽창하지만 은하들은 같은 크기를 유지한다.

먼 과거에는 은하들이 훨씬 더 가까이 있었다.
수십억 년 전

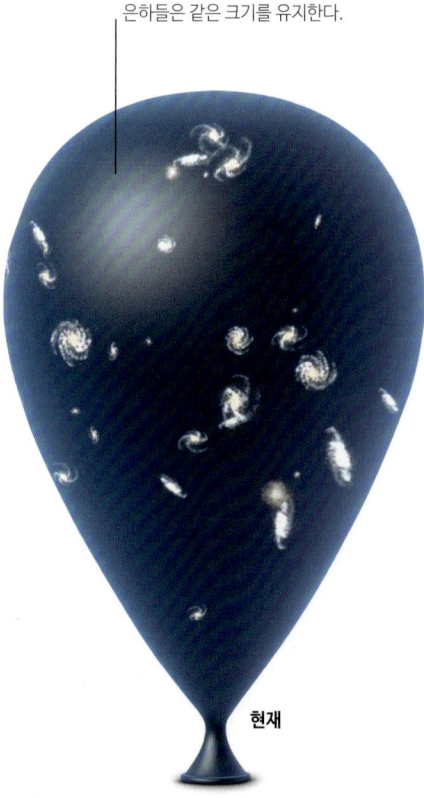
현재

보통 물질
우리가 보거나 만질 수 있는 모든 것(우리 몸부터 지구, 행성, 별까지)은 천문학자들이 보통 물질이라고 부르는 것으로 이루어져 있다. 보통 물질은 원자로 이루어져 있고, 대부분의 보통 물질은 위의 허블 우주 망원경이 찍은 사진에 있는 점과 같은 은하들에 모여 있다.

암흑 물질
우주에 있는 대부분의 물질은 보통 물질이 아니라 볼 수 없고 원자로 이루어져 있지 않은 암흑 물질이다. 암흑 물질은 중력으로만 감지될 수 있다. 많은 은하들의 집단을 보여 주는 위 사진에서 푸른색은 천문학자들이 계산을 통해서 암흑 물질이 있을 것이라고 생각한 지역을 나타낸다.

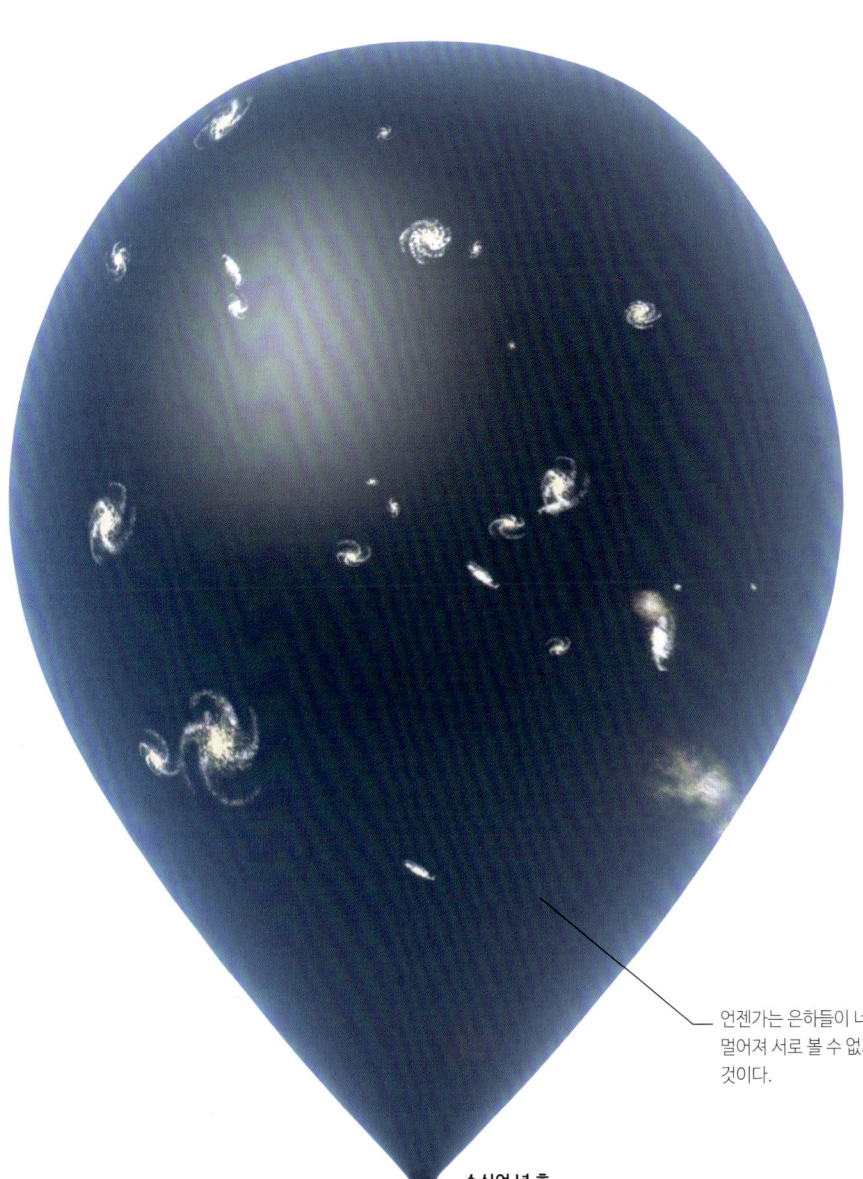

언젠가는 은하들이 너무 멀어져 서로 볼 수 없게 될 것이다.

수십억 년 후

중력
큰 규모의 우주에서는 중력이 가장 중요한 힘이다. 행성들을 태양계에 모여 있게 하고, 별들을 은하에 모여 있게 하고, 은하들을 은하들 집단으로 모이게 하는 것은 바로 중력이다.

중력 법칙
영국의 과학자 아이작 뉴턴은 300년도 더 전에 중력이 어떻게 작동하는지 알아냈다. 뉴턴은 달이 지구 주위를 돌게 하는 힘과 지구가 태양 주위를 돌게 하는 힘이 중력이라는 사실을 처음으로 알아낸 사람이다.

태양계를 나타낸 움직이는 태엽 장치

시공간
뉴턴의 중력 법칙은 과학자들이 행성들의 움직임을 정확히 예측할 수 있게 했지만 완벽하지는 않았다. 1915년 과학자 알베르트 아인슈타인은 보다 정확한 이론을 발표했다. 아인슈타인은 무거운 공이 고무판 위에 놓인 것처럼 무거운 물체가 시공간의 구조를 휘게 하기 때문에 중력이 생긴다고 말했다. 예를 들어 별은 시공간을 움푹 들어가게 해 행성들이 주위를 돌게 만든다.

은하수

남반구의 겨울에 보면 우리은하의 중심 영역은 밤하늘을 가로지르는 환상적인 빛의 띠를 만든다.

우리은하는 나선은하이지만 그 안에 있는 우리에게는 원반으로 보인다. 오른쪽의 밝은 구름은 별이 가득한 우리은하의 중심이다. 검은 선들은 거대한 성간 먼지 구름들이 뒤에 있는 별빛을 가린 것이다. 뉴질랜드의 캐슬포인트 해변에서 사진작가들이 한겨울의 은하수를 관측하고 있다.

1923년 천문학자 **에드윈 허블**이 우리은하 밖에 은하들이 있다는 사실을 밝힌 해.

120~130억 년 우리은하의 나이.

은하

태양은 거의 모든 별들과 마찬가지로 별들이 중력으로 거대한 집단을 이루는 은하에 속해 있다. 태양계가 속한 우리은하는 거대한 우주에 떠 있는 수천억 개의 은하들 중 하나일 뿐이다.

아주 맑고 어두운 밤이면 간혹 하늘을 가로지르는 은하수를 볼 수 있다. 이 빛은 우리은하의 주요 부분에서 오는 것이다. 우리은하는 원반 모양이지만 우리는 그 안에 있기 때문에 우리에게는 빛의 띠처럼 보인다. 우리은하는 너무나 커서 상상을 하기가 힘들 정도다. 비행기의 속력으로 우리은하를 가로지르려면 1500억 년이 걸리고, 가장 가까운 별까지 가는 데에도 600만 년이 걸린다. 하늘에서 맨눈으로 볼 수 있는 거의 모든 것은 우리은하에 속해 있다. 그 너머에는 셀 수 없이 많은 다른 은하들이 모든 방향으로 망원경이 볼 수 있는 최대한의 거리까지 뻗어 있다.

우리은하에는 약 2000억 개의 별이 있다.

방패자리-켄타우루스자리 팔
우리은하의 두 개의 주요 나선 팔 중 하나다. 중앙의 막대와 만나는 지점에는 별 탄생 구름들이 많이 있다.

검은 선은 먼지 때문에 생긴다.

막대나선은하
우리은하는 중앙 팽대부가 막대 모양이기 때문에 막대나선은하로 분류된다.

우리은하
우리은하는 두 개의 달걀 프라이가 겹쳐 있는 것처럼 보인다. 중심에는 은하의 대부분의 별을 포함하고 있는 팽대부가 있고, 이 팽대부를 편평한 원반이 둘러싸고 있다. 원반은 중심에서 휘어져 나오는 나선 팔들로 이루어져 있다. 주요 나선 팔 두 개와 작은 나선 팔들이 몇 개가 있다. 중앙 팽대부의 가장 중심에는 태양보다 400만 배 더 무거운 블랙홀이 있다.

독수리 성운 ①
빛나는 기체와 먼지 구름은 우리은하 전체에 분포한다. 이 사진에 있는 독수리 성운 속의 어두운 기둥들은 태양보다 수천 배 더 큰 먼지와 수소 구름이다. 이 구름 안에서는 새로운 별들이 만들어지고 있다.

은하 중심 ②
여기에서 보이는 밝고 흰 영역이 우리은하의 중심이다. 이곳은 극도로 활동적인 곳이다. 가장 중심에는 물질들이 거대한 블랙홀로 끌려들고 있다. 중심 바로 옆의 붉은 영역은 큰 원호를 그리고 있는 빛나는 기체다.

태양계 ③
우리 태양계는 은하의 중심을 초속 220킬로미터 속도로 2억 2500만 년 만에 한 바퀴씩 돈다. 지금까지 23바퀴밖에 돌지 않았다.

직각자자리 팔

120,000광년 우리은하의 너비.   **95%** 우리은하 질량에서 암흑 물질이 차지하는 비율.   **2000억** 관측 가능한 우주에 있는 것으로 추정되는 은하의 수.

오리온자리 팔
우리 태양계는 길이 약 10,000광년인 이 작은 팔의 안쪽 끝 부근에 위치한다. 밤하늘에 빛나는 밝은 별 중 상당수가 이 팔에 있다.

용골자리-궁수자리 팔
오리온자리 팔 안에 위치한 이 작은 나선 팔에는 밝은 성운과 성단들이 많이 있다.

성운

바깥쪽 팔

페르세우스자리 팔
우리은하의 주요 나선 팔로 길이는 100,000광년이고 우리은하가 속해 있는 오리온 팔 바깥쪽을 감싸고 있다. 수많은 성단과 성운들이 포함되어 있다.

은하의 모양

은하들은 뚜렷한 모양이 없는 뿌연 구름에서부터 우아하게 휘어진 아름다운 나선 모양까지 다양한 크기와 모양을 가지고 있다. 은하의 주요 모양들은 아래에 보였다. 어떤 모양이든 모든 은하는 회전을 하지만 개개의 별은 같은 속도로 중심을 돌지 않는다. 별들이 은하의 궤도를 도는 동안 마치 차들이 정체 구간을 지나가는 것처럼 붐비는 지역을 지나갈 수 있다. 붐비는 지역은 우리에게 나선 팔로 보인다.

나선은하
나선은하는 별이 모여 있는 중심부를 별, 기체, 먼지로 이루어진 편평한 회전하는 원반이 둘러싸고 있다. 원반의 물질은 바깥쪽으로 휘어진 둘 혹은 그 이상의 나선 팔에 집중되어 있다. 이 나선은하는 보데 은하로, 비교적 가까운 1200만 광년 거리에 있다.

막대나선은하
막대나선은하는 나선 팔들을 연결하는 별, 먼지, 기체로 이루어진 곧은 막대가 중심을 가로지르는 것을 제외하고는 나선은하와 비슷하다. 우리은하는 NGC 1365(왼쪽)와 같은 막대나선은하이다. 폭이 200,000광년인 NGC 1365는 알려진 가장 큰 은하 중 하나다.

타원은하
타원은하는 반드시 타원이 아니라 구형, 럭비공 모양, 심지어 시가 모양을 띠기도 한다. 뚜렷한 내부 구조는 가지고 있지 않다. 타원은하는 대부분 아주 늙은 붉은색 별들로 이루어져 있기 때문에 은하가 주황색이나 붉은색을 띠고 기체와 먼지는 거의 없다. 별들은 다양한 궤도를 가지고 있다. 왼쪽에 보이는 M60은 꽤 큰 타원은하이다.

불규칙은하
불규칙은하는 특정한 모양이나 대칭성이 없다. 어떤 것은 두 은하의 충돌로 만들어진다. 예를 들어 더듬이 은하(왼쪽)는 12억 년 전 충돌을 시작하기 전에는 별개의 나선은하들이었다.

102 은하 · 활동 은하

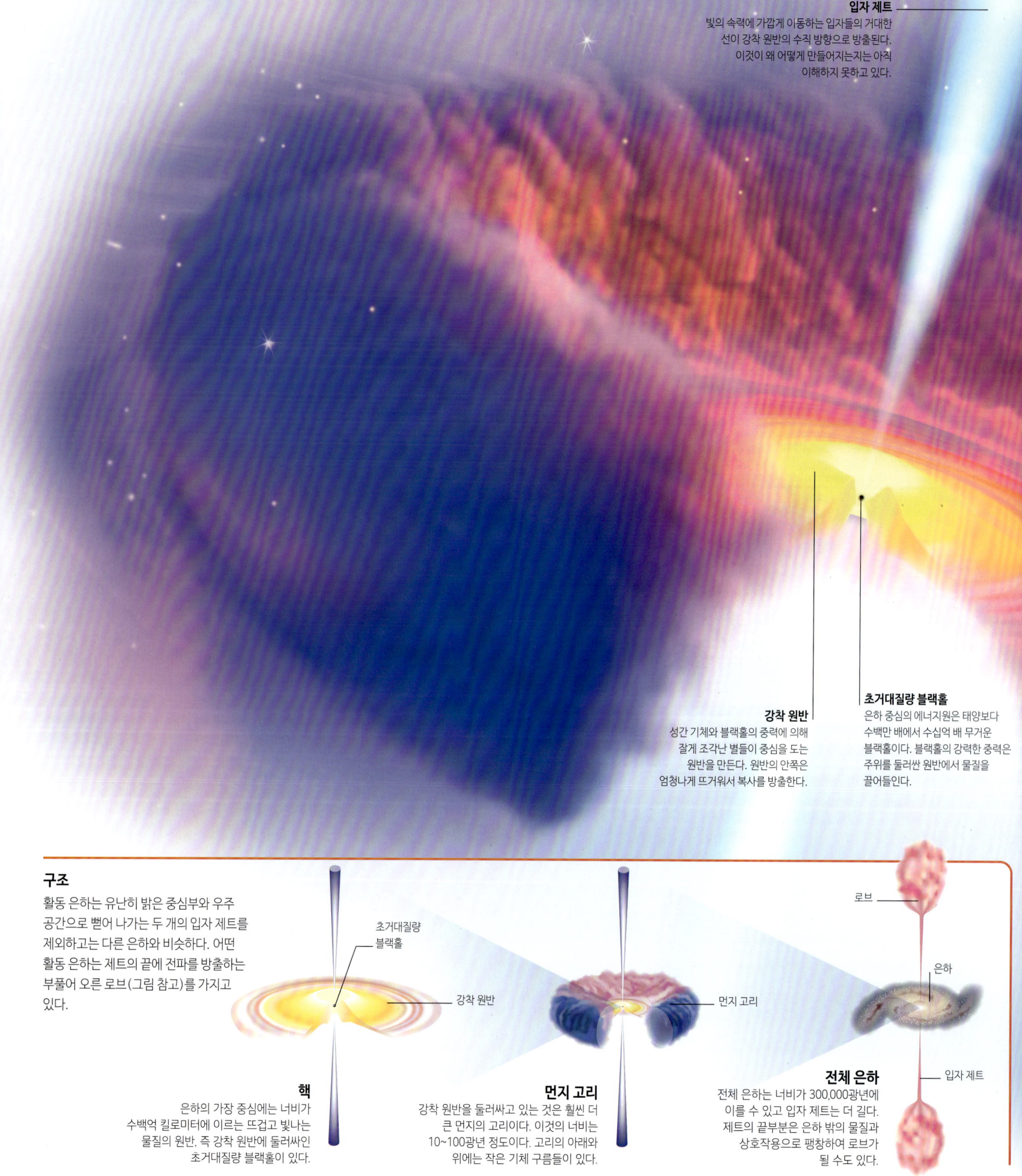

전파은하 헤르쿨레스 A의 중심에 있는 **블랙홀의 질량**은 태양 질량의 25억 배이다.

입자 제트
빛의 속력에 가깝게 이동하는 입자들의 거대한 선이 강착 원반의 수직 방향으로 방출된다. 이것이 왜 어떻게 만들어지는지는 아직 이해하지 못하고 있다.

강착 원반
성간 기체와 블랙홀의 중력에 의해 잘게 조각난 별들이 중심을 도는 원반을 만든다. 원반의 안쪽은 엄청나게 뜨거워서 복사를 방출한다.

초거대질량 블랙홀
은하 중심의 에너지원은 태양보다 수백만 배에서 수십억 배 무거운 블랙홀이다. 블랙홀의 강력한 중력은 주위를 둘러싼 원반에서 물질을 끌어들인다.

구조
활동 은하는 유난히 밝은 중심부와 우주 공간으로 뻗어 나가는 두 개의 입자 제트를 제외하고는 다른 은하와 비슷하다. 어떤 활동 은하는 제트의 끝에 전파를 방출하는 부풀어 오른 로브(그림 참고)를 가지고 있다.

핵
은하의 가장 중심에는 너비가 수백억 킬로미터에 이르는 뜨겁고 빛나는 물질의 원반, 즉 강착 원반에 둘러싸인 초거대질량 블랙홀이 있다.

먼지 고리
강착 원반을 둘러싸고 있는 것은 훨씬 더 큰 먼지의 고리이다. 이것의 너비는 10~100광년 정도이다. 고리의 아래와 위에는 작은 기체 구름들이 있다.

전체 은하
전체 은하는 너비가 300,000광년에 이를 수 있고 입자 제트는 더 길다. 제트의 끝부분은 은하 밖의 물질과 상호작용으로 팽창하여 로브가 될 수도 있다.

가장 멀리 있는 퀘이사의 빛은 지구에 도착하는 데 120억 년이 넘게 걸렸다.

퀘이사는 우리은하보다 10,000배 더 많은 빛을 방출할 수 있다.

활동 은하

은하들은 포함되어 있는 별들 덕분에 어두운 우주 공간에서도 빛난다. 하지만 몇몇 은하는 중심부인 핵에서도 엄청난 양의 빛과 여러 형태의 복사를 뿜어낸다. 이렇게 에너지를 활발히 내뿜는 은하를 활동 은하라고 한다.

활동 은하의 중심부인 핵은 어마어마한 양의 전자기 복사를 방출한다. 이 에너지는 가시광선뿐만 아니라 전파, 엑스선, 자외선, 감마선의 형태로 우주로 쏟아진다. 그 복사는 어쩌면 태양 질량의 수십억 배나 되는 초거대질량 블랙홀 주위를 돌며 끌려드는 아주 뜨겁고 밀도가 높은 원반에서 나온다. 활동 은하는 은하들 사이의 공간 깊은 곳까지 뚫고 들어가는 입자들의 제트도 방출한다. 이 이상한 은하들 중에는 퀘이사와 같이 우리가 볼 수 있는 가장 멀리 있는 천체들도 있다. 퀘이사는 너무나 멀리 있어서 그 빛이 우리에게 오는 데 수십억 년이 걸리기 때문에 어쩌면 지금은 더 이상 존재하지 않을 수도 있다.

활동 은하의 종류
다른 각도와 거리에서 보는 활동 은하들은 아주 다르게 보일 수 있다. 그래서 천문학자들은 다른 천체처럼 보이는 이름들을 붙였지만 사실은 한 가족의 일원이다.

전파은하
전파은하는 전포로 볼 때 양쪽 옆에 로브라고 불리는 부풀어 오른 구름을 가지고 있다. 헤르쿨레스자리 A(위)의 로브는 우리은하보다 약 10배 더 길다.

시퍼트은하
시퍼트은하는 보통 은하보다 훨씬 더 밝은 중심부를 가지고 있다. 위에 있는 NGC 1566처럼 대부분 나선은하이다.

퀘이사
3C 273(위)와 같은 퀘이사는 우주에서 가장 밝은 천체이다. 활동 은하의 핵이며 지구에서 수십억 광년 떨어져 있다.

블레이자
활동 은하의 핵에서 나오는 제트가 지구를 향할 때. 볼 수 있다. 일부 천문학자들은 M87(위)이 가까운 블레이자라고 생각한다.

먼지 고리
어떤 활동 은하는 기체와 먼지의 고리가 중심의 블랙홀과 강착 원반이 보이지 않게 가리고 있다.

먼지 고리 너머에는 은하의 대부분을 이루고 있는 별과 기체와 먼지 구름이 있다.

충돌하는 은하들

이웃하는 은하들은 간혹 서로 가까이 다가가 중력에 의해 충돌을 한다. 시속 수백만 킬로미터로 서로를 향해 날아가 충돌하는 기체 구름들이 수많은 새로운 별을 탄생시키는 불꽃놀이를 만들어 낸다.

은하 안에 있는 별들은 서로 너무나 멀리 떨어져 있기 때문에 은하는 어떤 별도 서로 부딪히지 않으면서 충돌할 수 있다. 사실 두 은하가 충돌할 때는 서로를 그냥 뚫고 지나간다. 하지만 중력 줄다리기는 은하들의 모양을 완전히 바꿔 놓는다. 나선 팔들을 찢어 놓고 수십억 개의 별들을 우주 공간으로 날려 보낸다. 충돌은 종종 은하들의 움직임을 크게 늦추기 때문에 두 번째 혹은 세 번째 경로가 생기기도 한다. 결과적으로는 두 은하가 결합하여 하나의 큰 은하가 되기도 한다.

은하들이 병합될 때 중심에 있는 **블랙홀**들도 역시 병합될 것이다.

소용돌이 은하는 아주 뚜렷한 두 개의 나선 팔을 가지고 있다. 이것은 나선은하로 명명된 최초의 은하다.

검은 선들은 뒤에서 오는 별빛을 가리는 먼지가 만든 것이다.

소용돌이 은하는 천문학자들이 활동 은하라고 부르는 은하이기 때문에 아주 밝은 중심부를 가지고 있다. 활동 은하는 중심의 블랙홀로 끌려드는 기체와 먼지가 엄청난 양의 빛을 만들어 내는 은하이다.

뜨겁고 새로 태어난 별들 수백만 개로 이루어진 성단이 푸른빛으로 빛난다.

소용돌이 은하

약 3억 년 전 소용돌이 은하는 지금은 자신이 나선 팔 하나에 매달려 있는 것처럼 보이는 왜소은하와 충돌했다. NGC 5195라 불리는 이 왜소은하는 이미 소용돌이 은하를 두 번 통과했을 수도 있다. 왜소은하의 중력이 소용돌이 은하 안의 기체 구름들을 휘저어서 별 탄생이 폭발적으로 일어나도록 자극했다. 어두운 밤이면 작은 망원경으로 사냥개자리에 있는 이 우주적인 충돌을 현장을 볼 수 있다.

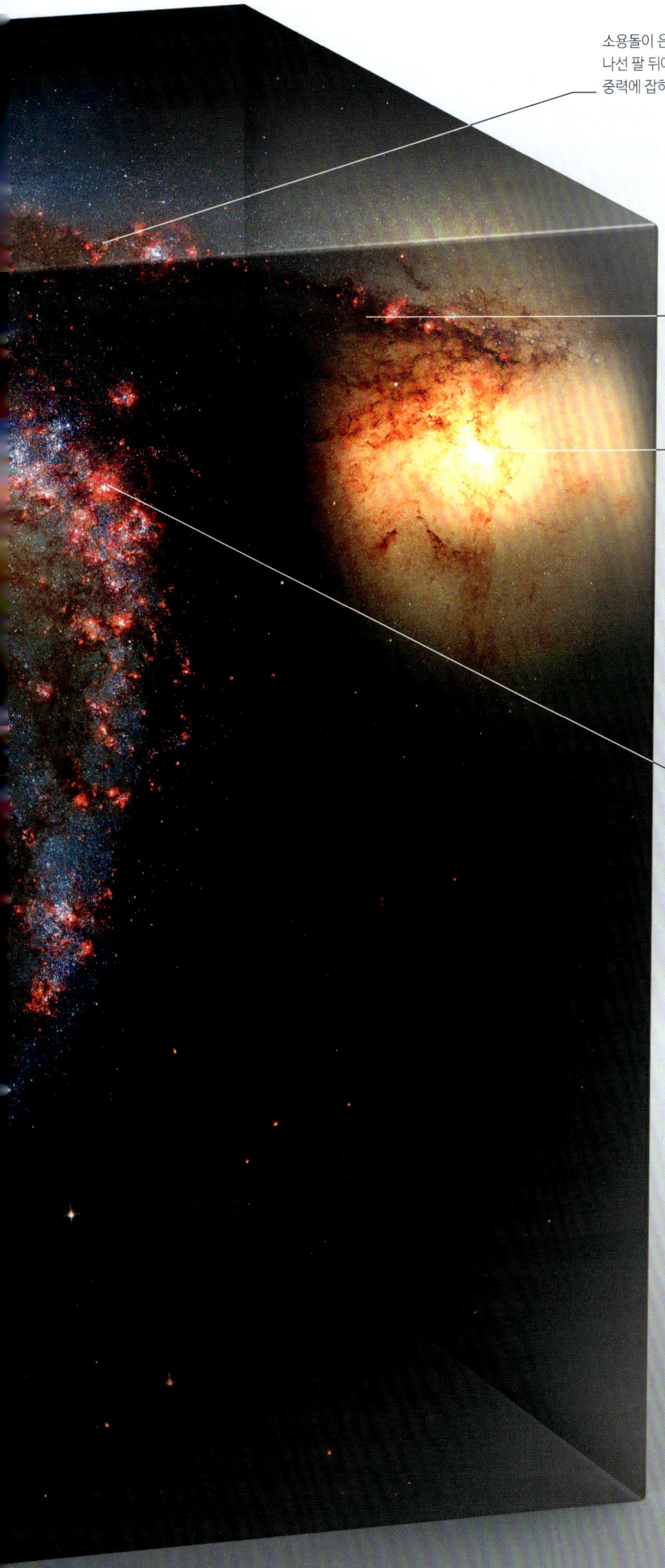

40억 년

우리은하와 안드로메다은하가 충돌할 때까지 남은 시간.

우리은하(Milky Way)와 안드로메다은하가 합쳐져 만들어질 은하의 이름은 이미 정해져 있다. **밀크드로메다**(Milkdromeda) 은하이다.

소용돌이 은하의 나선 팔 하나는 나선 팔 뒤에 있는 왜소은하의 중력에 잡혀 있는 것처럼 보인다.

이 검은 선은 두 은하를 연결하는 먼지로 이루어진 다리이다. 이 선은 뒤에서 오는 별빛을 가리고 있는데, 이것은 왜소은하가 소용돌이 은하보다 훨씬 더 뒤에 있다는 사실을 알려 준다.

왜소은하의 모양은 충돌에 의해 뒤틀렸다. 이 은하가 한때 가지고 있었을 수도 있는 나선 팔은 하나도 보이지 않는다.

밝은 분홍색 지역은 충돌에 의해 뒤섞여 수백만 개의 새로운 태어나고 있는 기체와 먼지 구름들이다.

특이한 모양의 은하들

우주에는 일반적인 은하 분류 체계에 맞지 않는 이상하게 생긴 은하들이 많이 있다. 천문학자들은 이런 특이한 모양의 은하들이 둘 또는 그 이상의 은하들이 충돌, 병합, 혹은 다른 어떤 상호작용의 결과라고 생각한다.

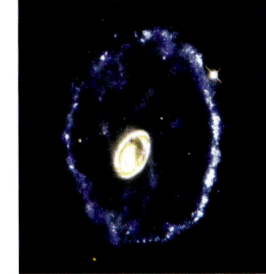

수레바퀴 은하
이 이상한 천체는 2억 년 전 한 나선은하가 더 작은 짝과 부딪혀서 만들어졌다. 이때 생긴 충격파가 은하들을 푸른색 고리와 중심의 붉은 부분으로 재배열했다.

돌고래 은하
한때 나선은하였던 것이 아래에 있는 은하의 중력으로 새로운 모양을 만들고 있다. 그 결과 돌고래가 뿌연 공 위로 뛰어오르는 것 같은 모양이 되었다. 새롭게 태어난 푸른색 별들이 돌고래의 코를 구성하고 있다.

더듬이 은하
서로 얽힌 이 나선은하들은 이른바 '폭발적인 별 탄생' 시기를 지나고 있다. 먼지와 기체 구름들이 서로를 압축하여 빠르게 별을 만든다. 별 탄생 영역은 밝은 분홍색과 푸른색으로 빛난다.

미래의 은하 병합
우리은하는 이웃의 안드로메다은하를 향하여 달려가고 있다. 시속 400,000킬로미터로 움직인다. 지금부터 수십억 년 후에 이 둘은 충돌하여 결국에는 병합될 것이다. 위 그림은 충돌이 시작될 때 지구에서 어떻게 보일지를 그린 상상도이다. 안드로메다은하(왼쪽)가 밤하늘에 엄청난 크기로 커진다.

106 은하 · 은하단

10,000개 가장 은하가 많은 은하단에 있는 은하의 수.

가까운 은하단들
국부은하군에서 여러 방향으로 다른 은하단들을 볼 수 있다. 그중 몇 개를 아래에 보였다. 은하단들은 초은하단이라고 불리는 훨씬 더 큰 집단을 이루고 있다.

에이벨 1689
은하들이 벌집처럼 모여 있는, 알려진 가장 큰 은하단 중 하나이다.

처녀자리 은하단
두 눈처럼 보이는 두 타원은하는 이 은하단의 거의 중심에 위치해 있다.

사자자리 은하단
사자자리 은하단은 거대한 벽이라고 알려진 은하들의 연결망의 일부이다.

에이벨 1185
기타 은하라고 불리는 특이하게 생긴 은하가 포함되어 있다.

중력 렌즈
은하단에는 너무나 많은 물질이 있기 때문에 그 중력은 가까이 지나가는 빛을 휘어지게 할 수 있다. 결과적으로 우주의 거대한 렌즈처럼 행동하여 더 멀리 있는 은하들의 지구에서 보이는 모습을 뒤틀리게 할 수 있다. 이 효과를 중력 렌즈라고 한다.

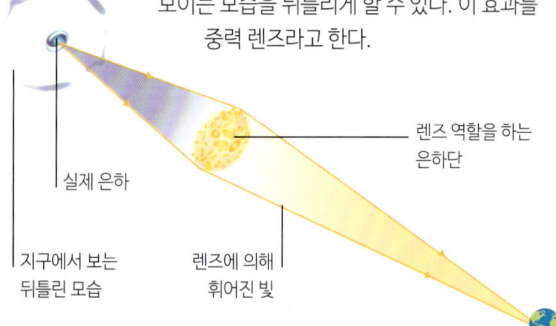

- 실제 은하
- 렌즈 역할을 하는 은하단
- 지구에서 보는 뒤틀린 모습
- 렌즈에 의해 휘어진 빛

빛의 호
사진 속 빛나는 곡선 무늬는 지구로부터 거의 110억 광년 떨어진 은하의 사진이 여러 개로 나뉘어져 보이는 것이다.

국부은하군
우리의 고향인 우리은하는 국부은하군이라고 하는 집단에 속해 있다. 국부은하군에는 세 개의 나선은하 혹은 막대나선은하(우리은하, 안드로메다은하, 삼각형자리은하)와 50개가 넘는 왜소은하와 불규칙은하가 있다. 이들은 대략 지름 1000만 광년 영역에 흩어져 있다. 많은 작은 은하들은 두 개의 가장 큰 나선은하 주변에 모여 있다.

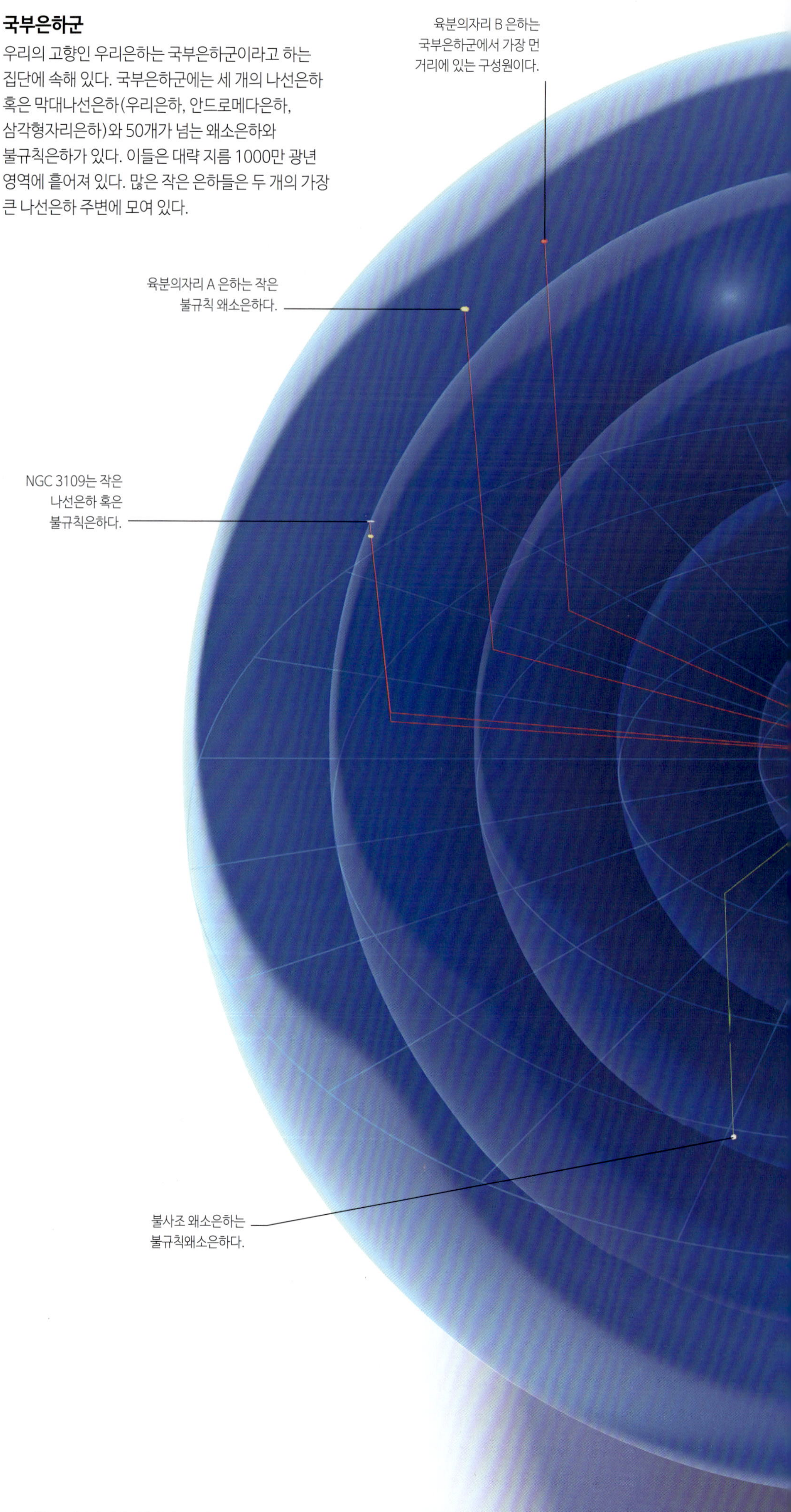

- 육분의자리 B 은하는 국부은하군에서 가장 먼 거리에 있는 구성원이다.
- 육분의자리 A 은하는 작은 불규칙 왜소은하다.
- NGC 3109는 작은 나선은하 혹은 불규칙은하다.
- 불사조 왜소은하는 불규칙왜소은하다.

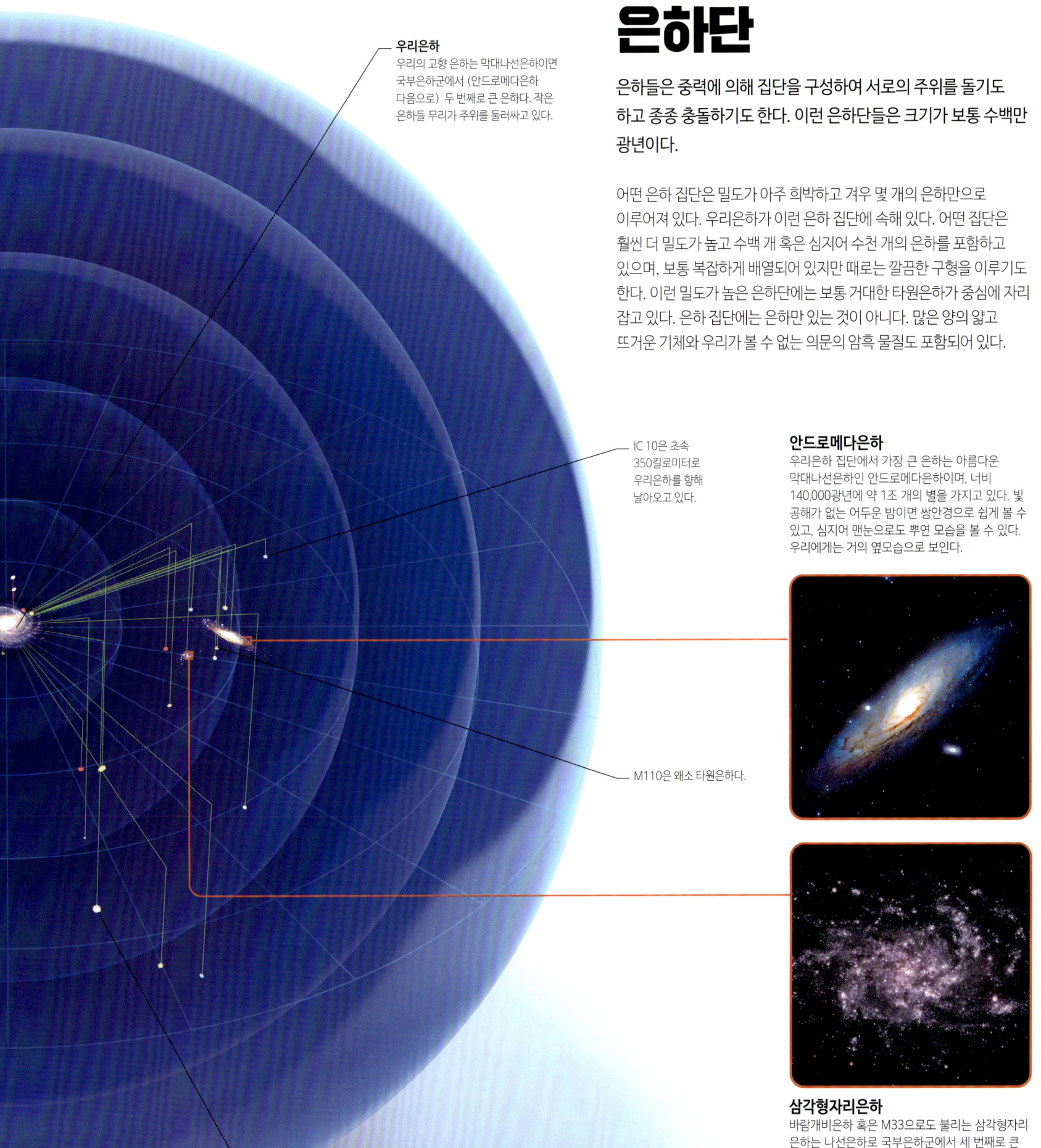

은하단

은하들은 중력에 의해 집단을 구성하여 서로의 주위를 돌기도 하고 종종 충돌하기도 한다. 이런 은하단들은 크기가 보통 수백만 광년이다.

어떤 은하 집단은 밀도가 아주 희박하고 겨우 몇 개의 은하만으로 이루어져 있다. 우리은하가 이런 은하 집단에 속해 있다. 어떤 집단은 훨씬 더 밀도가 높고 수백 개 혹은 심지어 수천 개의 은하를 포함하고 있으며, 보통 복잡하게 배열되어 있지만 때로는 깔끔한 구형을 이루기도 한다. 이런 밀도가 높은 은하단에는 보통 거대한 타원은하가 중심에 자리 잡고 있다. 은하 집단에는 은하만 있는 것이 아니다. 많은 양의 얇고 뜨거운 기체와 우리가 볼 수 없는 의문의 암흑 물질도 포함되어 있다.

우리은하
우리의 고향 은하는 막대나선은하이며 국부은하군에서 (안드로메다은하 다음으로) 두 번째로 큰 은하다. 작은 은하들 무리가 주위를 둘러싸고 있다.

IC 10은 초속 350킬로미터로 우리은하를 향해 날아오고 있다.

안드로메다은하
우리은하 집단에서 가장 큰 은하는 아름다운 막대나선은하인 안드로메다은하이며, 너비 140,000광년에 약 1조 개의 별을 가지고 있다. 빛 공해가 없는 어두운 밤이면 쌍안경으로 쉽게 볼 수 있고, 심지어 맨눈으로도 뿌연 모습을 볼 수 있다. 우리에게는 거의 옆모습으로 보인다.

M110은 왜소 타원은하다.

울프-룬드마크-멀롯 은하는 국부은하군 가장자리에 위치하고 있다.

삼각형자리은하
바람개비은하 혹은 M33으로도 불리는 삼각형자리은하는 나선은하로 국부은하군에서 세 번째로 큰 은하이다. 크기는 약 50,000광년이고 지구에서는 거의 위에서의 모습으로 보인다. 쌍안경으로 볼 수 있고, 조금은 어렵지만 아주 어두운 밤에는 맨눈으로도 볼 수 있다.

우주의 모양

우주의 3차원 공간은 우주에 있는 모든 물질의 중력에 의해 우리가 볼 수 없는 네 번째 차원으로 '휘어진다'. 이것은 시각화하기 어렵기 때문에 과학자들은 2차원의 고무판을 비유로 사용하여 설명한다. 과학자들은 우주의 물질이 어떤 밀도를 가지고 있느냐에 따라 세 가지 방법 중 하나로 고무판이 휘어져 있다고 생각해 왔다. 지금은 관측 가능한 우주가 '편평한' 모양이라는 것을 알고 있다.

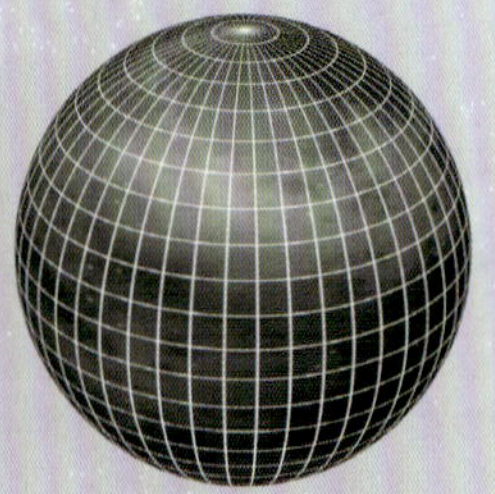

닫힌 우주
밀도가 높은 우주는 스스로를 닫힌 모양으로 휘어지게 할 것이다. 이런 우주에서는 똑바로 이동을 하면 결국에는 출발 지점으로 다시 돌아오게 될 것이다.

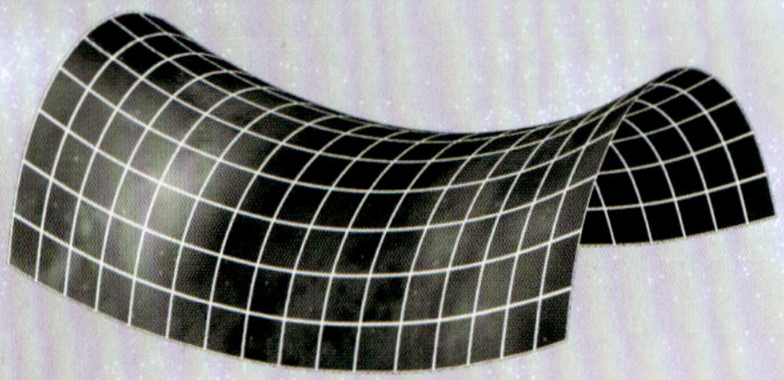

열린 우주
우주의 밀도가 낮으면 '열린' 모양을 가지게 된다. 이 경우에는 우주의 크기가 무한하고 경계도 없다.

편평한 우주
우리의 우주는 물질의 밀도가 정확하게 맞아서 '편평한' 모양을 한 것으로 보인다. 이것은 우주가 영원히 팽창하고, 열린 우주처럼 크기는 무한할 수 있다는 의미가 된다.

① 지구
우리의 고향 세계는 우주의 어마어마한 텅 빈 공간에 떠 있는 작은 암석 행성이다. 우리의 가장 가까운 이웃 행성인 금성은 빛의 속력으로 약 15분 거리에 있다.

② 태양계
지구는 태양의 주위를 도는 행성과 다른 천체들 가족에 속해 있다. 가장 멀리 있는 행성인 해왕성은 빛의 속력으로 4.5시간 떨어져 있지만, 전체 태양계의 크기는 3광년이 넘는다.

③ 가까운 별들
태양에서 가장 가까운 별은 약 4광년 떨어져 있다. 태양에서 16광년 이내에는 60여 개의 별을 포함하는 43개의 항성계가 있다. 이 항성계의 일부도 행성 가족을 가지고 있을 것이다.

④ 우리은하
태양과 이웃 별들은 우리은하의 매우 일부분이다. 우리은하는 2000억 개의 별을 포함해 거대한 기체와 먼지 구름들이 있는 엄청난 규모의 회전하는 원반이다. 너비는 100,000광년이 넘는다.

1000억조 관측 가능한 우주에 있을 것으로 계산되는 별의 수는 10^{22}에 이른다.

우주

우주에 있는 모든 것은 뭔가 더 큰 것의 일부이다. 지구는 태양계의 일부이고, 태양계는 우리은하에 속해 있고, 우리은하는 전체 우주의 아주 작은 조각일 뿐이다.

우주의 규모는 상상을 뛰어넘는다. 천문학자들은 빛을 거리를 측정하는 척도로 이용한다. 어떤 것도 빛보다 빠르게 광활한 우주 공간을 가로지를 수 없기 때문이다. 하지만 1광년(빛이 1년 동안 이동하는 거리, 약 10조 킬로미터)조차도 우리가 알고 있는 우주에서 관측되는 가장 큰 구조들에 비하면 아무것도 아니다. 우리는 우주의 아주 일부만 볼 수 있다. 빅뱅 이후 빛이 지구에 도착할 시간이 있었던 부분이다. 우주의 실제 규모는 알 수 없다. 어쩌면 무한히 클 수도 있다.

― 관측 가능한 우주의 끝

― 우리은하의 오리온자리 팔

5 처녀자리 초은하단
우리은하는 처녀자리 초은하단이라고 불리는 수만 개의 은하들이 모여 있는 집단의 하나일 뿐이다. 이 은하들의 거대한 모임은 크기가 1억 광년이 넘는다.

6 초은하단 필라멘트
초은하단은 눈에 보이는 우주의 약 5퍼센트를 차지하는, 필라멘트라고 불리는 실과 같은 구조를 가진 거대한 그물을 구성하고 있다. 그 사이에는 거품처럼 생긴 거대한 공동(보이드)이 있다.

7 관측 가능한 우주
우리가 볼 수 있는 우주는 지구를 중심에 두고 지름 약 930억 광년 크기다. 여기에는 거대한 거품 같은 구조를 형성하고 있는 수백만 개의 초은하단이 있다. 그 너머에 무엇이 있는지는 모른다.

우리은하와 근처의 은하들은 은하들 사이의 공간에 의문의 질량이 모여 있는 **거대인력체**를 향하여 끌려가고 있다.

은하 · 빅뱅

우주가 아무것도 없는 상태에서 축구장 크기로 팽창하는 데 걸린 시간은 1조×1조×1000만 분의 1초이다.

빅뱅의 잔상

빅뱅의 희미한 잔상은 우주 전체에 존재한다. 이 복사는 우주가 아직 아주 뜨겁던 빅뱅 380,000년 후에 나왔다. 오른쪽 사진은 이 복사의 전체 하늘 지도이다. 색으로 표시한 강도의 변화는 초기 우주의 작은 밀도 변화에 의한 것이다. 이 작은 변화에 작용한 중력이 거대한 공동으로 나누어진 은하단과 같이 오늘날 우리가 볼 수 있는 물질의 불균질한 분포를 만들었다.

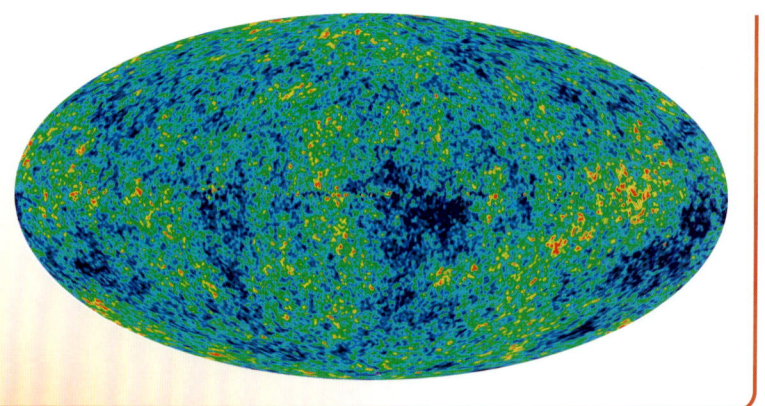

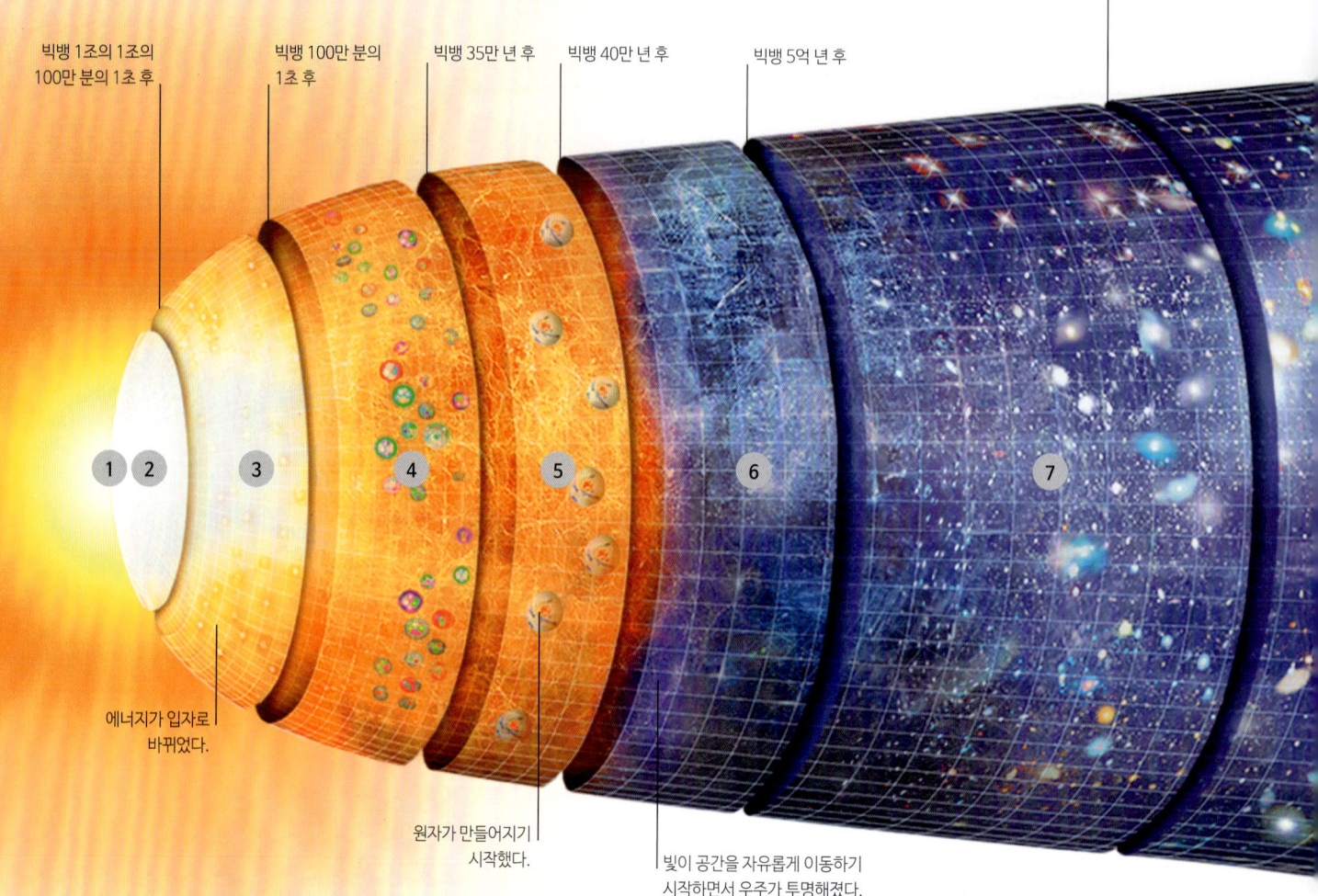

빅뱅 1조의 1조의 100만 분의 1초 후
빅뱅 100만 분의 1초 후
빅뱅 35만 년 후
빅뱅 40만 년 후
빅뱅 5억 년 후
빅뱅 30억 년 후

에너지가 입자로 바뀌었다.
원자가 만들어지기 시작했다.
빛이 공간을 자유롭게 이동하기 시작하면서 우주가 투명해졌다.

빅뱅

약 138억 년 전 우주는 아무 데도 아닌 곳에서 순수한 에너지의 작은 점으로 갑자기 나타났다. 그러고는 순식간에 어마어마한 규모로 팽창했다. 이것을 빅뱅이라고 한다.

최초의 밀리초 동안 새롭게 태어난 우주의 엄청난 에너지는 수많은 아원자 입자(원자보다 작은 입자)를 만들었다. 그중 일부는 결합하여 오늘날 우주에서 우리가 보는 모든 물질의 재료인 원자의 핵(중심)을 만들었다. 하지만 실제 원자는 약 380,000년 후에나 만들어졌고, 은하와 별이 나타난 것은 수억 년이 지난 후였다. 빅뱅은 에너지와 물질 뿐만 아니라 중력부터 원자들을 서로 묶어 주는 힘에 이르기까지 우주의 모든 것이 작동하도록 지배하는 4가지 기본 힘들도 나타나게 했다. 빅뱅 이후 우주는 계속해서 팽창하며 식고 있고, 아마도 영원히 팽창을 계속할 것이다.

1. 우주가 원자 하나보다 무한히 작고 상상할 수 없을 정도로 뜨거운 에너지의 점으로 시작되었다.

2. 1초보다 훨씬 짧은 시간 동안 도시 하나의 크기로 급격히 팽창했다가 느려진다. 물질이 공간으로 폭발하는 것이 아니라 공간 자체가 팽창하는 것이다.

3. 지금까지 우주에는 에너지만 있을 뿐이다. 하지만 곧 이 에너지에서 입자와 반입자(대응되는 입자와 똑같지만 전하가 반대인 입자)가 만들어진다. 입자와 반입자는 대부분 서로 상쇄되어 에너지로 돌아가지만 일부는 남는다.

4. 남은 입자가 양성자와 중성자를 만들기 시작한다. 우주의 나이는 100만 분의 1초가 되었다. 몇 분 이내에 중성자와 많은 양성자가 결합하여 원자핵이 만들어진다.

5. 약 38만 년이 지나자 우주는 충분히 식었다. 원자핵이 전자와 결합하여 수소와 헬륨 원자가 만들어진다.

6. 우주는 이제 수소와 헬륨 원자의 거대한 구름이다. 빛이 공간을 더 쉽게 이동할 수 있어 우주가 투명해진다. 기체 구름의 작은 변화 지점에서 중력이 작용하여 기체를 덩어리로 만들고 결국에는 은하가 된다.

7. 빅뱅 약 5억 5000만 년 후 기체 덩어리들의 가장 밀도가 높은 부분에서 최초의 별들이 점화된다. 빅뱅 6억 년 후에는 은하들이 만들어졌다. 최초의 은하들은 별이 만들어지는 밝은 지점들을 많이 가진 작은 불규칙은하였다. 이들이 진화하고 합쳐지면서 점점 커지고 나선 팔이 발달되었다.

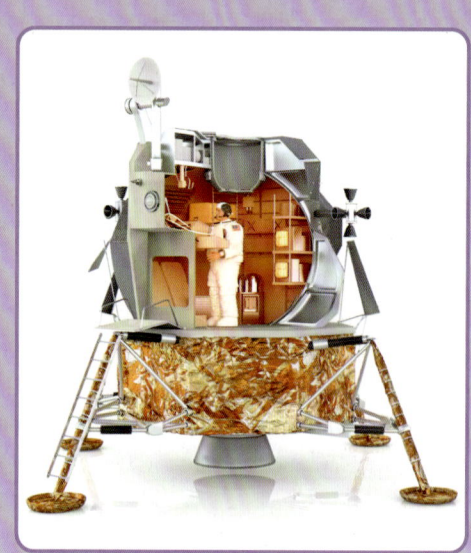

우주 탐사

인류는 수세기 동안 별과 행성들을 연구해 왔지만 사람이 만든 물체를 처음 대기권 밖 궤도로 올려 보내어 우주 시대를 개막한 것은 1957년의 일이다. 이후 수천 개의 로켓이 발사되고, 수백 명이 우주 비행사가 되었으며, 그중 12명이 달 위를 걸었다.

우주로 나가기

우주는 우리 머리 위 겨우 100킬로미터부터 시작된다. 로켓으로 10분도 걸리지 않는, 아주 짧은 여행이지만 위험하고 어려운 도전이다. 우리가 태양계 탐사를 위해서 우주선을 보낸 것은 60년 정도밖에 되지 않지만 망원경으로 하늘을 탐사한 역사는 400년이 넘고 우주에 대한 호기심은 수천 년 전부터 있었다. 우리는 더 많이 발견할수록 더 많은 탐사를 원한다.

우주 택시

NASA의 우주 왕복선은 부분적으로 재사용이 가능한 우주선이다. 로켓처럼 수직으로 이륙하여 비행기처럼 지구에 착륙한다. 1981년부터 우주 왕복선이 은퇴한 2011년까지 6대의 우주 왕복선이 가동되었다. 우주 왕복선의 임무 중 많은 부분이 국제 우주 정거장을 건설하는 것이었다.

- 우주 왕복선 시스템의 주요 부분은 궤도선이다.
- 부스터 로켓은 발사 후 지구로 돌아와 수거되어 재사용된다.

미국 케네디 우주 센터에서 발사되는 아틀란티스 호

소유즈
러시아의 소유즈 호는 1960년대부터 쓰였고 지금은 국제 우주 정거장으로 우주인을 보내는 데 쓰인다.

오리온
오리온은 미래 달, 소행성, 화성으로의 여행을 위해 미국의 우주 발사 시스템 로켓으로 발사될 것이다.

크루 드래곤
스페이스엑스의 크루 드래곤은 승객을 태우고 국제 우주 정거장을 여러 차례 방문한 민간 우주선이다.

보잉 스타라이너
10회 재사용할 수 있도록 설계된 미래의 우주선은 7명의 승객을 국제 우주 정거장으로 데려갈 것이다.

발사장

지구에는 대략 30개의 발사장이 있고, 그중 몇 개를 아래에 소개했다. 가장 좋은 발사 장소는 로켓이 지구의 회전으로 추가 추진력을 얻을 수 있는 적도 근처이다. 가장 큰 발사장은 국제 우주 정거장으로 우주선을 보내는 바이코누르이다.

발사체

로켓은 우주를 직접 탐사하기 위해서가 아니라 인공위성이나 행성 우주선과 같은 더 작은 운반선을 궤도로 발사하기 위해 만들어진다. 작은 운반선은 보통 로켓의 끝에 실려 이동한다. 단 한 번의 여행을 위해 만들어진 로켓은 지구로 다시 떨어지며 타서 부서진다. 더 큰 로켓일수록 운반하는 물체는 더 무겁고 복잡하다. 우주선을 우주로 운반하는 로켓은 대부분 미국, 러시아, 유럽에 의해 발사된다.

- 미국
- 러시아
- 중국
- 일본
- 인도

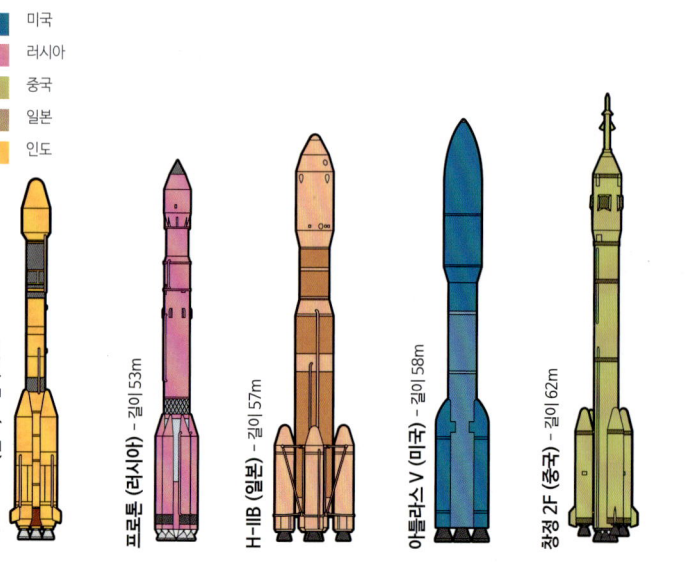

GSLV MKII (인도) - 길이 49m
프로톤 (러시아) - 길이 53m
H-IIB (일본) - 길이 57m
아틀라스 V (미국) - 길이 58m
창정 2F (중국) - 길이 62m
팰컨 9 (미국) - 길이 68m

우주 탐사를 떠난 우주선들

130개가 넘는 우주선이 성공적으로 지구를 벗어나 태양계를 탐사했다. 달에 갔던 아폴로 유인 우주선을 제외한 모든 우주선은 로봇 우주선이었다. 태양이나 방사성 화학 물질로 에너지를 얻는 로봇 우주선은 궤도에서 행성을 관측하거나 표면에 착륙하여 수 년 동안 작동하기도 한다. 이들은 자료들과 종종 멋진 사진을 지구로 보내 준다.

아폴로
1969년과 1972년 사이에 12명의 미국 우주인들이 달에 착륙했다. 이들은 표면을 걷고 운전하며 달 암석과 흙을 지구로 가져왔다.

큐리오시티
자동차 크기의 큐리오시티 로버는 2012년 화성에 착륙했다. 큐리오시티는 방문할 장소를 찾고 화성의 암석들을 레이저로 부수고 분해했다.

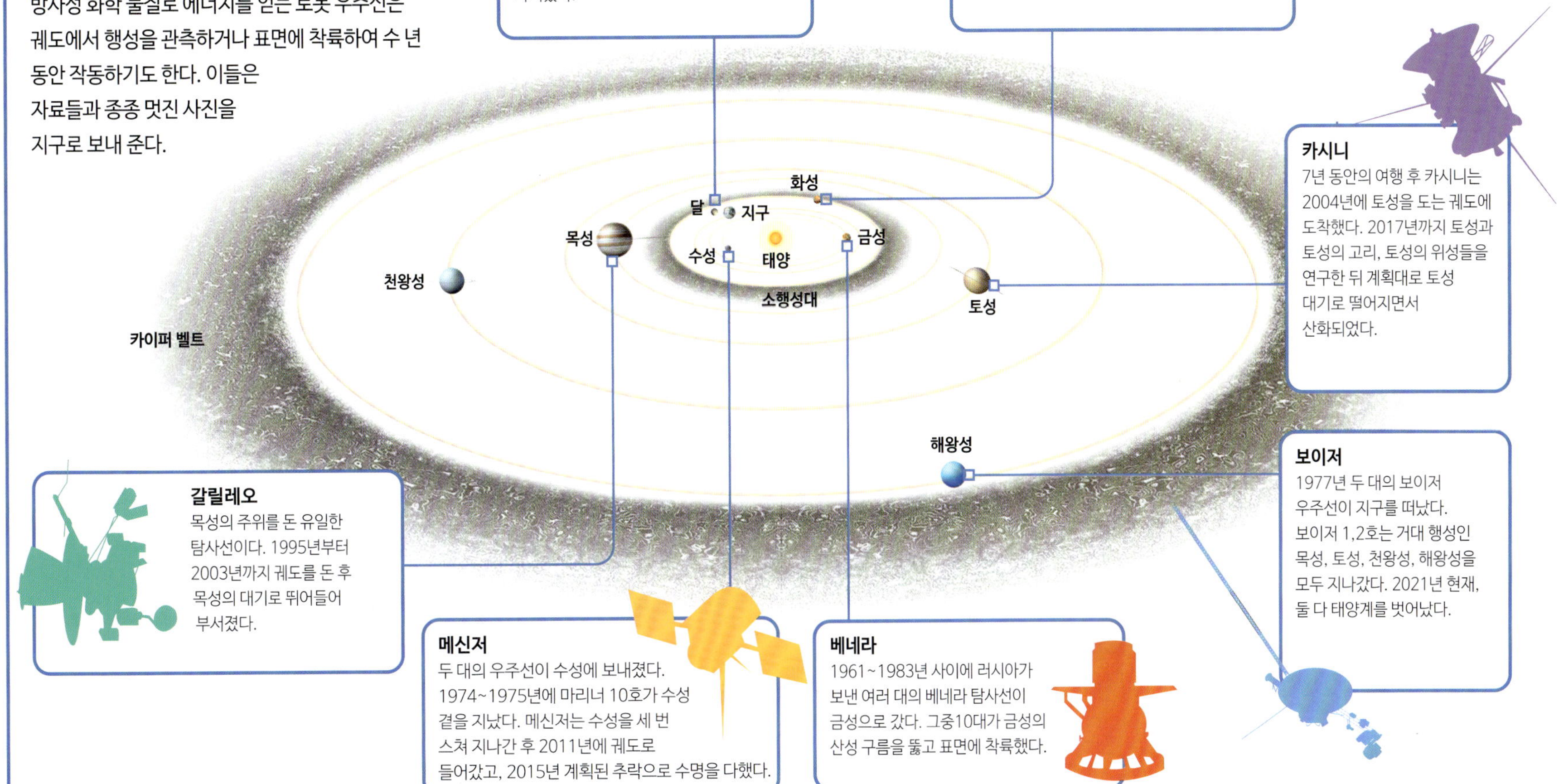

카시니
7년 동안의 여행 후 카시니는 2004년에 토성을 도는 궤도에 도착했다. 2017년까지 토성과 토성의 고리, 토성의 위성들을 연구한 뒤 계획대로 토성 대기로 떨어지면서 산화되었다.

갈릴레오
목성의 주위를 돈 유일한 탐사선이다. 1995년부터 2003년까지 궤도를 돈 후 목성의 대기로 뛰어들어 부서졌다.

메신저
두 대의 우주선이 수성에 보내졌다. 1974~1975년에 마리너 10호가 수성 곁을 지났다. 메신저는 수성을 세 번 스쳐 지나간 후 2011년에 궤도로 들어갔고, 2015년 계획된 추락으로 수명을 다했다.

베네라
1961~1983년 사이에 러시아가 보낸 여러 대의 베네라 탐사선이 금성으로 갔다. 그중 10대가 금성의 산성 구름을 뚫고 표면에 착륙했다.

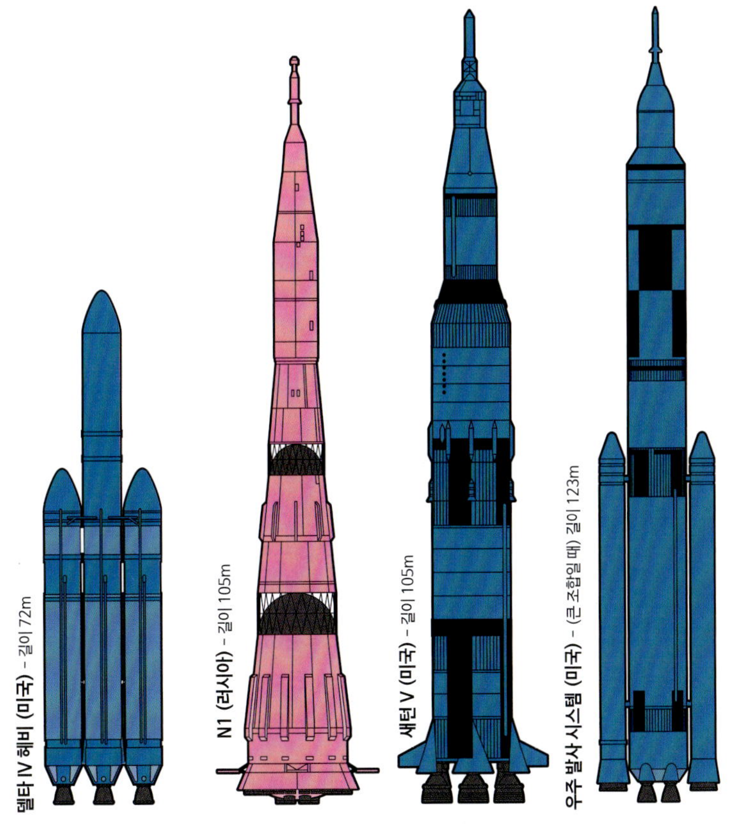

보이저
1977년 두 대의 보이저 우주선이 지구를 떠났다. 보이저 1,2호는 거대 행성인 목성, 토성, 천왕성, 해왕성을 모두 지나갔다. 2021년 현재, 둘 다 태양계를 벗어났다.

보이지 않는 것을 보다

우주에 있는 천체들은 우리의 눈이 볼 수 있는 빛뿐만 아니라 우리 눈에 보이지 않는 다른 종류의 복사도 만들어 낸다. 모든 종류의 복사는 파동으로 이동한다. 천문학자들은 파장이 긴 전파부터 파장이 아주 짧은 감마선까지 다양한 파장을 잡기 위해서 특별한 망원경들을 이용한다.

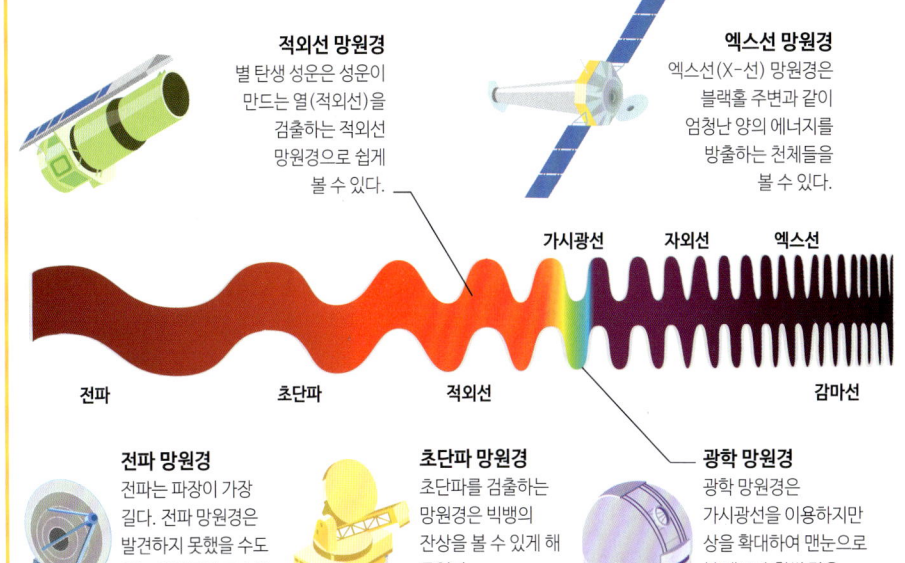

적외선 망원경
별 탄생 성운은 성운이 만드는 열(적외선)을 검출하는 적외선 망원경으로 쉽게 볼 수 있다.

엑스선 망원경
엑스선(X-선) 망원경은 블랙홀 주변과 같이 엄청난 양의 에너지를 방출하는 천체들을 볼 수 있다.

전파 망원경
전파는 파장이 가장 길다. 전파 망원경은 발견하지 못했을 수도 있는 은하들의 모습을 드러내 주었다.

초단파 망원경
초단파를 검출하는 망원경은 빅뱅의 잔상을 볼 수 있게 해 주었다.

광학 망원경
광학 망원경은 가시광선을 이용하지만 상을 확대하여 맨눈으로 볼 때보다 훨씬 많은 것을 보여 준다.

우주 발견의 역사

천문학과 하늘에 대한 연구의 역사는 수천 년을 뻗어 고대의 종교 장소와 21세기의 최첨단 관측소와 우주선을 연결한다.

역사의 여명기부터 사람들은 밤하늘을 올려다보며 수많은 빛의 점들이 과연 무엇일지 궁금해 했다. 별들이 우리 태양과 비슷하지만 엄청나게 멀리 있는 것이라는 사실을 알게 된 것은 꽤 최근의 일이다. 초기의 항해사들이 새로운 땅을 찾아 세계를 탐사한 것처럼 현대의 탐험가들은 우주를 향해 발견의 여정을 떠난다. 다른 세계를 방문한 사람들은 몇 명밖에 되지 않지만 우리가 보낸 로봇 탐사선들은 행성 탐사의 성과를 훌륭하게 거두고 있다.

20,000년 전
아프리카에서 사람들이 뼈에 달의 위상에 대한 최초의 기록으로 보이는 표시를 남겼다. 농부들은 태양과 달의 주기에 따라 농사 계획을 세웠다.

5,000~1,000년 전
고대인들에게는 천문학이 종교의 일부였다. 영국의 스톤헨지와 같은 많은 종교적인 기념물들이 태양이나 별자리를 따라 정렬하여 만들어졌다.

1926년: 로켓 과학
미국의 공학자 로버트 고더드가 최초의 액체 연료 로켓을 발사했다. 이 로켓은 12미터를 올라갔다. 이후 15년 동안 고더드는 34개의 로켓을 발사하였다. 그중 어떤 것은 2킬로미터도 넘게 올라갔다.

고더드와 로켓

1947년: 우주로 간 최초의 동물들
미국은 제2차 세계 대전에서 치명적인 무기로 사용되었던 독일의 V2 로켓을 받아들여 처음으로 살아 있는 생물을 우주로 보냈다. 최초의 우주 동물은 초파리들이었고 다음은 원숭이들이었다. 이 임무의 목적은 동물의 몸이 우주에서 어떻게 반응하는지 보는 것이었다.

초파리

우주 왕복선 콜롬비아 호

1976~1977년: 화성과 그 너머
미국의 무인 탐사선 바이킹 1호와 2호가 화성에 착륙하여 흙으로 실험을 하고 컬러 사진을 보내왔다. 1977년 보이저 2호 우주선이 발사되어 이후 목성, 토성, 천왕성, 해왕성을 지나갔다.

1971~1973년: 우주에서 살기
우주 정거장은 우주인들이 궤도에서 몇 주간 지낼 수 있는 곳이다. 최초의 우주 정거장은 1971년 러시아의 살류트 1호이다. 1973년 미국의 스카이랩이 뒤를 이었다.

스카이랩 우주 정거장

1981년: 우주 왕복선 발사
1980년대에는 우주와 지구를 오갈 수 있는 최초의 유인 궤도선인 우주 왕복선 임무가 시작되었다. 우주 왕복선은 2011년까지 계속되었다. 1986년 러시아는 미르 우주 정거장 건설을 시작했다.

1990년: 허블 우주 망원경
허블 우주 망원경이 궤도에 올라갔다. 허블 우주 망원경은 이전에는 절대 볼 수 없었던, 우주 멀리 있는 장관을 수없이 드러냈다.

카리나 성운의 기둥과 제트

2009~2012년: 케플러 우주 망원경
NASA는 외계행성들을 찾기 위해 케플러 우주 망원경을 발사했다. 특별한 빛을 측정하는 기기를 이용하여 멀리 있는 별의 주위를 도는 행성을 찾을 수 있었다.

케플러 우주선의 상상도

달에 남겨진 우주 비행사들의 **발자국**은 누가 건드리지 않는 한, 최소 **1억 년** 동안 남아 있을 것이다.

18명 우주 비행 임무 도중에 **사망한** 우주 비행사의 수.

영국의 스톤헨지

코페르니쿠스의 태양계 그림

1540년대: 충격적인 아이디어
폴란드의 천문학자 니콜라우스 코페르니쿠스가 충격적인 새로운 아이디어에 대한 책을 썼다. 코페르니쿠스는 지구가 아니라 태양이 태양계의 중심이라고 주장했다.

아이작 뉴턴의 망원경

1890년대: 과학 소설
최초의 SF, 과학 소설이 시장을 강타했다. 허버트 조지 웰스의 『우주전쟁』과 『타임머신』 같은 책들은 우주 탐사에 대한 대중적인 관심을 불러일으켰고 진지한 과학 프로젝트에 영감을 주기도 했다.

1600년대: 망원경
이탈리아의 천문학자 갈릴레오 갈릴레이는 망원경 설계를 크게 개선하여 태양계를 뚜렷하게 볼 수 있게 했다. 영국의 과학자 아이작 뉴턴은 중력이 어떻게 행성들을 태양의 주위를 도는 궤도에 묶어 두는지 설명했다.

1957년: 스푸트니크
이 해에 러시아 로켓 과학자들은 역사상 최초의 기록을 두 개 세웠다. 최초의 인공위성 스푸트니크 1호를 올려 보냈고, 한 달 후에는 개 라이카를 태운 스푸트니크 2호를 발사했다. 라이카는 궤도로 올라간 최초의 생명체라는 임무를 성공했지만 계획한 대로 우주에서 죽었다.

1961년: 우주로 간 최초의 사람
러시아의 우주 비행사 유리 가가린은 100분이 넘는 시간 동안 지구의 궤도를 돌아 우주로 간 최초의 사람이 되었다. 이후 10년 동안 러시아는 최초의 우주 유영(1965년)과 최초의 우주선 달 착륙(1966년)을 달성했다.

루노호트 1호

1970년: 최초의 로버
러시아인들은 최초의 달 로버를 발사했다. 원격으로 조종되고 바퀴 8개로 움직이는 월면차 루노호트 1호는 달에 착륙했다. 루노호트 1호는 달에서 11일 동안 활동하며 사진을 지구로 보내고 흙 샘플을 채취했다.

1969년: 인류 최초의 달 방문
미국의 아폴로 11호 우주선은 처음으로 사람을 달에 내려 보냈다. 닐 암스트롱과 에드윈 '버즈' 올드린이다. 이들은 약 24시간 동안 달 암석을 수집하고 달 표면 사진을 찍었다.

러시아 모스크바의 유리 가가린 동상

류구

2018년: 소행성 탐험
일본의 하야부사 2호는 류구라는 소행성의 궤도로 들어가서 17개월간 연구를 했다. 소행성 표면으로 로버를 내려 보내서, 흙을 수집한 뒤 2020년에 지구로 돌아왔다.

미래를 향하여
앞으로 수십 년 동안 우주 연구의 목표는 생명체가 살 수 있는 멀리 있는 행성을 계속 찾는 데 집중될 것이다. 화성을 향한 유인 탐사도 2050년이 되기 전에 실제로 가능해질 것으로 전망된다.

망원경

최초의 망원경은 손으로 들 수 있는 나무 튜브에 지나지 않았지만 천문학자들이 달의 산과 목성의 위성들을 발견할 수 있게 해 주었다. 오늘날의 거대한 망원경들은 수십억 광년의 먼 우주를 볼 수 있게 해 준다.

망원경은 눈과 마찬가지로 빛을 모아 초점을 맞추어 상을 만든다. 하지만 눈과는 달리 망원경은 작은 목표물에 집중하여 긴 시간 동안 받는 빛을 더할 수 있다. 망원경이 클수록 더 많은 빛을 모을 수 있고 상은 더 선명해진다. 우리는 큰 망원경으로 멀리 있는 은하나 화성의 화산을 확대하여 볼 수 있다. 최초의 망원경은 유리 렌즈를 사용했는데 큰 렌즈는 스스로의 무게로 인해 휘어지기 때문에 천문학자들은 망원경을 더 크게 만들기 위해서 거울로 바꾸었다. 가장 큰 망원경들은 수십 개의 조각이 모여서 하나의 거대한 휘어진 거울을 만든다. 지구의 대기는 우주를 보는 우리의 시야를 흐리기 때문에 큰 전문 망원경들은 공기가 건조하고 안정된 산 위에 건설되거나 우주로 발사된다.

798개 유럽 초거대 망원경 주경에 있는 거울 조각의 수.

- 두 번째 거울(부경)은 첫 번째 거울(주경)에서 오는 빛을 받아 반사시켜 세 번째 거울로 보낸다.
- 적응 거울은 대기 상황에 따라 흐려지는 것을 보정하기 위해서 모양을 바꾼다.
- 주경은 각각 지름 1.45미터의 6각형 조각 798개로 이루어져 있다.
- 다섯 번째 거울은 빛을 기기 플랫폼으로 보낸다.
- 레이저는 인공 별들을 만들어서 망원경이 흐려짐을 제거하는 것을 도와준다.
- 건물 기초에 설치된 스프링 같은 기기들은 먼 곳에서 온 지진의 진동이 망원경을 흔드는 것을 막는다.
- 건물 기초에 설치된 스프링 같은 장치는 멀리서 일어난 지진의 진동이 망원경을 흔드는 것도 막는다.

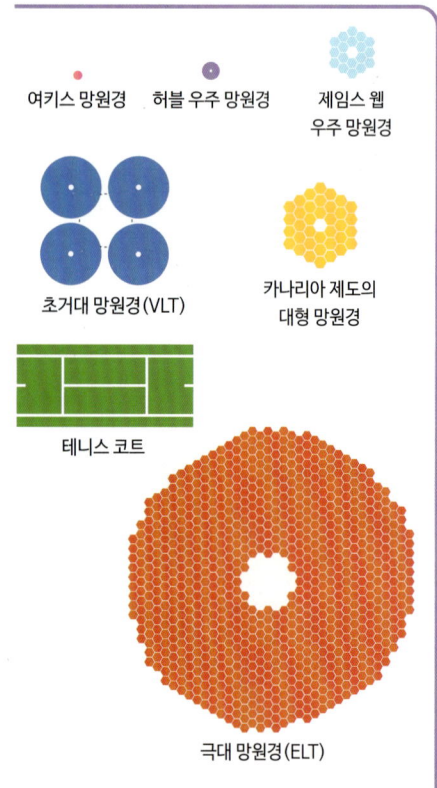

- 여키스 망원경
- 허블 우주 망원경
- 제임스 웹 우주 망원경
- 초거대 망원경(VLT)
- 카나리아 제도의 대형 망원경
- 테니스 코트
- 극대 망원경(ELT)

빛 모으기

망원경의 핵심 부품은 빛을 모으는 거울 혹은 렌즈이다. 세계 최대 망원경의 렌즈는(미국 여키스 망원경) 지름이 1미터밖에 되지 않는다. 벌집 모양의 6각형 조각으로 이루어진 거울은 훨씬 더 커질 수 있다. ELT의 거울은 테니스 코트 면적보다 거의 4배 더 클 것이다.

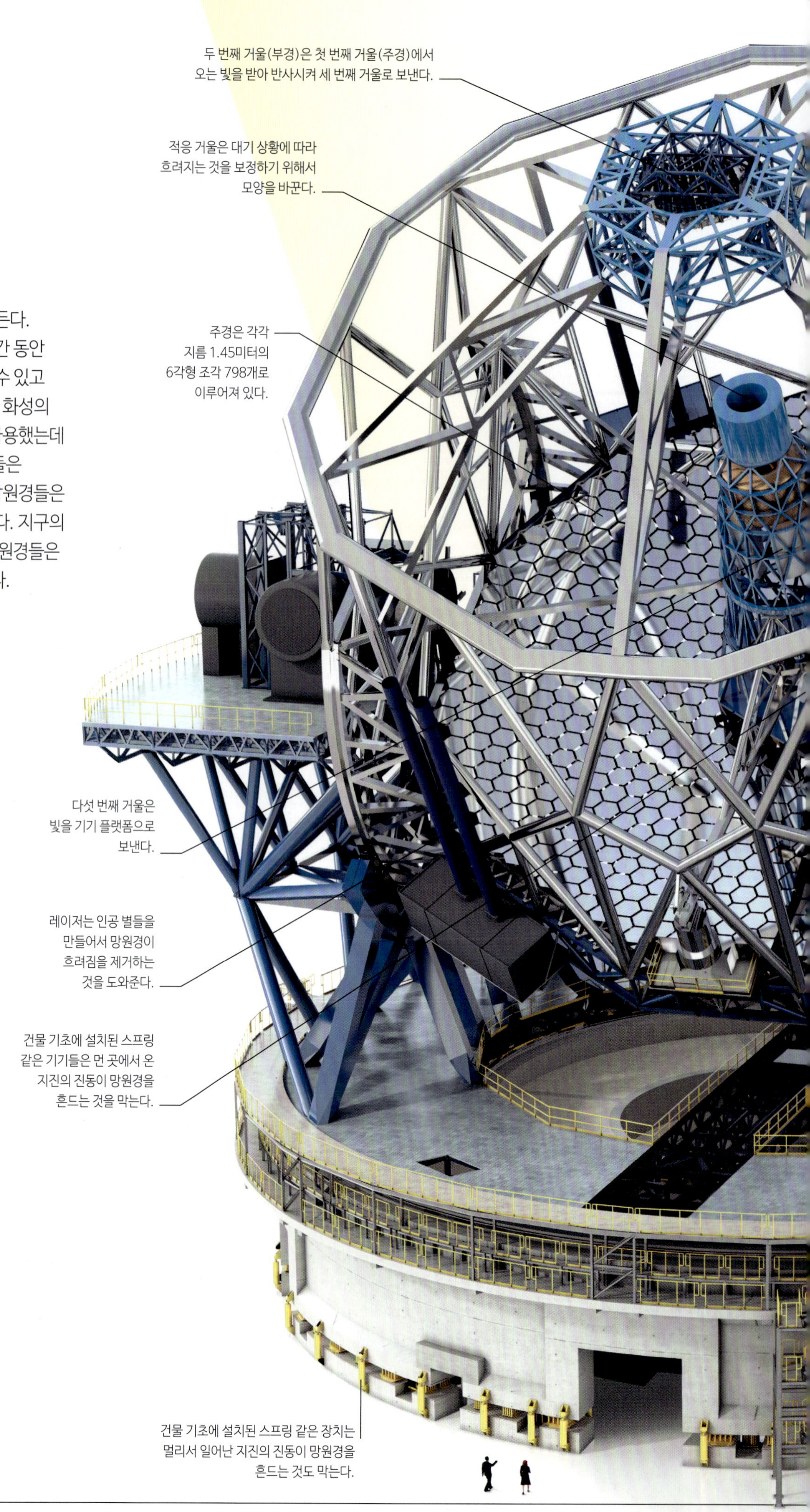

12,000명 전 세계 천문학자의 대략적인 수.

가장 큰 망원경은 사람의 눈보다 1억 배 더 많은 빛을 모을 수 있다.

119

레이저 안내
대기의 움직이는 공기는 별을 반짝이게 하고 망원경의 상을 찌그러지게 한다. 극대 망원경(ELT)는 이 반짝이는 움직임을 제거하기 위해서 기발한 시스템을 사용할 것이다. 하늘로 레이저를 쏘아서 인공 별을 만든 후 그 별의 반짝이는 움직임을 분석한다. 컴퓨터로 제어되는 '적응 거울'이 1초에 1,000번 모양을 바꾸면서 이 움직임을 상쇄시켜 망원경에 거의 완벽한 시야를 제공해 준다.

단순한 망원경의 원리
망원경은 렌즈나 거울로 멀리 있는 물체에서 오는 빛을 모아 초점을 맞추어 상을 만든다. 간단한 망원경은 상을 확대하는 접안렌즈를 통해서 상을 볼 수 있다. 빛을 모으는 데 렌즈를 사용하는 망원경을 굴절 망원경, 거울을 사용하는 망원경을 반사 망원경이라고 한다.

굴절 망원경
유리 렌즈가 빛을 모아 초점을 맞추어 상을 만든다. 눈을 대고 들여다보는 아이피스 안에 있는 작은 렌즈가 상을 확대한다.

반사 망원경
거울이 물체에서 오는 빛을 모아 두 번째 거울로 반사시킨다. 그 빛은 초점으로 반사되고, 보통 망원경의 옆쪽에 있는 아이피스를 통해 상을 본다. 거울은 유리에 알루미늄을 얇게 코팅하여 만든다.

― 크래들은 망원경을 기울인다.

― 카메라들은 기기 플랫폼 안에 있다.

― 메인 덱은 무게 2,800톤인 망원경을 지탱하면서 망원경을 회전시킬 수 있다.

다른 빛으로 본 모습
망원경은 가시광선이 아닌 다른 파장의 에너지도 모은다. 다른 파장의 빛은 천체의 다른 모습을 보여 준다. 아래에 있는 안드로메다은하와 같은 일반적인 은하는 많은 파장의 에너지를 방출한다. 예를 들어 엑스선은 아주 뜨거운 지역에서 나오고, 전파는 더 차가운 지역에서 나온다.

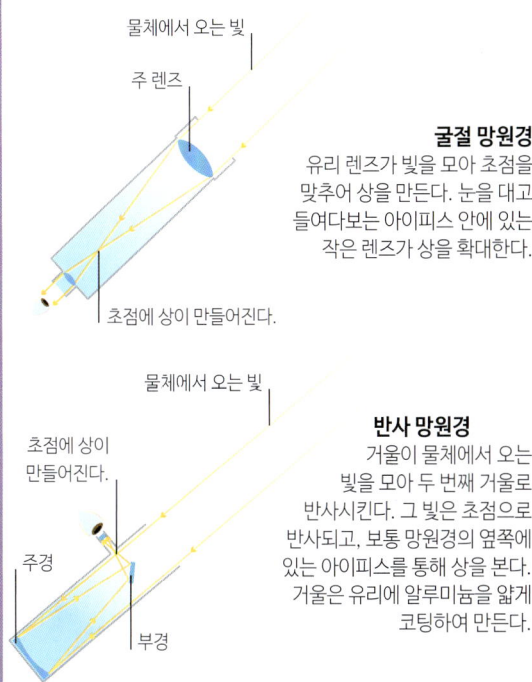

엑스선 / 자외선
가시광선 / 근적외선
원적외선 / 전파

극대 망원경
세계에서 가장 큰 망원경은 현재 거의 매일 밤 맑고 남쪽 하늘의 별들을 아주 잘 볼 수 있는 칠레의 체로 아마조네스산에 건설 중이다. 극대 망원경(ELT)이라고 불리는 이 망원경은 15층 건물 높이이며, 거대한 거울은 지금 현재 세계에서 가장 큰 망원경 13개를 전부 합친 것보다 더 많은 빛을 모을 것이다. 컴퓨터로 제어되는 '적응 거울'은 상을 우주 망원경만큼 선명하게 만들 것이다.

120 | **13.2미터** 허블 우주 망원경의 길이. 관광버스 크기와 비슷하다. | **4000만 개** 가이아 우주 망원경이 매일 보는 대략적인 별의 수.

수리 임무 도중에는 거울을 보호하기 위해서 주경 뚜껑을 닫는다.

아주 강한 탄소 섬유로 된 틀이 허블 우주 망원경을 완벽한 일직선으로 유지해 준다.

전파 안테나

천체에서 오는 빛

두 번째 거울(주경)

태양 전지판

허블 우주 망원경

허블 우주 망원경은 1990년 우주 왕복선으로 궤도에 올라가 570킬로미터 고도에서 97분에 한 바퀴씩 지구 주위를 돈다. 우주 비행사들이 정비를 다섯 번 하였고, 2009년에 마지막으로 새로운 카메라를 설치했다. 허블 우주 망원경은 결국에는 수명을 다하고 제임스 웹 우주 망원경으로 대체될 것이다.

우주 망원경

별을 보기에 가장 좋은 장소는 지구 대기의 방해를 받지 않는 우주다. 우주 망원경은 지상 망원경과 아주 비슷하게 작동하지만 지구에서 멀리 있는 천체들의 선명한 모습을 제공한다. 1년 내내 밤낮으로 계속 작동한다.

수십 개의 망원경이 우주로 발사되었다. 이 망원경들은 위성처럼 지구의 주위를 돌거나 태양의 주위를 돌면서 지구 가까이에 머무른다. 가시광선뿐만 아니라 우리 눈으로 볼 수 없거나 엑스선이나 자외선 같이 지구 대기를 통과하지 못하는 다른 종류의 복사들도 관측한다. 각각의 우주 망원경은 특별한 일을 하기 위해 설계되었다. 예를 들어 케플러 망원경은 외계행성을 찾았고, 가이아 망원경은 태양 주위에 있는 별들의 3차원 지도를 만들고 있다. 우주 망원경은 지상 망원경과 마찬가지로 낡아 가지만 고장이 났을 때 수리공이 방문할 수 없다. 허블 우주 망원경만이 우주 비행사가 우주에서 정비할 수 있도록 설계되었다.

10억 개 우주에서 가장 큰 카메라, 가이아 우주 망원경의 카메라에 있는 대략적인 픽셀의 수.

120GB 허블 우주 망원경이 매주 지구로 보내 주는 **데이터 양**은 120기가바이트에 이른다.

제임스 웹 우주 망원경의 거울은 허블 우주 망원경의 거울보다 **7배 더 많은 빛을** 모을 것이다.

주경
지름 2.4미터의 허블 우주 망원경 주경은 빛을 모아서 부경으로 반사시킨다. 부경은 그 빛을 다시 주경의 중심에 있는 구멍을 통해 카메라와 과학 기기들이 있는 곳으로 반사시킨다. 허블의 주경은 거의 완벽하게 매끈하다. 지구 크기로 확대된다면 표면의 가장 큰 혹은 15센티미터밖에 되지 않을 것이다.

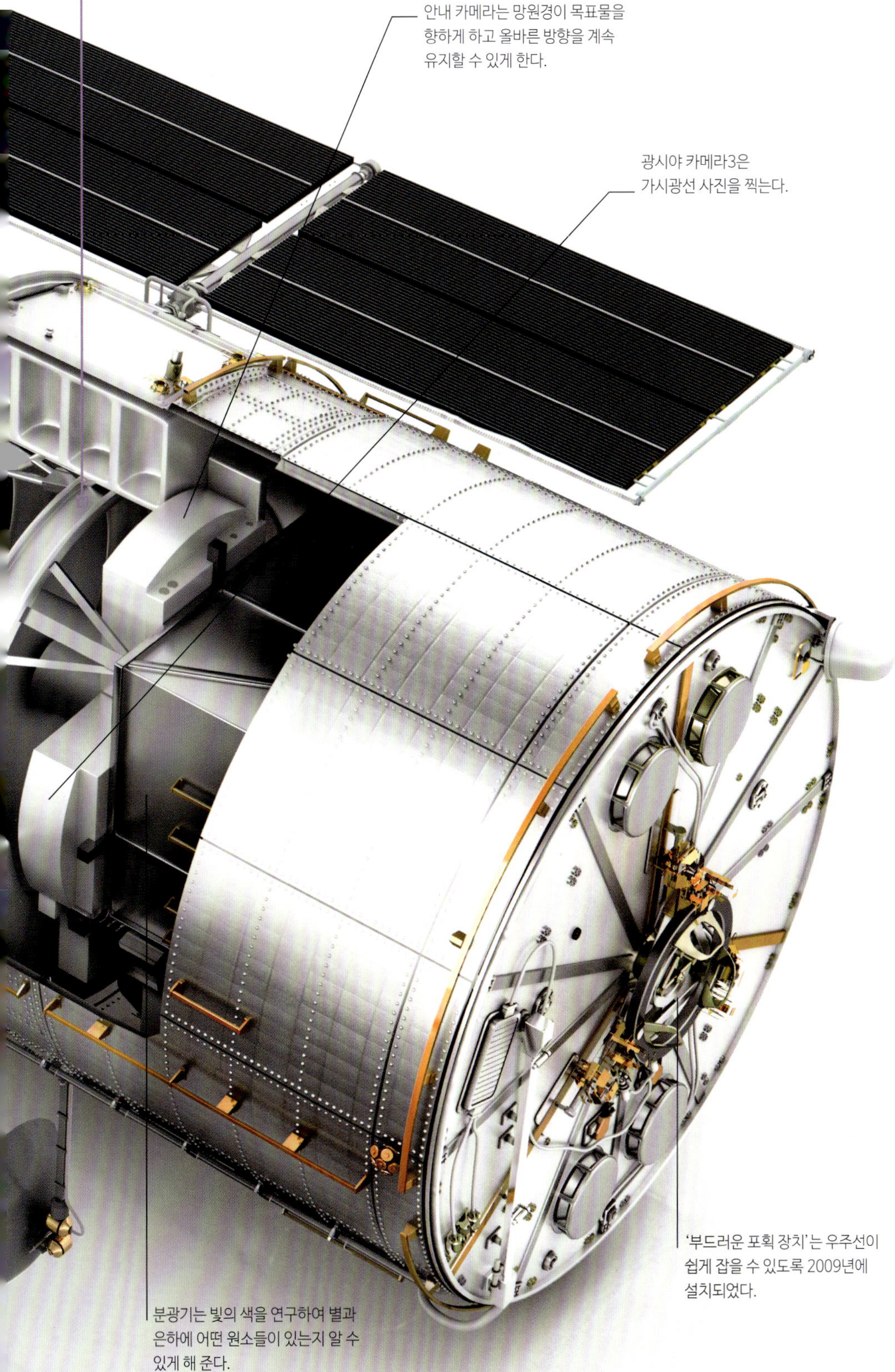

안내 카메라는 망원경이 목표물을 향하게 하고 올바른 방향을 계속 유지할 수 있게 한다.

광시야 카메라3은 가시광선 사진을 찍는다.

'부드러운 포획 장치'는 우주선이 쉽게 잡을 수 있도록 2009년에 설치되었다.

분광기는 빛의 색을 연구하여 별과 은하에 어떤 원소들이 있는지 알 수 있게 해 준다.

깊은 우주를 보다
우주를 보는 것은 과거를 보는 것이다. 허블 우주 망원경은 발사된 이후 점점 더 깊은 우주를 보여 주었고, 초기 우주의 젊은 은하들의 모습을 드러냈다. 제임스 웹 우주 망원경은 훨씬 더 깊은 우주에서 새로 태어난 우주를 보여 줄 것이다.

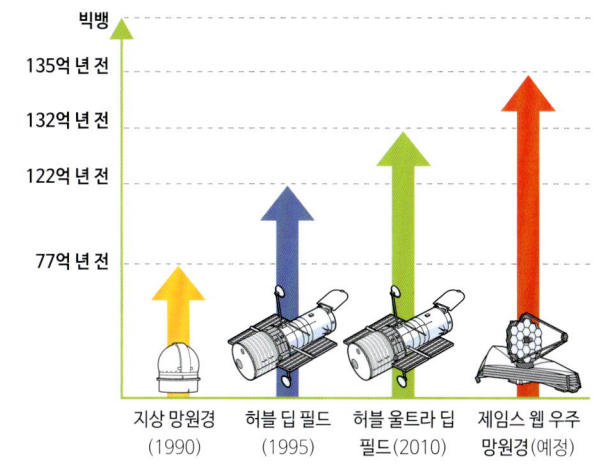

허블 우주 망원경의 활약
천문학자들은 허블 우주 망원경이 보내 준 자료를 이용하여 은하, 독수리 성운과 같은 별 탄생 지역, 고양이 눈 성운과 같은 죽어 가는 별 등 많은 아름다운 사진을 만들었다.

솜브레로 은하

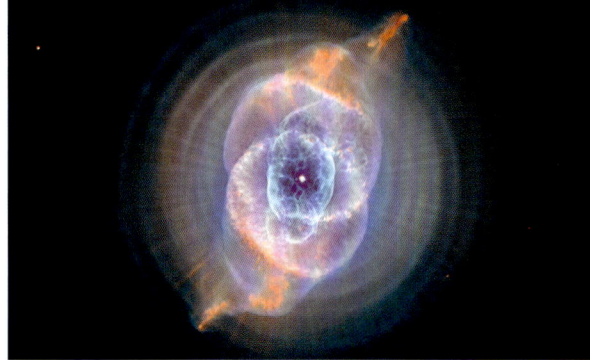

고양이 눈 성운

독수리 성운

로켓

지구의 중력에서 벗어나 우주로 날아가기 위해서는 엄청난 에너지가 필요하다. 이 일을 할 수 있는 유일한 도구는 연료를 연소시켜 폭발하는 에너지로 인공위성이나 우주선과 같은 화물을 궤도로 올려 보내는 로켓뿐이다. 로켓 무게의 대부분은 연료이고 거의 모든 연료는 1초에 최대 15톤씩 타면서 발사 직후 몇 분 동안 소진된다.

사람들은 우주로 갈 수 있을 정도로 안전하고 강력해지기 전에도 수백 년 동안 로켓을 무기로 사용해 왔다. 1944년 독일의 V2 로켓이 우주에 나갔던 이후로 로켓은 점점 더 크고 복잡해졌다. 현대의 로켓은 사실 몇 개의 로켓이 하나로 합쳐진 것이다. 별개의 단이 기술적으로 포개져 있다. 가장 낮은 단의 연료가 소진되면 떨어져 나가서 나머지 부분을 가볍게 만들어 준다. 그러고는 그 위 단이 점화된다. 화물은 보통 로켓의 꼭이 가장 윗 단에 있다. 대부분의 로켓은 단 한 번 우주로 날아가기 위해 만들어지고 부속품은 지구로 돌아오면서 부서진다.

발사대
우주 발사시스템은 미국 플로리다 케네디 우주 센터에서 여정을 시작한다. 39B 발사대는 아폴로 달 탐사 임무와 우주왕복선에 사용되었다.

우주 발사 시스템
자유의 여신상보다 더 높이 서 있는 우주 발사시스템은 지구 궤도 너머로 인류를 데려가기 위해 NASA가 만들고 있는 거대한 새로운 로켓이다. 먼저 우주 비행사들을 달과 가까운 우주로 데려갈 것이다. 여기에 모인 조합은 하나의 주 로켓과 양쪽에 두 개의 부스터 로켓을 가지고 있다. 로켓의 꼭대기에는 자체 로켓 엔진을 가진 오리온 우주선이 있다. 더 많은 단 가진 더 큰 우주 발사시스템은 더 많은 화물을 발사할 수 있다.

로켓 작동 방법
로켓 몸체의 대부분은 연료와 산화제(연료를 태우는 데 필요한 화학 물질)를 담은 거대한 탱크가 차지한다. 점화가 되면 두 가지 화학 물질이 폭발적으로 반응하여 뜨거운 기체를 만들고, 팽창한 기체는 뒤쪽의 분사구로 빠져나간다. 이렇게 빠져나가는 뜨거운 기체가 추진력을 만들어 로켓을 앞으로 밀어 준다.

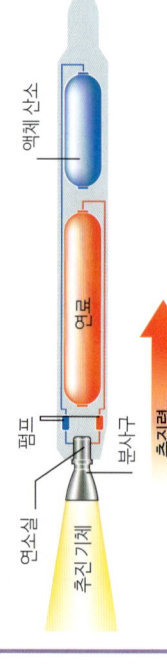

탈출 로켓을 위한 조종 엔진

탈출 로켓
윗불 모양으로 생긴 노즈콘은 비상시에 승무원 모듈을 안전하게 탈출시키기 위한 부분이다.

승무원 모듈
오리온 우주선에서 지구로 돌아오는 유일한 부분으로 낙하산을 펴고 바다로 떨어질 것이다.

달과 그 너머를 향해
NASA의 아르테미스 계획은 우주 발사시스템을 이용해서 달 궤도를 도는 우주 정거장을 조립할 계획이다. 위 그림은 상상도이다. 루나 게이트웨이는 달 표면 작동을 위한 장기장이자 화성에 가기 위해 필요한 달을 조립하는 우주선이다. 크 우주선을 조립하는 기지가 될 것이다.

500,000 우주 발사 시스템이 이륙 순간에 내는 추진력과 같은 **에너지**를 만들기 위해 필요한 **자동차의 수.**

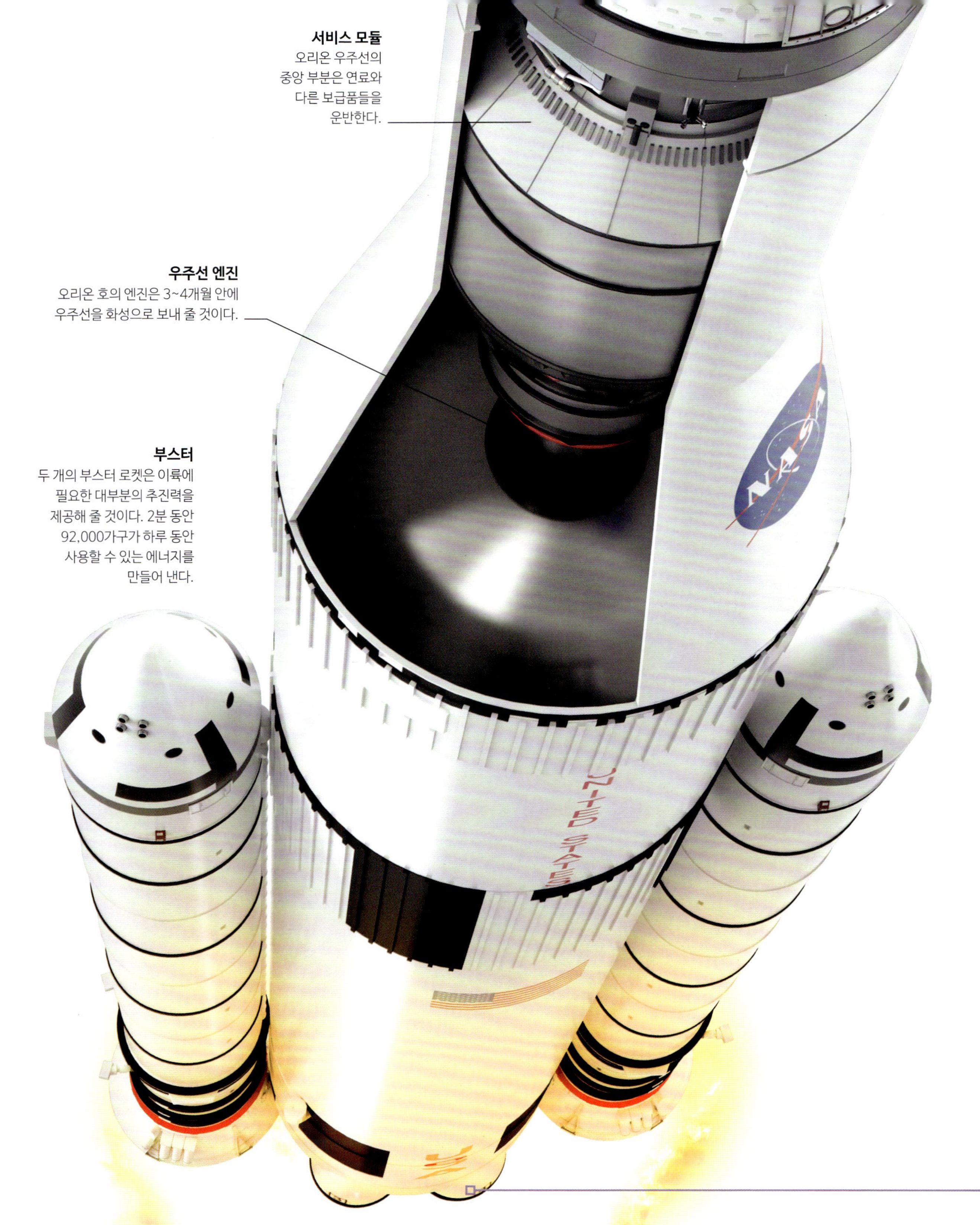

2,500톤 우주 발사 시스템의 무게. 제트기 7.5대와 같다.

4400만 마력 우주 발사 시스템의 부스터 두 개가 결합하여 낼 수 있는 에너지.

2 지구에서 매주 발사되는 로켓 수의 평균.

화물 무게

로켓이 화물이 무거울수록 들어 올리는 데 더 많은 연료가 필요하고, 이것은 로켓을 더 무겁게 만든다. 이폴로 달 탐사 임무에 사용한 새턴 V 로켓은 크기도 24미터에 화물을 운반했는데 로켓 전체의 무게는 코끼리 400마리 정도였다.

화물 무게

- 우주 왕복선 — 29톤
- 오리온 호를 실은 우주 발사 시스템 (작은 조합) — 70톤
- 새턴 V — 118톤
- 화물을 최대로 실은 우주 발사 시스템 — 130톤

추진력

로켓을 밀어 주는 힘을 추진력이라고 한다. 지구 궤도에 오르기 위해서는 로켓이 시속 29,000킬로미터에 이를 수 있는 추진력을 만들어야 한다. 총알보다 9배 빠른 속도이 필요하다. (1뉴턴은 1kg의 물체에 작용하여 매초마다 1미터의 가속도를 얻게 하는 힘이다.)

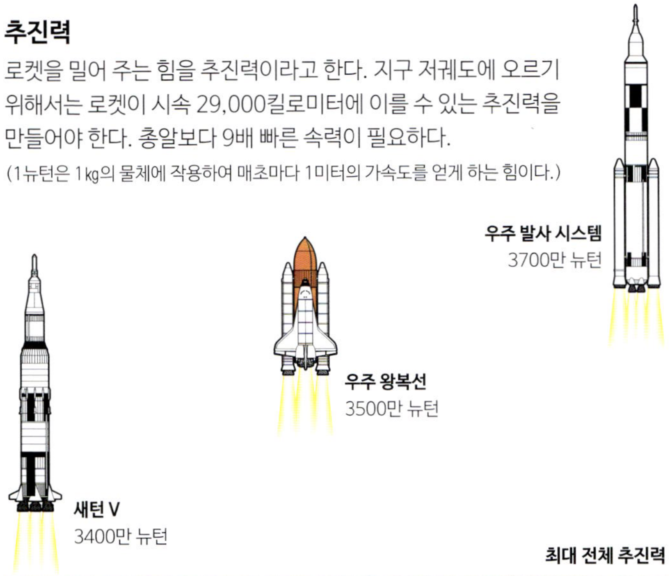

- 우주 왕복선 — 3500만 뉴턴
- 우주 발사 시스템 — 3700만 뉴턴
- 새턴 V — 3400만 뉴턴

최대 전체 추진력

주 엔진

로켓의 맨 아래에는 네 개의 RS-25 엔진이 있다. 우주 왕복선에 사용한 것과 같은 종류의 엔진이다. 우주 발사 시스템의 주 엔진과 부스터가 함께 작동하면 13,400가의 기차 엔진과 같은 에너지를 만들어 낸다.

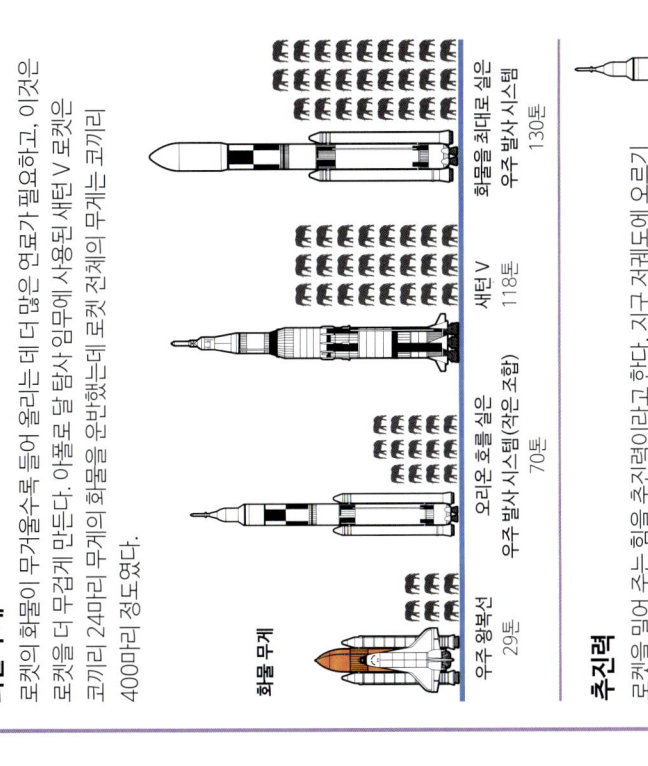

서비스 모듈
오리온 우주선의 중앙 부분은 연료와 다른 보급품들을 운반한다.

우주선 엔진
오리온 호의 엔진은 3~4개월 안에 우주선을 화성으로 보내 줄 것이다.

부스터
두 개의 부스터 로켓이 이륙에 필요한 대부분의 추진력을 제공해 줄 것이다. 2분 동안 92,000가구가 하루 동안 사용할 수 있는 에너지를 만들어 낸다.

우주로 간 최초의 사람

1961년 러시아의 조종사 유리 가가린은 보스톡 1호라는 작은 우주선을 타고 108분 동안 역사적인 지구 주위 여행을 하여 우주로 간 최초의 사람이 되었다. 그 이후로 500명이 넘는 사람들이 우주를 다녀왔다.

처음으로 우주에 사람을 보내려는 경쟁은 1957년 러시아의 무인 우주선 스푸트니크 1호가 지구 주위를 도는 최초의 우주선이 되면서 시작되었다. 그해 말 스푸트니크 2호가 모스크바 거리를 떠돌던 라이카라는 개를 태우고 그 뒤를 이었다. 스푸트니크는 지구로 돌아오도록 설계되지 않았기 때문에 라이카는 임무 도중에 죽었다. 약 3년 후 유리 가가린이 역사적인 여행을 하였고, 그의 귀환은 6주가 지나기 전에 미국이 달에 사람을 보내겠다는 약속을 하게 만들었다. 최초의 우주 여행자들은 위험하고 육체적으로 어려운 비행과 탈출 의자와 낙하산 사용에 훈련이 된 제트기 조종사들이었다. 하지만 숙련된 조종사들에게도 우주여행은 치명적으로 위험했다. 가가린의 비행 이전에 있었던 100여 개의 무인 임무들 중 절반이 실패로 끝났다. 그리고 보스톡 1호 이전에는 사람이 우주를 여행하고 살아 돌아올 수 있을지는 아무도 확신하지 못했다.

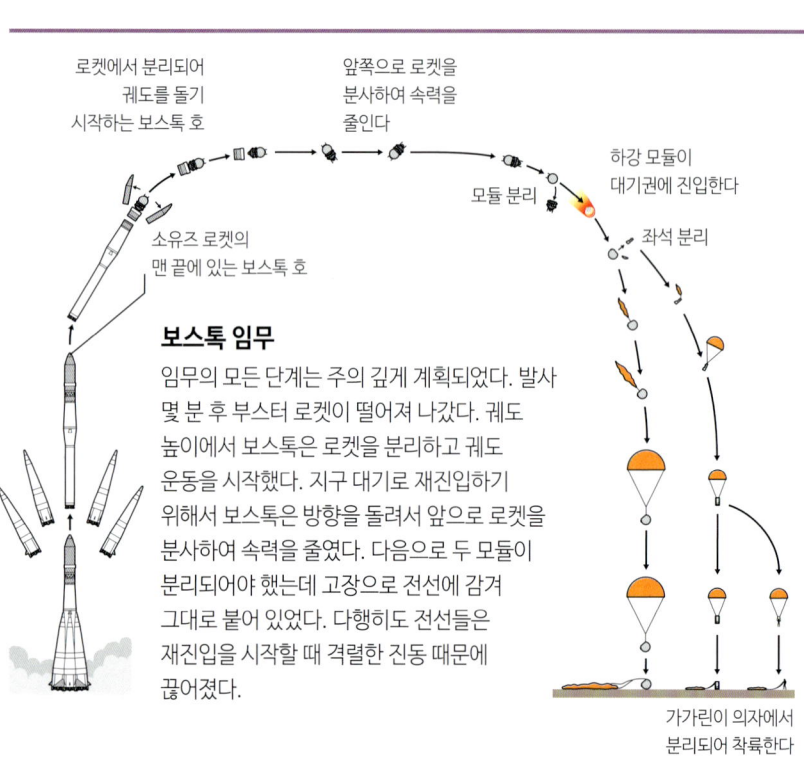

보스톡 임무
임무의 모든 단계는 주의 깊게 계획되었다. 발사 몇 분 후 부스터 로켓이 떨어져 나갔다. 궤도 높이에서 보스톡은 로켓을 분리하고 궤도 운동을 시작했다. 지구 대기로 재진입하기 위해서 보스톡은 방향을 돌려서 앞으로 로켓을 분사하여 속력을 줄였다. 다음으로 두 모듈이 분리되어야 했는데 고장으로 전선에 감겨 그대로 붙어 있었다. 다행히도 전선들은 재진입을 시작할 때 격렬한 진동 때문에 끊어졌다.

지구를 돌아서
가가린은 카자흐스탄 바이코누르 우주 센터에서 이륙하여 동쪽으로 지구를 돌아 108분 만에 한 바퀴를 돌았다. 보스톡 호의 모듈은 아프리카 상공을 지나갈 때 분리되어 얼마 후 가가린은 러시아의 도시 엥겔스 근처의 풀밭에 착륙했다.

1963년

최초로 **여성의 우주 비행**이 이루어진 해.
(러시아의 공학자 발렌티나 테리시코바)

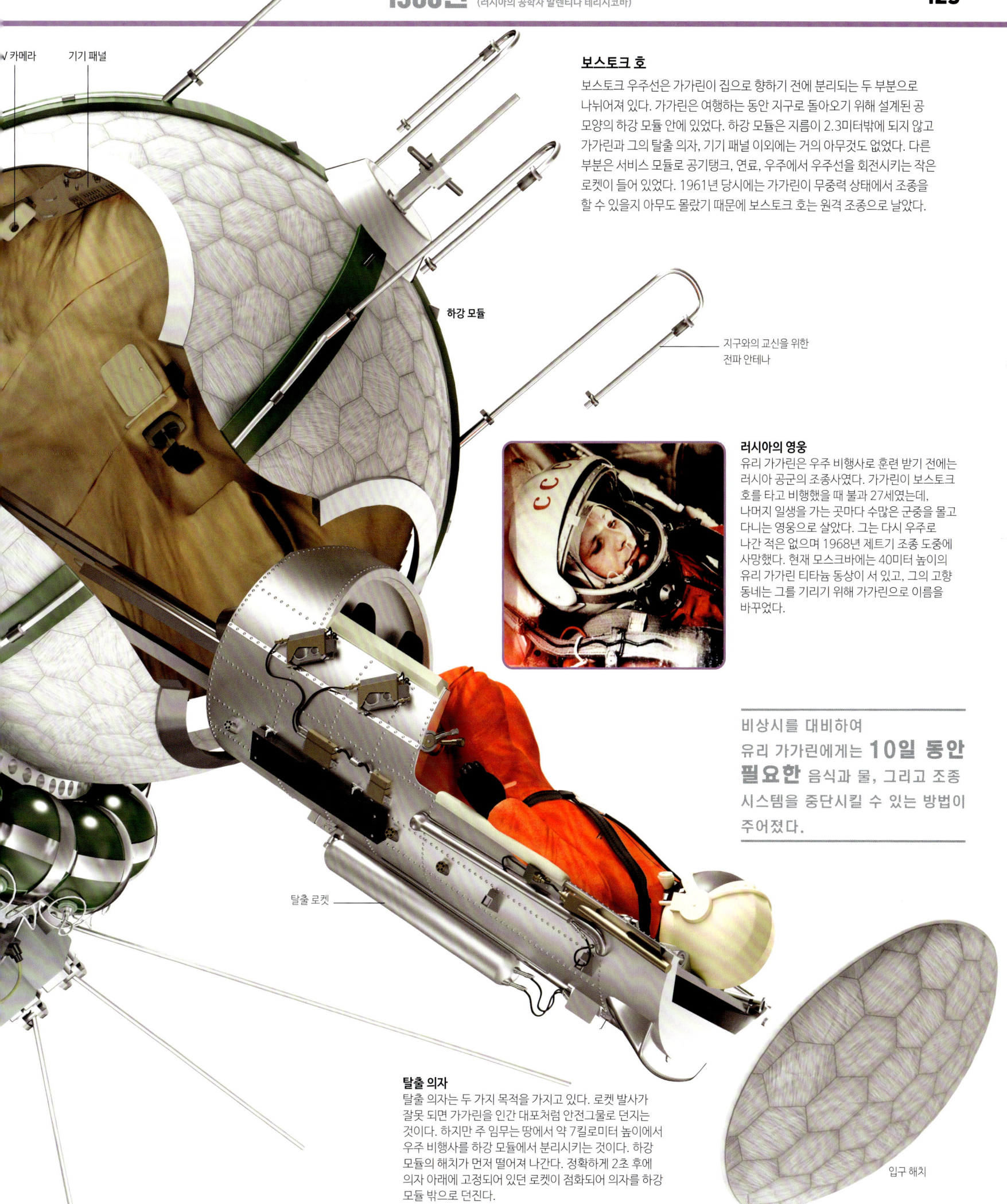

보스토크 호
보스토크 우주선은 가가린이 집으로 향하기 전에 분리되는 두 부분으로 나뉘어져 있다. 가가린은 여행하는 동안 지구로 돌아오기 위해 설계된 공 모양의 하강 모듈 안에 있었다. 하강 모듈은 지름이 2.3미터밖에 되지 않고 가가린과 그의 탈출 의자, 기기 패널 이외에는 거의 아무것도 없었다. 다른 부분은 서비스 모듈로 공기탱크, 연료, 우주에서 우주선을 회전시키는 작은 로켓이 들어 있었다. 1961년 당시에는 가가린이 무중력 상태에서 조종을 할 수 있을지 아무도 몰랐기 때문에 보스토크 호는 원격 조종으로 날았다.

카메라 / 기기 패널 / 하강 모듈 / 지구와의 교신을 위한 전파 안테나 / 탈출 로켓 / 입구 해치

러시아의 영웅
유리 가가린은 우주 비행사로 훈련 받기 전에는 러시아 공군의 조종사였다. 가가린이 보스토크 호를 타고 비행했을 때 불과 27세였는데, 나머지 일생을 가는 곳마다 수많은 군중을 몰고 다니는 영웅으로 살았다. 그는 다시 우주로 나간 적은 없으며 1968년 제트기 조종 도중에 사망했다. 현재 모스크바에는 40미터 높이의 유리 가가린 티타늄 동상이 서 있고, 그의 고향 동네는 그를 기리기 위해 가가린으로 이름을 바꾸었다.

> 비상시를 대비하여 유리 가가린에게는 **10일 동안 필요한** 음식과 물, 그리고 조종 시스템을 중단시킬 수 있는 방법이 주어졌다.

탈출 의자
탈출 의자는 두 가지 목적을 가지고 있다. 로켓 발사가 잘못 되면 가가린을 인간 대포처럼 안전그물로 던지는 것이다. 하지만 주 임무는 땅에서 약 7킬로미터 높이에서 우주 비행사를 하강 모듈에서 분리시키는 것이다. 하강 모듈의 해치가 먼저 떨어져 나간다. 정확하게 2초 후에 의자 아래에 고정되어 있던 로켓이 점화되어 의자를 하강 모듈 밖으로 던진다.

126 우주 탐사 ○ 월면차

6 카시니 타마선이 발견한 토성의 위성의 수.

우주 탐사선의 종류

대부분의 우주선은 단순히 스쳐 지나가거나 목표물의 주위를 돌지만 일부는 착륙을 시도하기도 한다. 착륙선은 표면에 고정되어 있기도 하고 주위를 돌아다니기도 한다. 하위헌스와 같은 탐사선은 궤도선에서 분리되어 행성이나 위성의 대기로 들어간다. 모든 종류는 에너지, 통신시스템, 과학 기기들을 싣고 있다.

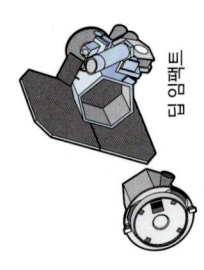
보이저 2호

근접 비행
1977년에 발사된 보이저 2호는 목성, 토성, 천왕성, 해왕성을 스쳐 지나갔다. 가장 바깥에 있는 행성들을 방문한 유일한 우주선으로 지금은 깊은 우주를 향해 가고 있다.

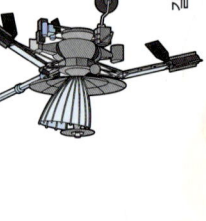
필레

착륙선
로제타 우주선에서 분리된 냉장고 크기의 이 착륙선은 2014년 말 혜성의 해에 내려앉았다. 필레는 탐사선을 보내 혜성 대기가 아닌 혜성에서 처음으로 사진을 찍었다.

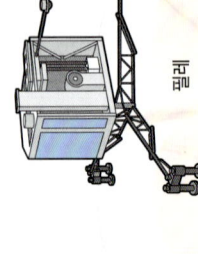
갈릴레오

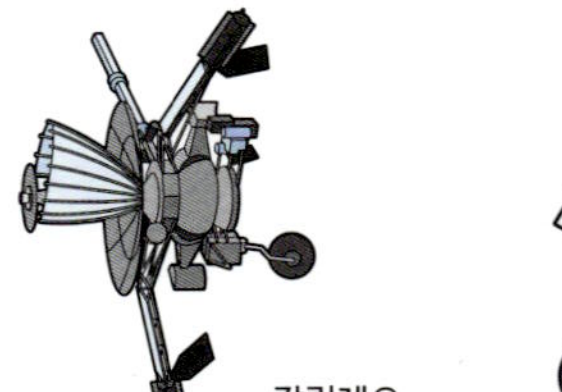

궤도선과 탐사선
갈릴레오는 1995년부터 2003년까지 목성의 주위를 돌며 큰 위성들 가까이 다가갔다. 갈릴레오는 탐사선을 보내 목성 대기 위쪽 160킬로미터를 조사했다.

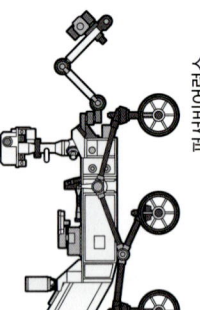
퍼서비어런스

로버
5대의 로버가 화성 표면에 도착했다. 2021년 2월에는 퍼서비어런스가 화성에 착륙해 생명체가 있는지 조사하고 있다.

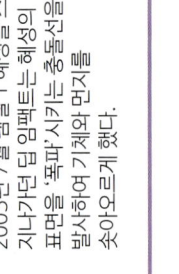
딥임팩트

근접 통과와 충돌선
2005년 7월 템플 1 혜성을 스쳐 지나가면 딥임팩트는 혜성의 표면을 '폭파'시키는 충돌선을 발사하여 기체와 먼지를 솟아오르게 했다.

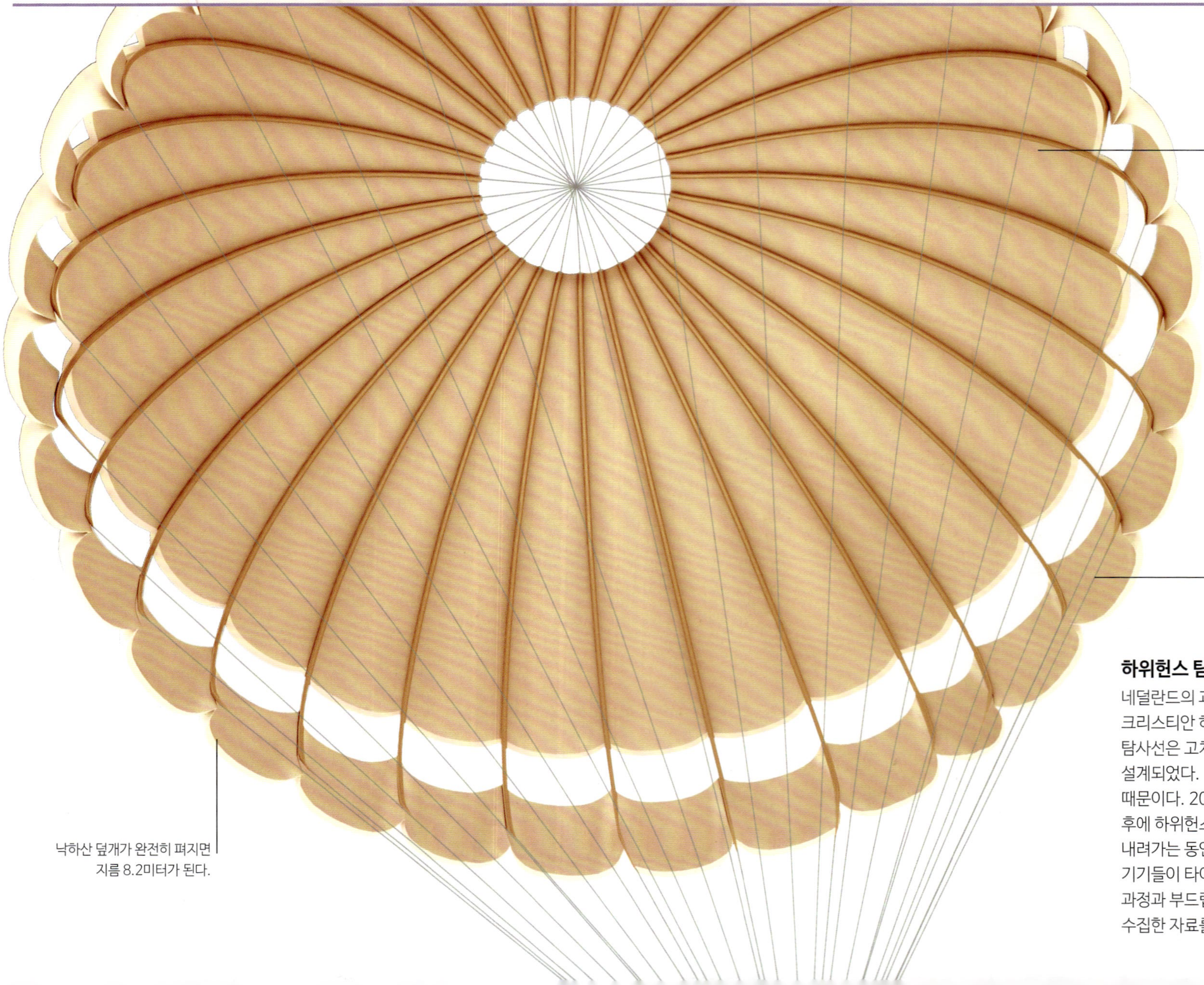

주 낙하산
나일론 섬유로 만들어진 주 낙하산은 탐사선의 표면에서 165킬로미터 높이에서 시속 290킬로미터로 떨어질 때 펼쳐진다. 이것은 15분 후에 125킬로미터 작은 낙하산이 나머지 125킬로미터 낙하를 담당한다.

강력한 섬유인 케블라로 만든 약 24미터 길이의 매달림 선들로 탐사선이 낙하산 덮개에 연결되어 있다.

하위헌스 탐사선
네덜란드의 과학자이자 수학자이며 타이탄을 발견한 크리스티안 하위헌스의 이름이 붙은 탐사선이다. 하위헌스 탐사선은 고체 혹은 액체 표면에 착륙할 수 있도록 설계되었다. 타이탄이 어떤 상태인지 아무도 몰랐기 때문이다. 2004년 12월에 카시니에서 분리된 지 약 3주 후에 하위헌스는 타이탄의 표면을 향해 내려가기 시작했다. 내려가는 동안 열 장째의 보호를 받았던 탐사선 내부의 기기들이 타이탄의 대기를 조사했다. 하위헌스는 낙하 과정과 부드럽지만 고체인 표면에 착륙한 후 1.5시간 동안 수집한 자료를 지구로 전송했다.

낙하산 덮개가 완전히 펴지면 지름 8.2미터가 된다.

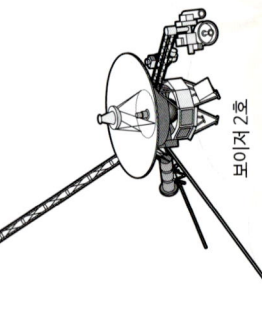

보이저 1호는 지구에서 가장 멀리 있는 우주선으로 태양계를 영원히 벗어났다.

16 우주선이 방문한 소행성의 수.

9.5년간 50억 km 뉴호라이즌스호의 명왕성 여행 기록.

우주 탐사선

로봇 우주선은 멀리 떨어져 있고 사람은 절대로 견딜 수 없는 열악한 환경에서 한 번에 몇 년간 일을 할 수 있다.

각각의 우주선은 특별한 임무를 위해 설계되었다. 마스 익스프레스처럼 화성의 주위를 돌 수도 있고, 로제타처럼 혜성이 태양을 돌아갈 때 같이 따라갈 수도 있다. 우주선이 일단 목적지에 도착하면 실려 있던 기기들이 이 머나먼 세계를 상세히 조사하고 기록한다. 카시니-하위헌스와 같은 일부 우주선은 두 개가 하나로 묶여 있다. 둘 중에 더 큰 카시니는 하위헌스를 옆에 붙이고 1997년 토성을 향해 지구를 떠났다. 7년의 여행 후에 이들은 토성에 도착했다. 그리고 하위헌스는 자신의 임무를 수행했다. 낙하산을 펴고 토성의 많은 달들 중 가장 큰 위성인 타이탄으로 내려가는 것이었다.

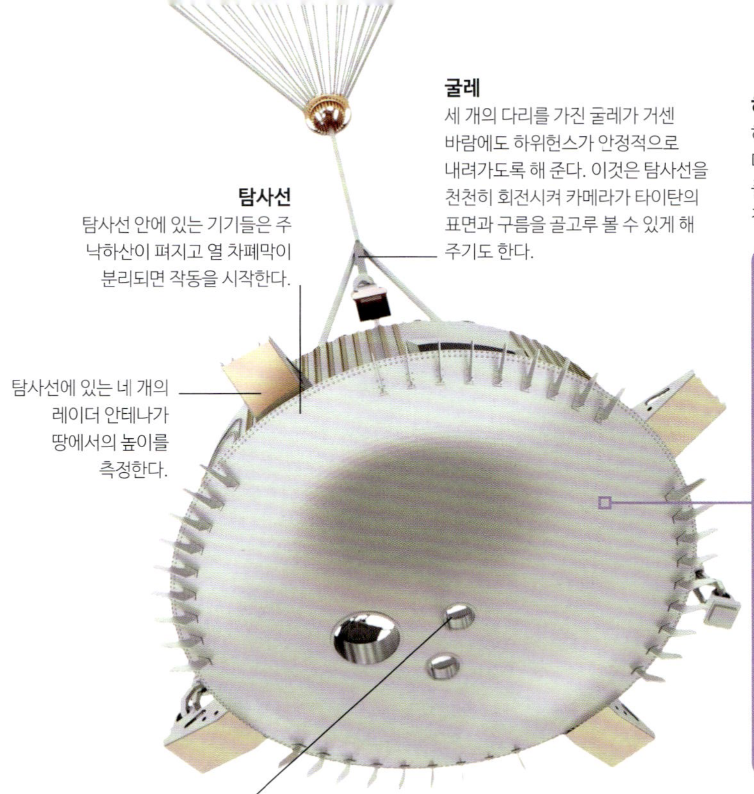

하위헌스의 내부

하위헌스의 덮개 아래에는 기기 플랫폼이 있다. 타이탄 대기의 기체와 땅에 있는 물질을 분석하는 기기들은 플랫폼 아래쪽에 고정되어 있다. 다른 기기들은 탐사선의 착륙 속력과 착륙 장소가 어떤 상태인지 알아내는 것이다.

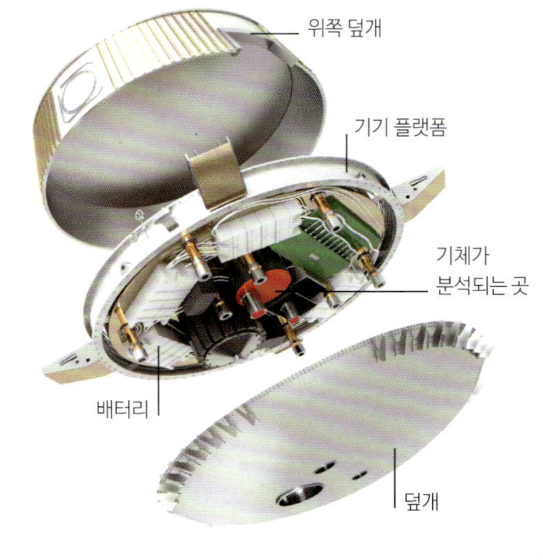

낙하산

세 개의 다리를 가진 둘레가 거센 바람에도 하위헌스가 안정적으로 내려가도록 해 준다. 이것은 탐사선을 천천히 회전시켜 카메라가 타이탄의 표면에 구름과 땅을 고루 볼 수 있게 해 주기도 한다.

탐사선

탐사선 안에 있는 기기들은 낙하산이 펴지고 열 차폐막이 분리되면 작동을 시작한다.

탐사선에 있는 네 개의 레이더 안테나가 땅에서의 높이를 측정한다.

대기의 기체가 덮개에 있는 구멍들을 통해서 탐사선으로 들어간다.

열 차폐막

열 차폐막은 타일로 열 차폐막이 타이탄의 대기와 충돌하며 느려지기 시작할 때 하위헌스를 보호해 준다. 이 임무를 마치고 나면 차폐막은 떨어져 나간다.

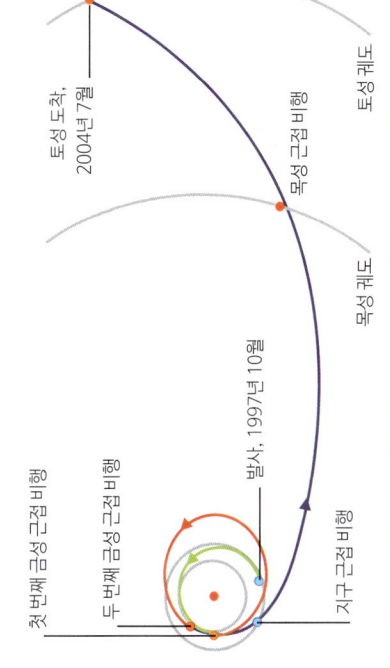

토성에 도착하기

카시니-하위헌스는 토성으로 가는 동안 금성에게 두 번, 지구와 목성에게 각각 한 번씩의 도움을 받았다. 한 번에 가기에는 너무 무거웠기 때문에 이 행성들을 근접 비행하면서 행성의 중력을 이용해 토성에 도착할 수 있는 속력을 얻었다.

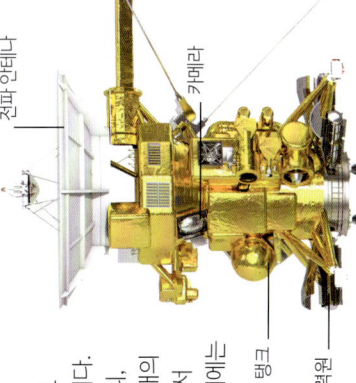

카시니 우주선

카시니는 토성을 일곱 번째로 방문하고 처음으로 토성의 주위를 도는 우주선이다. 작은 버스만 하며 토성과 토성의 고리, 토성의 위성들을 조사하기 위한 12개의 기기를 가지고 있다. 너무 멀리 있어서 카시니에서 지구까지 신호가 오는 데에는 한 시간이 넘게 걸린다.

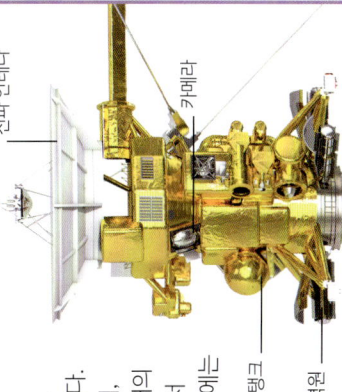

로버

100,000 러시아의 루노호트 로버들이 달에서 찍은 TV 자료 사진의 대략적인 수.

다른 세계에 착륙한 우주선은 대부분 착륙한 자리에 그대로 머물러 있다. 하지만 로버는 탐사를 위해 제작된 것이다. 이 복잡한 로봇은 지구에서 전파로 명령을 받지만 자신의 길을 스스로 찾도록 프로그램 되어 있다.

가장 작은 로버는 전자레인지 정도이고 가장 큰 것은 자동차 정도이다. 태양 전지판이 에너지를 공급해 주고 내장된 컴퓨터가 '뇌'의 역할을 한다. 로버는 특수한 카메라부터 화학 실험실까지 과학 기기들로 가득하다. 로버는 전파 안테나로 지구에 있는 제어 센터로 자료와 발견한 내용을 보낸다.

스피릿 로버
여기서 소개하는 스피릿 로버는 2004년 화성의 양쪽 면에 착륙한 쌍둥이 로버 중 하나다. 스피릿은 2010년 작동을 멈췄지만 쌍둥이 오퍼튜니티는 2019년까지 작동했다. 스피릿 로버는 아침에 지구로부터 명령을 받고 이동, 사진 찍기, 암석 조사를 마친 오후에 지구로 자료를 보냈다.

암석 드릴
오퍼튜니티는 드릴로 암석의 표면을 갈아 낸 뒤 깊은 속의 샘플을 얻어 화학 분석을 한다. '마켓섬'이라는 별명의 이 암석은 농구공 정도의 크기로 주위에 있는 다른 암석들과는 다르다. 멀리 떨어진 충돌 크레이터에서 날아온 것일 수 있다.

지구와 교신하는 전파 안테나

팔꿈치와 손목, 몇 가지 도구를 갖추고 있어서 펼쳐지는 '팔'로 물체를 건드릴 수 있다.

바퀴
네 개의 코너 휠은 로버를 회전시킬 수 있도록 옆으로 돌리는 모터를 가지고 있다. 그래서 로버는 제자리에서 회전을 할 수 있다.

| **20분** 화성 로버에서 지구로 신호를 보내는 데 걸리는 시간. | **7.5개월** 지구에서 화성까지 여행하는 데 걸리는 시간. | **100와트** 오퍼튜니티의 전력 소모량. 집에서 쓰는 전등과 비슷하다. |

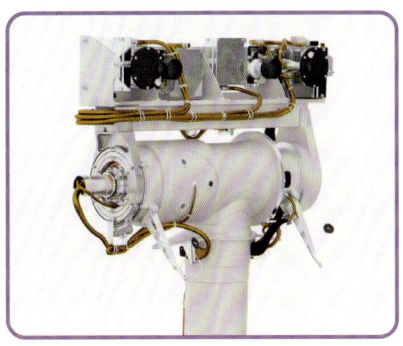

파노라마 카메라
머리 높이에 설치된 네 개의 카메라가 로버의 눈 역할을 한다. 두 개의 파노라마 카메라는 화성의 컬러 사진을 찍어 과학자들이 방문할 장소를 고르는 것을 도와준다. 두 개의 내비게이션 카메라는 지형의 3차원 사진을 찍어 로버가 경로를 찾는 것을 도와준다.

길 찾기
로버의 목적지는 주어지지만 자신의 길은 카메라와 내장 컴퓨터를 이용해서 가장 안전한 경로를 계산하여 스스로 찾는다. 로버는 1초에 몇 미터밖에 움직이지 않고, 몇 초마다 정지하여 경로를 다시 검토한다. 오퍼튜니티의 최고 속력은 시속 0.18 킬로미터이지만 평균 속력은 최고 속력의 5분의 1이었다.

오퍼튜니티가 남긴 흔적

로버의 기록들
오퍼튜니티는 가장 먼 거리를 이동한 로버로 기록됐다. 다른 세계를 방문한 최초의 로버는 1970년 달에 착륙한 러시아의 루노호트 1호다. NASA의 아폴로 임무 중에 달을 탐사한 '월면차'는 로봇 로버가 아니라 우주 비행사와 기기를 태우도록 설계된 유인 차량이다.

- 오퍼튜니티 2004~2018 — 45.1 km
- 루노호트 2호 1973 — 39 km
- 아폴로 17호 월면차 1972 — 35.7 km
- 큐리오시티 2012~ — 31 km
- 아폴로 15호 월면차 1971 — 27.8 km
- 아폴로 16호 월면차 1972 — 27.1 km
- 퍼서비어런스 2012~ — 21.3 km
- 루노호트 1호 1970~1971 — 10.5 km
- 스피릿 2004~2010 — 7.7 km
- 유투 2호 2019~ — 1.4 km
- 소저너 1997 — 0.1 km
- 유투 2013~2014 — 0.1 km

― 화성에서
― 달에서
--- 활동 중

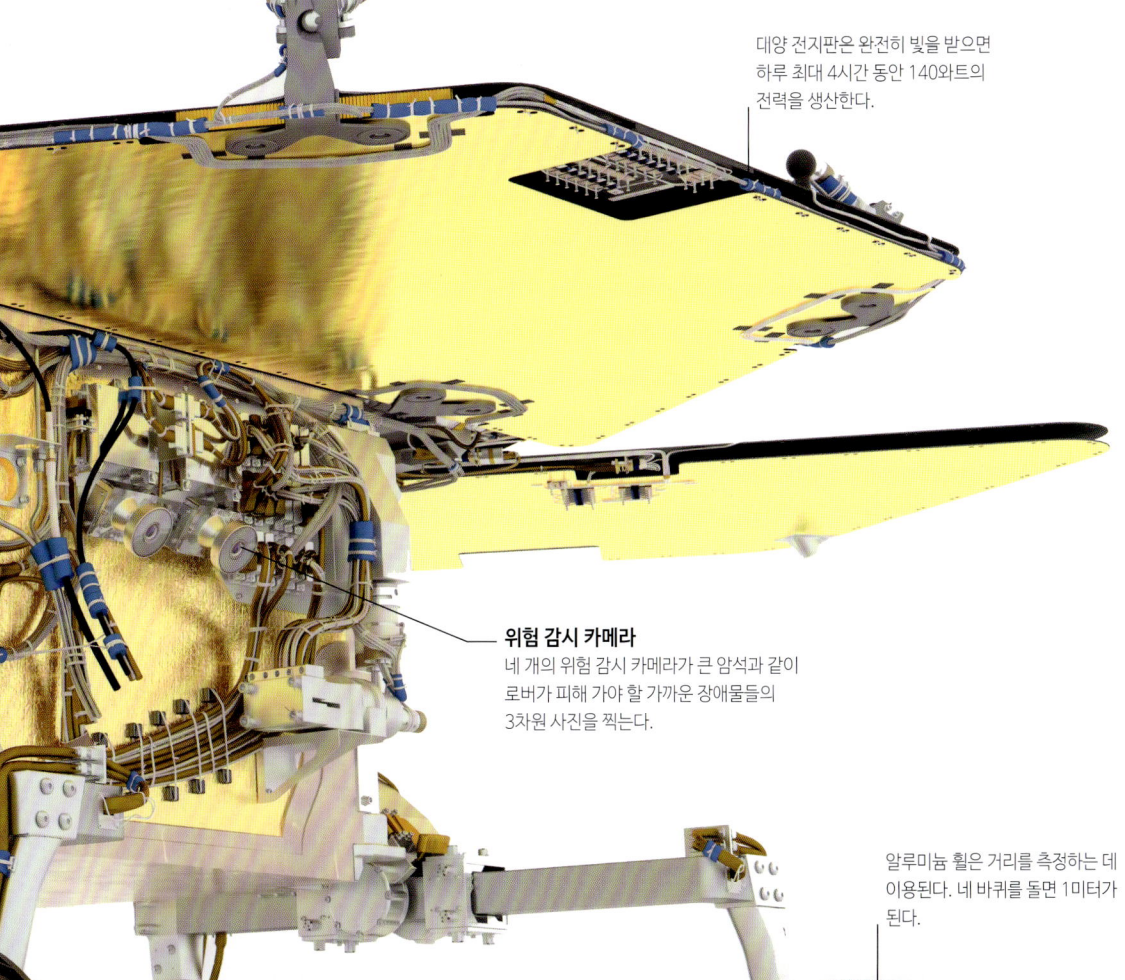

대양 전지판은 완전히 빛을 받으면 하루 최대 4시간 동안 140와트의 전력을 생산한다.

위험 감시 카메라
네 개의 위험 감시 카메라가 큰 암석과 같이 로버가 피해 가야 할 가까운 장애물들의 3차원 사진을 찍는다.

알루미늄 휠은 거리를 측정하는 데 이용된다. 네 바퀴를 돌면 1미터가 된다.

균형 잡기
이전의 스피릿, 오퍼튜니티와 마찬가지로 큐리오시티나 퍼서비어런스는 바퀴들을 로커-보기 서스펜션으로 몸체와 연결한다. 이 기발한 시스템은 바퀴가 울퉁불퉁한 바닥을 가는 동안 로버의 몸체가 일정한 높이를 유지하게 해 준다.

130 우주 탐사 · 유인 우주선

1개월 소유즈 우주선의 생명 유지 장치가 작동되는 시간. 승무원이 살아 있을 수 있는 기간이다.

지구로 귀환
하강 모듈만이 지구로 돌아온다. 다른 두 모듈은 버려져서 지구 대기에서 타 버린다. 하강 모듈의 추진 장치는 여러 개의 낙하산이 모듈의 속력을 줄이기 전에 돌아오는 것을 조종한다. 국제 우주 정거장을 떠난 지 3시간 반 만에 모듈은 카자흐스탄의 평원에 착륙한다. 승무원들은 도움을 받아서 밖으로 나와 헬리콥터로 이송된다.

폭발하는 볼트가 모듈을 밀어 하강하도록 분리한다.

하강 모듈
우주 비행사들은 발사될 때와 지구로 돌아올 때 여기에 있다. 모듈의 헬멧 모양은 낙하산을 펴고 하강할 때 안정화시켜 시속 5.4킬로미터로 땅에 닿을 때 올바른 각을 유지하게 한다.

이 안테나는 파동을 보내 국제 우주 정거장과 결합할 때 우주선의 위치를 계산한다.

궤도 모듈
궤도에 있는 동안 승무원들이 머무는 곳이다. 화장실, 통신 기기, 창고가 있다.

의자

잠망경

해치
우주 비행사들은 국제 우주 정거장으로 들어갈 때 이 해치를 통과한다.

국제 우주 정거장과 결합할 때 사용된다.

조종석
발사할 때와 돌아올 때는 세 명의 승무원이 팔을 맞대고 앉았다. 앞에는 우주선 조종을 위한 표시와 내비게이션을 갖춘 제어대가 있다. 제어대 위에는 궤도 모듈로 가는 해치가 있다.

355명 우주 왕복선을 탔던 사람들의 수.

유인 우주선

사람이 처음으로 지구 궤도로 나간 것은 1960년대였다. 오직 24명만이 더 멀리 갔다. 달까지. 우주 비행사들은 여러 나라에서 오지만 이들을 우주로 보내는 것은 세 나라뿐이다.

러시아와 미국은 유인 임무를 약 50년 동안 진행하고 있고, 중국은 2003년 처음으로 유인 우주선을 발사했다. 최초의 우주선들은 우주 비행사 한 명만을 태웠는데, 다음으로 두 명, 그리고 세 명이 되었다. 항상 만원인 상태였다. 현재의 소유즈는 세 명을 태우고 한 번만 사용된다. 30년 동안은 우주 왕복선이 대안이었다. 우주 왕복선은 더 많은 승무원들을 더 편안하게 운반했고 그대로 돌아왔다. 표를 산 관광객들을 우주로 실어 나를 우주선을 포함하여 재사용 가능한 우주선들이 더 많이 개발되고 있다.

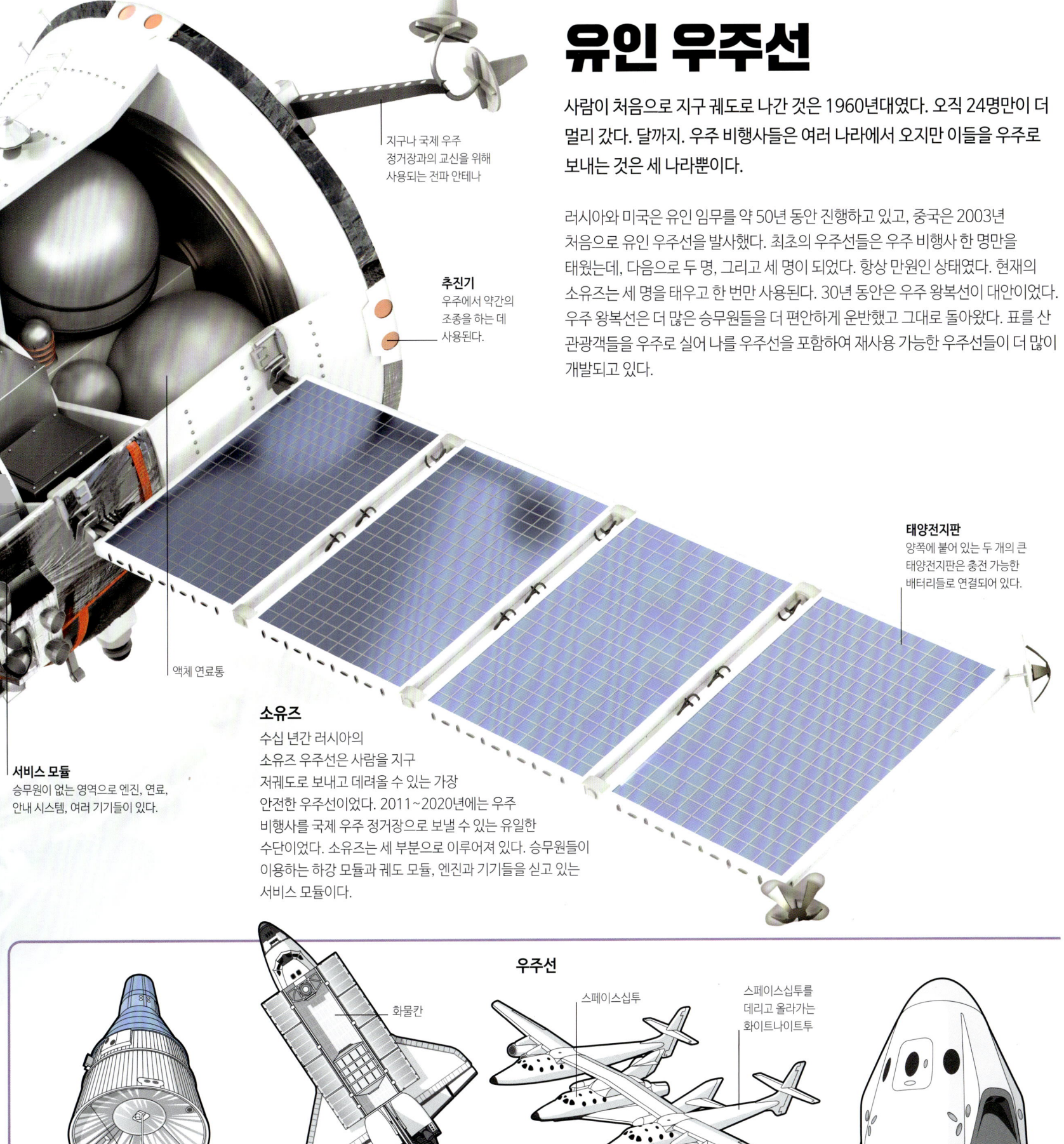

지구나 국제 우주 정거장과의 교신을 위해 사용되는 전파 안테나

추진기
우주에서 약간의 조종을 하는 데 사용된다.

태양전지판
양쪽에 붙어 있는 두 개의 큰 태양전지판은 충전 가능한 배터리들로 연결되어 있다.

액체 연료통

서비스 모듈
승무원이 없는 영역으로 엔진, 연료, 안내 시스템, 여러 기기들이 있다.

소유즈
수십 년간 러시아의 소유즈 우주선은 사람을 지구 저궤도로 보내고 데려올 수 있는 가장 안전한 우주선이었다. 2011~2020년에는 우주 비행사를 국제 우주 정거장으로 보낼 수 있는 유일한 수단이었다. 소유즈는 세 부분으로 이루어져 있다. 승무원들이 이용하는 하강 모듈과 궤도 모듈, 엔진과 기기들을 싣고 있는 서비스 모듈이다.

우주선

제미니
미국 최초의 유인 우주선 중 하나는 1965~1966년에 10회에 걸쳐 각각 두 명의 승무원을 태운 제미니였다. 여기에서 미국 최초로 우주 유영을 했다.

우주 왕복선
1981년과 2011년 사이에 5대의 우주 왕복선이 한 번에 최대 8명을 우주로 보냈다. 재사용 가능한 우주 왕복선은 모두 합쳐서 지구 주위를 21,030회 돌았다.

화물칸

스페이스십투
버진 갤럭틱의 스페이스십투는 우주 관광을 위해 설계되어 2021년 7월 첫 여행을 마쳤다. 화이트나이트투에 실려 공중에서 발사된 후 로켓을 이용하여 우주의 경계까지 올라간다.

스페이스십투를 데리고 올라가는 화이트나이트투

크루 드래곤
스페이스엑스의 크루 드래곤은 5회까지 재사용 가능한 우주선으로 국제 우주 정거장을 오가는 데 사용된다. 팰컨 9 로켓으로 발사되어 최대 7명의 승객을 태울 수 있다.

우주 왕복선

우주 왕복선은 2~8명의 우주 비행사를 우주로 보냈다가 데려올 수 있게 설계된, 세계 최초의 재사용 가능한 우주선이었다.

NASA의 우주 왕복선 다섯 대는 30년 동안 135번 발사됐고 총 비행시간은 3.6년이다. 발사 후 고체 로켓 두 개의 힘으로 정지 상태에서 시속 25,000킬로미터로 가속해 불과 8분 만에 궤도에 도착한다. 우주 왕복선 프로그램은 원래 계획했던 15년의 두 배가 지난 2011년에 종료됐다.

우주 탐사 ○ 아폴로 계획

195시간 18분 달을 향한 **최초의 아폴로 임무**에 걸린 시간.

9 우주선이 지구로 접근하면 서비스 모듈은 버려진다. 사령선은 회전하여 열 차폐막이 지구의 대기를 향하게 한다.

10 사령선이 불길에 싸여 지구 대기로 들어온다. 속력이 느려지면 낙하산이 펼쳐져 태평양에 부드럽게 떨어진다.

4 사령선과 서비스 모듈이 뒤로 돌아 달 착륙선과 결합하여 완전한 아폴로 우주선을 이룬다.

2 새턴 V의 세 번째 로켓은 6분 동안 연소되어 우주선을 지구 궤도에서 벗어나 달로 향하게 했다.

3 결합된 사령선과 서비스 모듈이 로켓에서 분리된다. 달 착륙선을 보호하고 있던 패널들이 꽃잎처럼 펼쳐진다.

1 발사
모든 아폴로 우주선은 미국 플로리다에 있는 NASA 케네디 우주 센터에서 발사되었다. 3단의 새턴 V 로켓은 총 12분 동안 연소되어 우주선과 상단 로켓을 지구 궤도로 올려놓았다.

비상용 탈출 로켓

사령선 승무원들은 이 작은 원뿔 모양의 모듈에서 지냈다.

서비스 모듈 엔진, 연료, 여러 기기들이 들어 있다.

아폴로 우주선

달 착륙선 이 부분이 달에 착륙하였다.

3단

엔진

아폴로 계획

1960년대와 1970년대에 운영된 아폴로 계획은 사람을 또 다른 세계로 보낸 유일한 임무였다. 달에 도달하기 위해서는 특별한 3단 우주선과 우주선을 쏘아 올릴 거대한 로켓이 필요했다.

1969년부터 1972년 사이에 NASA는 6대의 아폴로 우주선을 발사하여 12명의 우주 비행사를 달에 내리게 했다. 각 우주선은 3명의 승무원을 태우고 8자 모양으로 달까지 왕복 거리 150만 킬로미터의 우주여행을 했다. 우주 비행사들은 거대한 새턴 V 로켓으로 발사되고 3단으로 분리되는 아폴로 우주선을 탔다. (로켓은 매번 새로 만들어졌다) 거미처럼 생긴 달 착륙선은 두 명을 달 표면까지 태우고 갔다. 나머지 한 명은 원뿔 모양의 은빛 사령선에 남아 있었다. 실험이 끝난 후 승무원들은 이 사령선을 타고 지구로 돌아왔다. 사령선에는 우주선의 로켓 엔진, 연료, 보급품을 보관하고 있는 원통 모양의 서비스 모듈이 붙어 있다.

새턴 V
111미터 높이의 새턴 V 발사체는 뉴욕에 있는 자유의 여신상보다 크다. 주 몸체는 붙어 있는 세 종류의 로켓, 즉 '3단'으로 이루어진다. 여기에 비하면 작은 아폴로 우주선은 맨 위에 있다. 주 로켓들은 차례대로 점화되면서 우주선을 더 빠르게 더 높이 밀어 준 다음 연료가 소진되면 지구로 떨어진다.

2단

1단

엔진

| **15톤** 발사 동안 매초 연소된 연료의 양 | **300시간** 아폴로 임무에 참여한 모든 우주 비행사들이 달에서 보낸 전체 시간. | 1970년 아폴로 13호는 달로 가는 도중 **폭발**로 손상되어 지구로 돌아와야 했다. | 135 |

사령선과 서비스 모듈

사령선과 서비스 모듈은 대부분의 임무에서 한 단위로 비행했다. 우주 비행사들은 앞쪽의 원뿔 모양 사령선에서 생활했다. 사령선에는 달, 지구, 결합 과정을 내다볼 수 있는 3중 유리창이 5개가 달려 있다. 선실은 비좁았고 기본적인 시설만 있고 화장실이 없었다. 대신 우주 비행사들은 비닐봉지나 우주의 진공과 연결된 특별한 호스를 사용했다.

임무 제어실

아폴로 임무에서 긴장을 놓지 못한 사람들이 모인 곳은 미국 휴스턴의 존슨 우주 센터에 있는 제어실이었다. 여기에서 과학자와 공학자들은 끊임없이 우주선을 관찰하며 승무원들과 전파로 이야기를 했다. 승무원들은 우주선이 달 뒤로 들어갈 때를 제외하곤 임무 제어실과 전파 연락을 계속했다.

5 아폴로 우주선이 달을 향하여 약 3일간의 여행을 한다. 그리고는 달 궤도로 들어가기 위해 속력을 줄인다.

아폴로 계획에는 240억 달러가 들었고 가장 많을 때는 **400,000명**이 고용되어 있었다.

8 달 착륙선의 위쪽 절반이 궤도로 돌아와 사령선과 서비스 모듈과 결합하고 승무원들이 사령선으로 복귀한다. 이제 달 착륙선은 우주에 버려지고 사령선과 서비스 모듈은 지구로 출발한다.

7 달 착륙선이 사령선과 서비스 모듈에서 분리되어 달에 착륙한다. 사령선과 서비스 모듈은 한 명의 우주 비행사를 태우고 달 궤도에 머문다.

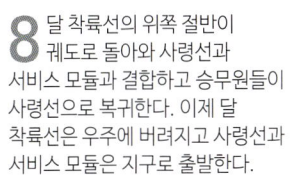

6 우주선이 달 궤도에 안전하게 들어가면 두 명의 우주 비행사가 해치를 통과하여 달 착륙선으로 들어가 달을 향해 내려갈 준비를 한다.

달 착륙선

인류가 참여한 가장 위대한 모험으로 1969년에서 1972년 사이에 6대의 아폴로 우주선이 달에 내렸던 일을 손꼽을 수 있을 것이다. 달에 내린 12명은 달 표면을 탐사하고 귀중한 암석 샘플을 가지고 지구로 돌아왔다.

1969년 7월 20일(미국 시간) 미국의 우주 비행사 닐 암스트롱이 달에 내린 첫 번째 사람이 되면서, 달을 향한 미국과 소련의 초기 우주 경쟁에서 미국이 승리했다. 암스트롱은 동료 에드윈 '버즈' 올드린과 함께 이글이라는 이름의 아폴로 11호의 달 착륙선을 타고 달 표면으로 날아갔고, 두 사람의 동료 마이클 콜린스는 궤도의 사령선에 남아 있었다. 암스트롱은 계획되었던 착륙 장소가 안전하지 않다는 것을 깨달은 후 수동으로 이글을 조종하여 마지막 몇 분 동안 머리털이 곤두서는 하강을 해야 했다. 불과 30초 동안의 연료만 남은 상태에서 착륙에 성공했고 전 세계를 향해 유명한 말을 했다. "여기는 고요의 바다. 이글은 착륙했다."

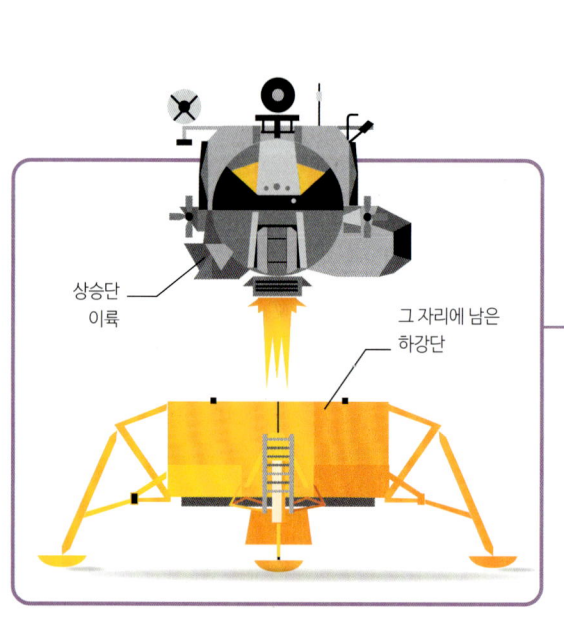

이륙
떠날 때가 되었을 때 상승 엔진이 점화되었다. 이것은 상승단을 달 궤도로 돌려보내 사령선과 서비스 모듈과 결합시켰다. 두 우주 비행사는 사령선으로 돌아와 암석 샘플과 카메라를 집어넣었다. 그런 다음 상승단은 버려져 달 표면에 충돌했다.

3일 지구에서 달까지 여행하는 데 걸리는 시간.

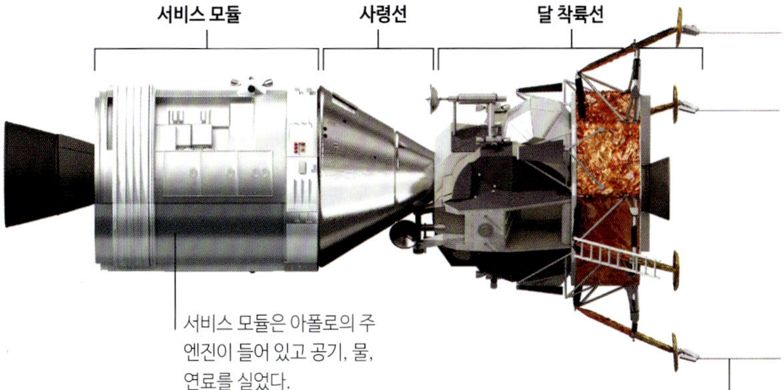

달에 내린 마지막 사람은 1972년 12월 14일에 내린 유진 서넌이다.

80시간
달을 방문한 12명의 우주 비행사들이 달 착륙선 밖에서 보낸 전체 시간.

서비스 모듈 | 사령선 | 달 착륙선

아폴로 우주선
아폴로 우주선은 세 부분으로 이루어져 있다. 승무원들은 사령선에서 여행을 했다. 달에 도착한 후 두 우주 비행사는 달 표면으로 내려가기 위해서 달 착륙선으로 옮겼다. 세 번째 우주 비행사는 사령선과 서비스 모듈에 남아 달 표면에서 해야 할 임무를 마치기를 기다리며 달 주위를 돌았다. 아폴로 우주선에서 지구로 돌아온 부분은 사령선뿐이었다.

서비스 모듈은 아폴로의 주 엔진이 들어 있고 공기, 물, 연료를 실었다.

착륙선이 달에 착륙하기 직전에 지면을 탐지했다.

닐 암스트롱이 달 착륙선에서 내려 달에 발을 디딜 때 **5억 명 이상**이 TV 생중계를 보았다.

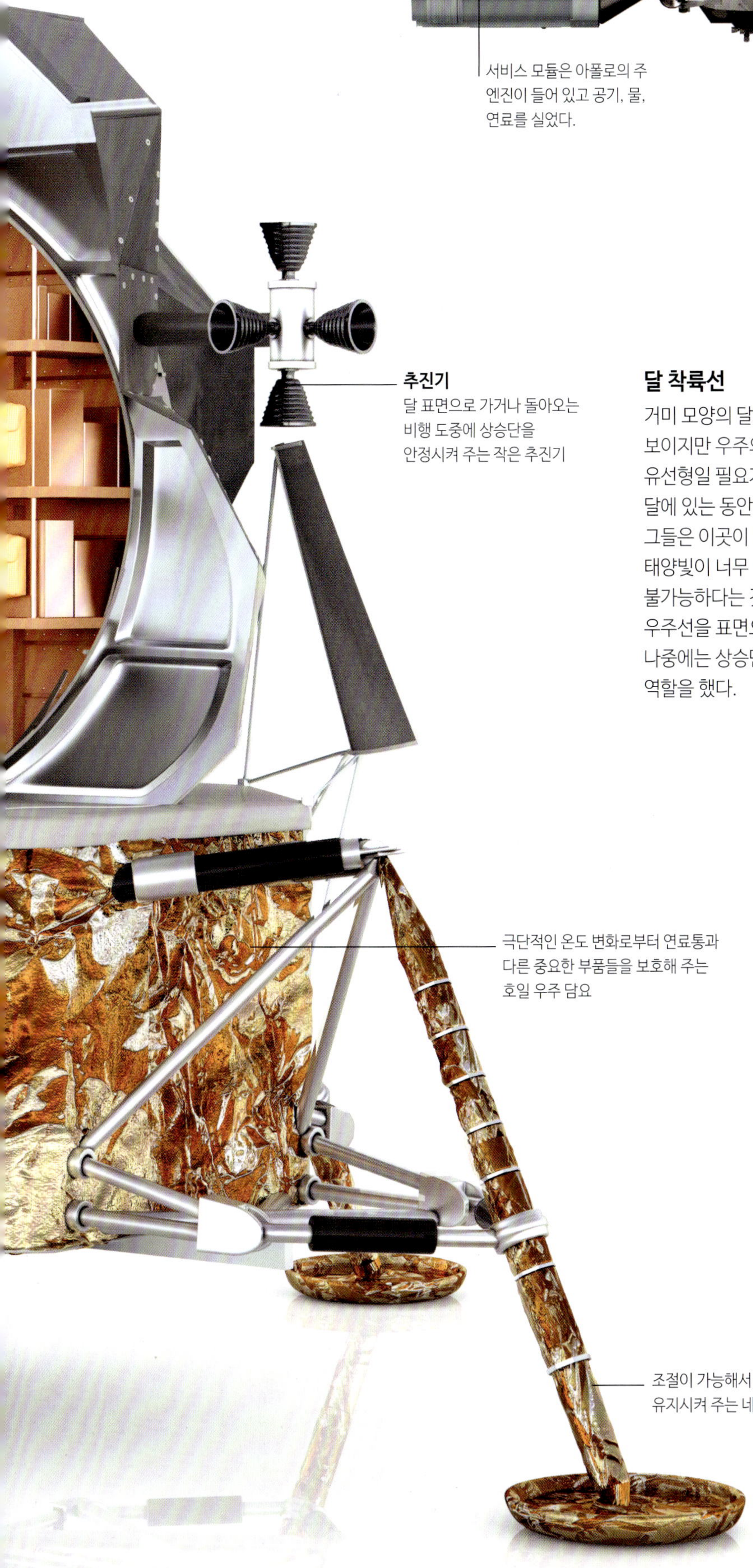

추진기
달 표면으로 가거나 돌아오는 비행 도중에 상승단을 안정시켜 주는 작은 추진기

달 착륙선
거미 모양의 달 착륙선은 잘 부서질 것처럼 보이지만 우주의 진공에서만 날기 때문에 유선형일 필요가 없다. 위쪽 부분(상승단)은 달에 있는 동안 두 우주 비행사의 집이었다. 그들은 이곳이 작고, 시끄럽고, 지저분하고, 태양빛이 너무 밝게 빛나서 잠을 자기가 불가능하다는 것을 알게 되었다. 하강단은 우주선을 표면으로 내릴 때 에너지를 공급했고, 나중에는 상승단을 궤도로 돌려보내는 발사대 역할을 했다.

달의 중력
달은 중력이 지구의 6분의 1밖에 되지 않는다. 달에 있는 모든 물체의 무게는 지구의 6분의 1밖에 되지 않을 뿐만 아니라 달의 언덕은 오르기가 6배 더 쉽기도 하다. 아폴로 16호의 선장 존 영은 달 표면에서는 6배 더 높이 뛸 수 있다는 것을 보여 주었다.

기념품
6대의 하강선과 3대의 월면차를 포함한 아폴로 우주선과 기기들은 아직 달에 있다. 아폴로 15호의 데이비드 스콧과 제임스 어윈은 흙먼지 위에 또 하나의 기념품을 두고 왔다. 목숨을 잃은 14명의 미국과 러시아 우주 비행사 이름 목록과 쓰러진 우주 비행사 모습의 작은 인형이었다.

극단적인 온도 변화로부터 연료통과 다른 중요한 부품들을 보호해 주는 호일 우주 담요

조절이 가능해서 달 착륙선의 수평을 유지시켜 주는 네 개의 다리

138 우주 탐사 · 월면차 **3800만 달러** 첫 번째 월면차에 들어간 비용.

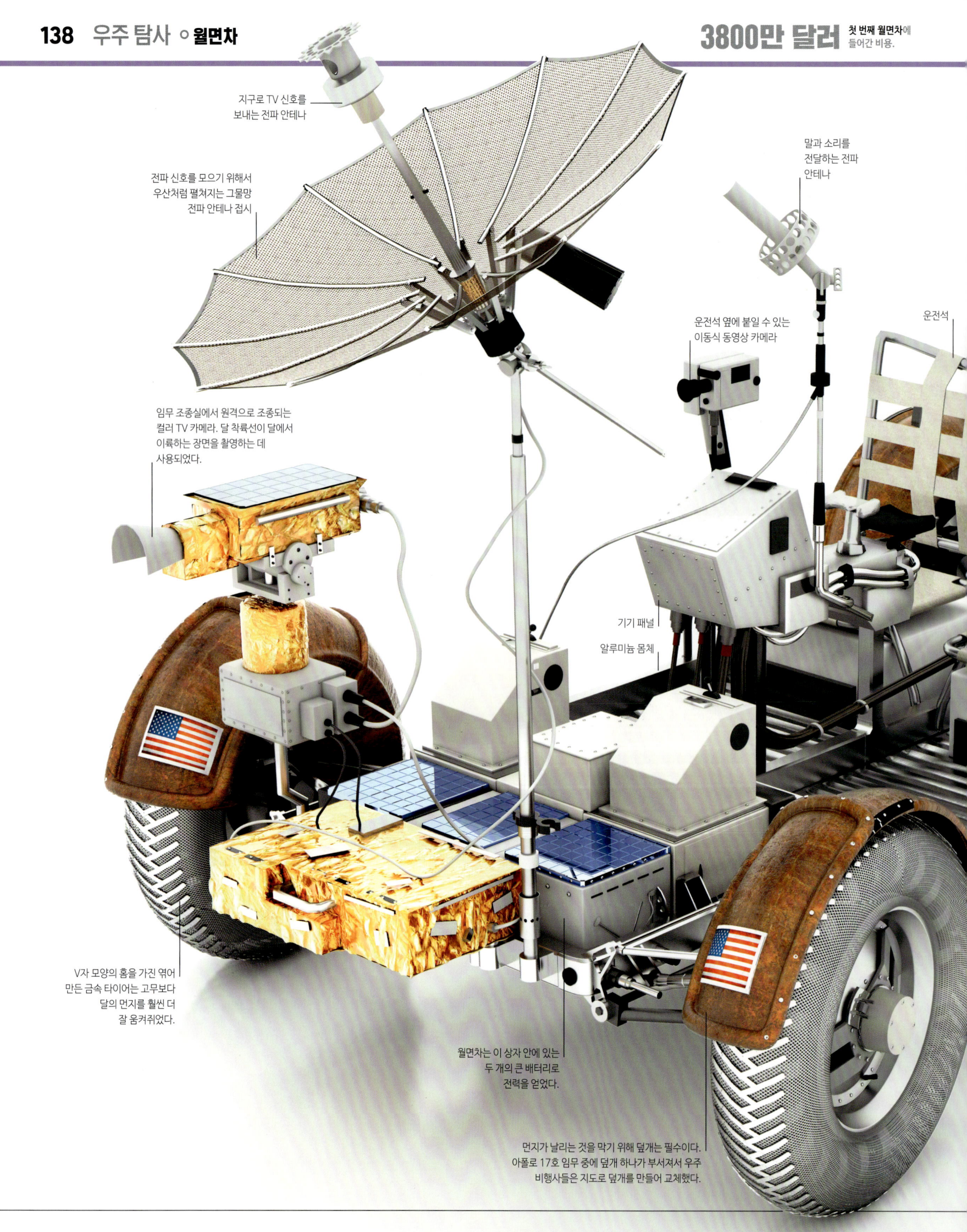

- 지구로 TV 신호를 보내는 전파 안테나
- 전파 신호를 모으기 위해서 우산처럼 펼쳐지는 그물망 전파 안테나 접시
- 말과 소리를 전달하는 전파 안테나
- 운전석 옆에 붙일 수 있는 이동식 동영상 카메라
- 운전석
- 임무 조종실에서 원격으로 조종되는 컬러 TV 카메라. 달 착륙선이 달에서 이륙하는 장면을 촬영하는 데 사용되었다.
- 기기 패널
- 알루미늄 몸체
- V자 모양의 홈을 가진 엮어 만든 금속 타이어는 고무보다 달의 먼지를 훨씬 더 잘 움켜쥐었다.
- 월면차는 이 상자 안에 있는 두 개의 큰 배터리로 전력을 얻었다.
- 먼지가 날리는 것을 막기 위해 덮개는 필수이다. 아폴로 17호 임무 중에 덮개 하나가 부서져서 우주 비행사들은 지도로 덮개를 만들어 교체했다.

| 90km 월면차 3대가 이동한 전체 거리. | 18km/h 달에서 월면차가 기록한 최고 속력. | 7.6km 착륙 지점에서 월면차가 가장 멀리 이동한 거리.. |

월면차

최초의 우주 비행사들은 달 표면을 걸어서 탐사해야 했다. 마지막 세 번의 임무에서 우주 비행사들은 배터리로 작동되어 수 킬로미터를 이동할 수 있는 월면차를 이용했다.

가능한 가장 가벼운 재료로 만들어진 월면차는 달의 약한 중력에서는 35킬로그램밖에 되지 않았다. 지구에서 산악자전거의 약 두 배 정도 무게이다. 네 개의 단단한 금속 바퀴는 각자 모터, 조종 장치, 브레이크를 가지고 있어서 월면차가 느슨한 달 먼지를 움켜쥐며 크레이터를 안전하게 올라갈 수 있게 해 주었다. 아폴로 11호의 우주 비행사들은 큰 우주복을 입고 착륙지점에서 100미터 정도밖에 걸을 수 없었지만, 월면차를 탄 아폴로 17호의 승무원들은 총 36킬로미터를 이동하며 탐사하고 샘플을 수집했다. 세 대의 월면차가 달로 보내졌고 지금도 달에 있다. 월면차의 마지막 임무는 자신을 운전하던 우주 비행사들이 지구로 돌아가기 위해서 이륙하는 장면을 촬영하는 것이었다.

뒤쪽의 도구 가방에는 솔, 망치, 삽, 갈퀴와 같은 샘플 수집을 위한 도구들이 있다.

의자는 알루미늄 틀에 나일론 그물, 끈끈이 벨트로 이루어져 있다.

손잡이

의자 아래의 저장고에는 최대 27킬로그램의 암석 샘플을 넣을 수 있다.

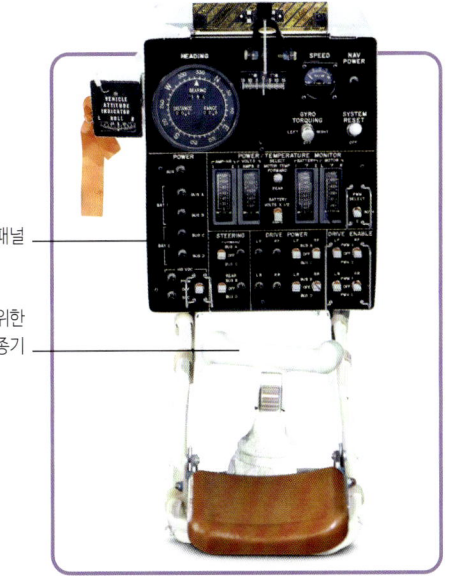

기기 패널

방향 조종을 위한 조종기

조종
기기 패널은 속력, 방향, 기울기, 배터리 전력, 온도를 보여 준다. 월면차에는 운전대가 없다. 운전자는 T자 모양의 조종기로 방향을 바꾸고 가속하고 정지하였다. 월면차에는 지도 거치대와 기기와 암석 샘플을 담는 저장고도 있었다.

월면차 준비하기

월면차는 달 착륙선 옆에 붙어서 달까지 갈 수 있도록 편평하게 접히도록 설계되었다. 우주 비행사 중 한명이 사다리를 올라가 월면차를 안전하고 잡고 있는 고리를 풀고 내릴 수 있도록 해야 한다.

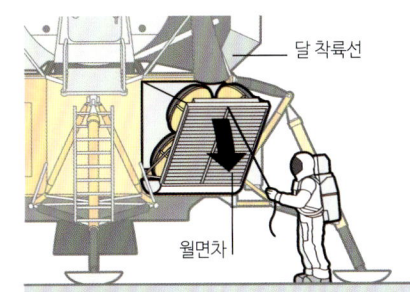

1 월면차 내리기
월면차를 땅에 내리기 위해서는 두 우주 비행사가 정해진 순서대로 줄을 풀어야 한다. 나머지는 도르래가 해결해 준다.

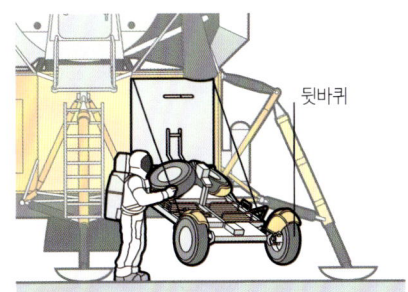

2 차대 펴기
월면차를 내리면 뒷바퀴가 펼쳐져 자동으로 고정된다. 그러면 월면차의 의자는 위쪽을 향하게 된다.

3 연결 풀기
앞바퀴도 펼쳐져 자동으로 고정된다. 마지막으로 우주 비행사들이 의자와 나머지 부분을 손으로 올린다.

우주복

현재의 우주복은 단지 보호를 위한 의복이 아니다. 우주복은 착용 가능한 우주선으로 사람의 몸을 위해 안전하고 지구와 비슷한 환경을 만들어 준다.

초기의 우주여행에서 우주복은 입는 우주 비행사에게 맞춤형으로 만들어진, 하나로 연결된 옷이었다. 오늘날 국제 우주 정거장 밖에서 일하는 우주 비행사는 여러 부분으로 이루어진, 모든 사람에게 맞는 같은 크기의 우주복을 입는다. 비교적 단단한 윗도리가 바지에 붙어 있고, 헬멧, 장갑, 신발, 생명 유지 배낭이 붙어 있다. 안쪽에는 몸을 시원하게 만들어 주도록 물이 흐르는 튜브를 가진 하나로 연결된 편안한 옷이 있다. 우주복 밖에는 조종기, 우주 비행사를 우주 정거장에 연결시키는 줄, 그리고 작업을 위한 도구들이 있다.

25 국제 우주 정거장에서 우주복이 사용된 횟수.

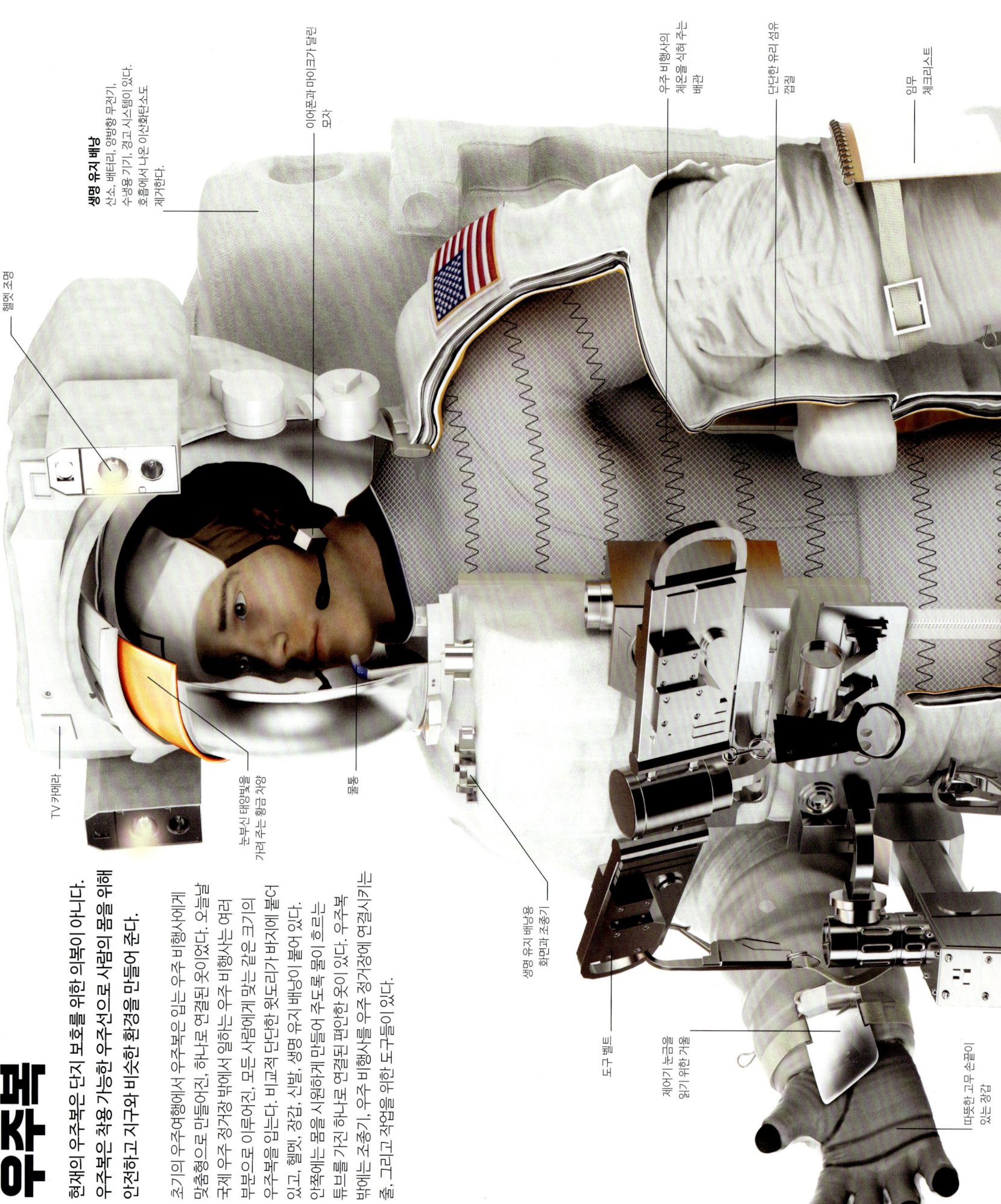

생명 유지 배낭 산소, 배터리, 양방향 무전기, 수냉용 기기, 경고 시스템이 있다. 호흡에서 나오는 이산화탄소도 제거한다.

이어폰과 마이크가 달린 모자

우주 비행사의 체온을 식혀 주는 배관

단단한 유리 섬유 껍질

암 체크리스트

헬멧 조명

TV 카메라

눈부신 태양빛을 가려 주는 황금 차양

물통

생명 유지 배낭용 화면과 조종기

도구 벨트

재크기 눈금을 읽기 쉬운 거울

따뜻한 고무 손끝이 있는 장갑

1200만 달러 우주복 한 벌의 가격.

현대의 우주복은 지구에서는 127킬로그램중이지만 우주 공간에서는 **무게가 없다**.

92m 우주복 안에 입는 옷에 장착된 물 배관의 총 길이.

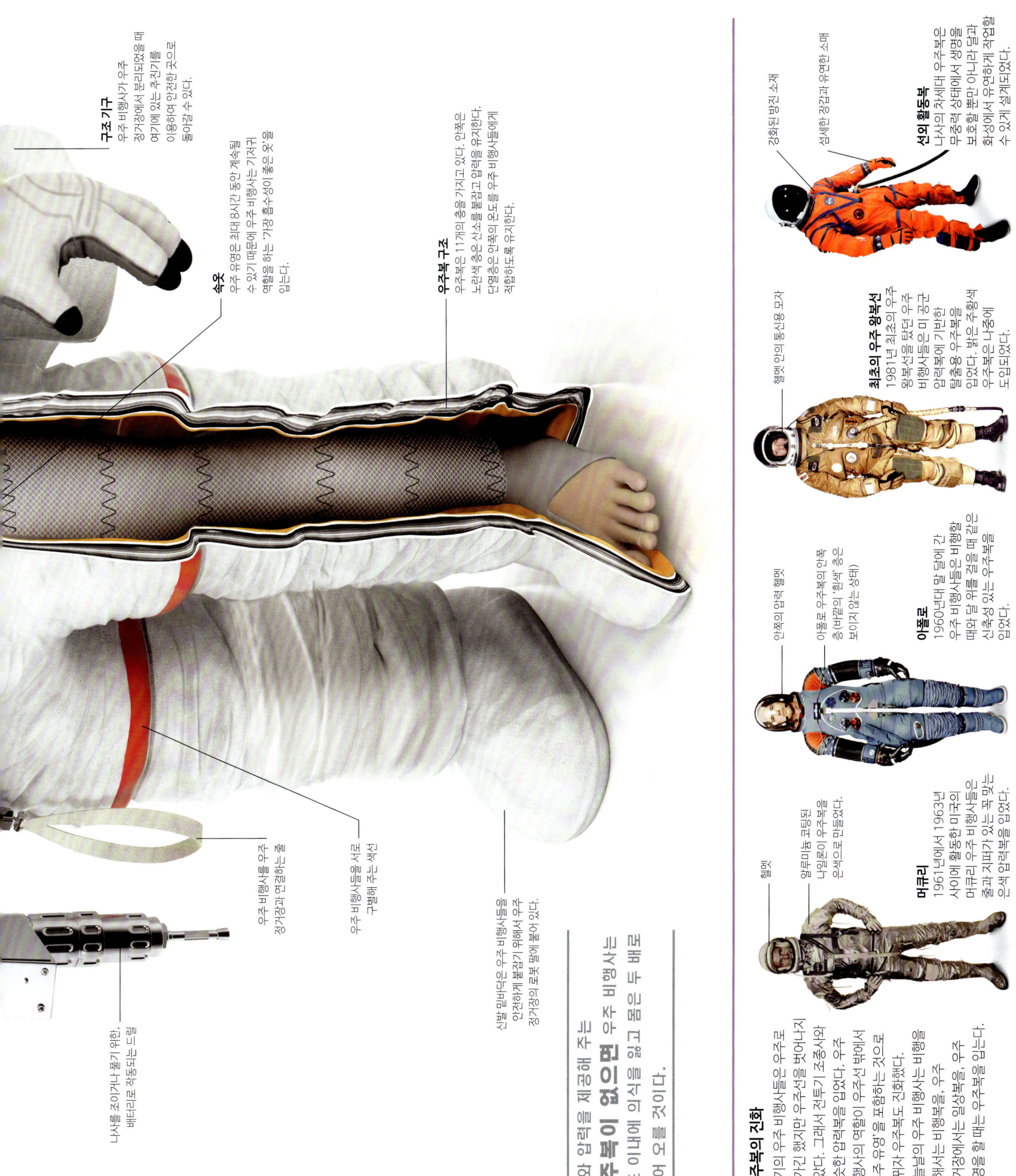

구조 기관
우주 비행사가 우주 정거장에서 분리되었을 때 여기에 있는 추진기를 이용하여 안전한 곳으로 돌아갈 수 있다.

속옷
우주 유영은 최대 8시간 동안 계속될 수 있기 때문에 우주 비행사는 기저귀 역할을 하는 '가장 흡수성이 좋은 옷'을 입는다.

우주복 구조
우주복은 11개의 층을 가지고 있다. 안쪽의 노란색 층은 산소를 붙잡고 압력을 유지한다. 단열층은 안쪽의 온도를 우주 비행사들에게 적합하도록 유지한다.

산소와 압력을 제공해 주는 **우주복이 없으면** 우주 비행사는 15초 이내에 의식을 잃고 몸은 두 배로 부풀어 오를 것이다.

나사를 죄이거나 풀기 위한, 배터리로 작동되는 드릴

우주 비행사를 우주 정거장과 연결하는 줄

우주 비행사들을 서로 구별해 주는 색선

신발 밑바닥은 우주 비행사들을 안전하게 분리기 위해서 우주 정거장의 로봇 팔에 붙어 있다.

우주복의 진화
초기의 우주 비행사들은 우주로 나가긴 했지만 우주선을 벗어나지 않았다. 그래서 전투기 조종사와 비슷한 압력복을 입었다. 우주 비행사의 역할이 우주선 밖에서 '우주 유영'을 포함하는 것으로 바뀌자 우주복도 진화했다. 오늘날의 우주 비행사는 비행을 위해서는 비행복, 우주 유영에서는 임상복, 우주 유영을 할 때는 우주복을 입는다.

머큐리
1961년에서 1963년 사이에 활동한 미국의 머큐리 우주 비행사들은 추위 지파가 있는 또 맞는 은색 압력복을 입었다.

헬멧
알루미늄 코팅된 나일론이 우주복을 은색으로 만들었다.

아폴로
1960년대 말에 달에 간 우주 비행사들은 비행할 때마다 달 표면을 걸을 때 신축성이 있는 우주복을 입었다.

아폴로 우주복의 안쪽 층 (바깥이 '흰색' 층은 보이지 않는 상태)
안쪽의 압력 헬멧

최초의 우주 왕복선
1981년 최초의 우주 왕복선을 탔던 우주 비행사들은 미공군 압력복에 기반한 탈출용 우주복을 입었다. 헬멧만 뿐만 아니라 밝은 주황색 우주복도 나중에 우주복도 도입되었다.

헬멧 안의 통신용 모자

선외 활동복
나서기 자세대 우주복은 우주의 상태에서 생명을 보호할 뿐만 아니라 달과 화성에서 유연하게 작업할 수 있게 설계되었다.

강화된 방진 소재
섬세한 장갑과 유연한 소매

우주 유영

공기가 없는 진공의 우주 공간은 사람의 몸에 치명적이다. 우주복이 없으면 우주 비행사는 1분 안에 사망할 것이다.

우주에는 물을 액체 상태로 유지해 줄 공기압이 없어서 우주 비행사가 압력을 주는 우주복을 입지 않으면 몸의 액체가 순식간에 끓을 것이다. 우주복은 태양의 엄청난 열기와 그늘의 극단적인 추위를 막아 주기도 한다. 이 사진에서 NASA의 우주 비행사 제시카 미어는 시속 27,600킬로미터의 속도로 지구를 돌면서 국제 우주 정거장의 전력 기기를 수리하고 있다.

우주 정거장

오직 세 명만이 1년 이상 계속해서 우주에 머물렀는데 모두 우주 정거장에 있었다. 지구 주위를 돌고 있는 이 거대한 우주선은 우주 비행사들이 지구를 떠나 오랫동안 생활하면서 일을 할 수 있게 해 준다.

1971년부터 모두 10개의 유인 우주 정거장이 지구 주위를 돌았다. 최초의 우주 정거장 살류트 1호는 한 번에 발사될 수 있을 정도로 작았고 세 명을 위한 공간이 있었다. 더 큰 우주 정거장들은 방처럼 생긴 모듈들을 붙여서 지어졌다. 모듈은 지구에서 만들어져 별도로 발사되었다. 우주 비행사들은 이 방법을 이용해서 1998년 첫 번째 부분을 조립하여 국제 우주 정거장을 건설했다. 이것은 지구 주위를 도는 사람이 만든 가장 큰 물체이며 맨눈으로도 쉽게 볼 수 있다. 불과 몇 분 만에 하늘을 가로질러 지나가는 밝은 별처럼 보인다. 국제 우주 정거장은 과학 연구를 위해 사용되고 있지만 언젠가는 다른 행성으로의 유인 임무를 위한 기지로 사용될 것이다.

얼마나 클까?
국제 우주 정거장은 축구장 정도 크기로 보잉 747(세계 최대의 여객기)보다 50퍼센트 이상 더 크다. 무게는 약 45톤으로 보통의 자동차 375대의 무게다.

보잉 747
길이 71미터

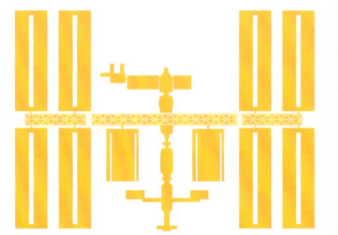
국제 우주 정거장
길이 109미터

궤도
시속 27,600킬로미터로 움직이는 국제 우주 정거장은 남반구에서 북반구로, 다시 남반구로 약 90분마다 지구를 한 바퀴 돈다. 지구가 자전하기 때문에 국제 우주 정거장은 매번 지구의 다른 부분을 지나간다. 지나간 궤적은 아래의 푸른색 선과 같다.

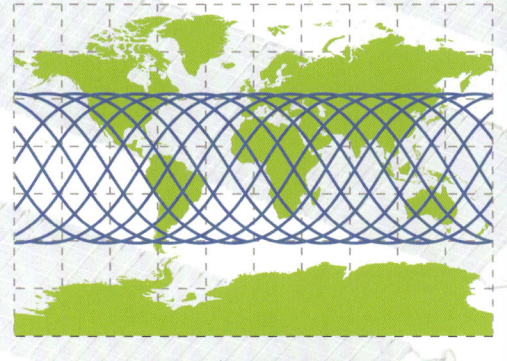

국제 우주 정거장
국제 우주 정거장의 내부는 6개 침실을 가진 집 정도의 넓이다. 대부분의 공간은 실험실과 같은 업무용이다. 6명의 승무원이 실험을 수행하고 운동을 하며 일주일에 5일, 하루에 9시간씩 일을 한다.

437.7일 미르 우주 정거장에서 발레리 포일랴코프가 세운 우주에서 한 번에 가장 오래 머무른 기록.

키보
가장 큰 모듈로 광범위한 과학 실험을 수행하는 일본의 과학 실험실이다.

캐나다 암2
7개의 모터가 달린 연결 지점으로 이루어진 로봇 팔로 기기와 우주 비행사들을 이동시킨다.

하모니
벽으로 나누어진 4개의 방으로 이루어진 미국의 모듈로 침실 역할을 한다.

콜럼버스
이 유럽의 실험실 모듈을 이용하여 우주 비행사들은 무중력이 동물, 식물, 인간의 몸에 어떤 효과를 주는지 연구한다.

실험실에서
미국의 데스티니 실험실에서 우주 비행사가 우주로 간 최초의 인간형 로봇인 로보넛을 업그레이드하고 있다. 로보넛은 승무원 중 하나로 간주되며 우주 정거장 안에서 단순하고 반복적인 작업을 수행한다. 나중에는 우주 유영을 하는 우주 비행사와 함께 밖에서 일을 할 것이다.

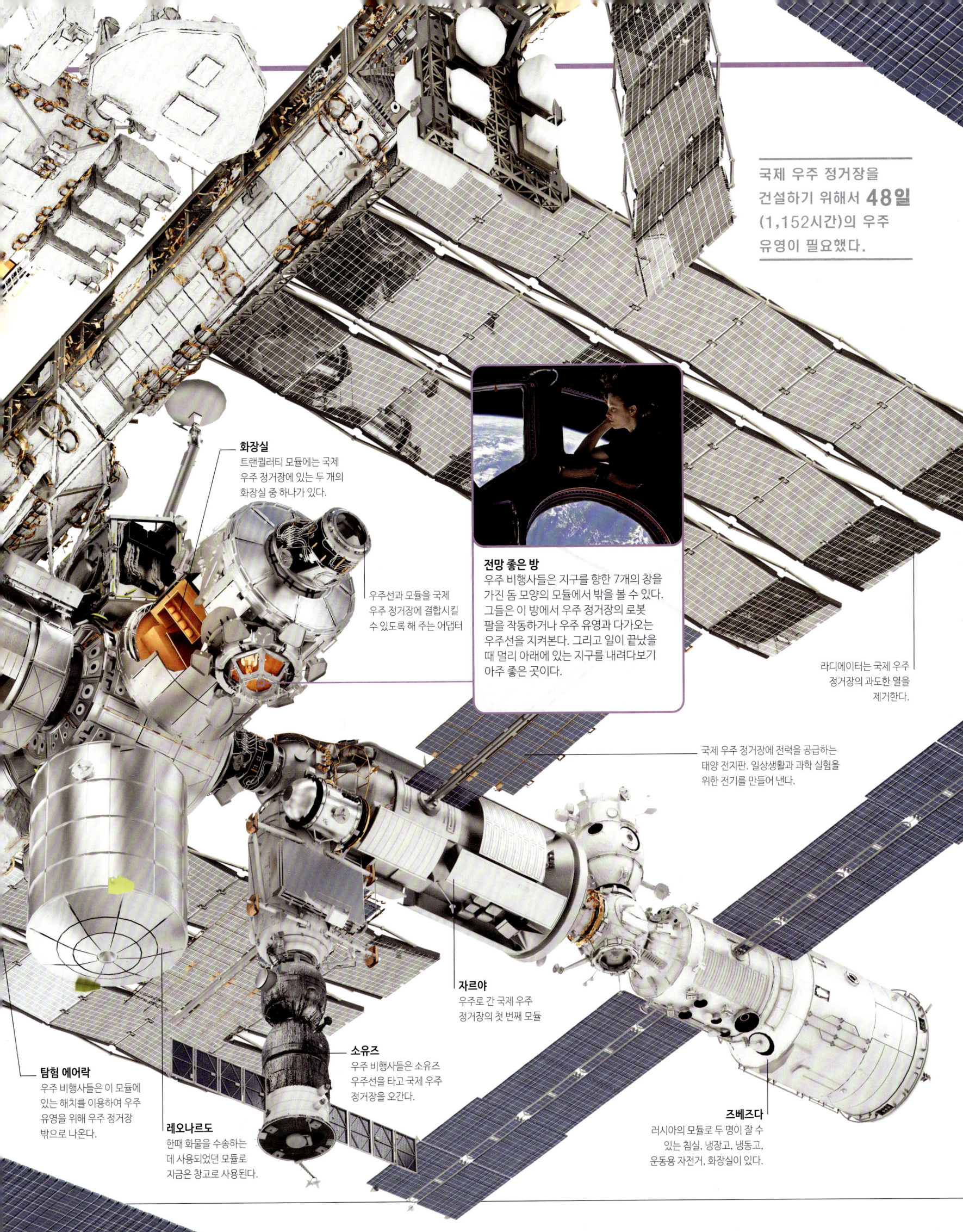

미래의 우주 탐사

1972년 아폴로 달 탐사 임무 이후 아무도 지구 궤도를 벗어난 적이 없지만 우주 비행사를 더 멀리 보내려는 제안은 많이 있어 왔고, 그중에서 화성이 가장 야심적인 목표물이었다.

미국 항공 우주국 NASA는 우주 비행사를 다시 달로 보낼 계획이 없지만 중국과 러시아는 몇 십 년 이내에 유인 달 탐사 임무를 시작하기를 희망하고 있다. NASA는 2025년 소행성에, 몇 십 년 이내에 화성에 우주 비행사를 착륙시키기를 원하지만, 화성을 향한 유인 임무의 비용, 기술적 어려움, 위험은 너무나 크다. 그 전에 로봇 우주선과 로버가 태양계 탐사를 계속하여 유인 탐사의 위험과 비용 없이 행성에 대한 지식을 계속 발전시킬 것이다.

화성에 있는 사람의 몸무게는 지구에서의 3분의 1이 조금 넘을 것이다.

화성 기지

아래 상상도는 화성 기지로 제안된 아이디어 중 하나를 보여 준다. 주 건물은 따로 도착한 뒤 이미 도착해 있던 로봇 로버들이 하나로 조립한 여러 착륙선들로 이루어져 있다. 이 복잡한 기지를 건설하는 데 필요한 기술은 수십 년 동안 존재하지 않을 수도 있다.

화성은 대기가 얇고 자기장이 약하기 때문에 위험한 수준의 방사능이 표면까지 도달한다. 생활 공간은 잘 가리거나 지하에 있어야 한다.

착륙선이 지구로부터 가져온 공기와 물을 공급한다.

화성의 흙은 얼음을 포함하고 있기 때문에 녹여서 식수나 산소를 만들어 낼 수 있다. 물과 산소, 태양 에너지로 생산한 전력을 이용해서 지구로 돌아갈 연료를 만들어 낼 수도 있다.

−65°C 화성 표면의 평균 온도.

147

온실

온실에서 장기간 살아가는 사람들은 온실에서 자신들의 음식을 직접 생산해야 한다. 식물은 온도, 공기, 인공조명뿐만 아니라 공급하기 아주 어려운 많은 양의 물을 필요로 한다. 화성의 야외에서 식물을 재배하는 것은 불가능하다. 온도가 너무 낮고 액체 상태의 물이 없기 때문이다.

생활 공간

묻혀 있는 집은 창문이 없기 때문에 거주자들은 바깥을 내다보고 지구와 계속 연락을 하는 화면이 필요하다. 하지만 지구와의 실시간 대화는 불가능하다. 화성에서 지구까지 전파가 갔다가 돌아오는 데에는 약 40분이 걸리기 때문이다.

팽창 가능한 집
화성에서 큰 건물을 짓는 것은 불가능할 것이기 때문에 거주자들은 착륙선 안에서 살거나 간단하게 세울 수 있는 잘 포장된 집을 가지고 가야 한다. 좋은 방법 중 하나는 팽창 가능한 집이다. 화성의 대기압은 아주 낮기 때문에 집들은 압축된 공기를 채우는 것을 견딜 수 있어야 한다.

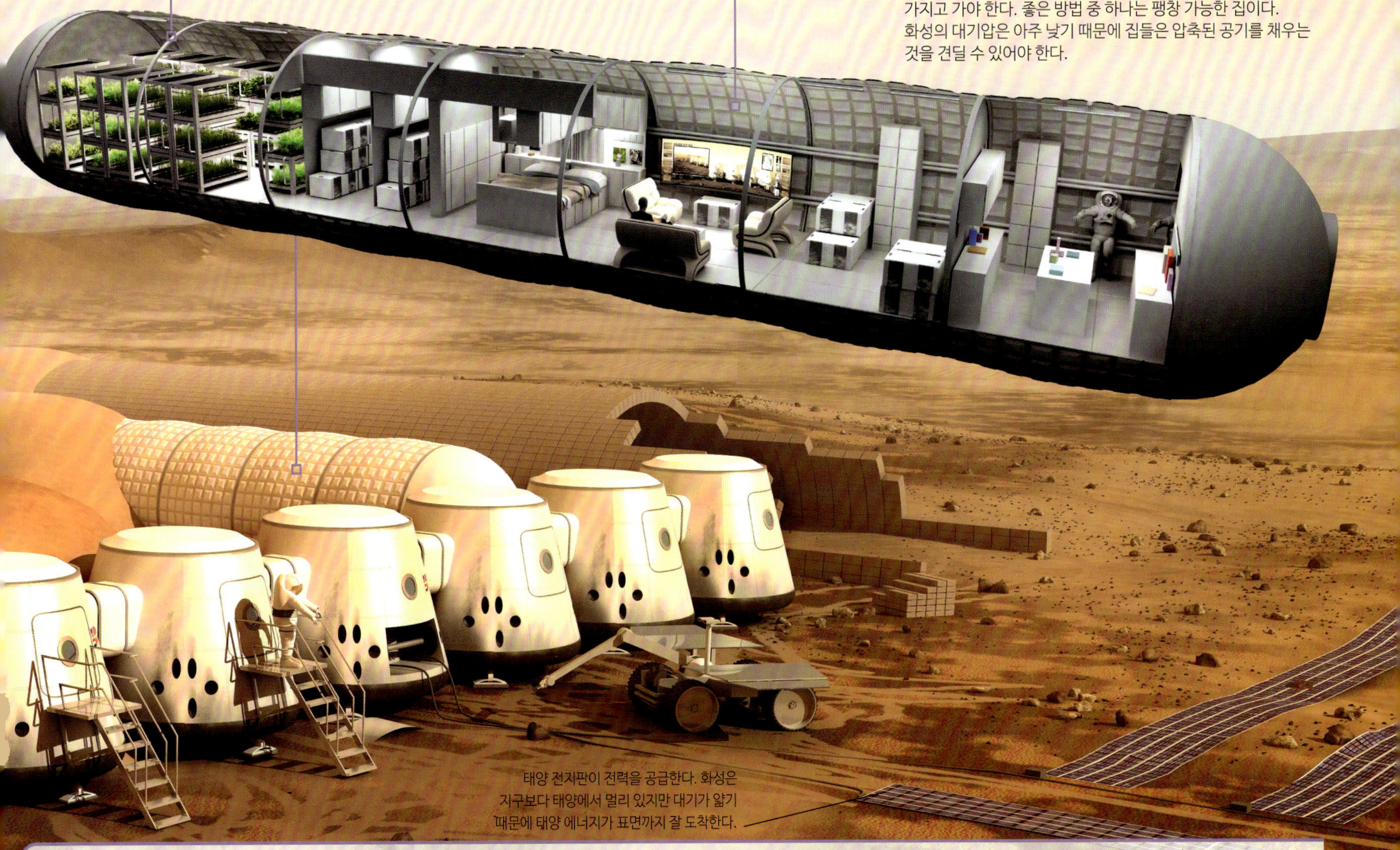

태양 전지판이 전력을 공급한다. 화성은 지구보다 태양에서 멀리 있지만 대기가 얇기 때문에 태양 에너지가 표면까지 잘 도착한다.

우주 관광
아주 일부의 사람들만이 관광객으로 우주로 나가기 위해서 지불을 했고 모두 국제 우주 정거장에서 시간을 보냈다. 그중 한 명은 너무나 만족해서 한 번 더 갔다. 몇 년 안에 민간 회사들이 사람들이 관광객으로 우주를 방문하는 새로운 방법들을 제시할 것이다.

준궤도 관광

버진 갤럭틱의 스페이스십투(유니티)는 2021년 7월에 유료 승객을 태우고 첫 우주 관광 비행을 했다. 네 명의 탑승객은 우주의 경계로 가서 약 4분간의 무중력 상태를 체험할 수 있었다. 같은 달에 블루 오리진의 뉴셰퍼드도 첫 관광 비행에 성공했다.

달을 우주 탐사 기지로

NASA는 아르테미스 계획을 위하여 우주 비행사를 달 표면에서 오리온 우주선에 태울 수 있는 '휴먼 랜딩 시스템'을 개발하고 있다.

생명체 찾기

우주는 거대한 곳이다. 우리은하에만 행성을 가진 별이 1000억 개는 될 것인데, 우리은하는 약 2000억 개 은하 중 하나에 불과하다. 그러니까 지구가 생명체를 가진 유일한 곳일 가능성은 거의 없다. 전 세계의 대형 망원경들이 다른 곳에서 생명체가 존재할 수 있다는 증거를 찾기 위해 우주를 뒤지고 있다. 우리가 작은 녹색 인간을 만나기는 어려울 것이다. 사실 생명체를 찾는다 하더라도 알아보기 어려울 수도 있다. 설명되지 않는 전파 신호, 숨겨진 물의 단서, 작은 화석을 포함한 암석. 이런 것이 과학자들이 찾고 있는 단서이다.

거기 누구 없나요?

1961년 천문학자 프랭크 드레이크는 우리은하에서 얼마나 많은 문명이 전파 신호를 보낼지 계산하는 방법을 고안했다. 드레이크 방정식이라고 알려진 이 공식은 모두 곱하는 7개의 항으로 이루어져 있다. 일부 항의 값들은 추측만 가능하기 때문에 이 방정식은 외계생명체를 발견할 가능성에 대한 아주 대략적인 값만 줄 수 있다.

전파 신호

외계 문명이 어딘가에 존재한다면 그들도 우리가 전화기, TV와 라디오로 서로 신호를 주고받는 것처럼 전파를 사용하는 방법을 발견했을 것이다. 그러므로 외계인을 발견하는 한 가지 방법은 단순히 우주를 가로질러 이동하는 그들의 전파 신호를 찾는 것이다. 외계 지적 생명체 탐사 계획(Search for Extraterrestrial Intelligence, SETI)은 거대한 전파 망원경으로 하늘을 뒤져서 이런 눈에 띄는 신호를 찾는 것이다. 우리는 전파 망원경을 이용하여 우리은하의 적당한 곳을 향하여 우리의 신호를 보낼 수도 있다. 아직은 어떤 것도 성공을 거두지 못했다.

와우! 신호

1977년 미국의 전파 천문대에서 한 과학자가 우주에서 온 신호 하나가 드물게 강하다는 사실을 발견했다. 이것이 외계인이 보낸 신호일 수 있다고 생각한 그는 신호를 인쇄한 종이에 "와우!"라고 썼다. 아쉽게도 와우! 신호는 다시 관측되지 않았다.

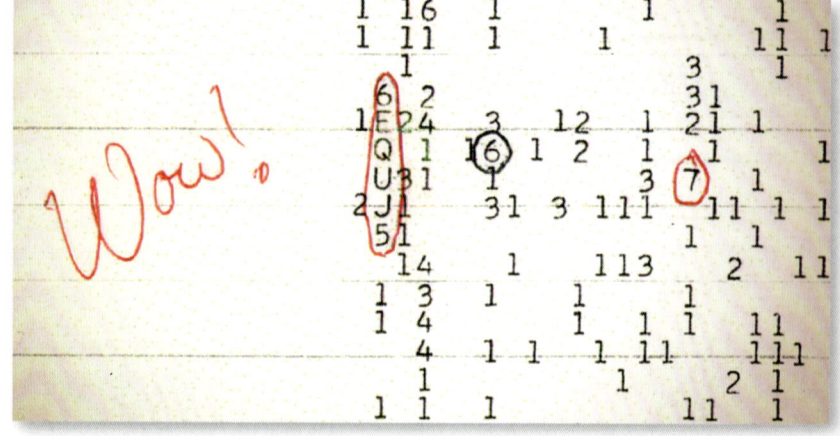

하늘 스캔하기

미국 캘리포니아의 앨런 전파 망원경 집합체(ATA)는 지름이 6.1미터인 전파 망원경 42개의 그룹이다. 하늘에서 SETI 신호를 찾고, 멀리 떨어진 은하에서 나오는 자연 전파를 기록하도록 설계되었다.

$$N = R^* \times f_p \times n_e \times f_l \times f_i \times f_c \times L$$

- N: 우리은하에서 전파 신호를 주고받을 수 있는 외계 문명의 수
- R^*: 우리은하에서 매년 새로운 별이 탄생하는 비율
- f_p: 앞의 별들이 주위를 도는 행성 가족을 가지고 있을 확률
- n_e: 이런 별의 행성 중에서 생명체가 살기에 적합한 조건을 가진 행성의 수
- f_l: 앞의 조건들을 갖춘 행성에서 생명체가 나타날 확률
- f_i: 나타난 생명체가 지적 문명으로 진화할 확률
- f_c: 지적 문명이 전파 신호를 보낼 수 있을 정도로 발전할 확률
- L: 앞의 조건을 모두 갖춘 지적 문명이 신호를 계속 보내올 수 있는 시간

아레시보 신호

1974년 천문학자들은 푸에르토리코에 있는 아레시보 전파 망원경을 이용하여 25,000광년 떨어진 성단으로 암호화된 신호를 보냈다. 신호는 3분 동안 지속되었으며, 해석하면 지구의 생명체에 대하여 외계인들에게 알려 주는 간단한 그림이 되는 연속된 두 숫자로 이루어졌다. 신호가 목적지에 도착하는 데에는 25,000년이 걸리기 때문에, 이 신호는 진지하게 교신을 시도하는 것이라기보다는 상징적인 것이었다. (대답이 돌아오는 데에도 25,000년이 걸린다.)

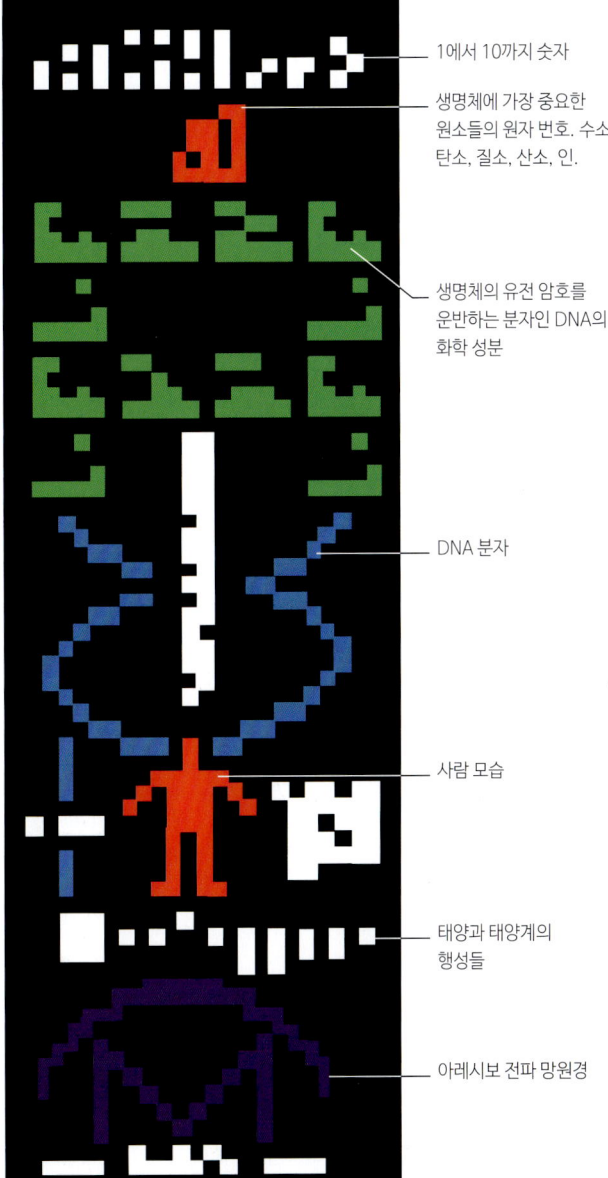

- 1에서 10까지 숫자
- 생명체에 가장 중요한 원소들의 원자 번호. 수소, 탄소, 질소, 산소, 인.
- 생명체의 유전 암호를 운반하는 분자인 DNA의 화학 성분
- DNA 분자
- 사람 모습
- 태양과 태양계의 행성들
- 아레시보 전파 망원경

태양계에서 찾기

태양계의 다른 곳에서 생명체의 증거는 아직 찾지 못했지만 우주선은 생명체에 반드시 필요한 액체 상태의 물의 증거를 발견했다. 일부 위성의 표면 아래에 숨겨진 바다가 존재하고 한때 화성에는 확실히 물이 흘렀다.

화성

화성의 사진은 과거에 아주 잠시 동안이라도 화성의 표면에 물이 흘렀다는 사실을 강하게 드러낸다. 아주 오래전 화성은 더 따뜻하고 습해서 표면에 강과 호수가 존재했을 것으로 보인다. 미래의 화성 착륙선들은 먼 과거의 화석이 묻혀 있는지 찾아볼 것이다.

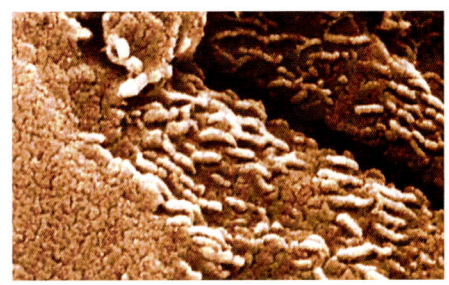

화성 운석

1996년 과학자들은 남극에서 발견된 화성 운석에서 박테리아 화석으로 보이는 것을 발견했다고 발표하여 세상을 놀라게 했다. 이 외계 생명체의 증거는 너무나 강력해 보여서 미국 대통령 빌 클린턴이 이 발견에 대해서 TV에서 발표했다. 그 이후로 과학자들은 ALH84001 운석 안에 있는 구조에 대해서 논쟁을 벌여 왔고, 일부는 그저 광물 흔적일 뿐이라고 주장한다.

얼음 아래

목성의 위성 유로파(왼쪽)의 얼음 표면 아래에는 강한 조석력으로 가열된 거대한 바다가 숨겨져 있다고 여겨진다. 물과 열은 생명체 등장에 핵심 요소이기 때문에 유로파는 태양계에서 생명체를 찾는 과학자들의 목록 상위에 있다. 토성의 위성 엔켈라두스 역시 얼음 표면 아래에 물의 바다가 있는 듯하고, 이곳에도 생명체가 있을 수 있다.

밤하늘

우주를 보기 위해서 꼭 로켓을 타야 할 필요는 없다. 그저 맑은 날 밤에 밖으로 나가서 하늘을 올려다보기만 하면 된다. 별자리는 맨눈으로도 쉽게 볼 수 있지만 쌍안경이 있으면 목성의 위성부터 별이 태어나는 성운, 심지어 은하까지 훨씬 더 많은 것을 볼 수 있다.

천구

천구는 지구본에 지구에 있는 장소들이 표시되는 것처럼 하늘에 있는 천체들이 자세하게 지도로 그려지는 가상의 원이다. 천구의 다른 부분은 지구의 다른 지역에서 볼 수 있는데, 지구는 계속해서 자전을 하기 때문에 밤을 지나는 동안 천구의 다른 지역들을 볼 수 있다. 별과 다른 멀리 있는 천체들은 오랜 시간 동안 천구의 같은 지점에 거의 고정되어 있지만, 태양, 달, 행성과 같은 태양계 천체들은 계속해서 움직인다.

천구란 무엇일까?

표면에 별들이 고정된 거대한 유리공이 지구를 둘러싸고 있다고 생각해 보자. 지구가 자전하기 때문에 천체도 회전하는 것처럼 보인다. 지구와 마찬가지로 천구도 북극과 남극이 있고 적도에 의해 북반구와 남반구로 나뉜다. 우리는 위도와 경도를 이용해서 지구상의 위치를 정확히 찾을 수 있다. 천구도 비슷한 체계를 사용하는데, 적위와 적경이라고 부른다.

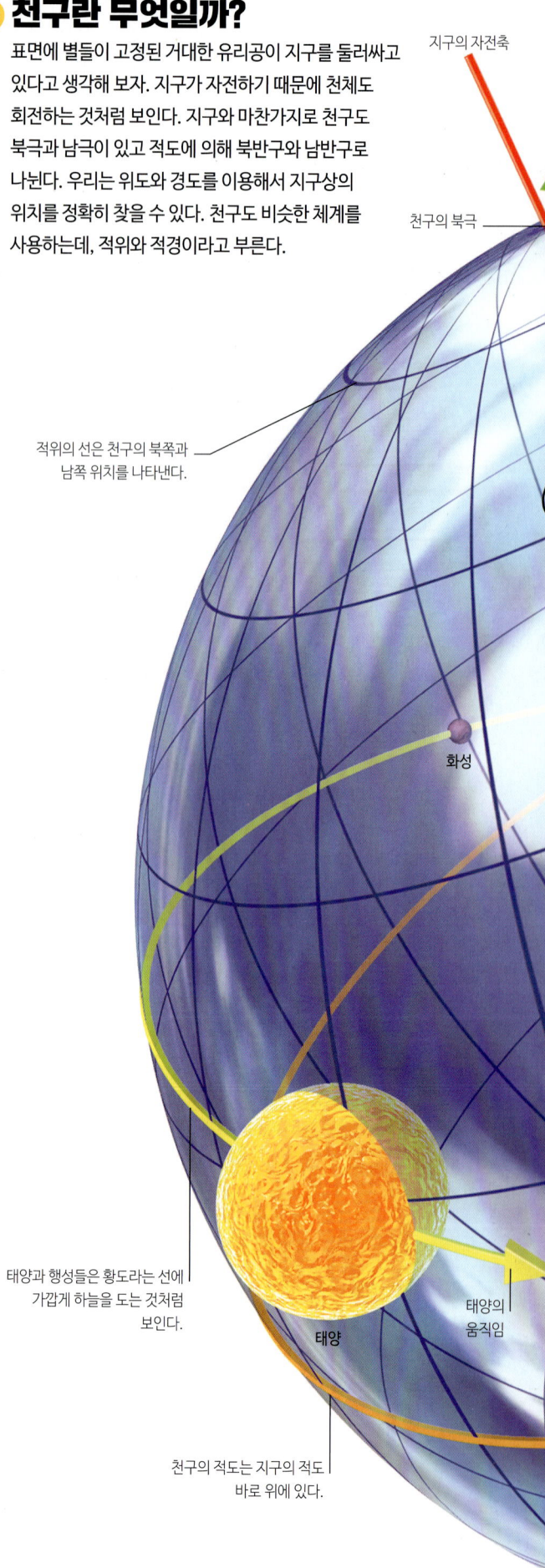

회전하는 하늘

천체 전체를 한 번에 보는 것은 불가능하다. 지구가 방해하기 때문이다. 하지만 지구는 자전하면서 태양 주위를 돌기 때문에 다른 시간에는 천구의 다른 부분을 볼 수 있다. 얼마나 많은 별을 보고 그 별이 어떻게 움직이는지는 지구의 어디에서 보느냐에 달려 있다.

천구에서의 표시
- 🔴 관측자
- ┈ 관측자의 지평선
- 🟦 항상 보이는 별
- 🟦 시간에 따라 보이는 별
- 🟪 보이지 않는 별

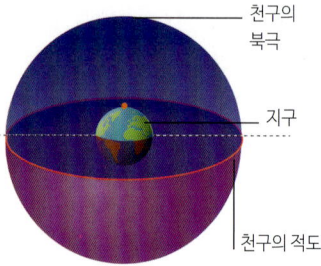

북극에서 보기
여기서는 천구의 북반구에 있는 별 밖에 볼 수 없고 남반구에 있는 별은 전혀 볼 수 없다. 지구가 자전을 하면 별들은 바로 머리 위에 있는 천구의 북극을 중심으로 원으로 움직인다.

중위도에서 보기
한국이나 미국, 유럽과 같은 중위도 지역에서는 천구의 북극 근처의 별자리들은 항상 볼 수 있지만, 다른 별자리들은 밤 동안, 그리고 1년 동안 바뀌면서 보인다.

적도에서 보기
적도에서는 1년이 지나는 동안 전체 천구를 볼 수 있다. 천구의 북극과 남극은 지평선 위에 있기 때문에 극지방 근처의 별자리들은 보기가 어렵다.

1년 동안

지구의 밤 쪽은 태양의 주위를 도는 1년 동안 천구의 다른 부분을 향한다. 이 때문에 달이 바뀌면서 다른 별자리들을 볼 수 있게 된다. 별들은 겨울에 다 잘 보인다. 밤이 길고 어둠이 더 깊기 때문이다. 여름에는 밤이 짧고 하늘이 그렇게 어둡지 않기 때문에 별이 어둡게 보인다.

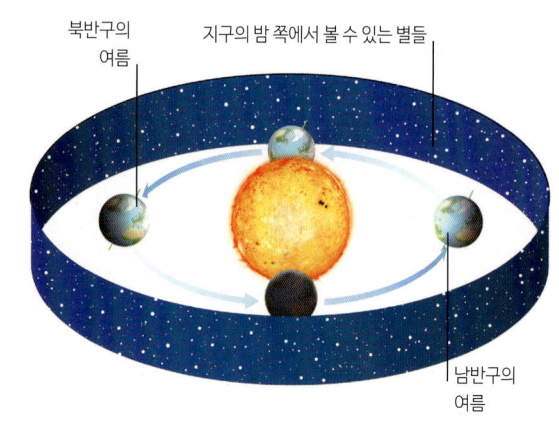

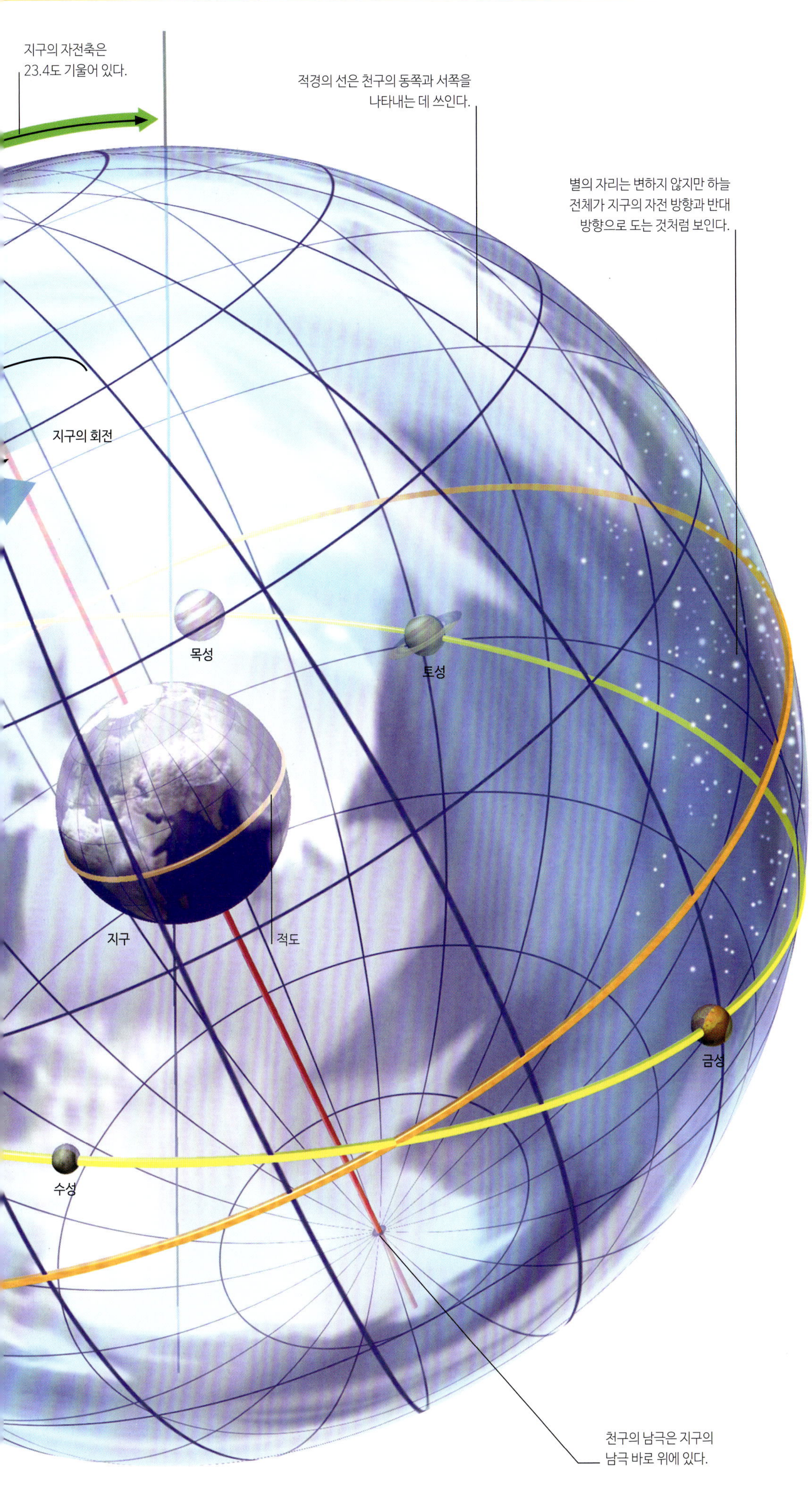

지구의 자전축은 23.4도 기울어 있다.

적경의 선은 천구의 동쪽과 서쪽을 나타내는 데 쓰인다.

별의 자리는 변하지 않지만 하늘 전체가 지구의 자전 방향과 반대 방향으로 도는 것처럼 보인다.

지구의 회전

목성
토성
지구
적도
금성
수성

천구의 남극은 지구의 남극 바로 위에 있다.

기원

아주 오래전에는 지구가 자전한다는 사실을 몰랐기 때문에 사람들은 태양과 별이 우리 주위를 돈다고 생각했다. 고대의 별 관찰자들은 지구가 우주의 중심이고 여러 개의 유리구들이 지구를 둘러싸고 있다고 생각했다. 별들이 하나의 구에 있고 달, 각 행성들, 태양은 별도의 구에 있다고 생각했다.

코페르니쿠스 체계 그림, 1661년

태양 중심설

약 500년 전 폴란드의 천문학자 니콜라우스 코페르니쿠스는 지구가 아니라 태양이 중심에 있다고 가정했을 때 행성들의 움직임을 더 잘 예측할 수 있다는 것을 알아냈다. 그의 혁명적인 이론은 지구가 창조의 중심이 아니라는 것을 보여 주었다.

황도 12궁

태양이 황도를 따라 움직이면 13개의 별자리를 지나간다. 그중 12개를 황도 12궁이라고 부르며 특별히 중요하게 여겼다. 13번째인 뱀주인자리는 종종 무시된다.

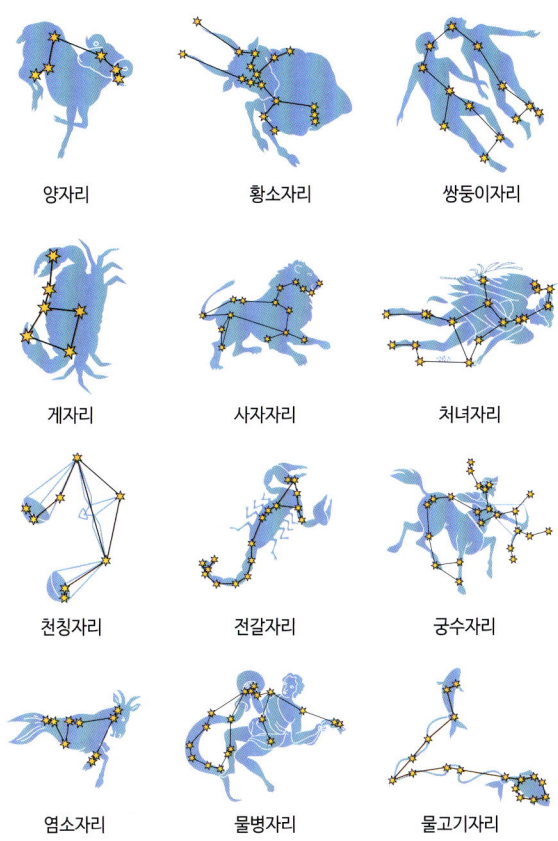

양자리 황소자리 쌍둥이자리
게자리 사자자리 처녀자리
천칭자리 전갈자리 궁수자리
염소자리 물병자리 물고기자리

별 보는 법

천문학이 훌륭한 취미가 될 수 있는 이유 중 하나는 누구나 할 수 있다는 것이다. 평소 어두운 밤이면 시력이 좋은 사람은 3,000개의 별을 볼 수 있기 때문에 맨눈으로도 보고 배울 수 있는 재미있는 것이 얼마든지 있다. 시작하기 전에 별과 다른 천체들이 하늘에서 어떻게 움직이며 천문학자들은 이들을 어떻게 추적하는지와 같은 기본적인 것들을 이해하는 것이 좋다. 핵심적인 지식만 갖추면 누구나 별자리를 구별하고 적색 거성과 별 탄생 성운, 심지어는 지구에서 수백만 광년 떨어진 은하들을 관측하는 방법을 배울 수 있다.

기본 도구

밤에 별을 볼 때의 필수품은 따뜻한 옷, 별 지도, 조명이다. 스마트폰이나 태블릿이 있다면 현재 위치와 시간에 볼 수 있는 밤하늘을 알려 주는 다양한 앱을 설치할 수 있다. 하지만 많은 사람들은 별자리판이라고 부르는 원형 별 지도를 더 좋아한다.

밤눈
가장 어두운 별을 볼 수 있을 정도로 어둠에 눈이 완전히 적응이 되려면 약 30분 정도가 걸린다. 밝은 빛을 피하지 않으면 밤눈을 망치게 된다. 조명이 필요하다면 붉은색이 가장 좋다. 어둠 속에서 보는 능력에 영향을 주지 않기 때문이다.

하늘의 크기 측정하기

천문학자들은 하늘을 지구를 둘러싸고 있는 거대한 구로 간주한다. 천체들 사이의 거리는 각도로 측정된다. 원은 360도이므로 전체 하늘을 두르는 거리는 360도이다. 달의 크기는 0.5도 정도다.

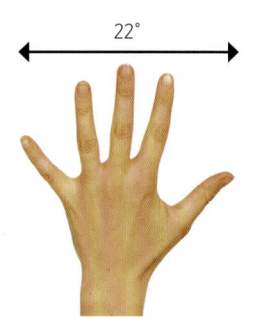

손바닥
팔을 뻗어서 손바닥을 펴면 새끼손가락과 엄지손가락 사이는 약 22도가 된다.

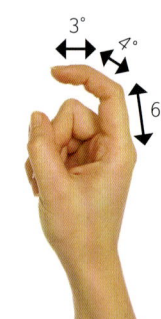

손가락 관절
집게손가락의 맨 윗부분은 약 3도, 중간은 4도, 아랫부분은 6도가 된다.

손가락 너비
팔 길이에서 위를 향하는 손가락의 너비는 1도 정도로 보름달을 완전히 가릴 수 있다.

- 1°
- 90°
- 360°

어두운 밤하늘 아래

별을 잘 보기 위한 핵심은 가능한 가장 어둡고 가장 맑은 하늘을 찾는 것이다. 전문적인 천문대들은 흔히 멀리 떨어진 지역의 높은 산 위에 있다. 하지만 가장 중요한 것은 일단 도시의 불빛과 '광해'에서 벗어나는 것이다. 정말 어두운 하늘에서는 은하수가 있지 못할 장면이 될 것이다.

별의 위치 알기

어떤 순간에도 별의 정확한 위치는 두 숫자로 표시할 수 있다. 하나는 지평선에서의 높이를 각도로 표시하는 고도이고, 다른 하나는 정북쪽에서 시계 방향으로 각도를 표시하는 방위각이다. 예를 들어 아래에 있는 별은 고도 45도, 방위각 25도가 된다.

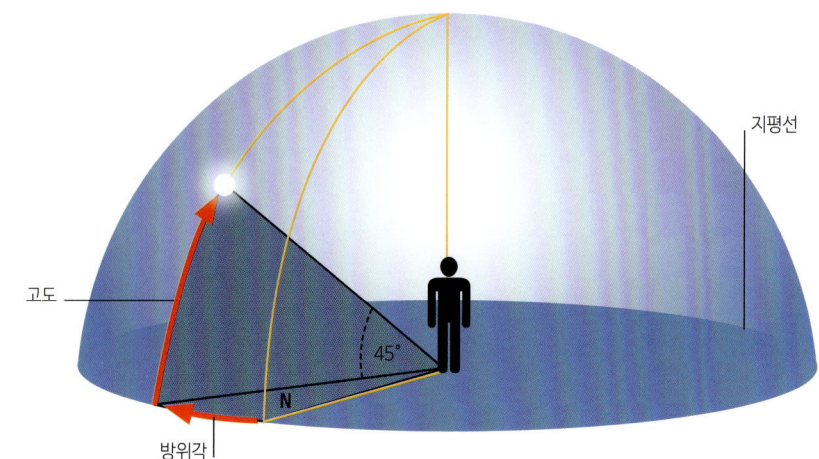

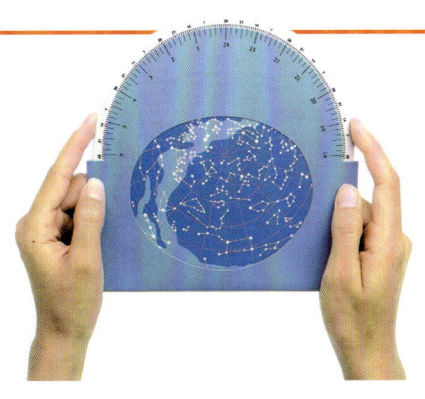

별자리판
이 천문학자의 도구는 원형의 별 지도와 이것을 덮고 있는 타원형의 창으로 이루어져 있다. 가장자리에 표시된 시간과 날짜를 정확하게 맞추면 창으로 보이는 별들이 하늘에 있는 것과 일치하게 된다.

광학 도구들

쌍안경과 망원경을 별 관찰 능력을 크게 향상시켜 준다. 큰 렌즈나 거울은 사람의 눈보다 훨씬 많은 빛을 모아서 성운이나 은하와 같이 아주 어두운 천체들을 볼 수 있게 해 준다. 그리고 접안렌즈는 하늘의 작은 부분을 확대하여 쌍성과 같이 가까이 붙어 있는 천체를 구별하고 달과 행성들을 훨씬 더 자세히 볼 수 있게 해 준다.

쌍안경
쌍안경은 두 개의 큰 렌즈로 빛을 모으고 프리즘을 이용하여 확대하는 접안렌즈로 빛을 보내 준다. 좋은 쌍안경으로는 목성의 위성들도 볼 수 있지만 상이 흔들리지 않게 하려면 손이 흔들리지 않아야 한다. 삼각대를 사용하면 좋다.

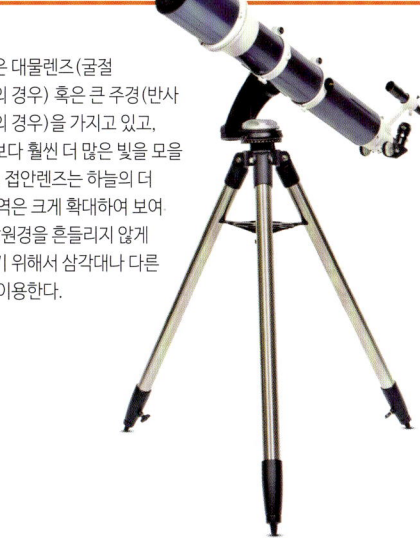

망원경
망원경은 대물렌즈(굴절 망원경의 경우) 혹은 큰 주경(반사 망원경의 경우)을 가지고 있고, 쌍안경보다 훨씬 더 많은 빛을 모을 수 있다. 접안렌즈는 하늘의 더 작은 영역은 크게 확대하여 보여 준다. 망원경을 흔들리지 않게 고정하기 위해서 삼각대나 다른 가대를 이용한다.

은하수
우리은하는 맑고 달이 없는 밤하늘을 가로지르는 뿌연 빛으로 볼 수 있다. 은하수를 가장 잘 볼 수 있는 시기는 북반구의 늦은 여름과 남반구의 늦은 겨울이다.

변화하는 하늘

하늘을 몇 분 이상 보고 있으면 별들이 천천히 동쪽에서 떠서 서쪽으로 지는 방향으로 하늘을 돌며 움직인다는 것을 알아챌 수 있을 것이다. 이것은 지구의 자전 때문에 생기는 착시이고, 움직이는 형태는 장소에 따라서 달라진다.

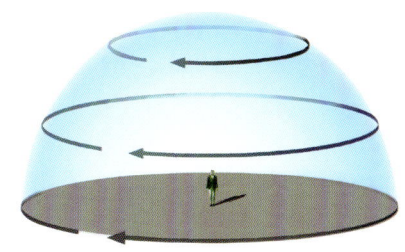

북극에서의 움직임
지구의 북극에서 하늘을 본다면 어떤 별도 뜨거나 지지 않을 것이다. 절대 움직이지 않는 북극성을 중심으로 원을 그리며 돌기만 할 것이다.

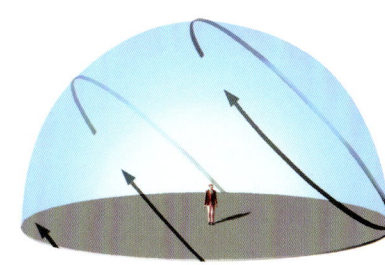

중위도에서의 움직임
대부분의 장소에서는 어떤 별은 밤새 원을 그리며 보이고 어떤 별은 뜨고 질 것이다.

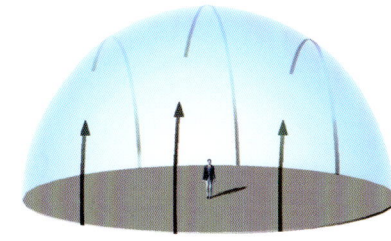

적도에서의 움직임
적도에서는 모든 별이 동쪽에서 떠서 하늘을 가로질러 서쪽으로 질 것이다. 매일 밤 보이는 별자리는 1년 동안 서서히 바뀔 것이다.

움직이는 별자리

지구가 태양 주위를 돈다는 것은 하늘에서 별자리의 위치가 바뀌어 보인다는 것을 의미한다. 몇 주 동안 같은 별자리를 같은 시각에 보면 알 수 있다.

4월 1일 오후 8시

4월 8일 오후 8시

4월 15일 오후 8시

북반구 별 건너가기

훈련 받지 않은 눈에 밤하늘은 마치 별들이 엉망으로 뿌려져 있는 것처럼 보일 수 있다. 감을 잡는 좋은 방법은 잘 알려진 기준을 찾은 다음 여기에서 다른 별자리로 가상적인 선을 그리는 것이다. 이것은 별 건너가기라고 불리는 기술로, 쌍안경이나 망원경이 있으면 더 잘 볼 수 있겠지만 맨눈으로도 쉽게 할 수 있다. 이 페이지에 있는 별 지도는 북반구에 사는 사람들에게 보이는 천구의 북극 근처에서 별 건너가기를 하는 방법을 보여 준다.

하늘 길 찾기

북쪽 하늘 여행은 북두칠성이라고 불리는 잘 알려진 별 모양에서 시작한다. 북두칠성은 북극성과 근처의 다른 별을 찾는 기준으로 사용할 수 있다. 어떤 별은 꽤 어둡기 때문에 모두 보려면 맑고 어두운 밤이라야 한다.

1 첫 번째 단계는 국자 모양을 찾아 지시봉이라고 불리는, 국자의 '손잡이'에서 가장 멀리 떨어져 있는 두 별을 찾는 것이다. 지시봉이 만드는 가상의 선을 밝은 별까지 연장한다. 이것이 북극성이고 항상 정북쪽에 있다.

2 지시봉에서 나온 선이 북극성을 지나 연장하면 한쪽으로 기울어진 집처럼 생긴 어두운 별자리인 케페우스자리를 만난다. 쌍안경을 이용하면 집의 바닥에 있는 붉은 석류석별을 볼 수 있다. 맨눈으로 볼 수 있는 가장 붉은 별이고 알려진 가장 큰 별 중 하나다.

3 국자 손잡이의 세 번째 별에서 북극성을 지나 선을 그으면 약간 펴진 'W' 모양의 카시오페이아자리를 찾을 수 있다. 쌍안경이 있다면 W자의 가운데 솟은 부분 바로 아래에 있는 NGC 457 성단을 찾아보라.

4 크고 특정한 형태가 없는 별자리인 용자리는 아주 어두운 하늘에서 가장 잘 볼 수 있다. 국자 손잡이의 네 번째 별에서 나온 선은 용의 몸을 가로질러 마름모 모양의 머리로 이어진다.

5 쌍안경으로 하늘에서 가장 밝은 은하 중 하나를 찾아보자. 국자 사각형의 대각선 방향을 따라가면 두 개의 작은 뿌연 덩어리가 보인다. 이것은 M81 은하와 그 짝인 M82 은하이다.

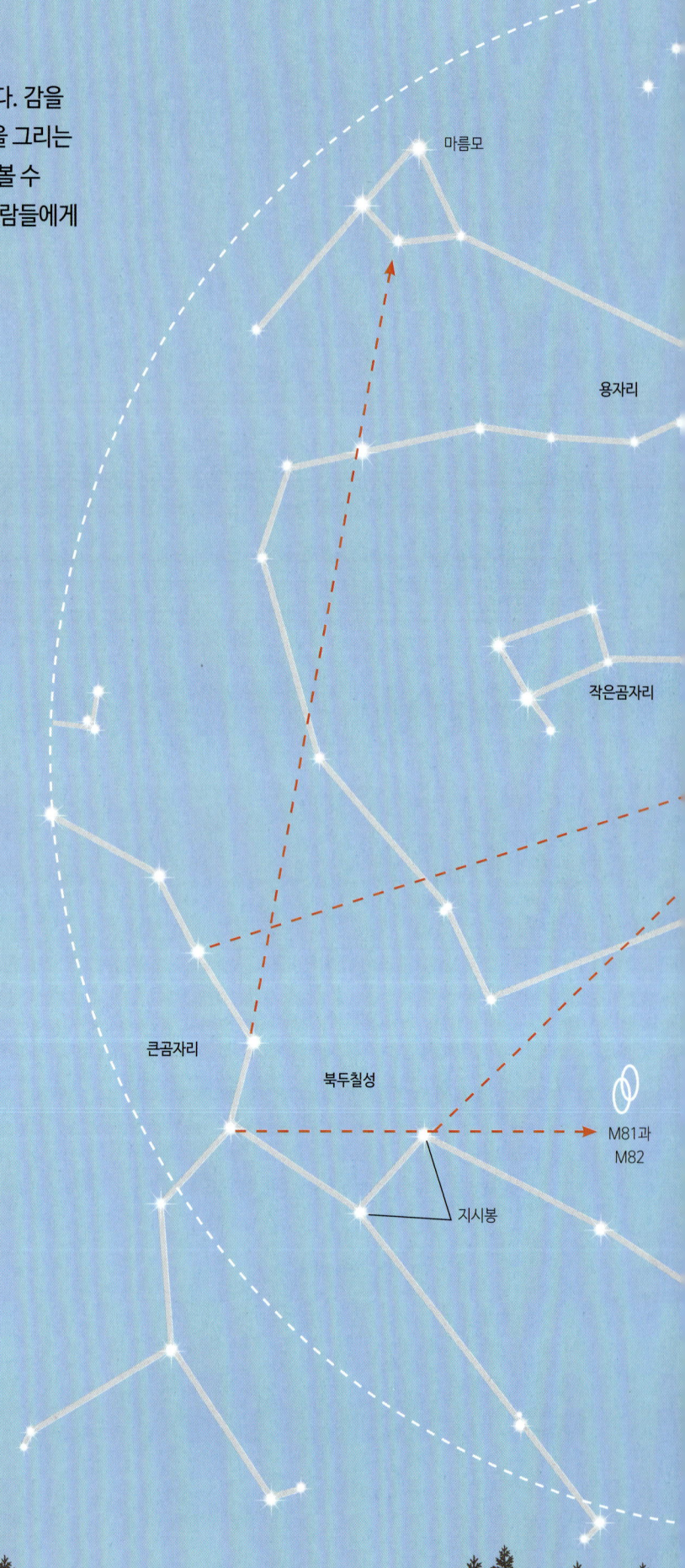

기호
◯ 은하
⁂ 산개 성단

석류석별
델타 세페이
케페우스자리
은하수
M52
카시오페이아자리
성단 NGC 457
은하수의 뿌연 구름
북극성

무엇을 볼까?

은하수 띠 근처에서는 밀집되어 있는 별, 성단, 성운들을 볼 수 있다.
은하수에서 멀리 떨어진 곳에서는 상대적으로 가까이 있는 몇몇 별들과 은하 간 공간을 가로질러 멀리 있는 은하들만 볼 수 있다.

큰곰자리와 작은곰자리
큰곰자리의 가장 밝은 별 7개는 북두칠성으로 알려진 익숙한 모양을 가지고 있다. 지시봉을 따라 북극성으로 가면 작은곰이라고 불리는 비슷한 모양의 7개의 별이 보인다.

북극성
지구는 자전을 하기 때문에 별들을 밤 동안 천구의 북극을 중심으로 원을 그리며 하늘을 가로질러 움직인다. 하지만 하나의 별은 거의 움직이지 않는다. 작은곰자리 꼬리에 있는 북극성이다. 선원들은 이 안내별을 이용하여 맑은 밤에 북쪽을 찾았다.

카시오페이아자리와 은하수
카시오페이아자리는 하늘을 감싸는 수많은 멀리 있는 별들의 희미한 띠인 은하수의 북쪽 안에 들어 있다. 그래서 카시오페이아자리는 성단과 다른 깊은 하늘 천체들의 사냥터가 된다.

M81과 M82
보데 은하라고도 불리는 밝은 나선은하 M81(위)는 지구에서 약 1200만 광년 떨어져 있다. 그 옆에는 시가 은하라고도 알려진, 멀리 있는 별들의 불규칙한 구름인 M82가 있다.

남반구 별 건너가기

이 별 지도는 남반구에 사는 사람들이 볼 수 있는 남쪽 밤하늘에서 가장 잘 보이는 별 주위에서 별 건너가기를 하는 방법을 보여 준다. 남반구 하늘은 별 관찰자들에게 은하수와 용골자리, 켄타우루스자리, 남십자성과 같은 밝은 별자리의 환상적인 장면들을 선사해 준다. 다양한 색의 성운과 성단, 그리고 은하까지 많은 멋진 천체들을 볼 수 있다.

하늘 길 찾기

남반구 별 관찰자들에게는 북극성처럼 안내해 줄 남극성이 따로 없고, 천구의 남극에 가장 가까운 별자리는 어둡고 눈에 띄지 않는다. 다행히 밝은 별들과 다른 주요 별자리들이 은하수가 가까이 지나간다. 남십자성과 남쪽 지시봉은 하늘에서 길을 찾는 좋은 출발점이다.

1 먼저 남십자성(가짜 십자성과 혼돈하지 말라)과 남쪽 지시봉인 알파 켄타우리와 베타 켄타우리를 찾는다. 베타 켄타우리에서 남십자성의 맨 아래를 선으로 연결하고 같은 거리만큼 계속 가면 유명한 카리나 성운에 이른다. 별 생성 성운과 곧 폭발할 거대한 별의 복합체인 이 성운은 쌍안경으로 살펴볼 충분한 가치가 있다.

2 용골자리 성운 가까이에는 두 개의 아름다운 성단이 있다. NGC 3532와 남쪽 플레이아데스(IC 2602)이다. 이 두 번째 성단은 맨눈으로 볼 수 있는 별을 5개 혹은 6개를 가지고 있다. 몇 개나 볼 수 있는지 확인해 보라. (약간 옆쪽을 보면 더 많이 볼 수 있다.) 망원경을 이용하면 더 많이 볼 수 있다.

3 이제 남십자성의 맨 위 별에서 선을 따라 용골자리 성운을 지나 같은 거리만큼 가 보자. 여기에는 속기 쉬운 모양인 가짜 십자성이 있고 그 바로 위에 성단 IC 2391이 있다. 이 인상적인 별들의 보물 상자는 쌍안경으로 가장 아름답게 보인다.

4 다음으로 남십자성에서 선을 따라 하늘의 텅 빈 지역을 지나가면 소마젤란성운에 도착한다. 이 작은 은하는 우리은하 주위를 돌고 있고 수억 개의 별을 가지고 있다. 근처에는 큰부리새자리 47로 알려진 인상적인 구상 성단이 있다.

5 마지막으로 남쪽 지시봉으로 다시 돌아와 알파 켄타우리에서 선을 따라가면 밝은 별 세 개로 이루어진 세 개의 별을 찾을 수 있다. 남쪽삼각형자리라는 이름이 붙은 별자리다.

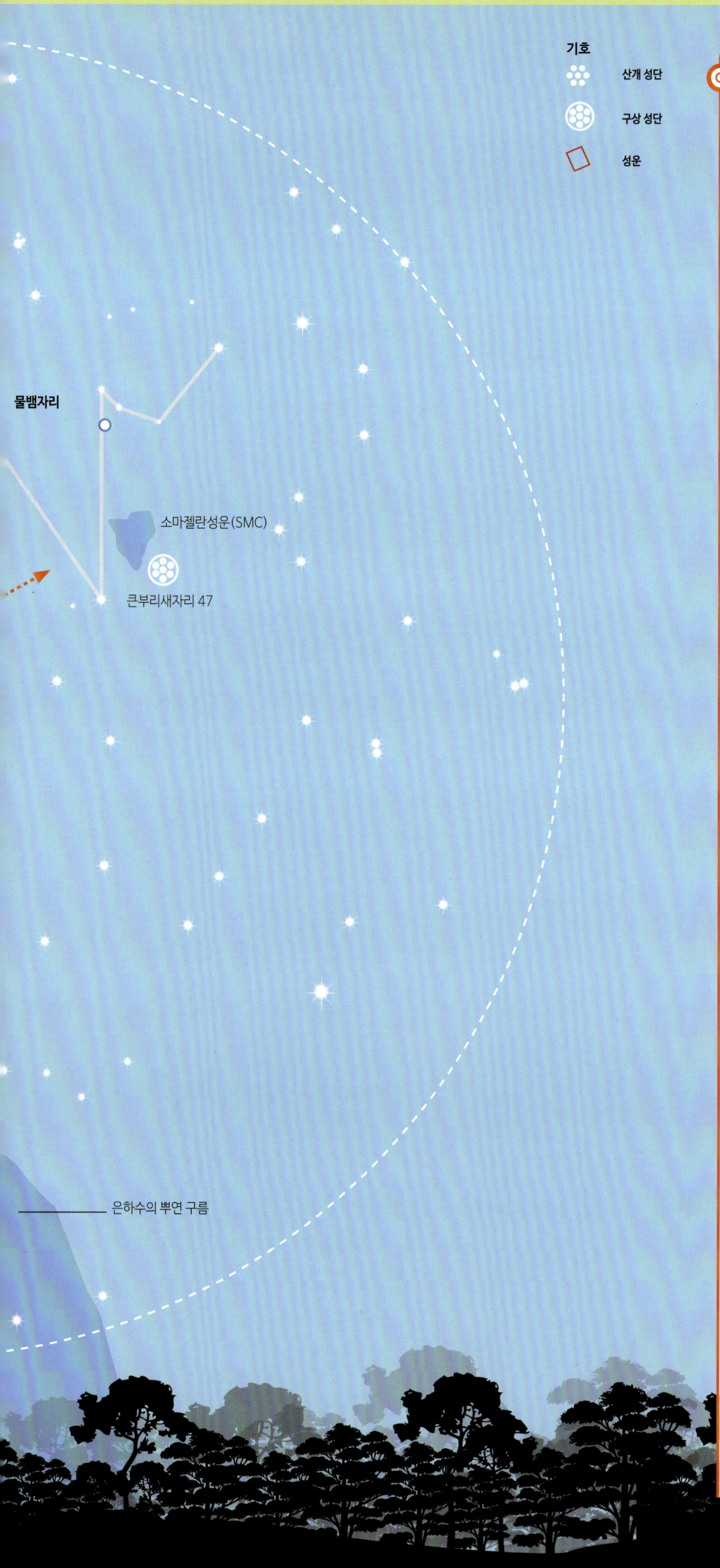

기호
- 산개 성단
- 구상 성단
- 성운

무엇을 볼까?

천구의 남극 바로 근처의 별자리들은 어둡지만 멀리 떨어진 곳에는 재미있는 천체들이 많이 있다. 대부분 은하수 안이나 가까이에 있다.

물뱀자리
소마젤란성운(SMC)
큰부리새자리 47
은하수의 뿌연 구름

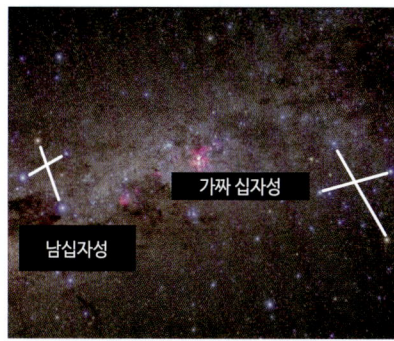

가짜 십자성
가짜 십자성은 용골자리와 돛자리에 있는 밝은 별들로 이루어져 있다. 이것은 남십자성과 모양이 비슷하기 때문에 종종 혼돈을 일으키지만 가짜 십자성이 약간 더 크다.

용골자리 성운
용골자리 성운은 지구에서 약 7,500광년 떨어져 있는 거대한 별이 만들어지는 구름이다. 카리나 성운이라고도 불린다. 성운의 안쪽 깊은 곳에는 수명의 마지막에 이르러 결국에는 초신성으로 폭발할 거대한 별이 있다. 왼쪽 사진은 용골자리 성운의 붉은 색을 포착했지만 맨눈으로는 흰색으로 보인다.

남쪽 플레이아데스
남쪽 플레이아데스(IC 2602)는 같은 기체 구름에서 만들어진 젊은 별들의 집단인 산개 성단이다. 맨눈으로도 볼 수 있지만 쌍안경으로 보면 더 많은 별들을 볼 수 있다. 모두 약 60개의 별이 있다.

산개 성단 IC 2391
이 밝은 산개 성단은 별들의 나이가 비슷하고(약 5000만 년) 지구에서 비슷한 거리(약 500광년)에 있기 때문에 남쪽 플레이아데스처럼 같은 별 탄생 구름에서 만들어진 것으로 보인다.

대마젤란성운과 소마젤란성운
이 불규칙은하들은 우리은하의 위성은하들이다. 남쪽 하늘에서 작은 떨어져 나간 은하수처럼 보인다. 대마젤란성운은 지구에서 약 160,000광년, 소마젤란성운은 약 210,000광년 떨어져 있다.

별 지도

지구에서는 맨눈으로 약 6,000개의 별을 볼 수 있지만, 특정한 시간에 한 지점에서는 그 절반밖에 볼 수 없다.

적도의 북쪽 혹은 남쪽 어디에 사느냐에 따라 1년 동안 천구의 북반구 혹은 남반구에 있는 모든 별과 다른 쪽 반구에 있는 별의 일부를 볼 수 있다.

북쪽 하늘
천구의 북반구에 있는 대부분 별자리의 이름은 고대 그리스에서 왔다. 이 이름들은 종종 페르세우스와 안드로메다의 이야기와 같이 신화와 연결되어 있다. 하지만 일부 어두운 별들은 더 현대의 별자리들에 있다.

별자리 경계선

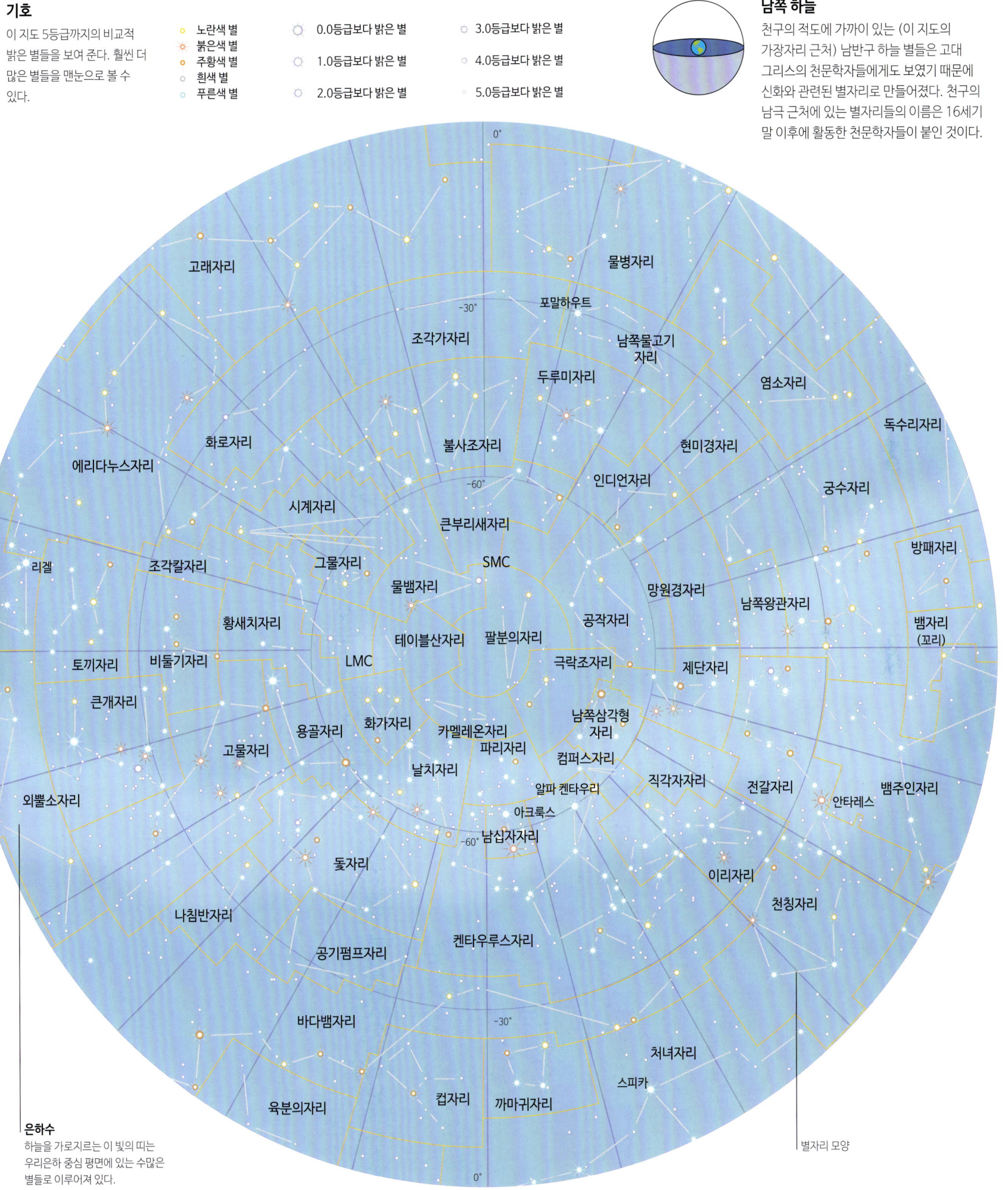

별자리

인류는 처음부터 하늘에서 모양을 찾았다. 고대 그리스인들은 신화 속 존재들의 이름을 딴 별자리 48개를 알고 있었다. 별자리 모양이 이름과 거의 닮지 않기는 했지만. 현재는 과학자들이 88개의 별자리를 정했다. 현대의 별자리는 단지 별들의 모양일 뿐만 아니라, 조각으로 나누어진 하늘을 이어 붙여 완전한 구를 만드는 지그소 퍼즐과 같다.

기호

깊은 하늘 천체

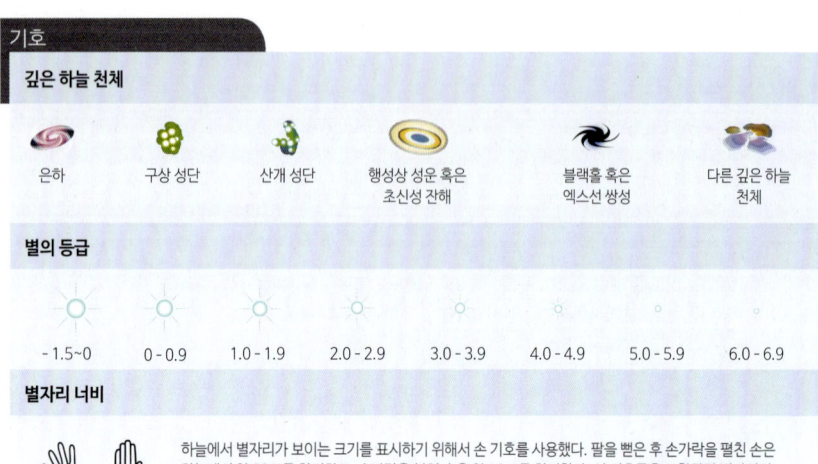

은하 | 구상 성단 | 산개 성단 | 행성상 성운 혹은 초신성 잔해 | 블랙홀 혹은 엑스선 쌍성 | 다른 깊은 하늘 천체

별의 등급

-1.5~0 | 0 - 0.9 | 1.0 - 1.9 | 2.0 - 2.9 | 3.0 - 3.9 | 4.0 - 4.9 | 5.0 - 5.9 | 6.0 - 6.9

별자리 너비

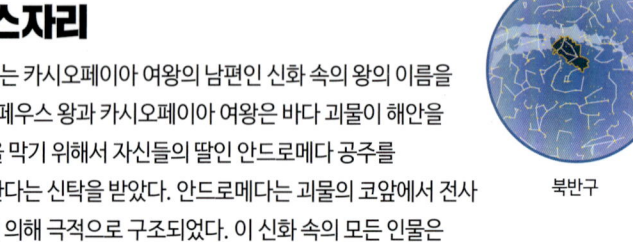

하늘에서 별자리가 보이는 크기를 표시하기 위해서 손 기호를 사용했다. 팔을 뻗은 후 손가락을 펼친 손은 하늘에서 약 22도를 차지하고, 손가락을 붙인 손은 약 10도를 차지한다. 이 기호들을 조합하면 별자리의 전체 너비와 깊이를 표현할 수 있다.

케페우스자리

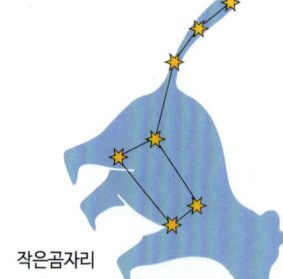

북반구

케페우스자리는 카시오페이아 여왕의 남편인 신화 속의 왕의 이름을 딴 것이다. 케페우스 왕과 카시오페이아 여왕은 바다 괴물이 해안을 파괴하는 것을 막기 위해서 자신들의 딸인 안드로메다 공주를 희생시켜야 한다는 신탁을 받았다. 안드로메다는 괴물의 코앞에서 전사 페르세우스에 의해 극적으로 구조되었다. 이 신화 속의 모든 인물은 그들의 이름을 딴 별자리를 가지게 되었다. 케페우스자리의 별들은 뾰족한 지붕을 가진 집과 같은 모양을 만든다. 그중 가장 유명한 별은 케페우스자리 델타 (델타 세페이)이다.

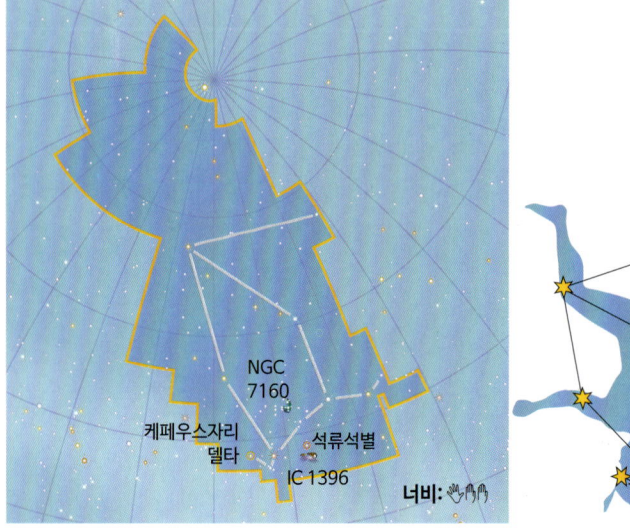

NGC 7160
케페우스자리 델타
석류석별
IC 1396

너비:

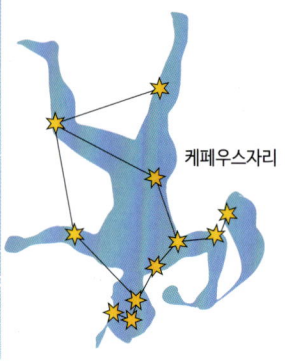

케페우스자리

작은곰자리

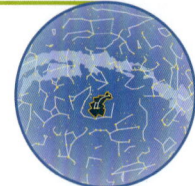

북반구

이 별자리는 긴 꼬리를 가진 작은 곰을 표현한다. 꼬리의 맨 끝에는 이 별자리에서 가장 밝은 별인 북극성이 있다. 작은곰자리는 가끔 작은 북두칠성이라고 불리기도 한다. 주요 별들이 큰곰자리의 북두칠성의 작은 모습처럼 보이기 때문이다. 이것은 고대 그리스인들에게 알려진 최초의 별자리 중 하나다.

찾아볼 것

북극성
대부분의 별들은 하늘에서 회전을 하지만 북극성은 항상 북쪽에서 움직이지 않는다. 오랫동안 선원들이 길을 찾는 데 이 별을 사용하였다.

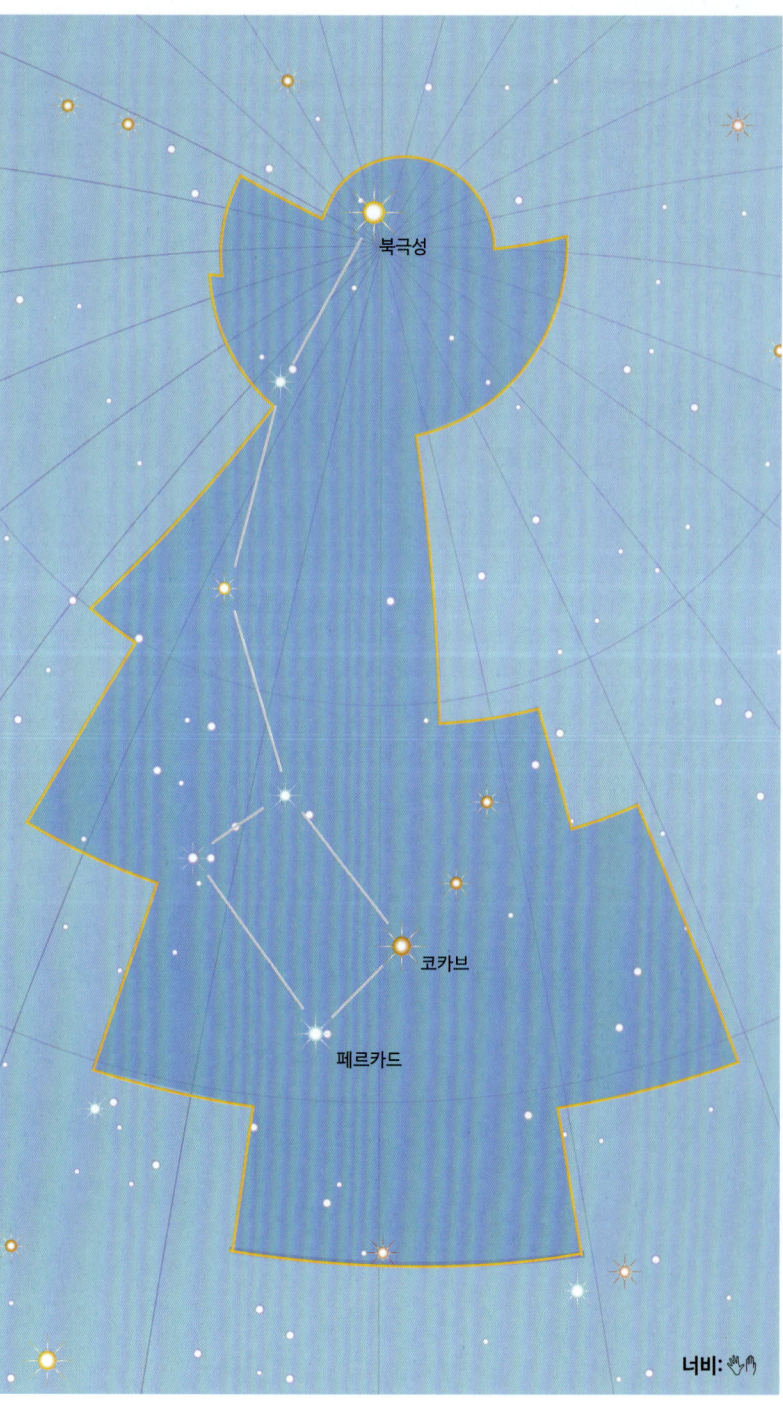

북극성
코카브
페르카드
작은곰자리

너비:

용자리

용자리는 용을 표현하는 별자리다. 그리스 신화에서 전사 헤라클레스에게 죽임을 당했다. 용의 머리는 이웃 별자리로 있는 헤르쿨레스자리와의 경계에 있는 네 개의 별로 이루어져 있다. 고대 그리스인들은 헤라클레스가 용의 머리에 한쪽 발을 올려놓고 있는 것으로 묘사했다. 머리에서부터 이 별자리는 마치 뱀처럼 큰곰자리와 작은곰자리 사이로 하늘을 가로지른다. 용자리의 가장 밝은 별 엘타닌은 용의 머리에 있다.

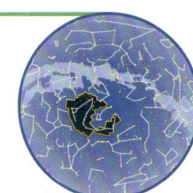
북반구

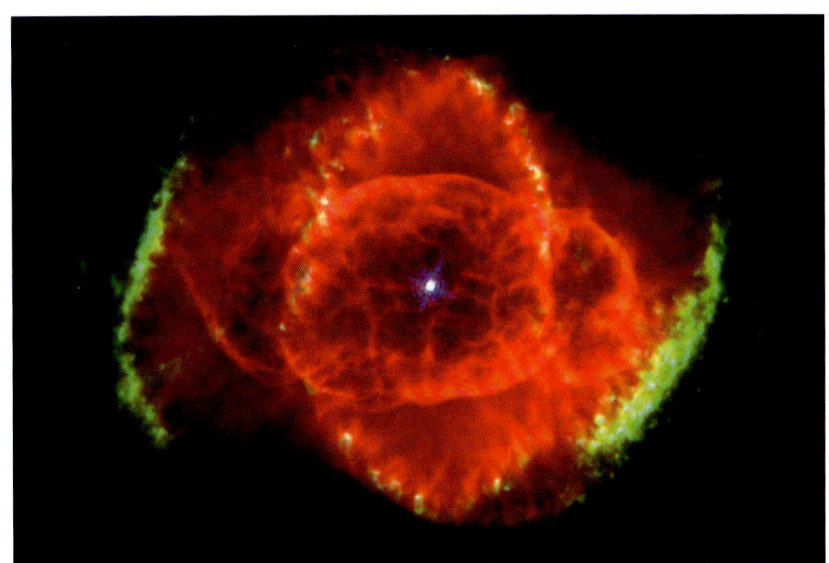

고양이눈 성운 (NGC 6543)
여기 있는 용자리의 환상적인 고양이눈 성운 사진은 허블 우주 망원경으로 찍은 것이다. 고양이눈 성운은 죽어 가는 별에서 퍼져 나온 기체로 이루어진 행성상 성운이라고 불리는 천체이다. 이 성운은 목록 번호인 NGC 6543으로도 알려져 있다.

용자리

카시오페이아자리

이 별자리는 고대 그리스 신화 속의 여왕, 케페우스 왕의 아내이자 안드로메다 공주의 어머니 카시오페이아의 이름을 땄다. 별 지도에서는 의자에 앉아 머리를 빗고 있는 모습으로 묘사된다. 카시오페이아자리는 알아보기 쉬운 W자를 이루지만 의자에 앉아 있는 사람으로 보이지는 않는다. 카시오페이아자리에는 몇 개의 재미있는 성단이 있다. 그중 가장 밝은 것은 쌍안경이나 작은 망원경으로도 볼 수 있다.

카시오페이아자리

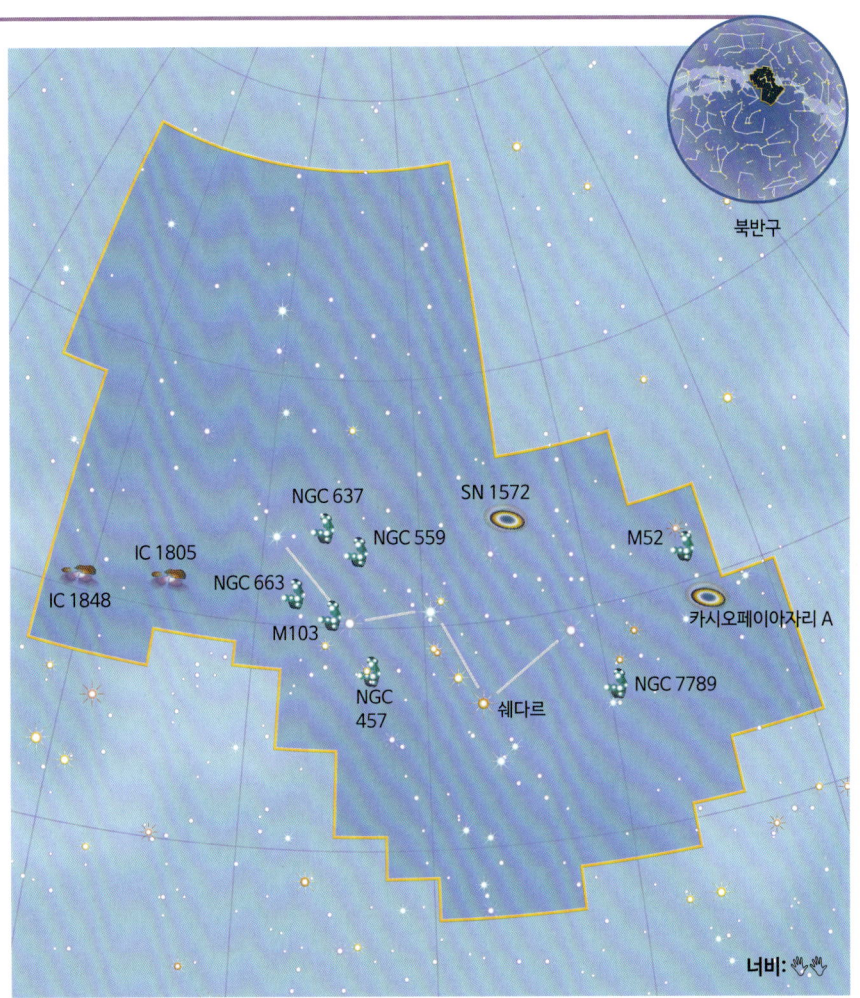
북반구

성단 M103
카시오페이아자리의 이 성단은 작은 망원경으로 볼 수 있다. 성단의 가장 밝은 별 세 개는 중심을 가로지르는 선을 이루고 있다. 오른쪽 위에 있는 별은 사실 다른 별보다 우리에게 더 가까이 있기 때문에 성단의 진짜 구성원이 아니다.

기린자리

1612년 네덜란드의 천문학자 페트루스 플란시우스가 이상하게 이름 붙인 별자리로 기린을 표현한다. 그리스인들은 긴 목과 몸의 점들 때문에 기린을 '낙타 표범(camel leopard)'이라고 불렀는데 여기에서 기린자리(Camelopardalis)라는 이름이 왔다. 이 별자리는 어두운 별밖에 없기 때문에 잘 보이지 않는다.

북반구

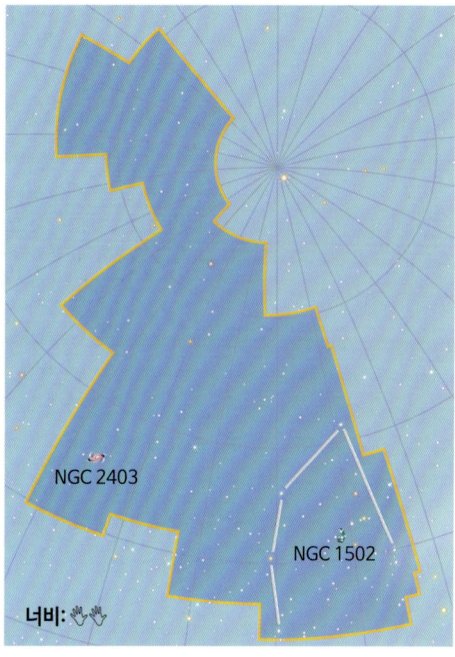

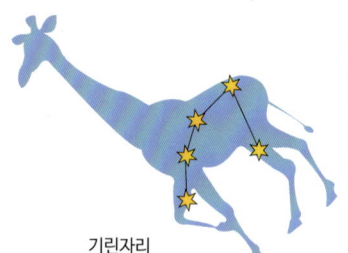
기린자리

살쾡이자리

큰곰자리와 마차부자리 사이에 끼어 있는 어두운 별자리다. 폴란드의 천문학자 요하네스 헤벨리우스가 1687년에 이 별자리를 만들었다. 헤벨리우스는 아주 좋은 시력을 가지고 있었고, 이 별자리를 보기 위해서는 살쾡이의 눈을 가지고 있어야 하기 때문에 이렇게 이름을 붙였다고 말했다. 이 별자리에는 작은 망원경으로 볼 수 있는 몇 개의 흥미로운 쌍성과 삼중성이 있다.

북반구

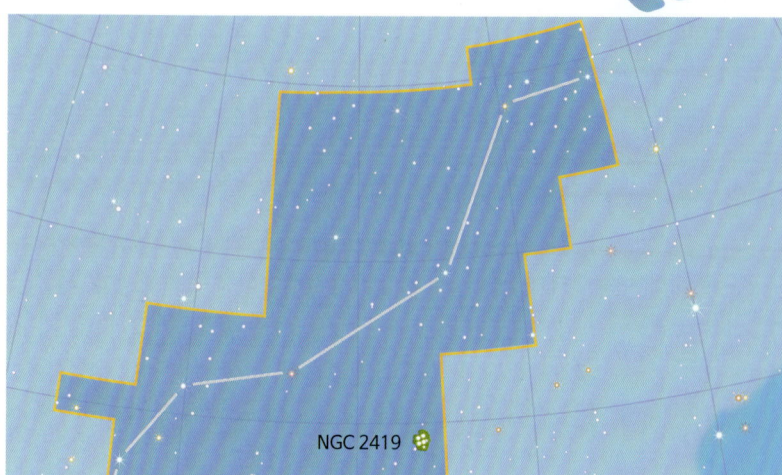
살쾡이자리

마차부자리

마차부자리는 전체 하늘에서 가장 밝은 별 중 하나인 카펠라를 포함하고 있기 때문에 쉽게 찾을 수 있다. 고대 그리스인들에게 이 별자리는 염소 한 마리와 새끼 염소 두 마리를 팔로 안고 있는 마차부로 묘사된다. 카펠라가 염소이고 어두운 두 별이 새끼 염소들이다. 마차부자리에서 흥미로운 천체로는 나란히 있는 세 개의 성단 M36, M37, M38이 있는데 모두 쌍안경으로 볼 수 있다. 한때 마차부의 오른쪽 발을 표시했던 별은 남쪽에 있는 황소자리로 옮겨 갔다.

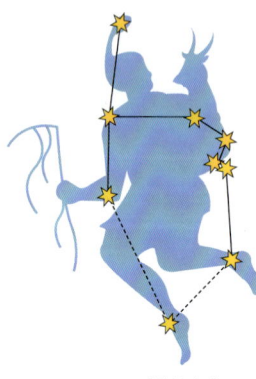
마차부자리

불꽃별 성운
불꽃별 성운(IC 405)은 마차부자리 AE 라는 뜨거운 별에 의해 빛나는 거대한 기체 구름이다. 이 성운은 큰 망원경으로만 볼 수 있다.

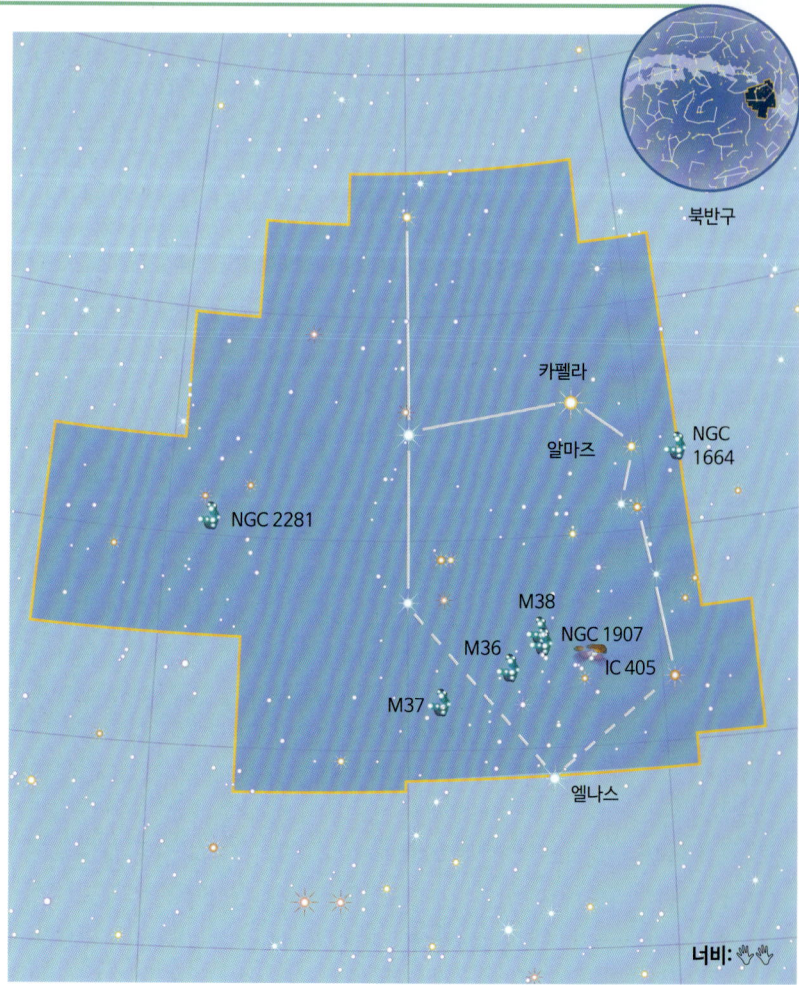

큰곰자리

이 큰 별자리는 큰 곰을 묘사하고 있다. 국자 모양의 가장 밝은 7개의 별은 북두칠성으로 잘 알려져 있고, 전체 하늘에서 가장 잘 알려진 모양이다. 손잡이에서 가장 멀리 있는 두 개의 별 메라크와 두베는 북극성을 향하고 있기 때문에 지시봉이라고 불린다. 손잡이의 곡선은 가까이 있는 목동자리의 밝은 별 아르크투루스를 향하고 있다.

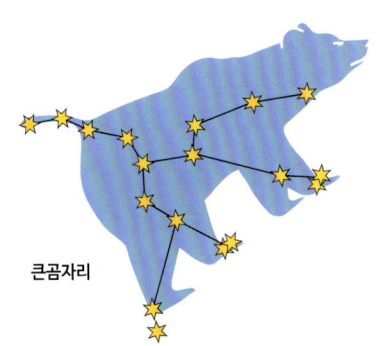

큰곰자리

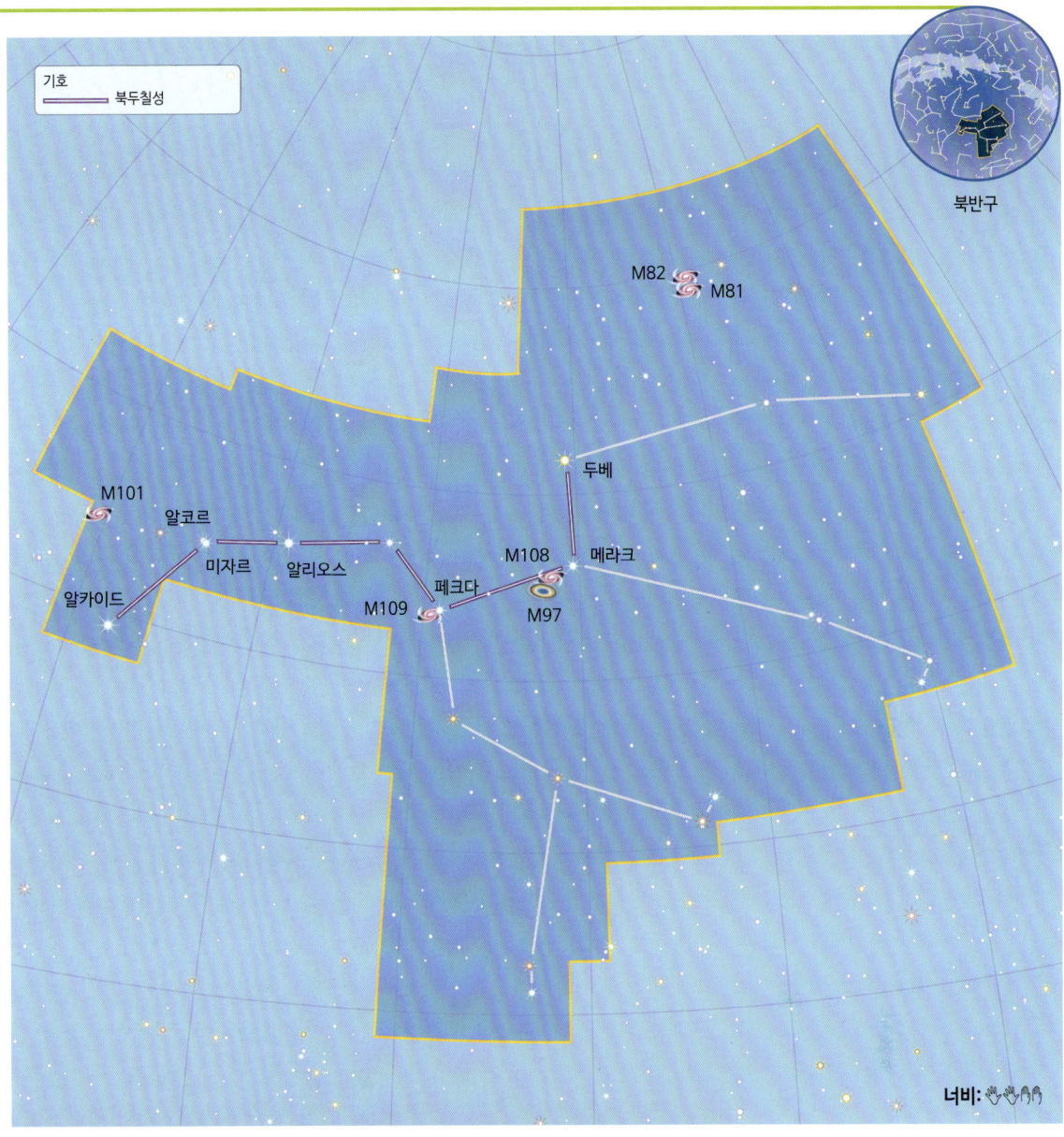

나선은하 M81
큰곰자리의 북쪽에는 두 개의 은하 M81과 M82가 있다. 여기 보인 허블 우주 망원경 사진(위)은 아름다운 나선은하 M81이다. M82는 불규칙한 모양이다. M82는 수백만 년 전 M81과의 충돌의 결과로 폭발적인 별 생성이 이루어지고 있는 것으로 보인다. M81과 M82 둘 다 지구에서 약 1200만 광년 떨어져 있다.

나선은하 M101
손잡이 끝부분 근처에는 나선은하 M101이 있다. 쌍안경이나 망원경 없이 보기에는 너무 어둡지만, 사진에서는 나선 팔들이 선명하게 보인다. 바람개비 은하라고 불리기도 한다.

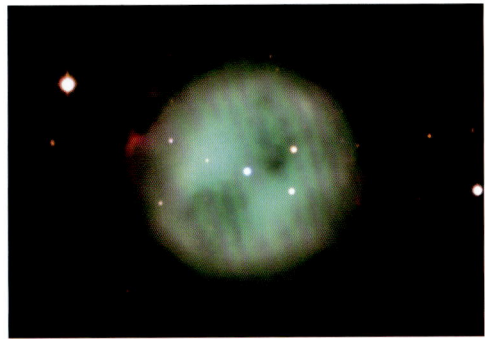

올빼미 성운
국자의 그릇 부분 바로 아래에서는 M97이라는 빛나는 기체 구름을 망원경으로 볼 수 있다. 두 개의 어두운 점이 마치 올빼미의 눈처럼 보이기 때문에 올빼미 성운이라고도 불린다. 이것은 죽어 가는 별에서 퍼져 나온 기체로 이루어진 행성상 성운이다.

찾아볼 것

미자르
국자 손잡이의 두 번째 별이다. 바로 옆에는 맨눈으로도 볼 수 있는 더 어두운 별 알코르가 있다.

사냥개자리

1687년 폴란드의 천문학자 요하네스 헤벨리우스가 두 마리의 사냥개라고 이름을 붙인 별자리다. 이 별자리에는 두 개의 별밖에 없지만 많은 흥미로운 은하들이 포함되어 있다. 그중 가장 유명한 것은 소용돌이 은하이다. 쌍안경으로는 어두운 빛 덩어리로 보인다. 하지만 큰 망원경으로 보면 나선형 모양이 드러난다. 관심을 가져 볼 만한 또 다른 천체는 별자리의 남쪽 경계 근처에 있는 성단 M3이다.

소용돌이 은하
3000만 광년 떨어져 있는 거대한 나선은하인 소용돌이 은하(M51)를 허블 우주 망원경이 찍은 사진이다. 이 은하 뒤, 나선 팔 중 하나의 끝부분에 있는 것은 천문학자들이 언젠가 이 은하에 합쳐질 것이라고 생각하는 더 작은 은하다.

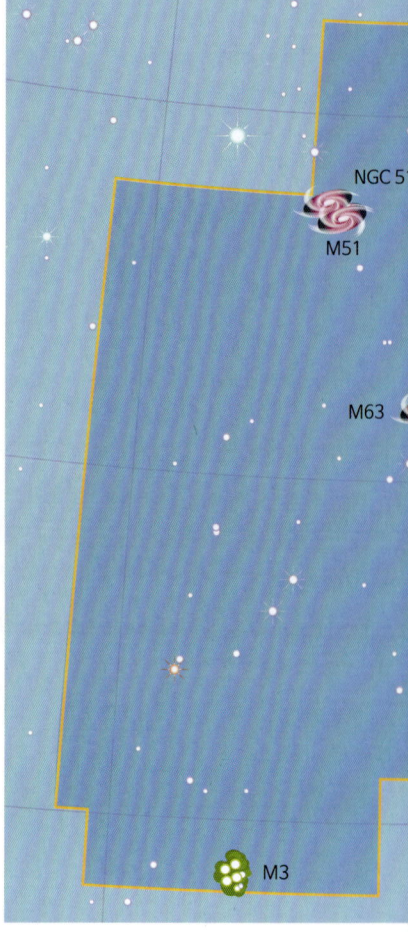

해바라기 은하
사냥개자리에 있는 또 다른 아름다운 나선은하는 해바라기 은하(M63)로, 이 사진은 큰 망원경으로 찍은 것이다. 오른쪽에 있는 별은 이 은하와 연결되어 있지 않고 우리에게서 훨씬 더 가까이 있다.

목동자리

목동자리는 천구의 북극 근처에 있는 큰곰을 몰고 있는 사람을 표현하고 있다. 간혹 곰 몰이라고 불리기도 한다. 이 별자리에는 천구의 북반구에서 가장 밝은 별인 아르크투루스가 있다. 이것은 거성으로 우리 눈에는 창백한 주황색으로 보인다.

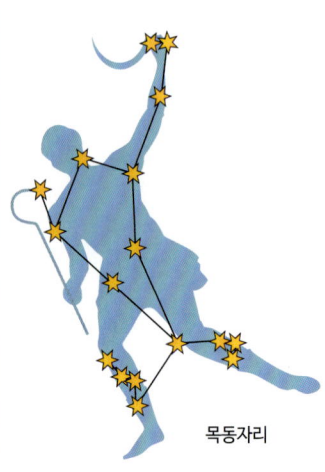

목동자리

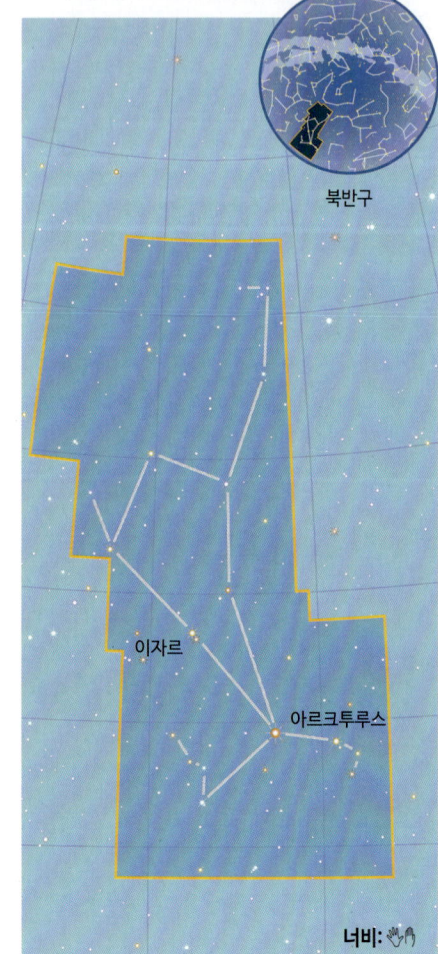

북반구

이자르

아르크투루스

너비: 🖐️🖐️

헤르쿨레스자리

그리스 신화의 장사 헤라클레스의 이름을 딴 별자리다. 별 지도에서는 흔히 몽둥이를 들고 자신이 죽인 용의 머리에 발을 올리고 있는 모습으로 묘사된다. 헤르쿨레스자리의 별들은 그렇게 밝지 않기 때문에 별자리를 찾기가 어렵다. 가장 찾기 쉬운 모양은 헤라클레스의 몸통을 이루고 있는 주춧돌별이라고 불리는 4개의 별이다. 주춧돌별 한 쪽에 구상 성단 M13이 있다.

헤르쿨레스자리

성단 M13
구상 성단 M13은 약 300,000개의 별로 이루어져 있고 약 25,000광년 떨어져 있다. 쌍안경으로는 뿌연 덩어리로 볼 수 있다. 개개의 별을 보기 위해서는 망원경이 필요하다.

거문고자리

거문고자리는 그리스인들에게 리라라고 알려진 작은 하프를 표현한다. 이것은 음악가 오르페우스가 연주한 악기다. 거문고자리에는 25광년 떨어져 있고, 하늘 전체에서 5번째로 밝은 별인 베가가 있기 때문에 쉽게 찾을 수 있다. 베가는 3개의 서로 다른 별자리에 있는 밝은 별들이 만드는 여름의 대삼각형 중 하나를 구성한다.

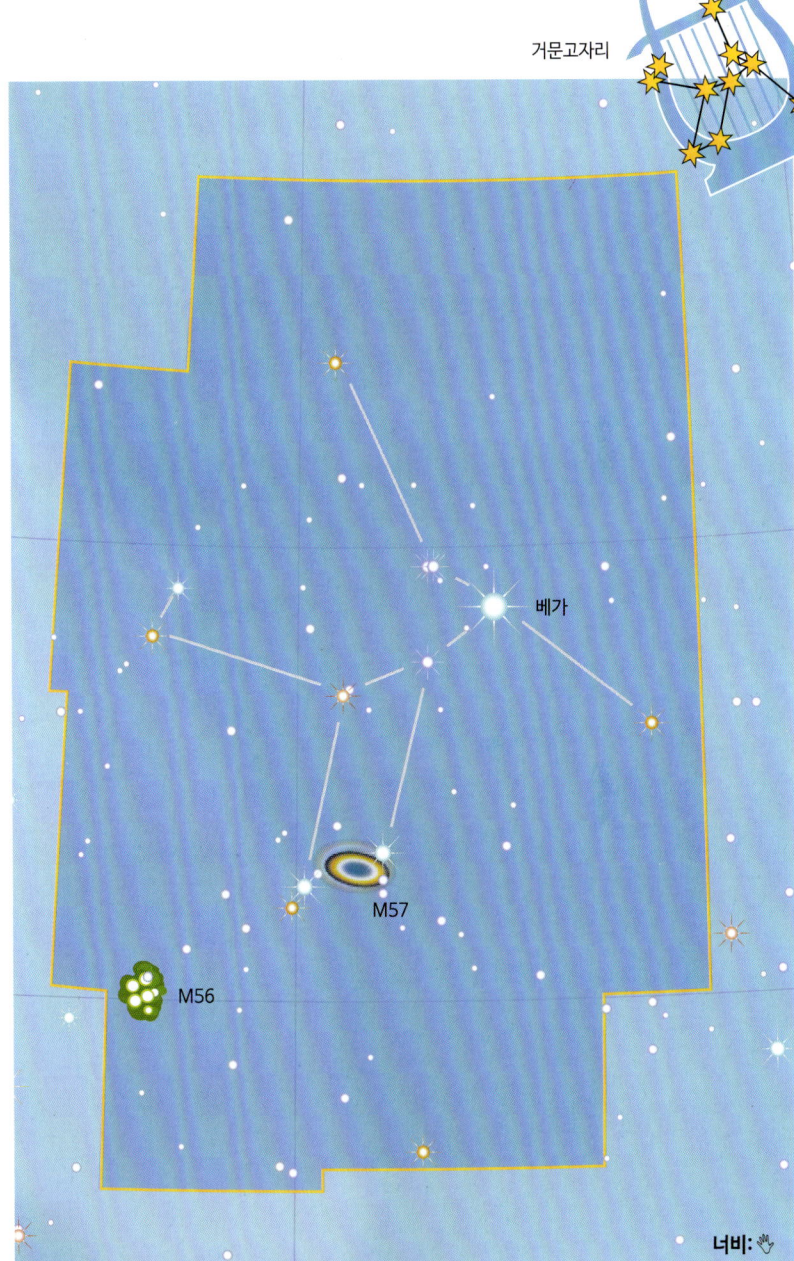

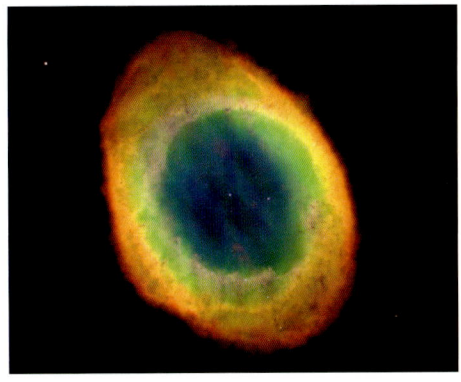

고리 성운
허블 우주 망원경이 찍은 이 고리 성운(M57)은 빛나는 기체 껍질이다. 중심에는 백색 왜성이 있는데, 이 별의 바깥층들이 떨어져 나가 성운을 이루고 있다.

백조자리

고대 그리스인들은 백조자리를 은하수를 따라 날아가는 백조로 표현했다. 가장 밝은 별인 데네브는 꼬리, 알비레오는 부리를 표시했다. 신화에 따르면 백조는 제우스 신이 스파르타의 여왕 레다를 방문할 때 변장한 모습이었다. 별자리 전체 모양은 큰 십자가를 닮았기 때문에 간혹 북쪽의 십자가로도 불린다. 백조자리의 가장 흥미로운 천체는 백조의 목에 있다. 백조자리 X-1이라고 불리는 블랙홀이다. 블랙홀 자체는 지구에서 볼 수 없지만 우주에 있는 인공위성들은 가까이 있는 별에서 블랙홀로 끌려드는 뜨거운 기체가 방출하는 X선을 관측했다.

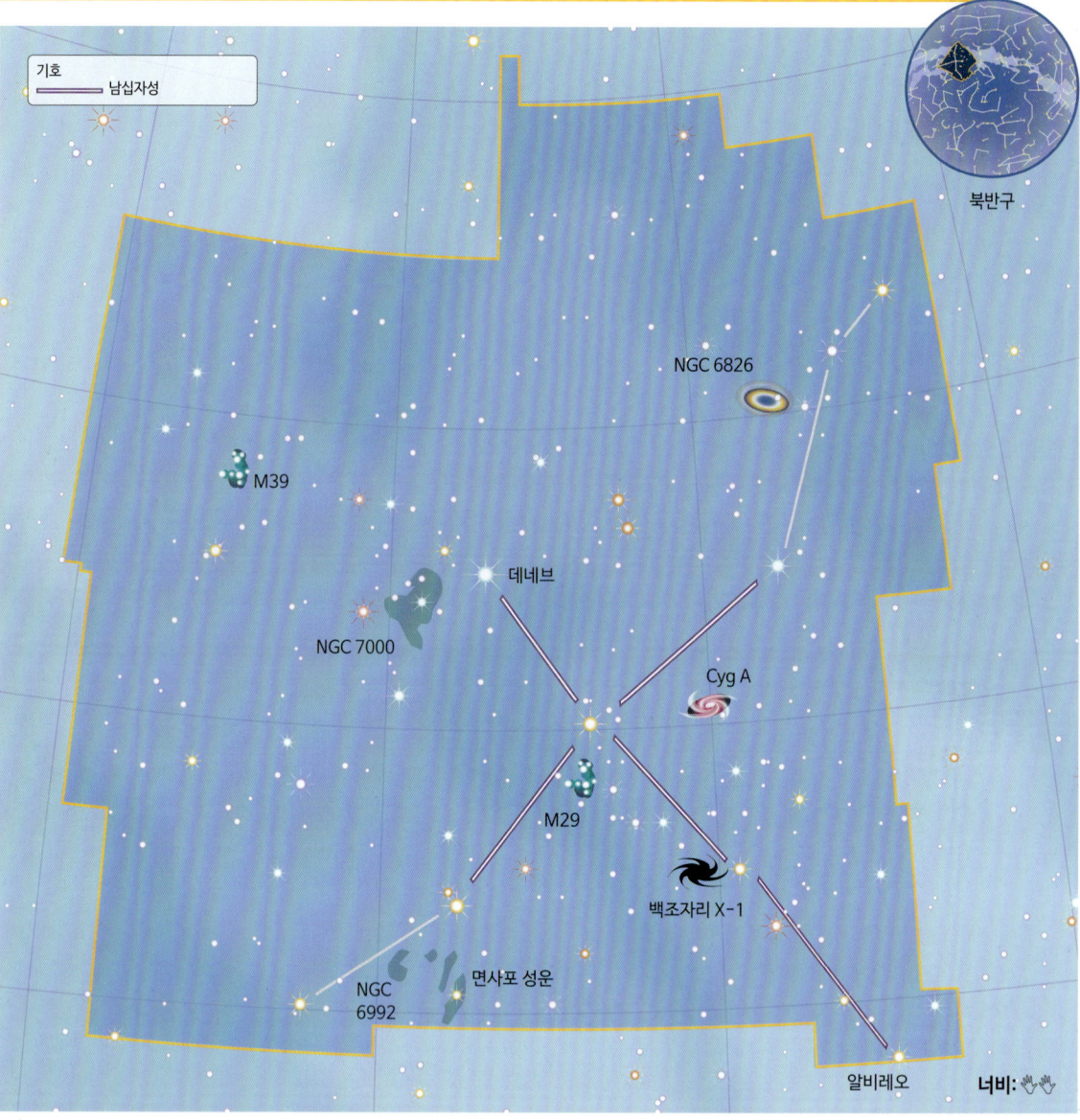

백조자리

찾아볼 것

알비레오
백조의 머리에는 알비레오라고 알려진 아름다운 색의 이중성이 있다. 맨눈에는 하나의 별로 보이지만 작은 망원경으로 보면 쌍을 이루고 있다. 밝은 별은 주황색, 어두운 별은 청록색이다.

북아메리카 성운
데네브 근처에는 모양이 북아메리카 대륙을 닮아서 북아메리카 성운(NGC 7000)이라고 알려진 기체 구름이 있다. 망원경 없이는 볼 수 없고, 여기 있는 것과 같이 컬러 사진에서 가장 아름답게 보인다.

면사포 성운
백조의 한쪽 날개에는 수천 년 전 초신성으로 폭발한 별에서 흘러나온 기체가 있다. 이 별의 부서진 잔해는 보름달 6개만큼의 넓은 영역에 퍼져서 면사포 성운이 되었다.

안드로메다자리

그리스 신화에서 바다 괴물을 위한 희생양으로 선택되어 부모인 케페우스 왕과 카시오페이아 여왕에 의해 바위에 묶였던 공주의 이름을 딴 별자리다. 다행히 아슬아슬한 순간에 옆에 있는 영웅 페르세우스에 의해 구출되었다. 안드로메다의 머리에는 알페라츠라는 별이 있다. 이 별은 고대에는 페가수스자리에도 포함되었다.

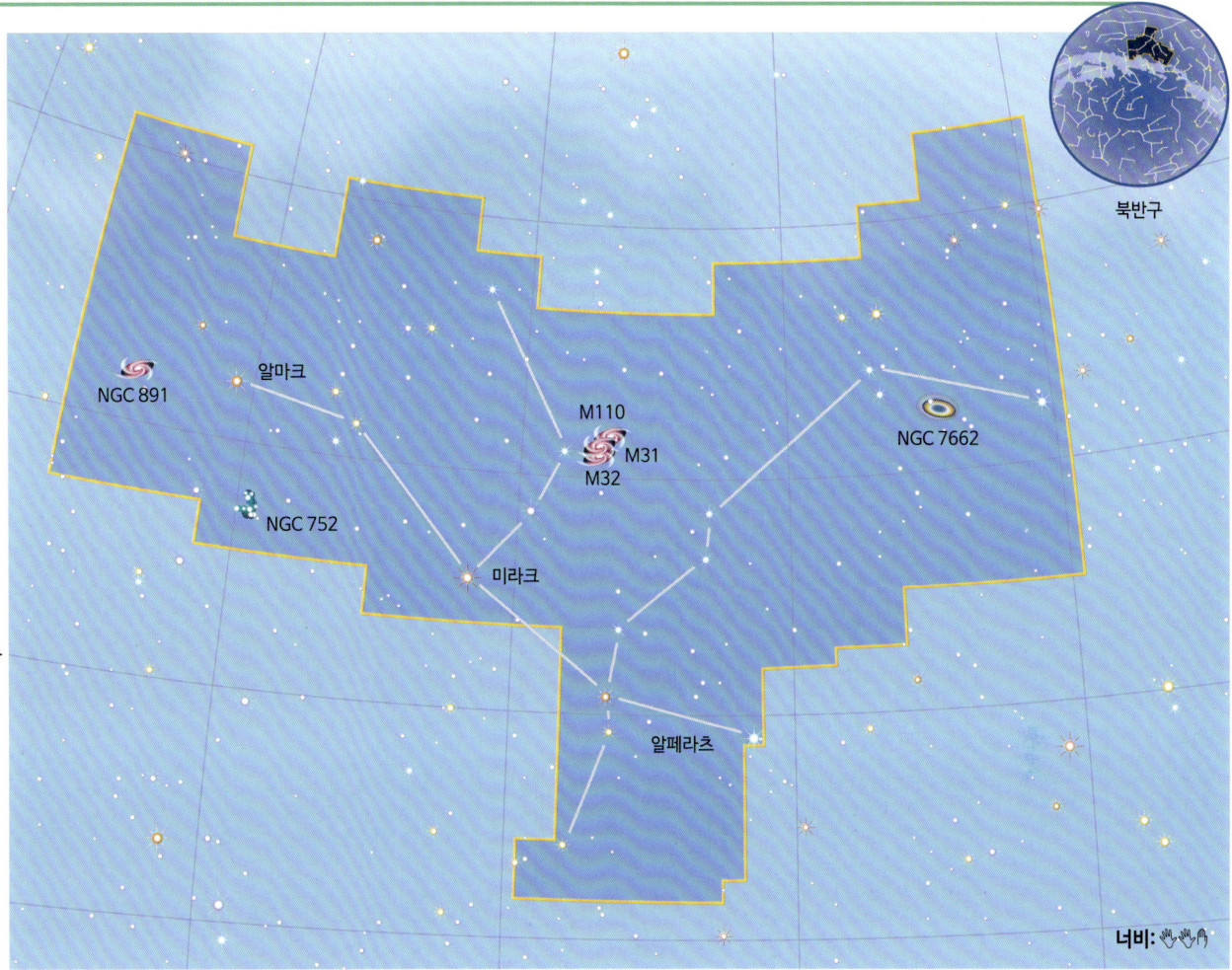

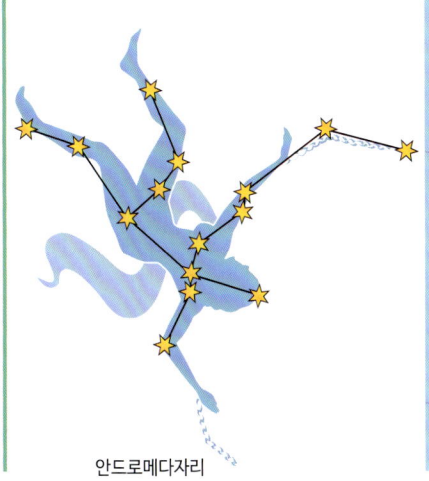

안드로메다자리

도마뱀자리

안드로메다자리와 백조자리 사이에서 종종걸음치고 있는 도마뱀을 표현한 별자리다. 1687년 폴란드의 천문학자 요하네스 헤벨리우스가 어떤 별자리에도 포함되지 않은 어두운 별들로 만들었다. 특별히 알아둘 만한 것은 도마뱀자리 BL이라는 천체다. 과거에는 특이한 변광성인 줄 알았는데 지금은 활동성 은하의 핵으로 알려져 있다.

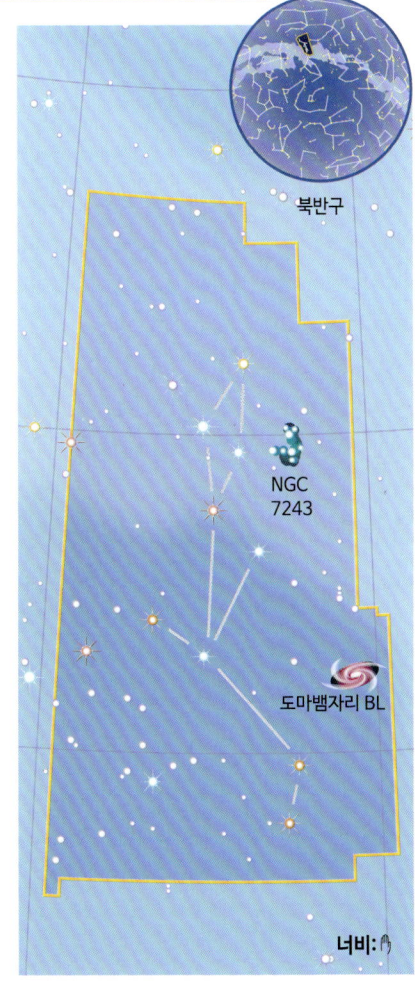

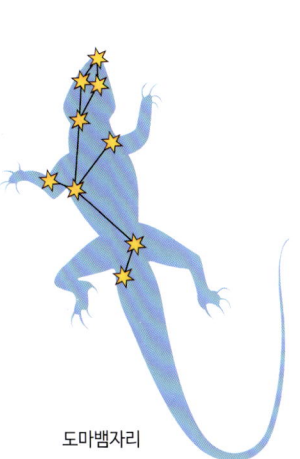

도마뱀자리

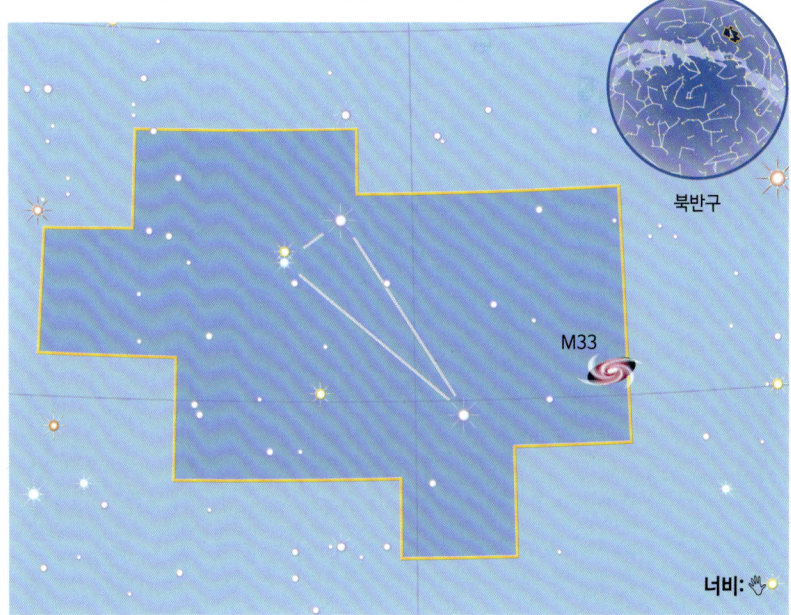

삼각형자리

고대 그리스인들에게 안드로메다자리 바로 남쪽에 있는 이 작은 삼각형 모양의 별자리는 나일강의 삼각주 혹은 시실리 섬을 표현한 것이었다. 여기에서 중요한 천체는 쌍안경으로 희미하게 보이는 나선은하 M33이다. M33은 약 300만 광년 떨어져 있고, 국부은하군에서 세 번째로 큰 구성원이다.

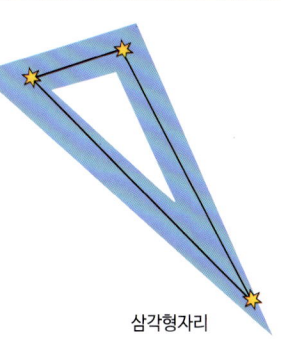

삼각형자리

페르세우스자리

고르곤의 괴물 메두사의 머리를 자르기 위해 보내진 그리스 신화의 영웅 페르세우스의 이름을 딴 별자리다. 하늘에서 페르세우스자리는 오른손으로 칼을 높이 들고 왼손에 메두사의 머리를 들고 있는 것으로 보인다. 메두사의 머리에는 알골이라는 변광성이 있다.

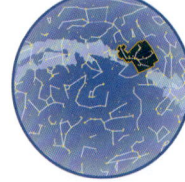
북반구

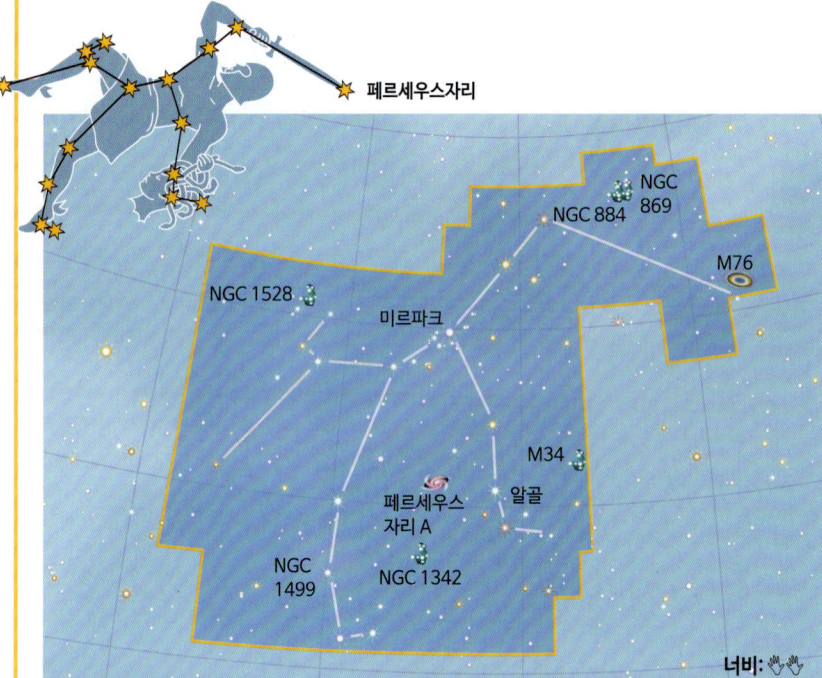

게자리

그리스 신화에서 작은 역할을 하는 게를 나타내는 별자리다. 헤라클레스가 여러 머리를 가진 히드라와 싸울 때 이 게가 헤라클레스를 물었지만 발에 밟혀서 부서졌다는 이야기가 있다. 게자리는 황도 12궁 중에서 가장 어두운 별자리다. 이 별자리의 중심 근처에는 몇 개의 이름을 가진 뿌연 성단이 있다. 벌집 성단, 프레세페 성단, 여물통 성단, 혹은 그냥 M44라고도 한다.

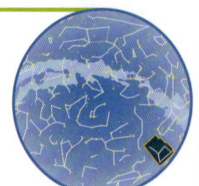
북반구

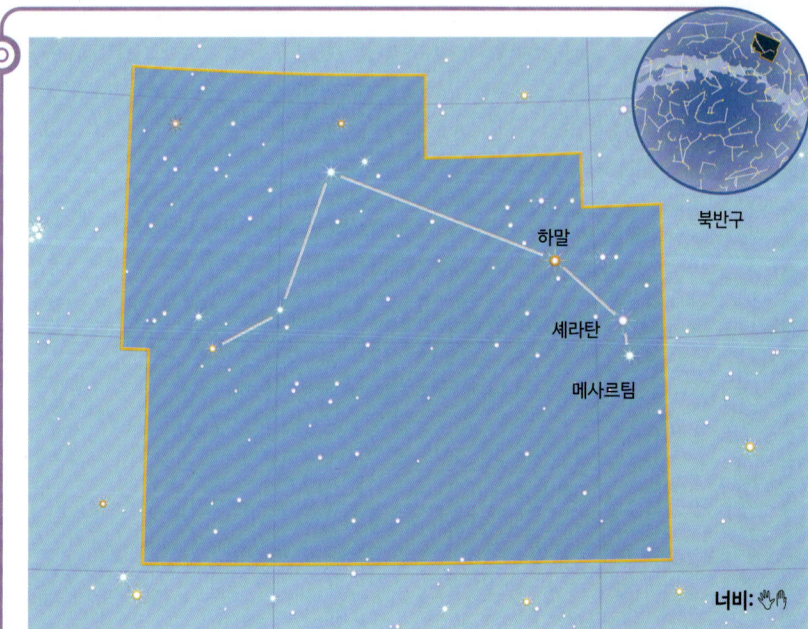

양자리

그리스 신화의 황금 털을 가진 양을 표현한다. 전설에 따르면 이아손이 아르고 호를 타고 그리스에서 흑해까지 원정을 떠나 황금 양털을 가지고 돌아왔다. 이 별자리의 가장 뚜렷한 모양은 삼각형자리 남쪽에 3개의 별이 만드는 휘어진 선이다. 이 중 가장 남쪽에 있는 (그리고 가장 어두운) 별 메사르팀은 작은 망원경으로 쉽게 구별해서 볼 수 있는 쌍성이다.

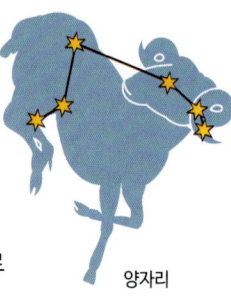
양자리

프레세페 성단
프레세페 성단(M44)은 지구에서 약 577광년 떨어진 별들로 구성된 산개 성단이다. 이 성단은 맨눈에 보이지만 여기에 있는 대부분의 별들은 쌍안경이나 망원경을 이용해야 볼 수 있다.

황소자리

황소자리는 하늘에서 가장 멋있고 흥미로운 별자리 중 하나다. 그리스 신화에서 제우스는 황소로 변신하여 에우로파 공주를 크레타섬으로 데려갔다. 이 별자리에서 가장 밝은 별은 황소의 번득이는 눈을 표시하는 적색 거성 알데바란이다. 황소의 오른쪽 뿔 맨 위의 별은 예전에는 북쪽에 있는 마차부자리에도 속했다.

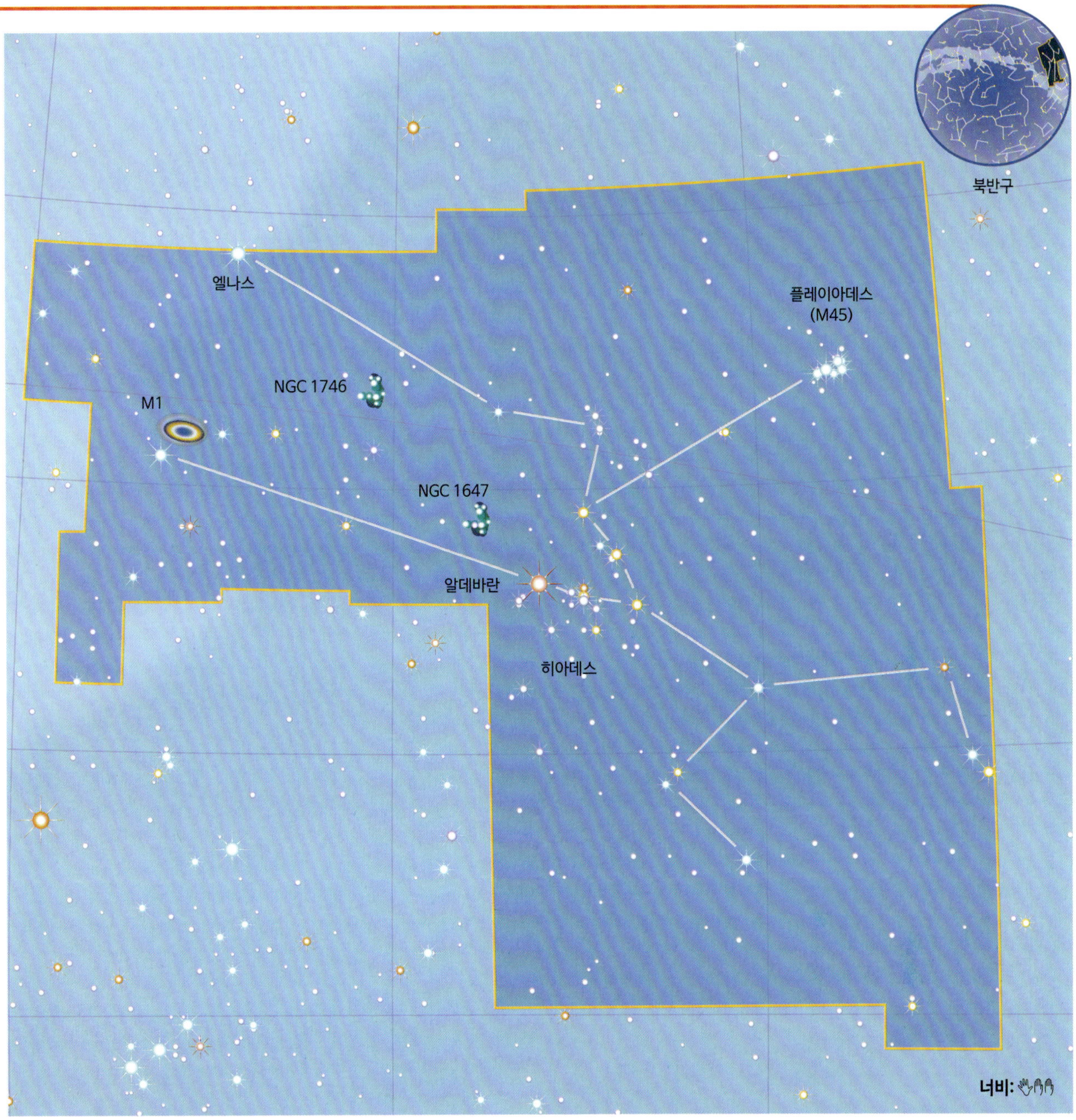

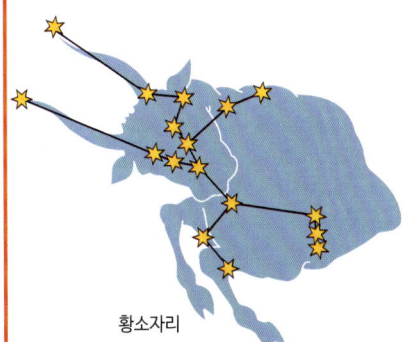

황소자리

플레이아데스
그리스 신화 속의 일곱 자매에서 유래한 플레이아데스성단은 아름다운 산개 성단이다. 맨눈으로 볼 수 있는 별은 6개쯤이며, 쌍안경으로는 별을 수십 개 이상 볼 수 있다. 사진에서는 별들을 둘러싸고 있는 뿌연 먼지도 볼 수 있다.

게성운
1054년 황소자리에 새로운 별이 잠시 나타났다. 별이 가장 격렬하게 폭발하는 초신성이었다. 지금은 별이 부서진 잔해가 게성운(M1)으로 남아 있고 망원경으로만 볼 수 있다. 이 사진은 허블 우주 망원경으로 찍은 것이다.

히아데스
황소의 얼굴은 히아데스라고 불리는 맨눈으로 쉽게 볼 수 있는 V자 모양의 성단으로 표시된다. 밝은 별 알데바란은 히아데스성단의 구성원처럼 보이지만 사실은 더 가깝이 있고 우연히 성단 앞에 위치한 것이다.

쌍둥이자리

그리스 신화 속의 쌍둥이 카스토르와 폴룩스를 표현한다. 이 별자리의 가장 밝은 두 별은 쌍둥이의 이름을 땄고 각자의 머리를 표시한다. 작은 망원경으로 보면 카스토르가 쌍성이라는 것을 알 수 있다. 이 쌍성은 500년마다 서로의 주위를 돈다. 더 큰 망원경으로 보면 이 쌍성 근처에 더 어두운 적색 왜성이 있다. 특수한 장비를 사용하면 이 세 별이 각각 근접쌍성이라는 것을 알 수 있다. 카스토르는 6개의 별이 중력으로 묶여 있는 한 가족이다.

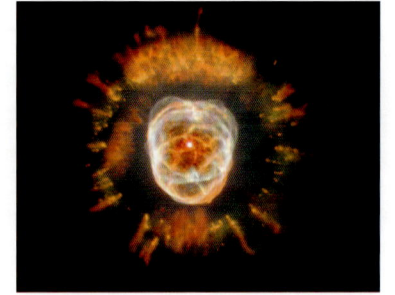

에스키모 성운
에스키모 성운(NGC 2392)은 멋진 행성상 성운이다. 털 달린 모자를 쓴 얼굴을 닮았다고 해서 이런 이름이 붙었다. 또 다른 이름은 광대얼굴 성운이다.

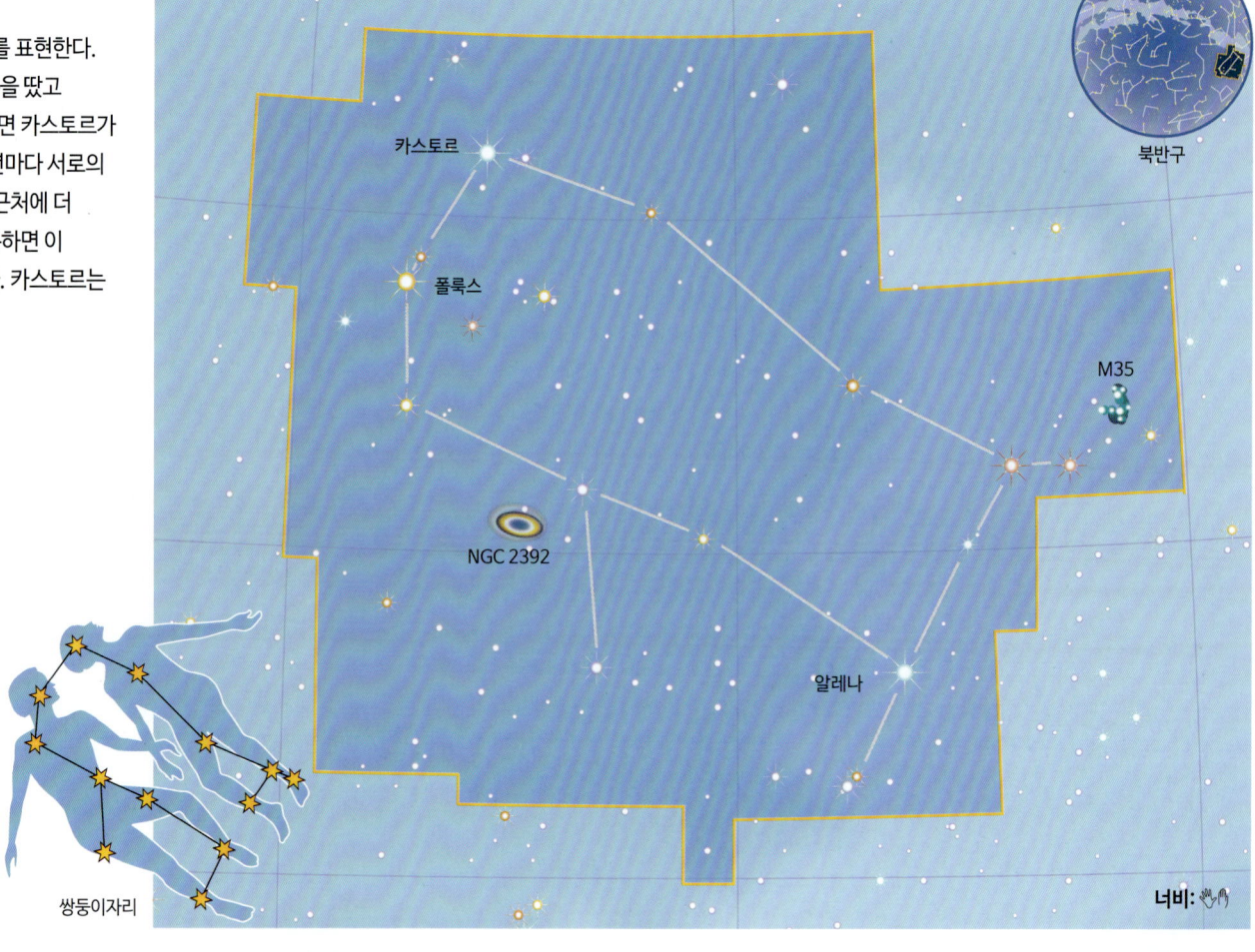

작은사자자리

새끼 사자를 표현하는 작은 별자리다. 1687년 폴란드의 천문학자 요하네스 헤벨리우스가 만들었다. 작은사자자리에는 흥미로운 천체가 거의 없다. 작은사자자리 R은 적색 거성이다. 이 별은 밝기가 일정한 간격으로 변한다. 가장 밝을 때는 쌍안경으로도 볼 수 있지만 가장 어두울 때는 작은 망원경으로도 보이지 않는다.

머리털자리

사자자리의 꼬리 근처에 있는 어둡지만 흥미로운 별자리다. 고대 그리스인들은 이것을 이집트의 여왕 베레니케의 머리카락으로 상상했다. 베레니케는 남편이 전쟁에서 무사히 돌아온 것에 감사하여 머리카락을 잘라 신에게 바쳤다고 한다. 수십 개의 어두운 별이 쐐기 모양으로 모여 있는 머리털자리 성단은 쌍안경으로 쉽게 볼 수 있다.

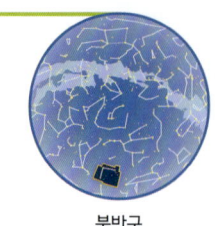

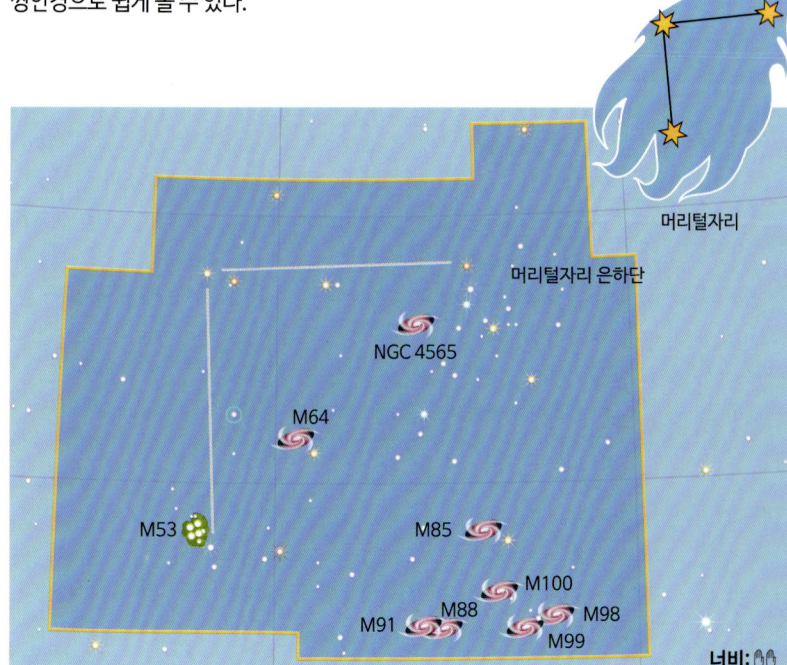

사자자리

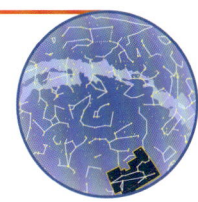
북반구

표현하는 대상과 실제로 비슷하게 생긴 몇 안 되는 별자리 중 하나다. 엎드려 있는 사자 모양이다. 그리스 신화에서 전사 헤라클레스의 열두 가지 고행 중 하나로 희생된 사자로 이야기 된다. '낫'이라고 불리는 별들(보라색 선으로 이어진 별들)은 사자의 머리와 가슴을 나타낸다. 사자자리의 가장 밝은 별 레굴루스는 낫의 맨 아래에 있다. 낫에 있는 별 중 하나인 알기에바는 작은 망원경으로 관측하면 쌍성인 것을 알 수 있다.

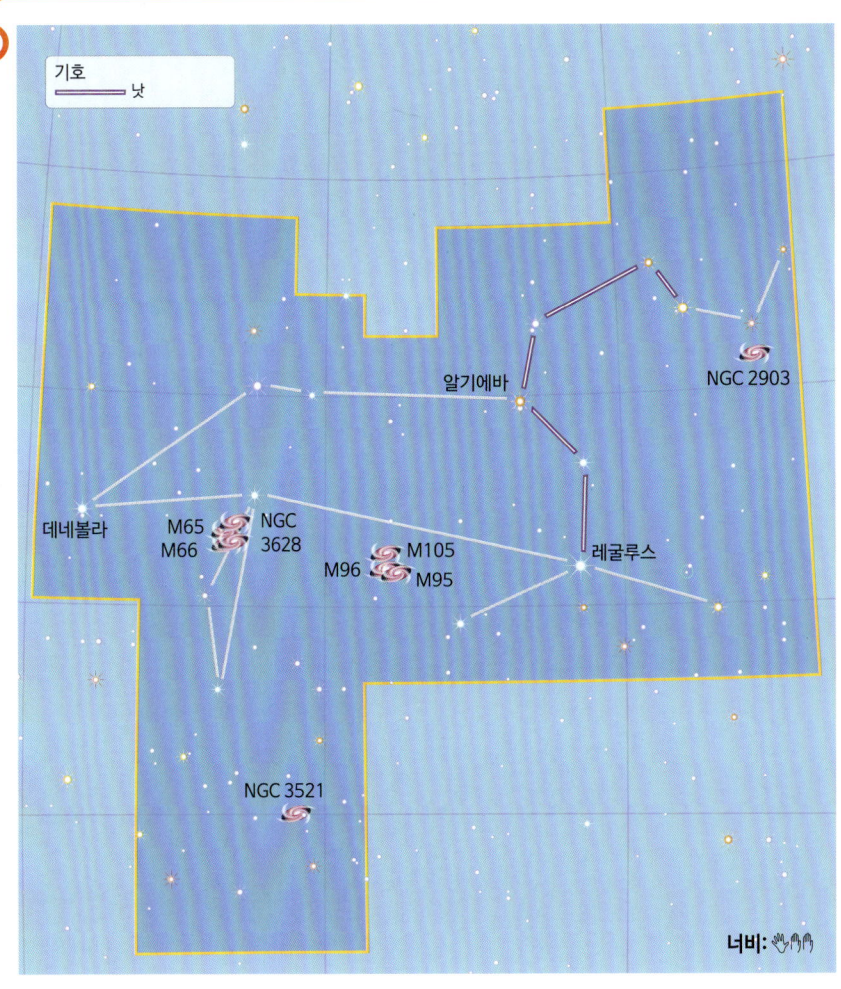

사자자리

나선은하 M66
M66은 사자 뒷다리의 4분의 1 지점에 있는 아름다운 나선은하다. 또 다른 은하 M65와 짝을 이루고 있다. 관측 조건이 좋으면 작은 망원경으로 살짝 볼 수 있지만 뚜렷하게 보기 위해서는 큰 장비가 필요하다.

처녀자리

두 번째로 큰 별자리. 그리스 신화에서 정의의 여신이자 수확의 여신으로 나타난다. 처녀자리의 주요 별들은 느슨한 Y 모양을 이루고 있다. 별자리의 가장 밝은 별 스피카는 Y자의 맨 아래에 있다. Y자 중간에 있는 별 포리마는 작은 망원경으로 구별해서 볼 수 있는 쌍성이다. Y자의 위쪽에는 약 5500만 광년 떨어진 곳에 1,000개 이상의 은하들이 모여 있는 처녀자리 은하단이 있다.

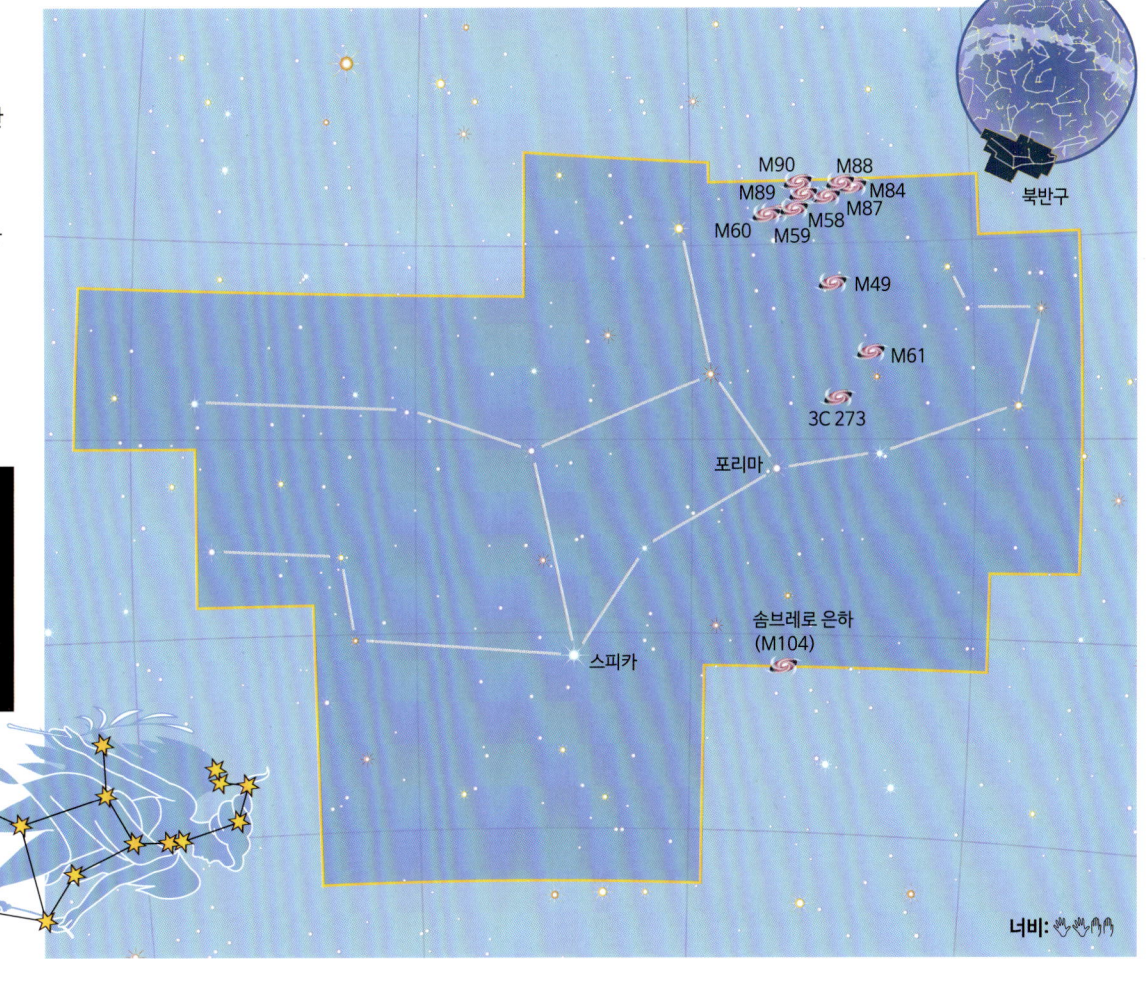

솜브레로 은하
솜브레로 은하(M104)는 멕시코의 솜브레로 모자를 닮은 나선은하로 옆모습으로 보인다. 이 사진은 허블 우주 망원경이 찍은 것이다. 솜브레로 은하는 처녀자리 은하단보다는 가까운 약 3000만 광년 거리에 있다.

천칭자리

하늘에서 바로 옆에 있는 처녀자리 정의의 여신의 손에 들려 있는 정의의 저울을 표현하였다. 천칭자리의 별들은 로마 시대 전까지는 전갈자리의 전갈의 발톱을 표현했다.

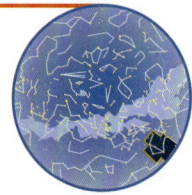
남반구

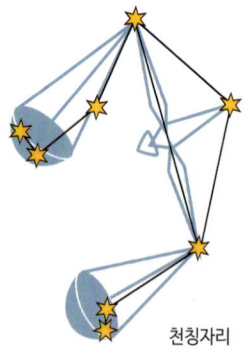
천칭자리

👀 찾아볼 것

주벤엘게누비
쌍안경을 사용하거나 시력이 좋은 사람이라면 맨눈으로도 쉽게 볼 수 있는 많이 떨어져 있는 쌍성이다. 이 이상한 이름은 아랍어 '남쪽의 발톱'에서 왔다.

너비: 🖐

뱀자리

뱀주인자리의 주인공에게 잡혀 있는 큰 뱀을 표현한 별자리다. 뱀의 머리가 뱀주인자리의 한쪽에, 꼬리는 반대쪽에 있다. 둘로 나뉘어져 있는 유일한 별자리다. 하지만 두 부분은 하나의 별자리로 여겨진다. 뱀의 목 근처에는 쌍안경으로 간신히 볼 수 있는, 북반구 하늘에서 가장 멋진 구상 성단 중 하나인 M5가 있다. 뱀의 꼬리 근처에서는 IC 4756이라는 구상 성단도 쌍안경으로 볼 수 있다.

뱀자리

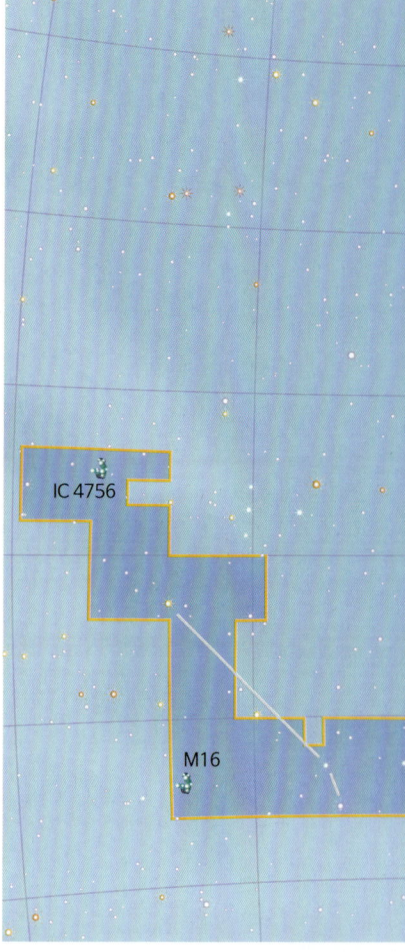

북쪽왕관자리

말발굽처럼 생긴 이 별자리는 크레타의 아리아드네 공주가 디오니소스 신과 결혼할 때 썼던 보석으로 장식된 왕관을 표현한다. 왕관 모양에는 가장 특이한 변광성인 북쪽왕관자리 R 별이 있다. 이것은 몇 년마다 밝기가 갑자기 어두워지는 황색 초거성이다.

북쪽왕관자리

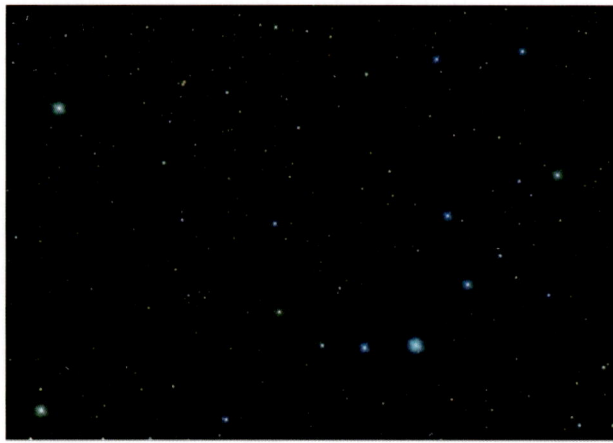

왕관의 보석
북쪽왕관자리를 구성하는 7개의 별 중 가장 밝은 것은 알페카이다. 이 별은 겜마라고도 알려져 있다.

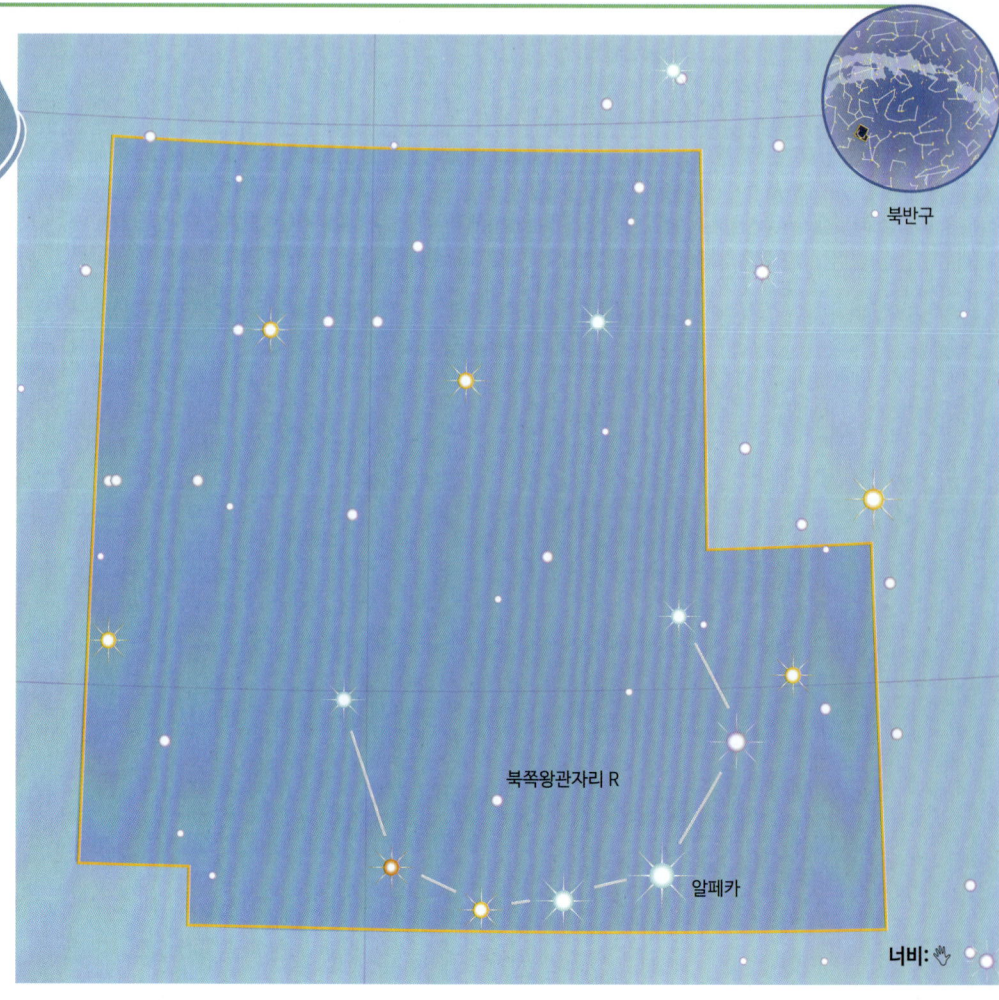

너비: 🖐

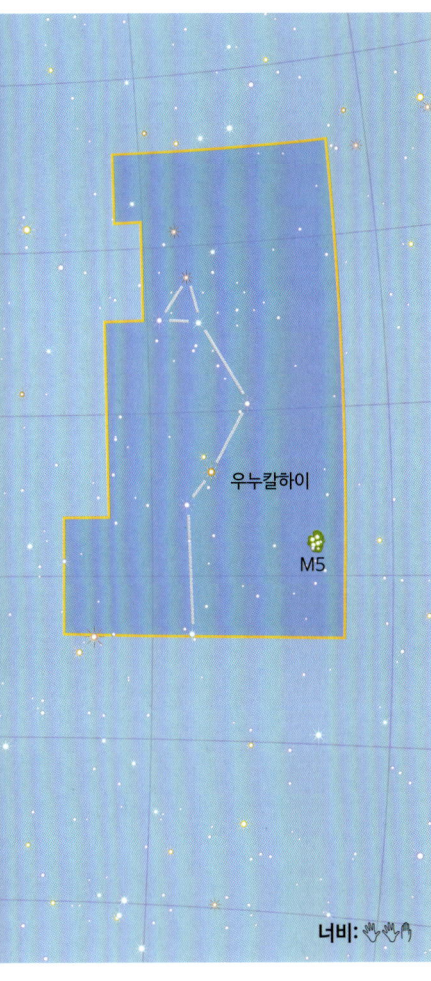
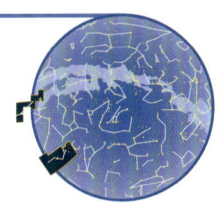
북반구

독수리 성운
뱀자리의 꼬리 부분에는 쌍안경으로 볼 수 있는 M16이라는 성단이 있다. 칠레에 있는 대형 망원경으로 찍은 이 사진은 M16을 둘러싸고 있는 독수리 성운이라는 빛나는 기체 구름이다.

너비:

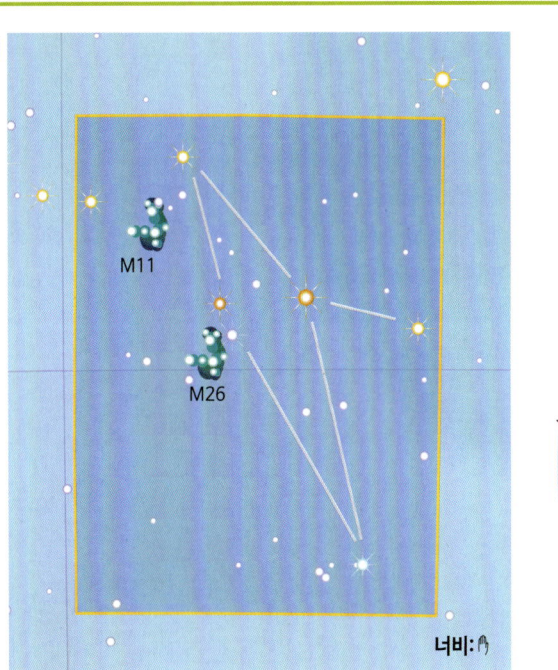
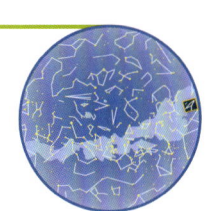
남반구

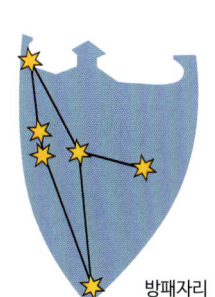
방패자리

너비:

방패자리

방패를 표현하는 작은 별자리다. 17세기 후반 폴란드의 천문학자 요하네스 헤벨리우스가 만들었다. 이 별자리의 북쪽 절반에 있는 은하수의 가장 밝은 부분 중 하나는 방패자리 별 구름이라고 한다. 독수리자리와의 경계에 있는 M11은 날아가는 새의 무리를 닮았다고 해서 야생 오리 성단이라고도 흔히 불리는 성단이다.

뱀주인자리

의료의 신을 표현하는 별자리다. 하늘에서는 뱀자리의 큰 뱀을 잡고 있는 사람으로 그려진다. 뱀주인자리에는 쌍안경과 작은 망원경으로 볼 수 있는 몇 개의 구상 성단이 있다. 그중 가장 밝은 것은 M10과 M12이다.

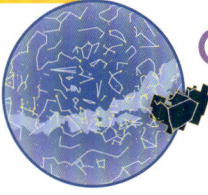
남반구

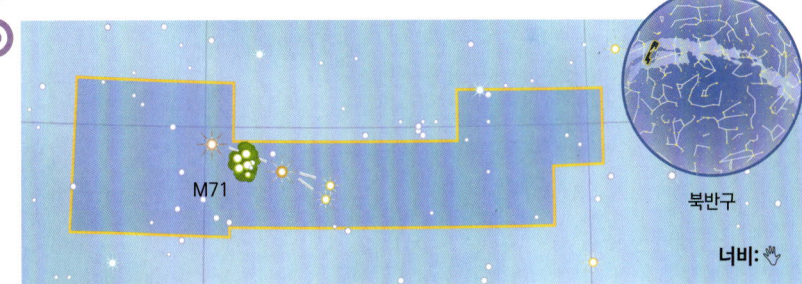
북반구

너비:

화살자리

하늘에서 세 번째로 작은 별자리이며 화살을 표현한다. 고대 그리스인들에게 바로 옆에 있는 헤라클레스나 다른 신들 중 하나가 쏜 화살로 알려져 있던 최초의 별자리 중 하나이다. 이 별자리의 별들은 어둡긴 하지만 꽤 쉽게 알아볼 수 있다.

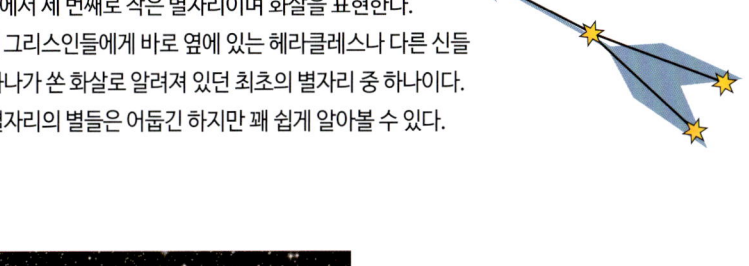
화살자리

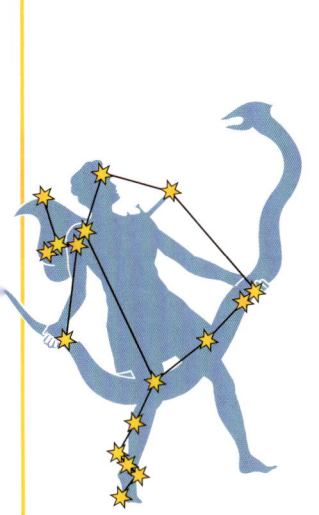
뱀주인자리

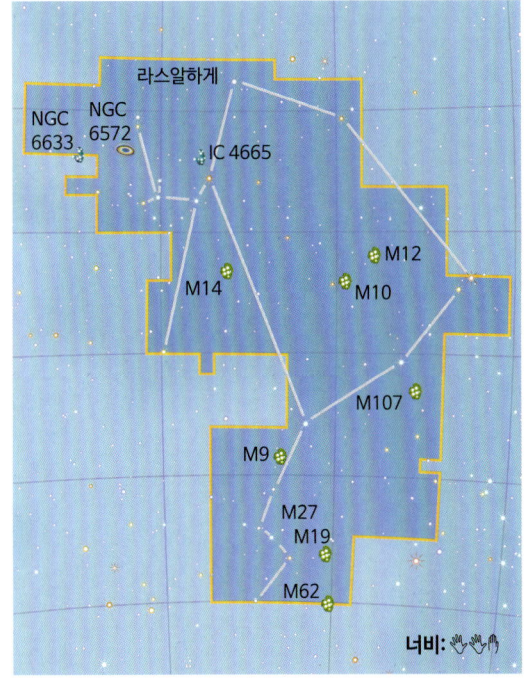
너비:

구상 성단 M71
화살자리에는 작은 망원경으로 볼 수 있는 어두운 구상 성단 M71이 있다. 이 성단의 지름은 약 27광년이고 나이는 약 100억 년으로 여겨진다.

독수리자리

그리스 신화에서 제우스가 변신한 것 중 하나인 날아가는 독수리를 표현한 별자리다. 대표적인 별은 세 별자리의 밝은 별들이 만드는 유명한 삼각형인 여름철의 대삼각형 중 하나를 차지하고 있는 알타이르이다. 삼각형의 다른 두 별은 거문고자리의 베가와 백조자리의 데네브이다. 독수리자리에서 가장 흥미로운 대상은 세페이드 변광성이라고 알려진 변광성 중에서 가장 밝은 것 중 하나인 독수리자리 에타 별이다.

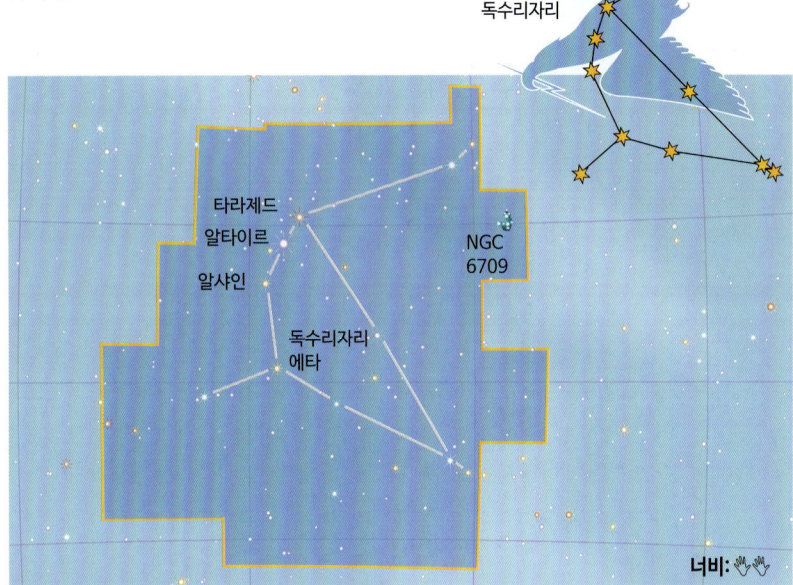

북반구

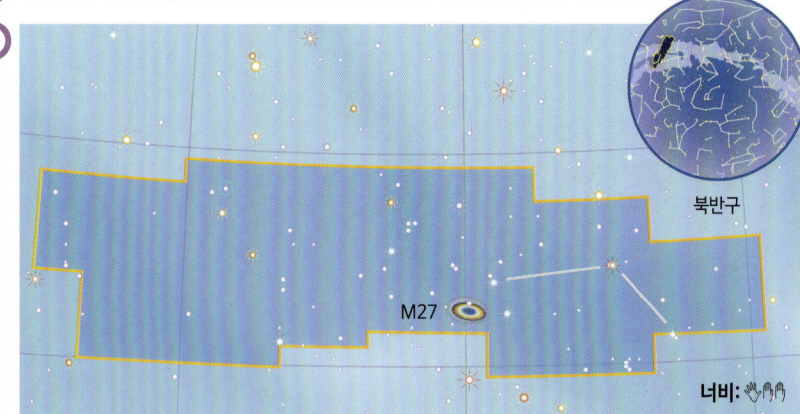

북반구

여우자리

17세기 후반 폴란드의 천문학자 요하네스 헤벨리우스가 이름 붙인 어두운 별자리다. 여우를 표현하고 있다. 쌍안경으로 보기에 매력적인 천체는 위쪽에 고리가 달린 막대처럼 생긴 옷걸이 성단이다.

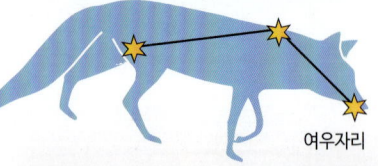

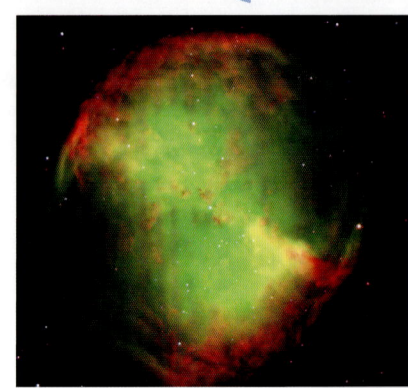

아령 성운
여우자리에 있는 유명한 천체는 아령 성운(M27)이다. 이 행성상 성운(죽어 가는 별에서 떨어져 나온 기체 껍질)은 맑은 날 밤에 쌍안경으로 볼 수 있다.

돌고래자리

그리스 신화에서 돌고래가 강도들에게서 도망치고자 배에서 뛰어내린 그리스의 음악가 아리온을 구출했다. 이 별자리에서 가장 밝은 두 별은 수알로킨(Sualocin)과 로타네브(Rotanev)라는 이상한 이름을 가지고 있다. 거꾸로 읽으면 니콜라우스 베나토르(Nicolaus Venator)가 되는데, 이것은 이탈리아의 천문학자의 이름이다. 이 사람이 자신의 이름을 장난스럽게 붙인 것으로 생각된다.

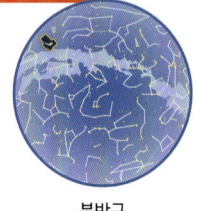

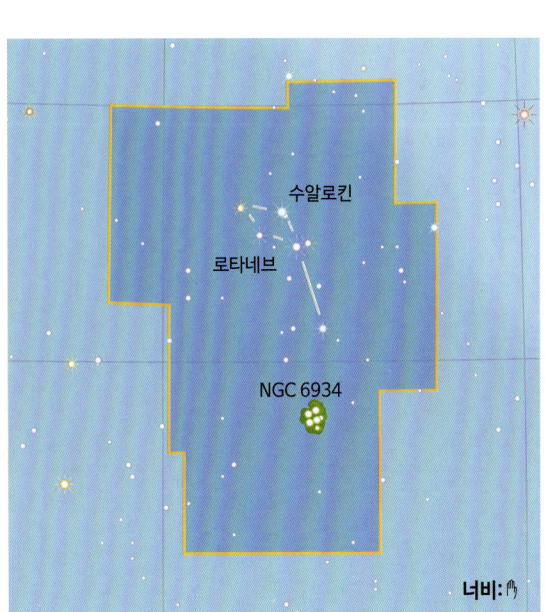

조랑말자리

하늘에서 두 번째로 작은 별자리로 조랑말의 머리를 표현한다. 날아다니는 큰 말 페가수스 옆에 있으며 고대 그리스인들이 알고 있던 별자리 중 하나이다. 쌍안경으로 쉽게 구별하여 볼 수 있는 쌍성인 키탈파를 제외하면 흥미로운 것이 거의 없다.

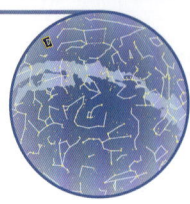

북반구

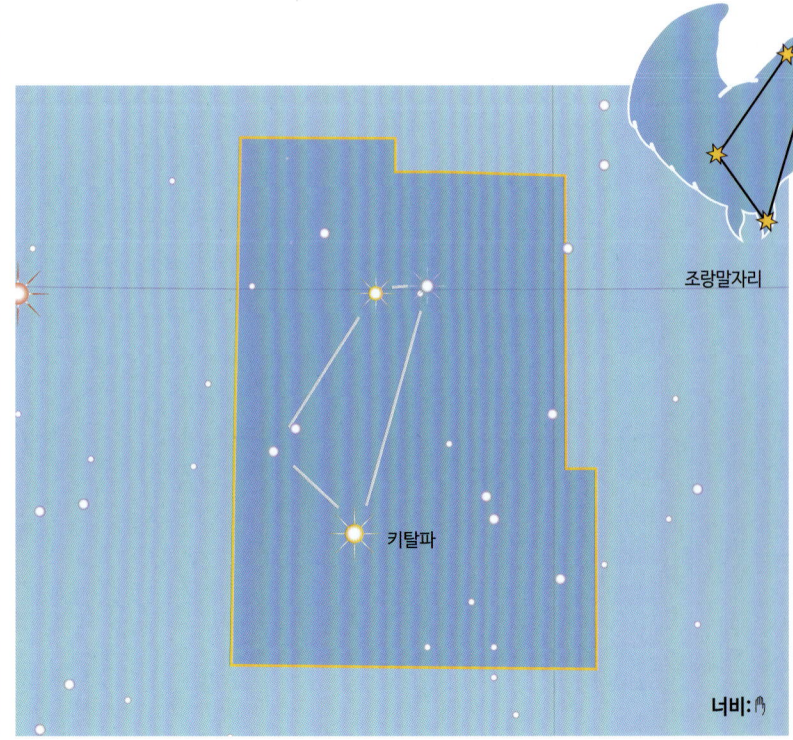

페가수스자리

북쪽 하늘의 큰 별자리로 그리스 신화의 날아다니는 말을 표현한다. 가장 쉽게 찾을 수 있는 모양은 말의 몸통을 그려 주는 4개의 별로 이루어진 대사각형(또는 페가수스의 사각형)이다. 하지만 사실 사각형 중에서 3개의 별만 페가수스자리에 속하고 네 번째 별은 경계 너머의 안드로메다자리에 속한다. (과거에는 두 별자리에 모두 속했다.) 사각형은 30개의 보름달이 나란히 들어갈 수 있을 정도로 아주 크다. 말의 코는 에니프라는 별로 표시된다.

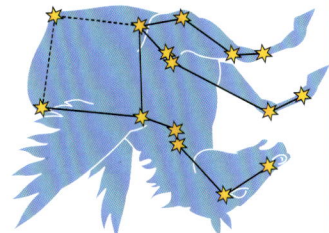

페가수스자리

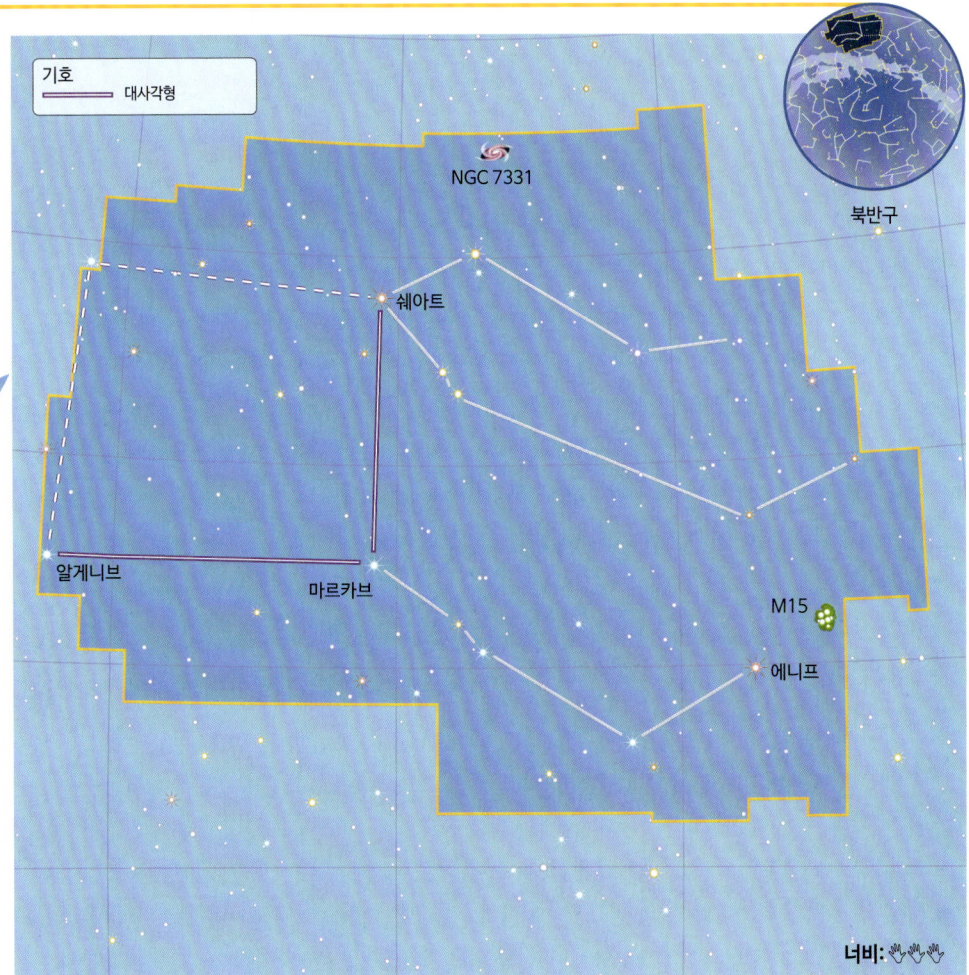

구상 성단 M15
에니프 별 근처에는 북쪽 하늘에서 가장 잘 보이는 구상 성단 중 하나인 M15가 있다. 쌍안경으로 보면 뿌연 덩어리로 쉽게 구별할 수 있다. 그리고 망원경으로 보면 별들의 거대한 구가 잘 드러난다.

물병자리

젊은 사람이 병에서 물을 따르는 것을 표현한 별자리다. 물병은 물병자리 제타 별 근처의 작은 성단으로 표현된다. 별자리의 북쪽에는 쌍안경으로 어두운 덩어리로 보이는 구상 성단 M2가 있다. 물병자리에서는 두 개의 유명한 행성상 성운(죽어 가는 별의 잔해), NGC 7009와 NGC 7293을 망원경으로 찾을 수 있다.

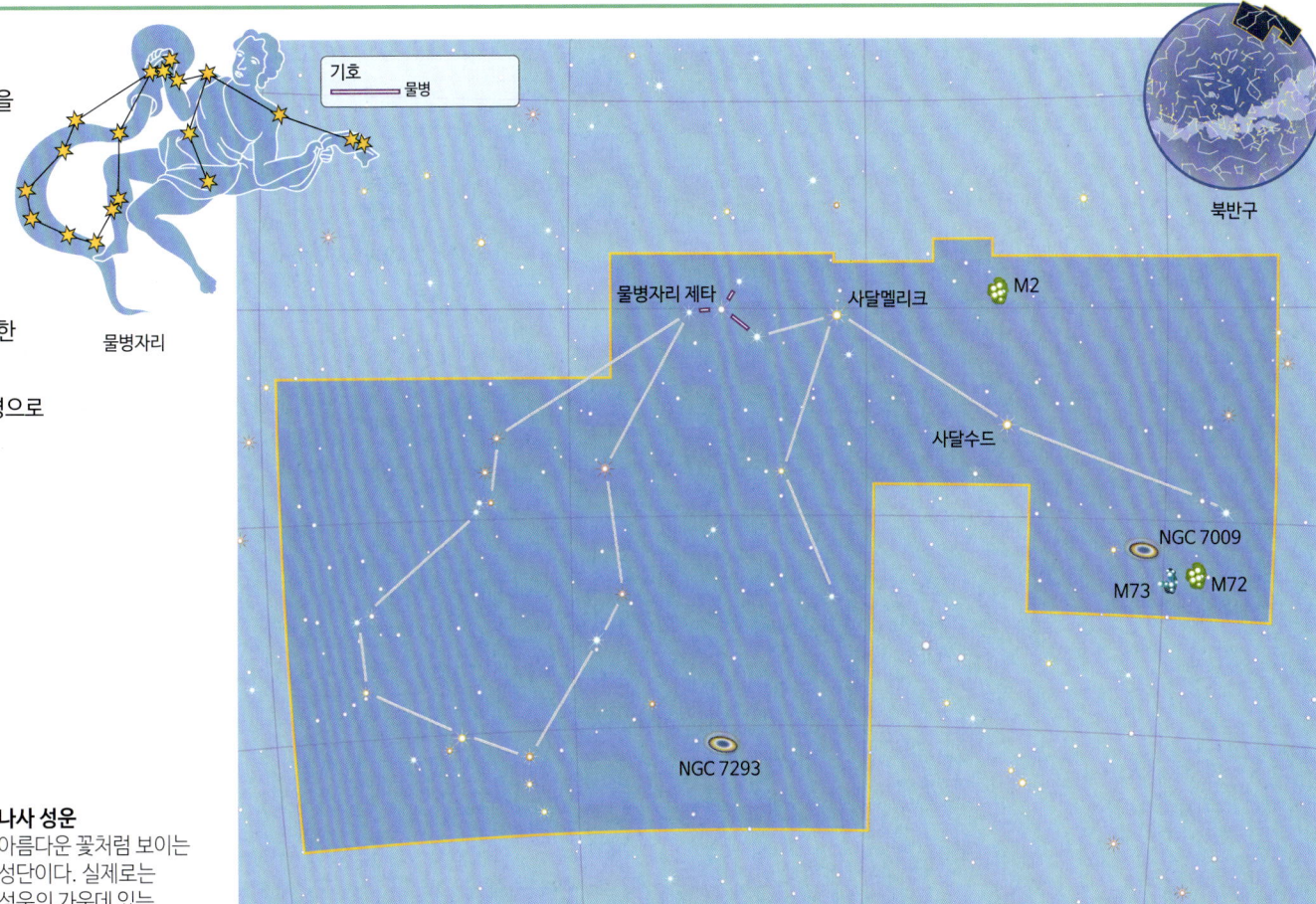

나사 성운
아름다운 꽃처럼 보이는 성단이다. 실제로는 성운의 가운데 있는 별에서 떨어져 나온 기체 껍질이다.

물고기자리

꼬리가 줄에 묶여 연결되어 있는 두 마리의 물고기를 표현한다. 알레샤 별은 두 줄이 연결되는 지점을 표시한다. 그리스 신화에서 아프로디테가 아들 에로스와 함께 괴물 티폰에게서 도망가기 위해 변신한 물고기로 묘사된다. 별의 고리라고 불리는 7개의 별이 물고기 중 하나의 몸을 표시한다. 물고기자리에는 작은 망원경으로 볼 수 있는, 위에서 보는 모습으로 보이는 아름다운 나선은하 M74가 있다.

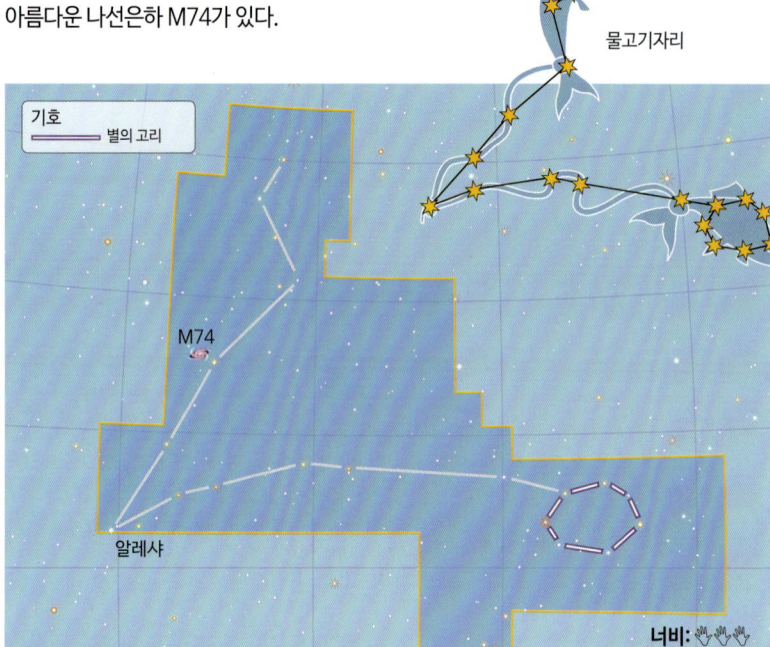

고래자리

고래 모양의 바다 괴물로 네 번째로 큰 별자리다. 그리스 신화에서 안드로메다가 이 괴물의 희생양으로 바위에 묶여 있었는데 페르세우스가 구해 주었다. 고래의 목에는 유명한 변광성 미라가 있다. 미라는 맨눈으로 쉽게 볼 수 있지만 어두워져 몇 달 동안 보이지 않기도 한다.

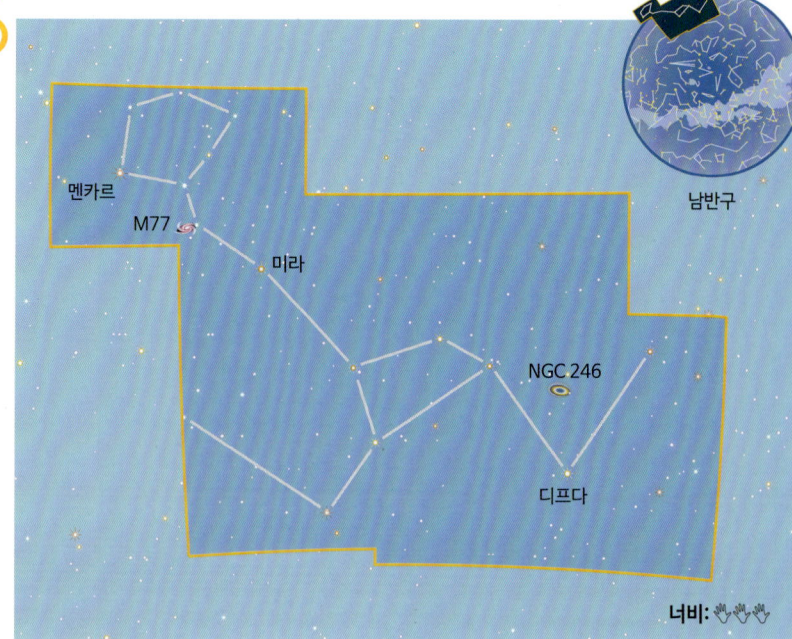

큰개자리

큰개자리와 옆에 있는 작은개자리는 오리온의 개들을 표현하는 별자리다. 큰개자리에는 8.6광년 거리에 있는, 밤하늘에서 가장 밝은 별 시리우스가 있다. 시리우스의 남쪽에는 맑은 밤하늘에서 맨눈으로 간신히 보이고 쌍안경으로 아름답게 보이는 성단 M41이 있다.

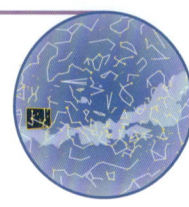

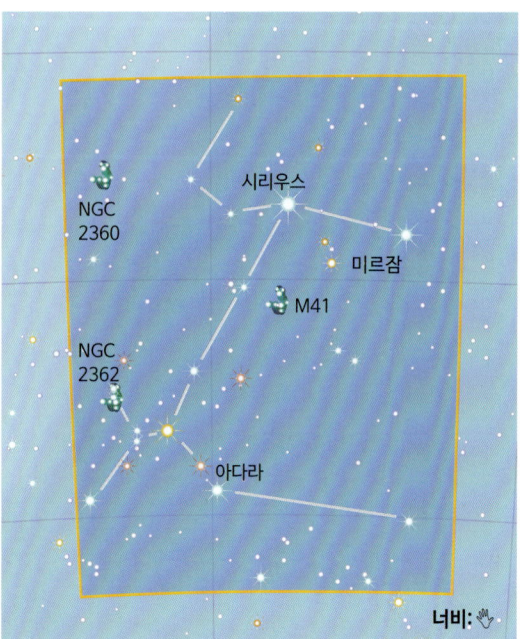

작은개자리

오리온의 두 개 중 작은 개다. 주요 별인 프로키온은 하늘에서 8번째로 밝은 별이다. 프로키온은 큰개자리의 시리우스, 오리온자리의 베텔게우스와 함께 큰 삼각형을 만든다. 프로키온과 시리우스는 모두 백색 왜성이 주위를 돌고 있는데, 이 별들은 큰 망원경으로만 볼 수 있다. 이 별자리에 다른 흥미로운 것은 거의 없다.

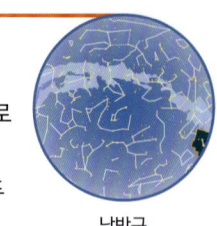

오리온자리

그리스 신화의 위대한 사냥꾼을 표현한 별자리다. 하늘에서는 옆에 있는 황소자리의 황소에 대항하여 몽둥이와 방패를 들고 있는 것으로 그려진다. 밝은 별 베텔게우스는 오리온의 오른쪽 어깨를 리겔은 왼쪽 발을 표시한다. 베텔게우스는 밝기가 약간 변하는 적색 초거성이고 리겔은 더 뜨겁고 더 푸른 또 다른 초거성이다. 오리온자리를 쉽게 구별할 수 있게 해 주는 모양은 나란한 세 별이 나타내는 허리띠이다. 허리띠에는 하늘의 보물 중 하나인 오리온 성운을 포함하는 칼이 매달려 있다.

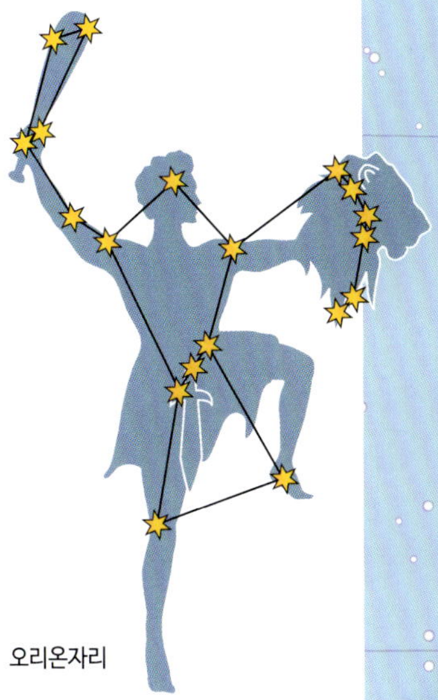

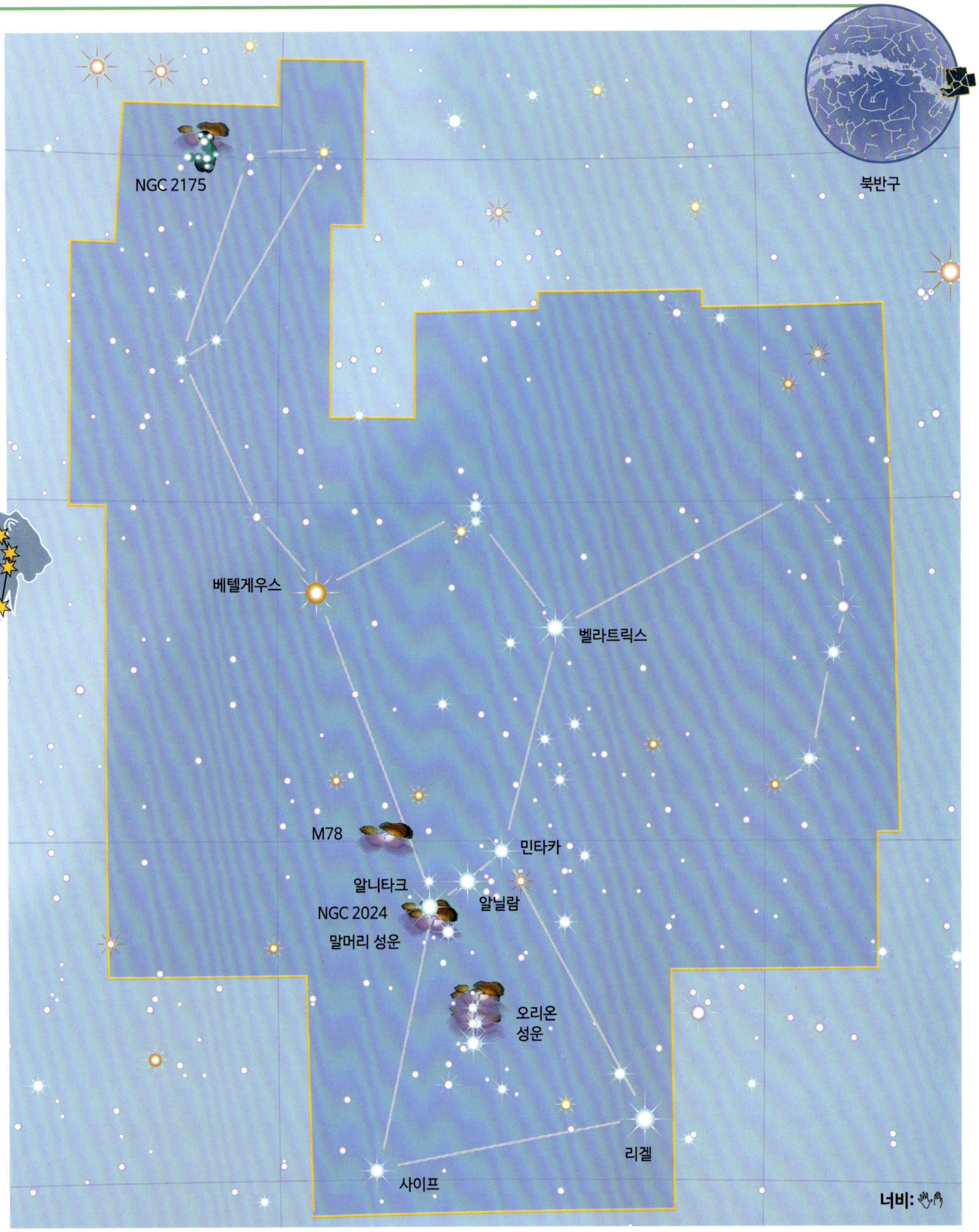

트라페지움
오리온 성운의 중앙에는 작은 망원경으로 볼 수 있는 트라페지움이라는 4개의 별이 있다. 이 새로 태어난 별들에서 나오는 빛이 주위의 기체를 빛나게 해 준다.

말머리 성운
칠레의 망원경으로 찍은 이 사진은 마치 하늘에 펼쳐진 체스 판의 나이트 같지만, 말머리 성운이이라고 하는 어두운 먼지 구름이다. 오리온의 허리띠에 있는 별 알니타크의 바로 아래에 위치해 있다. 말머리 성운은 어두워서 관측하기 어려우며 사진으로만 잘 볼 수 있다.

오리온 성운
큰 별 생성 기체 구름인 오리온 성운은 쌍안경과 작은 망원경으로는 안개처럼 보인다. 허블 우주 망원경이 찍은 위 사진에서는 복잡한 모양과 색이 잘 드러난다.

외뿔소자리

하나의 뿔을 가진 신화 속의 동물인 유니콘을 표현하는 별자리다. 17세기 초 네덜란드의 천문학자이자 지도 제작자 페트루스 플란시우스가 그리스 별자리들 사이의 빈자리에 만들었다. 흥미로운 대상으로는 작은 망원경으로 보기에 아주 좋은 3중성 외뿔소자리 베타 별이 있다. 쌍안경이나 작은 망원경으로 보기에 매력적인 세 개의 성단인 M50, NGC 2244, NGC2264도 있다.

장미 성운
NGC 2244 성단은 장미 성운이라고 하는 꽃처럼 생긴 기체 구름 안에 있다. 성단은 쌍안경으로 쉽게 볼 수 있지만 분홍색 장미처럼 빛나는 성운은 사진으로만 볼 수 있다.

바다뱀자리

하늘의 4분의 1을 넘게 뻗어 있는 가장 큰 별자리다. 그리스 신화에서 히드라는 여러 개의 머리를 가진 괴물이지만 하늘에서는 고리 형태의 5개의 별로 표현된 하나의 머리만 가지고 있다. 가장 밝은 별은 알파르드인데 '외로운 하나'라는 의미이다. 비교적 비어 있는 하늘에 위치해 있기 때문에 붙은 이름이다. 외뿔소자리와의 경계 근처에 있는 M48은 쌍안경이나 작은 망원경으로 볼 수 있는 성단이다.

나선은하 M83
남쪽 바람개비 은하로도 알려진 M83은 1500만 광년 떨어져 있는 아름다운 나선은하이다. 작은 망원경으로는 흐릿한 덩어리처럼 보이지만 큰 장비로 보면 아름다운 나선 팔들이 모습을 드러낸다.

공기펌프자리

1750년대에 프랑스의 천문학자 니콜라 루이 드 라카유가 만들어 낸 작고 어두운 남반구 별자리다. 이 이름은 공기 펌프의 발명을 기념하는 것이다. 이 별자리에서 가장 인상적인 대상은 NGC 2997이라는 나선은하이다. 작은 망원경으로 보기에는 너무 어둡지만 사진에서는 나선 팔과 함께 분홍색 기체 구름이 아름답게 드러난다.

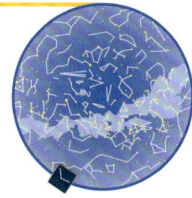
남반구

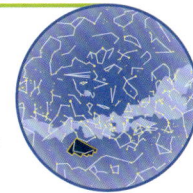
공기펌프자리

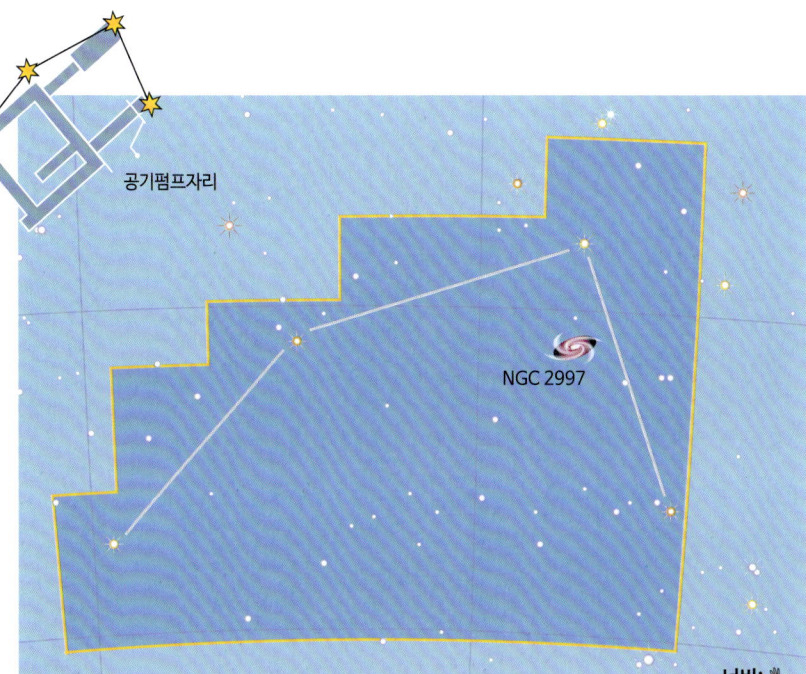
NGC 2997

너비: ✋

육분의자리

큰개자리와 옆에 있는 작은개자리는 오리온의 개들을 표현하는 별자리다. 큰개자리에는 8.6광년 거리에 있는, 밤하늘에서 가장 밝은 별 시리우스가 있다. 시리우스의 남쪽에는 맑은 밤하늘에서 맨눈으로 간신히 보이고 쌍안경으로 아름답게 보이는 성단 M41이 있다.

남반구

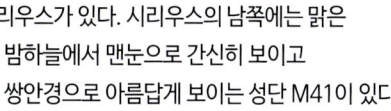
육분의자리

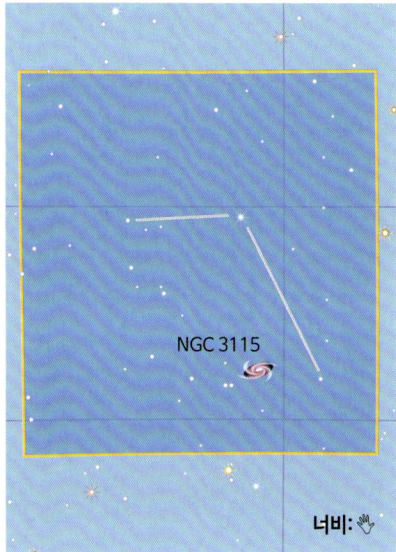
NGC 3115

너비: ✋

방추은하
우리에게 옆모습이 보이기 때문에 실을 감는 막대 모양으로 보이는 은하이다. 목록 번호로는 NGC 3115로 불린다.

컵자리

이 별자리의 영어 이름 '크레이터(crater)'는 라틴어로 컵을 의미하고, 그리스의 신 아폴로의 컵을 표현한다. 그리스 신화에서 까마귀에게 컵에 물을 담아 오게 한다. 욕심 많은 새는 무화과를 먹느라 늦어 버렸다. 까마귀는 뱀 때문에 늦었다고 핑계를 댔지만 아폴로는 어떤 일이 있었는지 알아채고 까마귀를 컵과 뱀과 함께 하늘에 머물러 있게 하는 벌을 내렸다. 컵자리에는 작은 망원경 사용자가 관심을 가질 만한 주요 천체가 없다.

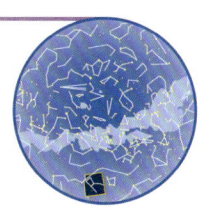
남반구

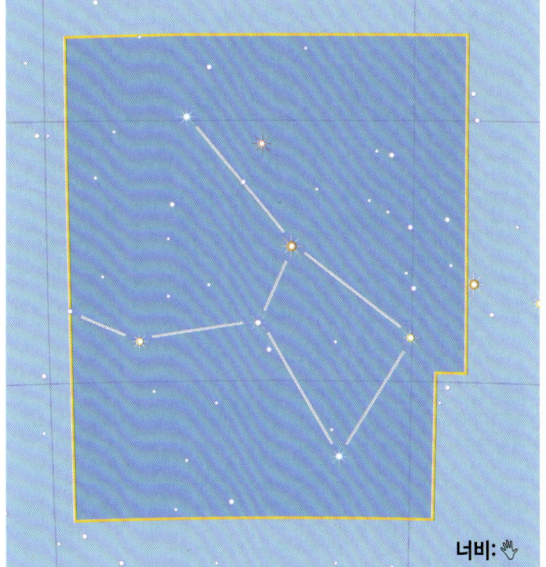

컵자리

너비: ✋

까마귀자리

아폴로가 컵에 물을 담아 오라고 보낸 까마귀를 표현한다. 컵자리 바로 옆에 있다. 둘 다 물뱀자리의 등 위에 있다. 이 별자리에서 가장 멋진 대상은 충돌하는 은하 NGC 4038과 NGC 4039로 더듬이은하라고 불린다. 큰 망원경으로 보면 곤충의 더듬이처럼 기체와 별들이 길게 뻗어 있는 모습이 드러난다.

남반구

까마귀자리

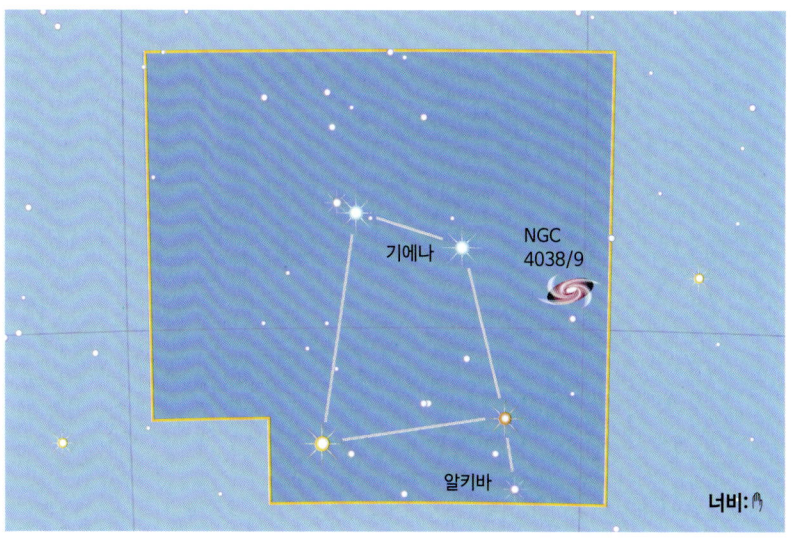
기에나
NGC 4038/9
알키바

너비: ✋

켄타우루스자리

켄타우루스는 반은 사람이고 반은 말인 고대 그리스의 신화적인 존재다. 이 별자리는 그리스 신들의 아이들을 가르친 케이론이라는 켄타우로스족을 표현한다. 가장 밝은 별 알파 켄타우리는 작은 망원경으로 쌍성인 것을 볼 수 있다. 또한 알파 켄타우리의 세 번째 쌍성도 볼 수 있다. 태양에서 가장 가까운 4.2광년 거리에 있는 적색 왜성 프록시마 켄타우리이다.

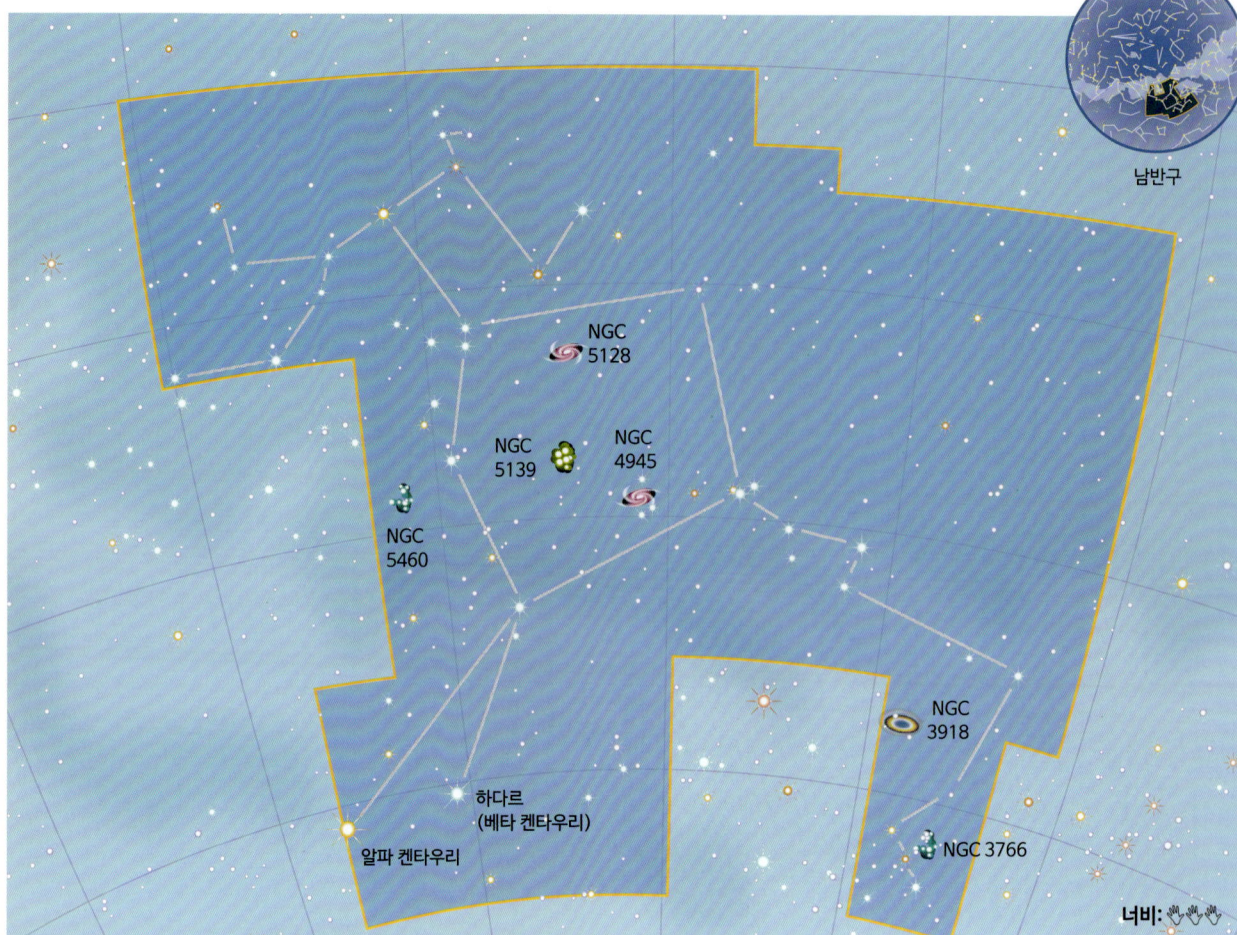
남반구

켄타우루스자리

남십자자리

남십자성으로 잘 알려져 있는, 88개의 별자리 중 가장 작은 별자리다. 가장 밝은 별 아크룩스는 작은 망원경으로도 쉽게 구별해서 볼 수 있는 쌍성이다. 미모사 (베크룩스) 근처에는 보물 상자라고도 알려진, 쌍안경이나 작은 망원경으로 쉽게 볼 수 있는 아름다운 성단 NGC 4755가 있다. 밝은 은하수를 배경으로 하는 어두운 먼지 구름인 석탄자루 성운도 볼 수 있다.

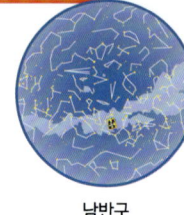
남반구

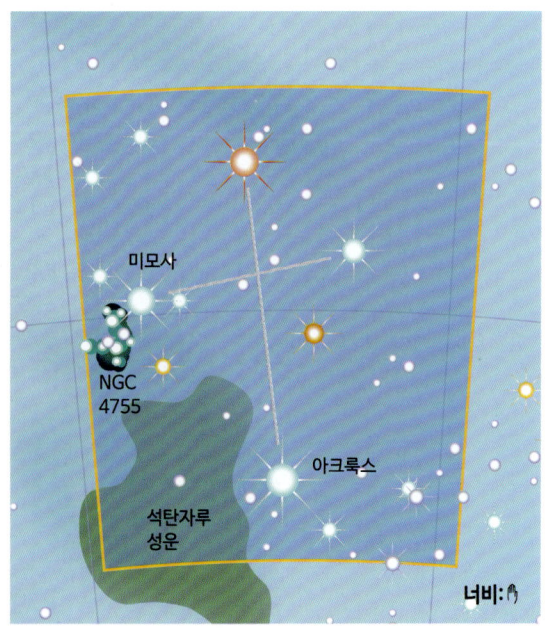

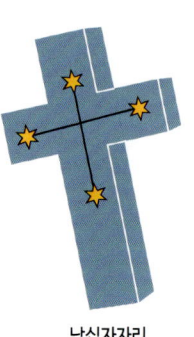
남십자자리

이리자리

늑대를 표현하는 별자리다. 고대 그리스의 천문학자들은 이 늑대가 켄타우루스자리의 창에 공격을 받고 있는 모습으로 상상했다. 이리자리에는 흥미로운 쌍성이 몇 개 있다. 이리자리의 남쪽에는 목록 번호 NGC 5822인 성단이 있다.

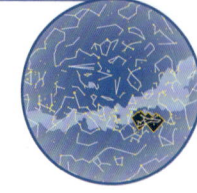
남반구

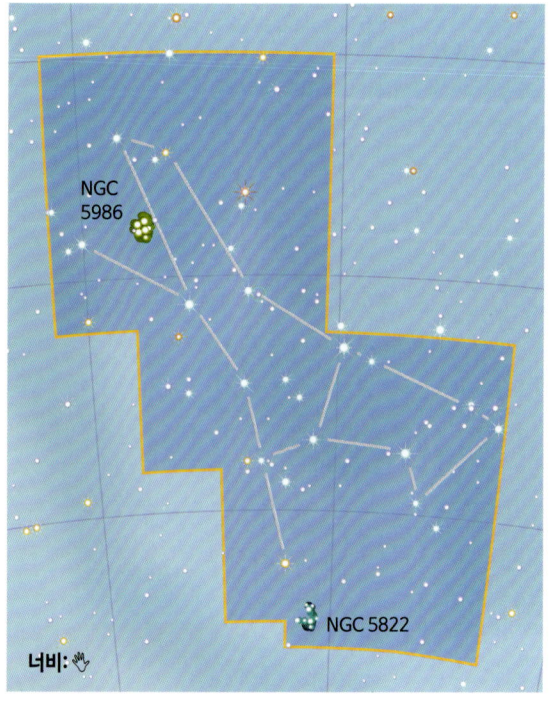

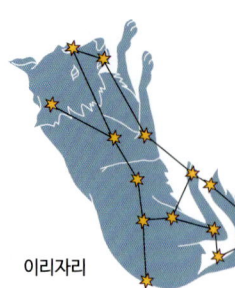
이리자리

궁수자리

켄타우로스족으로 묘사된 궁수가 활시위를 당기고 있는 모습을 표현하는 별자리다. 궁수자리의 8개 주요 별은 찻주전자 모양을 이루고 있다. 찻주전자 근처에는 쌍안경으로 쉽게 볼 수 있는 큰 구상 성단 M22가 있다. 궁수자리에는 삼렬성운(M20)을 비롯한 몇 개의 멋진 성운이 있다.

삼렬성운
삼렬성운(M20)은 분홍색 기체와 푸른색 먼지가 어우러져 있다. 이 성운의 아름다움은 위와 같이 큰 망원경으로 찍은 사진에서 잘 드러난다.

전갈자리

그리스 신화에서 오리온을 물어 죽인 전갈을 표현하는 별자리다. 전갈의 심장에는 태양보다 수백 배 더 큰 적색 초거성 안타레스가 있다. 안타레스 옆에는 쌍안경으로 볼 수 있는 구상 성단 M4가 있다. 전갈의 휘어진 꼬리 끝에는 맨눈으로 은하수에 있는 밝은 점으로 간신히 볼 수 있는 큰 성단 M7이 있다. 그 옆에는 작은 망원경으로 잘 볼 수 있는 더 작은 성단 M6이 있다. 쌍안경으로 볼 수 있는 또 다른 아름다운 성단으로 NGC 6231이 있다.

M4 성단
이 빛나는 사진은 지구에서 7,200광년 거리에 있는 구상 성단 M4의 중심부를 허블 우주 망원경이 찍은 것이다.

염소자리

물고기의 꼬리를 가진 염소를 표현하는 별자리다. 염소의 뿔과 다리를 가진 그리스의 신 판을 표현한 것으로 이야기된다. 괴물 티폰을 피하여 강에 뛰어들었을 때 물고기의 꼬리가 자라났다. 흥미로운 대상은 쌍안경이나 좋은 눈으로도 쉽게 구별해서 볼 수 있는 쌍성 알게디이다. 다비흐도 쌍성이지만 구별하기 위해서는 쌍안경이나 작은 망원경이 필요하다.

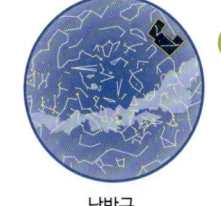
남반구

염소자리

현미경자리

1750년대에 남아프리카 희망봉에서 남반구 별들을 연구한 프랑스의 천문학자 니콜라 루이 드 라카유가 만든 남반구 하늘의 어두운 별자리다. 라카유는 이 현미경자리 외에도 과학 도구를 표현하는 새로운 별자리를 많이 만들어 냈다.

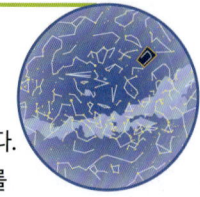
남반구

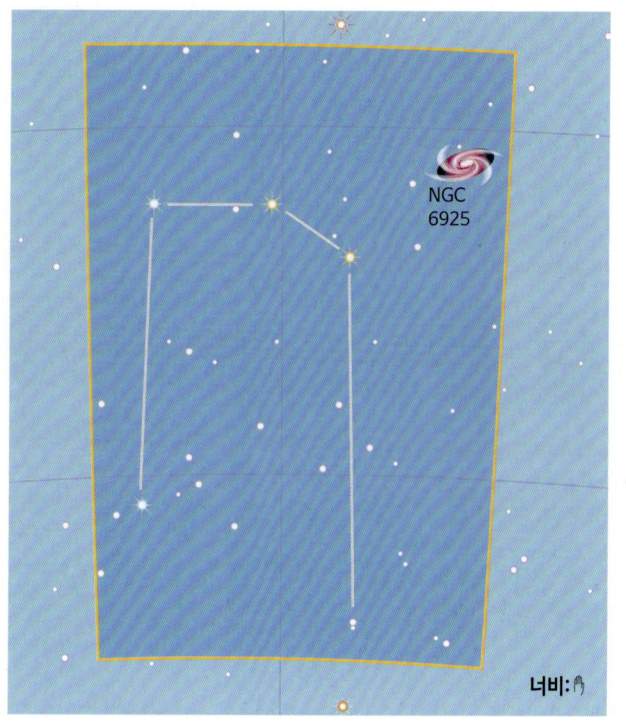

현미경자리

남쪽물고기자리

고대 그리스인들에게 이 별자리는 북쪽에 있는 물병자리의 물병에서 흘러나오는 물을 마시는 큰 물고기를 표현한다. 가장 밝은 별은 25광년 떨어져 있는 포말하우트이다. 포말하우트는 아랍어로 '물고기의 입'을 의미한다.

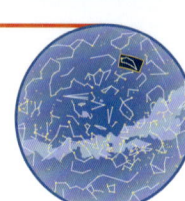
남반구

남쪽물고기자리

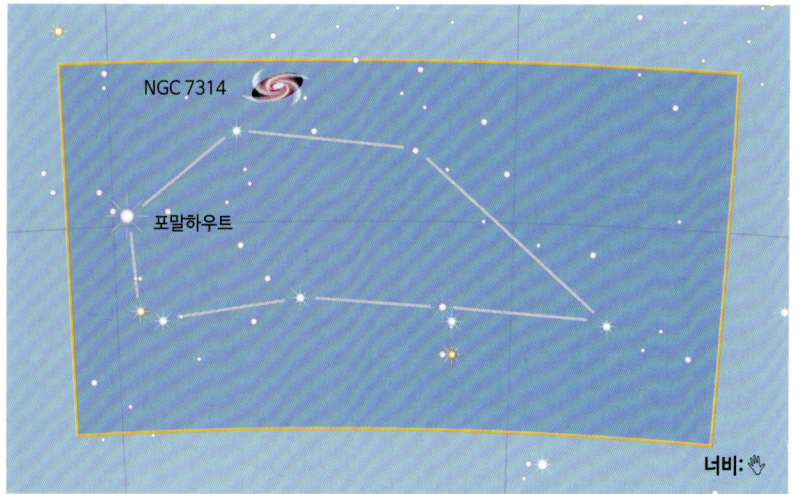

조각가자리

1750년대에 프랑스의 천문학자 니콜라 루이 드 라카유가 만들어 낸 별자리로 조각가의 작업실을 표현한다. 별들은 어둡지만 몇 개의 흥미로운 천체들을 포함하고 있다. 그중 가장 인상적인 것은 1300만 광년 떨어져 있는 나선은하 NGC 253으로 거의 옆면이 보이고 작은 망원경으로는 간신히 볼 수 있다. 먼지 구름과 별 탄생 지역 때문에 덩어리로 보이지만 큰 망원경으로 뚜렷하게 볼 수 있다.

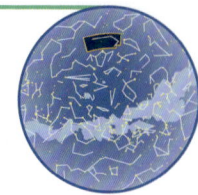
남반구

조각가자리

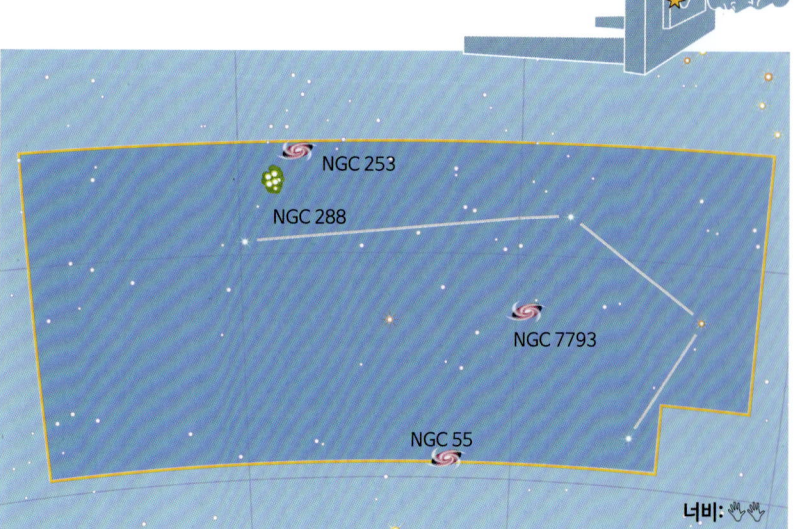

화로자리

1750년대에 프랑스의 천문학자 니콜라 루이 드 라카유가 만든 별자리다. 화학 실험에 사용되는 화로를 표현한 것이다. 별자리의 경계에는 6500만 광년 떨어져 있는 화로자리 은하단이 있다.

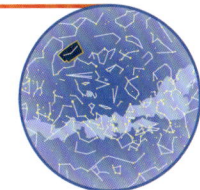
남반구

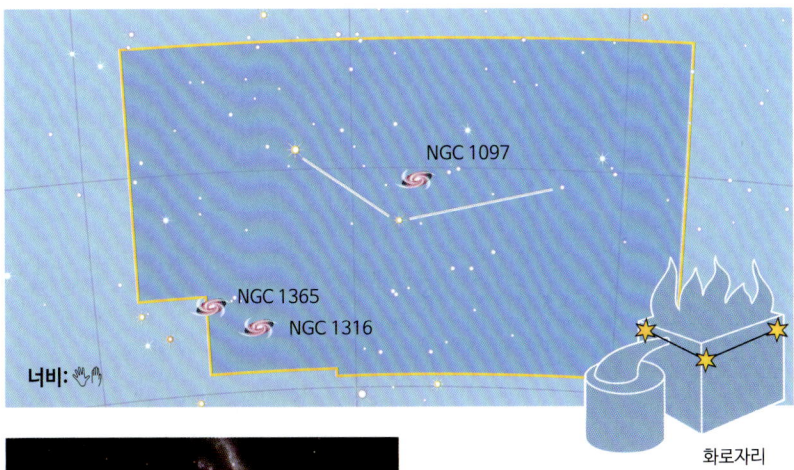

막대나선은하 NGC 1365
화로자리 은하단에서 눈에 띄는 천체는 막대나선은하 NGC 1365이다. 전체 크기와 모양을 보기 위해서는 큰 망원경이 필요하다.

조각칼자리

1750년대 프랑스의 천문학자 니콜라 루이 드 라카유가 만들어 낸 남반구 하늘의 또 하나의 작고 어두운 별자리다. 조각가가 사용하는 끌을 표현하고 있다. 에리다누스자리와 비둘기자리 사이에 끼어 있다. 쌍안경이나 작은 망원경 사용자들에게 흥미 있을 만한 대상은 거의 없다.

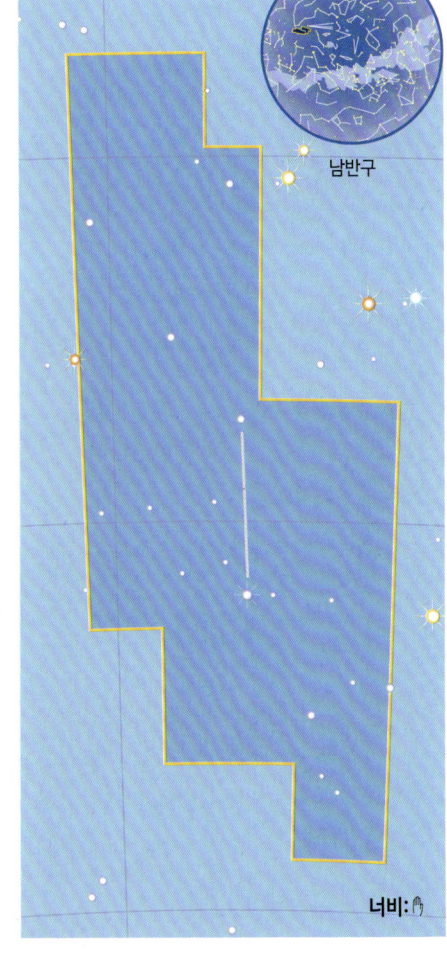

에리다누스자리

고대 그리스인들에게 이 큰 별자리는 강을 표현한 것이었는데 이집트의 나일강 혹은 이탈리아의 포강으로 여겨졌다. 밤하늘에서 이 강은 오리온의 왼쪽 발에서 시작하여 남쪽 하늘 깊은 곳까지 굽이쳐 흐른다. 가장 밝은 별은 강의 남쪽 끝에 있는 아케르나르이다.

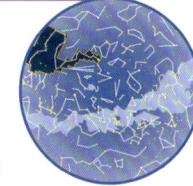
남반구

막대나선은하 NGC 1300
허블 우주 망원경으로 찍은 전형적인 막대나선은하의 모습이다. NGC 1300은 우리에게서 약 7000만 광년 거리에 있다. 보기 위해서는 큰 망원경이 필요하다.

토끼자리

오리온의 발아래에서 빠르게 움직이고 있는 토끼를 표현하고 있다. 고대 그리스인들에게 알려진 별자리 중 하나이다. 가장 밝은 별 이름인 아르네브는 아랍어로 '토끼'를 의미한다. 이 별자리에서 가장 흥미로운 대상은 쌍안경으로 구별하여 볼 수 있는 매력적인 쌍성인 토끼자리 감마 별이다. 또 다른 흥미로운 천체는 작은 망원경으로 가장 밝게 보이는 작은 성단 NGC 2017이다.

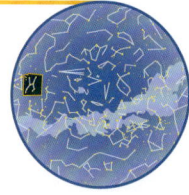
남반구

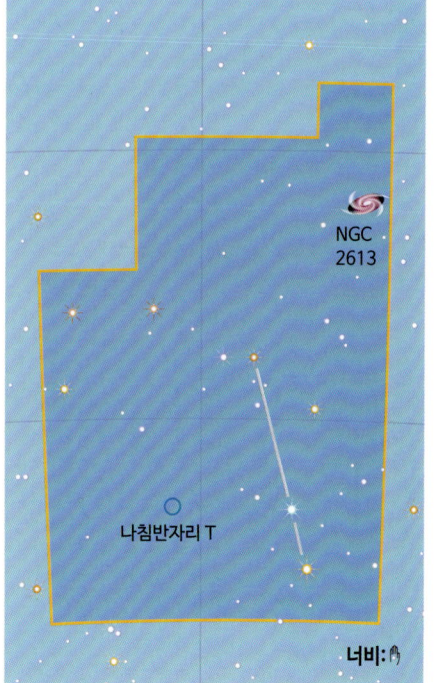
토끼자리

비둘기자리

1592년 네덜란드의 천문학자 페트뤼스 플란시우스가 그리스 별자리에 포함되지 않은 별들을 이용하여 이리자리와 큰개자리 사이에 만든 별자리다. 성경에서 노아가 방주에서 육지를 찾기 위하여 보낸 비둘기를 표현하는 것으로 알려져 있다. 비둘기자리의 가장 밝은 별은 팍트라고 하는데 아랍어로 '산비둘기'를 의미한다.

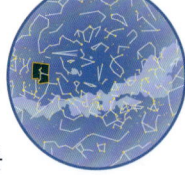
남반구

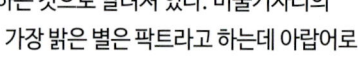

나침반자리

1750년대에 프랑스의 천문학자 니콜라 루이 드 라카유가 남반구 하늘을 연구하던 중에 만든 별자리다. 배에서 사용되던 나침반을 표현하고 있다. 가장 특징 있는 별은 때때로 밝아지는 별의 종류인 반복 신성 나침반자리 T 별이다. 1890년 이후 여섯 번 폭발하여 밝아졌다. 다음 폭발은 언제라도 일어날 수 있다.

남반구

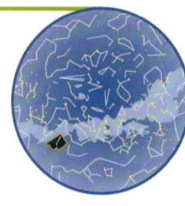

나침반자리

고물자리

고물자리는 원래 이아손과 아르고 원정대의 배를 표현한 아르고자리라는 훨씬 더 큰 그리스 별자리의 일부였다. 배의 고물을 표현하고 있다. 고물자리는 은하수의 밝은 부분에 있기 때문에 많은 성단들을 포함하고 있다. M46과 M47은 나란히 있으면서 은하수의 밝은 부분을 만든다. NGC 2451과 NGC 2477도 서로 가까이 있는 두 성단이다. 둘 다 쌍안경으로 잘 볼 수 있다.

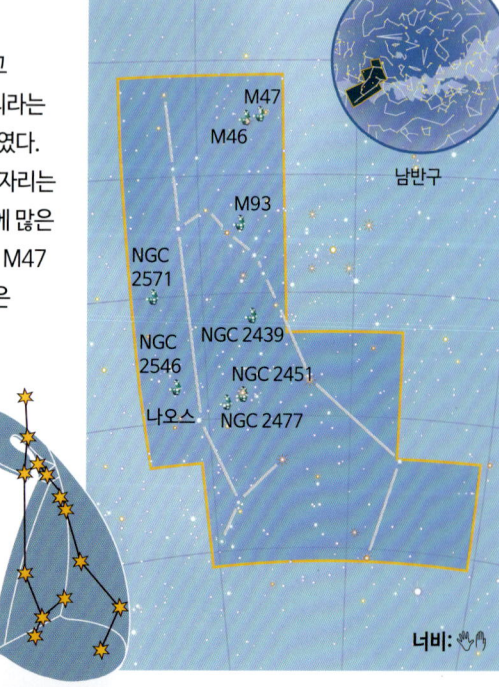

성단 M47
M47은 고물자리 북쪽에 몇 십 개의 별들로 이루어진 크고 느슨한 성단이고 쌍안경으로 볼 수 있다. 이 사진은 큰 전문 망원경으로 찍은 것이다.

돛자리

이아손과 아르고 원정대의 배인 아르고 호의 돛을 표현한다. 그리스의 큰 별자리 아르고자리는 세 부분으로 나뉘어졌다. 다른 두 부분은 고물자리와 용골자리이다. 돛자리의 두 별과 용골자리의 두 별은 가짜 십자성을 이루어 진짜 남십자성과 가끔 혼돈을 일으킨다. 또 다른 별 근처에는 맨눈으로도 충분히 볼 수 있을 정도로 밝고 큰 IC 2391이라는 성단이 있다.

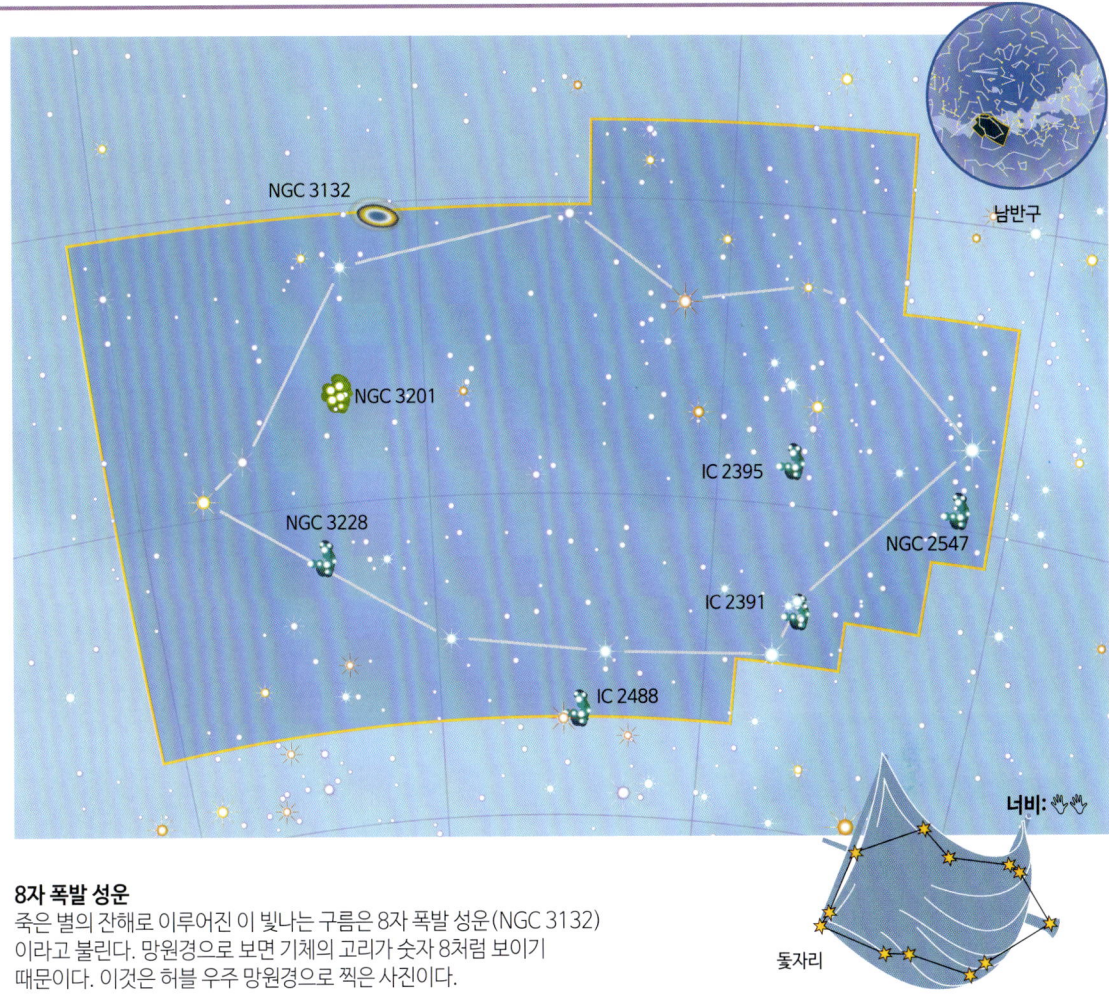

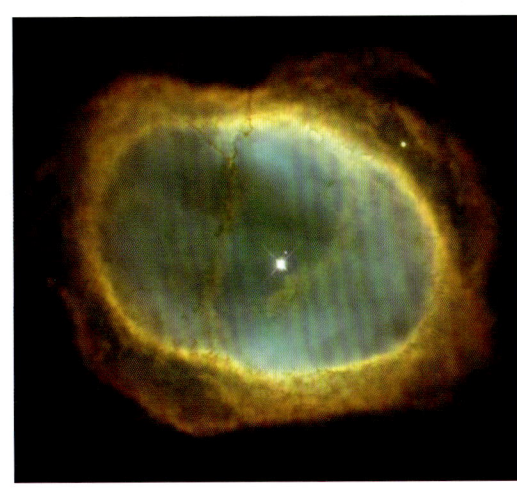

8자 폭발 성운
죽은 별의 잔해로 이루어진 이 빛나는 구름은 8자 폭발 성운(NGC 3132)이라고 불린다. 망원경으로 보면 기체의 고리가 숫자 8처럼 보이기 때문이다. 이것은 허블 우주 망원경으로 찍은 사진이다.

용골자리

이아손과 아르고 원정대의 배인 그리스의 큰 별자리 아르고자리가 세 부분으로 나뉜 것 중 하나이다. 배를 받치는 용골 혹은 선체를 표현한다. 이 별자리에는 밤하늘에서 두 번째로 밝은 별인 카노푸스가 있다. 용골자리에 있는 두 별은 돛자리에 있는 두 별과 함께 가짜 십자성을 이룬다.

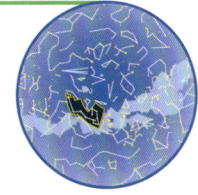

남쪽플레이아데스
큰 성단 IC 2602는 남쪽플레이아데스라고 불리며 쌍안경으로 그 멋진 모습을 볼 수 있다.

용골자리 성운
카리나 성운이라고도 불리는 용골자리 성운(IC 3372)은 큰 V자 모양의 기체 구름이며 맨눈으로 볼 수 있다. 성운의 가장 밝은 부분은 이미 기체 껍질을 날려 보낸 특이한 변광성인 용골자리 에타 별을 둘러싸고 있다.

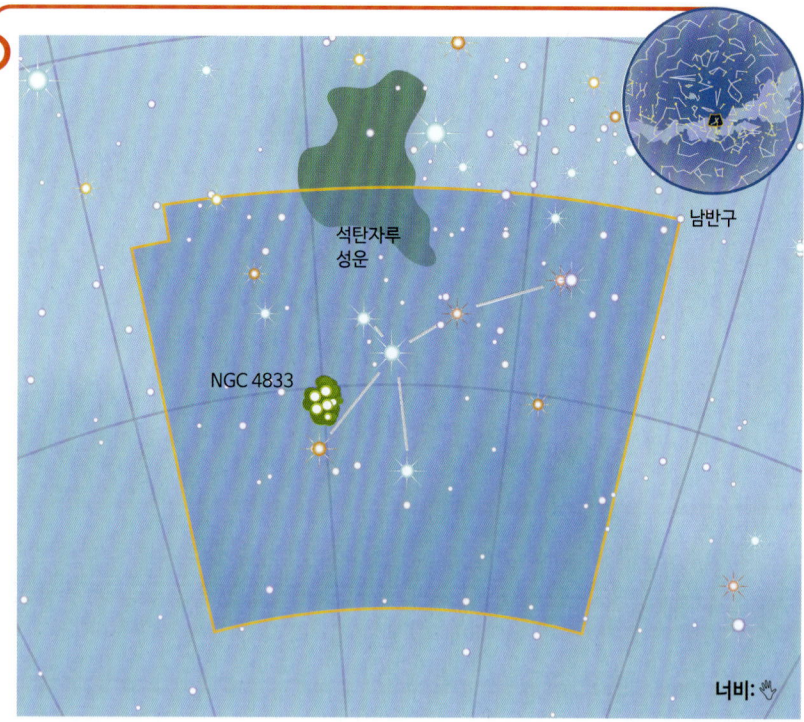

파리자리

16세기 말에 네덜란드의 선원들이 만든 남반구 하늘의 별자리다. 파리를 표현하고 있다. 북쪽에 있는 남십자자리의 어두운 석탄자루 성운의 일부가 파리자리까지 넘어온다. 볼 만한 대상은 쌍안경이나 작은 망원경으로 볼 수 있는 구상 성단 NGC 4833이다.

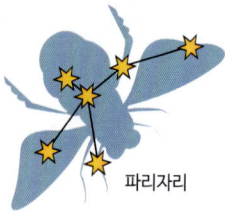

직각자자리

1750년대에 프랑스의 천문학자 니콜라 루이 드 라카유가 만들었다. 제도사나 건축가, 목수가 사용하는 직각자를 표현하고 있다. 주목할 만한 천체로는 연관되지 않은 별이 멀리 떨어진 짝을 이루고 있는 직각자자리 감마 별과 쌍안경으로 볼 수 있는 크고 풍성한 성단 NGC 6087이다.

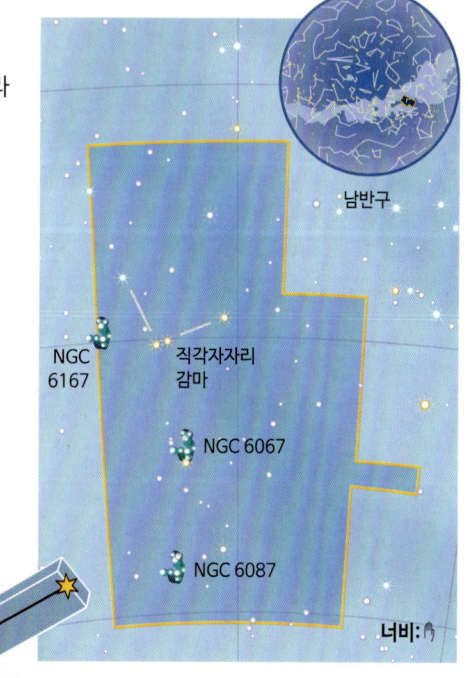

성단 NGC 6067
NGC 6067은 직각자자리의 중심부에서 쌍안경이나 작은 망원경으로 볼 수 있는 풍성한 성단이다. 하늘에서 보름달의 절반 정도 영역을 차지한다.

컴퍼스자리

1750년대에 프랑스의 천문학자 니콜라 루이 드 라카유가 만든 작은 남반구 별자리다. 그가 만든 별자리는 대부분 과학이나 예술의 도구를 표현한다. 컴퍼스자리는 공사 감독관이나 항해사가 사용하는 컴퍼스를 시각화한 것이다. 이 별자리의 가장 밝은 별은 쌍성이다.

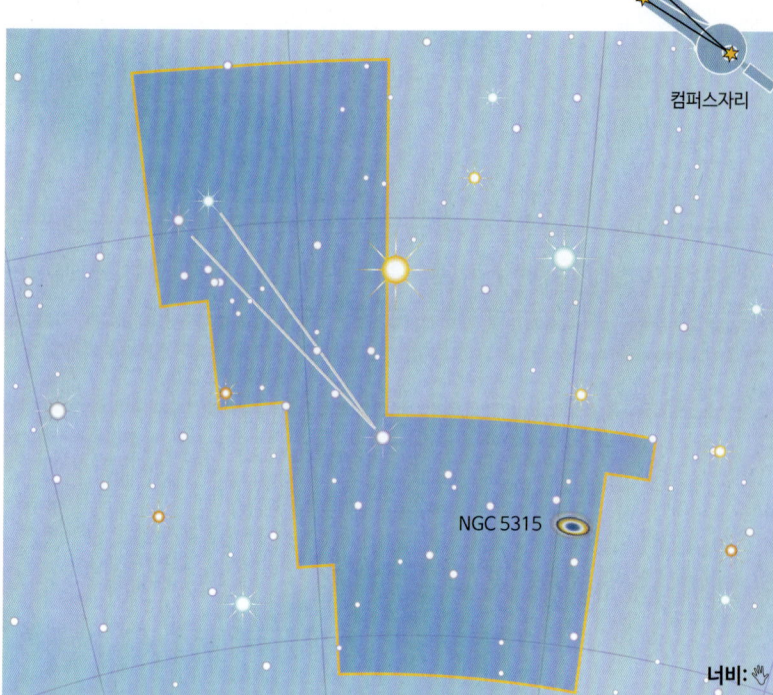

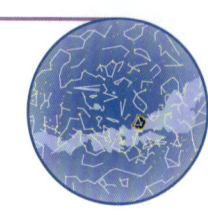

남쪽삼각형자리

16세기 후반 동인도 제도로 항해하던 네덜란드의 탐험가들은 남쪽의 별들로 십여 개의 새로운 별자리를 만들었다. 그중에서 가장 작은 것이 남쪽삼각형자리이다. 북쪽의 삼각형자리보다 크기는 더 작지만 별들은 더 밝다. 남쪽삼각형자리의 주요 천체는 북쪽 경계에서 쌍안경으로 볼 수 있는 성단 NGC 6025 이다.

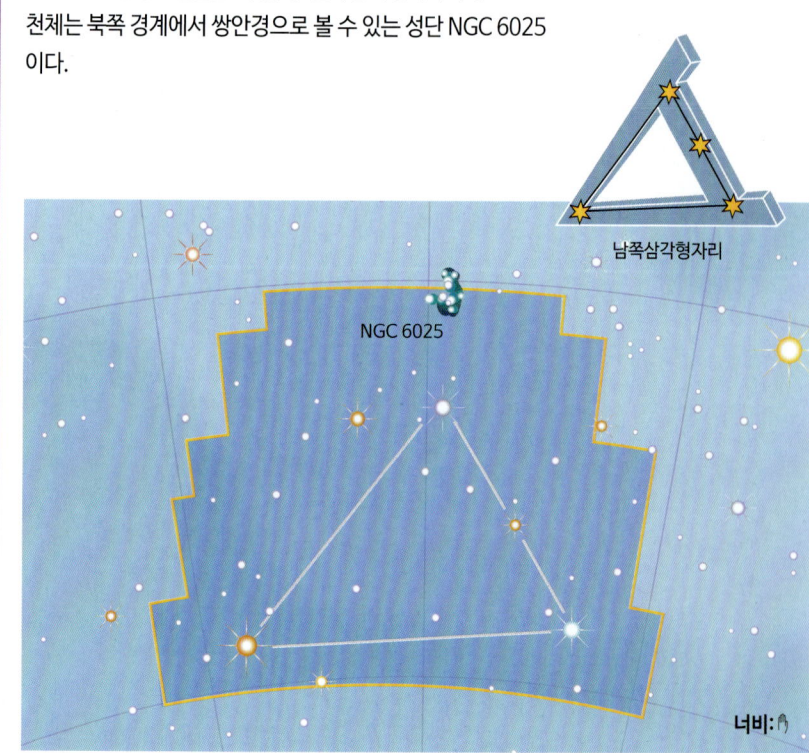

제단자리

고대 그리스인들이 사용하던 별자리다. 이들에게 이것은 올림포스산의 신들이 피할 수 없는 적인 티탄들과 전쟁을 하기 전에 충성을 맹세하던 제단을 표현하는 것이었다. 제단자리의 매력적인 성운은 NGC 6193이다. 특별히 관심을 가질 만한 별은 없다.

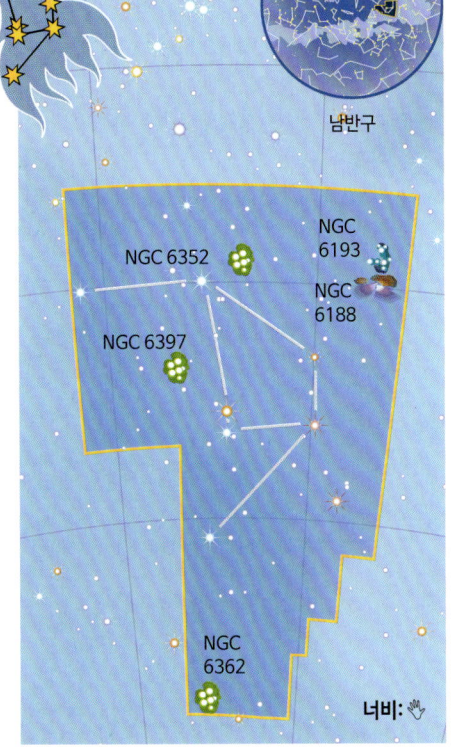

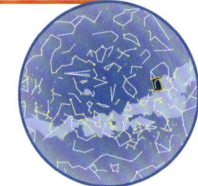
남반구

별 탄생 성운 NGC 6188
NGC 6193에 있는 별에서 나온 자외선 복사가 별 탄생 성운 NGC 6188에 있는 황, 수소, 산소 분자를 빛나게 한다. 허블 우주 망원경이 찍은 사진이다.

남쪽왕관자리

궁수자리의 발아래에 있는 작은 별자리다. 왕관을 표현하는 것으로 고대 그리스인들이 알고 있던 별자리 중 하나이다. 남쪽왕관자리를 이루는 주요 별들은 어둡지만 눈에 띄는 원호를 그리고 있기 때문에 찾기는 어렵지 않다. 작은 망원경으로 보기에 흥미로운 천체는 구상 성단 NGC 6541이다.

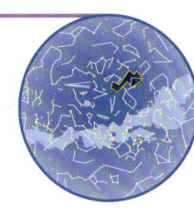
남반구

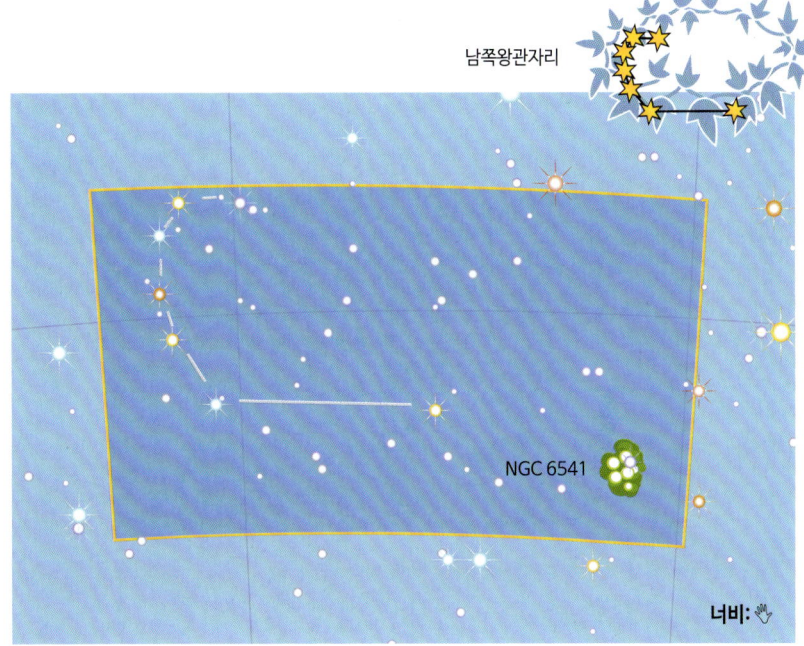

망원경자리

1750년대에 프랑스의 천문학자 니콜라 루이 드 라카유가 천문학자들의 기본 도구인 망원경을 기념하여 만든 어두운 별자리다. 별자리의 크기는 이후 계속 줄어들었다. 이 별자리에는 구상 성단 하나와 망원경이나 좋은 시력으로 볼 수 있는 서로 상관없는 한 쌍의 별이 있다. 이외에는 특별히 관심을 가질 만한 것이 없다.

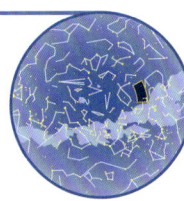
남반구

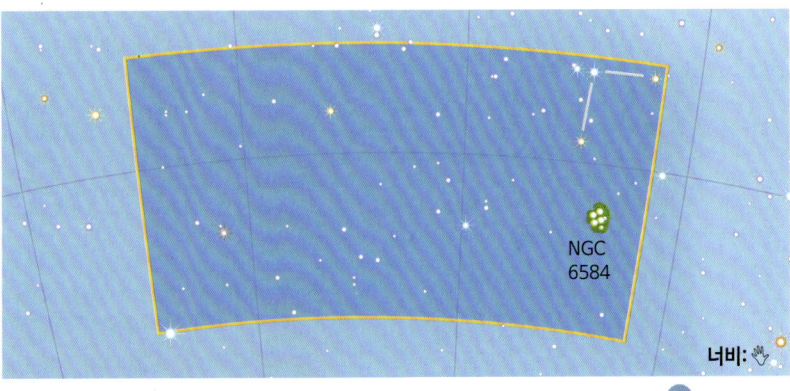

구상 성단 NGC 6584
NGC 6584는 어둡고 멀리 있는 구상 성단이며 큰 망원경으로 잘 볼 수 있다. 이것은 허블 우주 망원경이 찍은 사진이다.

망원경자리

인디언자리

16세기 말 네덜란드의 선원들이 만든 12개의 남반구 별자리 중 하나이다. 창을 휘두르고 있는 원주민 사냥꾼을 표현했다. 인디언자리에는 작은 망원경으로 구별해서 볼 수 있는 흥미로운 쌍성이 있다.

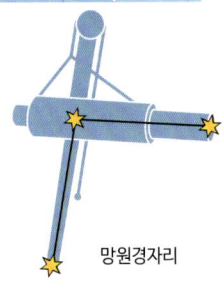
남반구

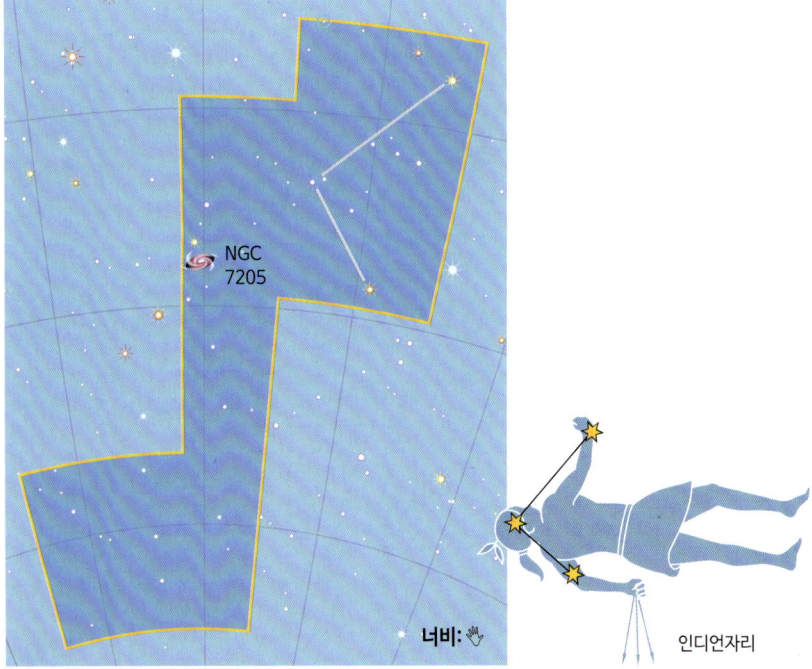

인디언자리

두루미자리

목이 길고 물고기를 사냥하는 새인 두루미를 표현한다. 16세기 후반 네덜란드의 선원들이 만든 별자리 중 하나이다. 새의 목에는 멀찍이 떨어져 있는 쌍성이 두 쌍 있다. 두 쌍성 모두 맨눈으로 구별하여 볼 수 있다. 두 쌍성에 있는 별들은 사실 우리와의 거리가 다르고 서로 관련이 없다. 진짜 쌍성이 아니라 겉보기에만 쌍성으로 보이는 것이다.

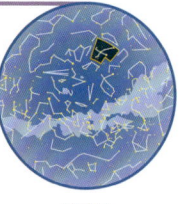
남반구

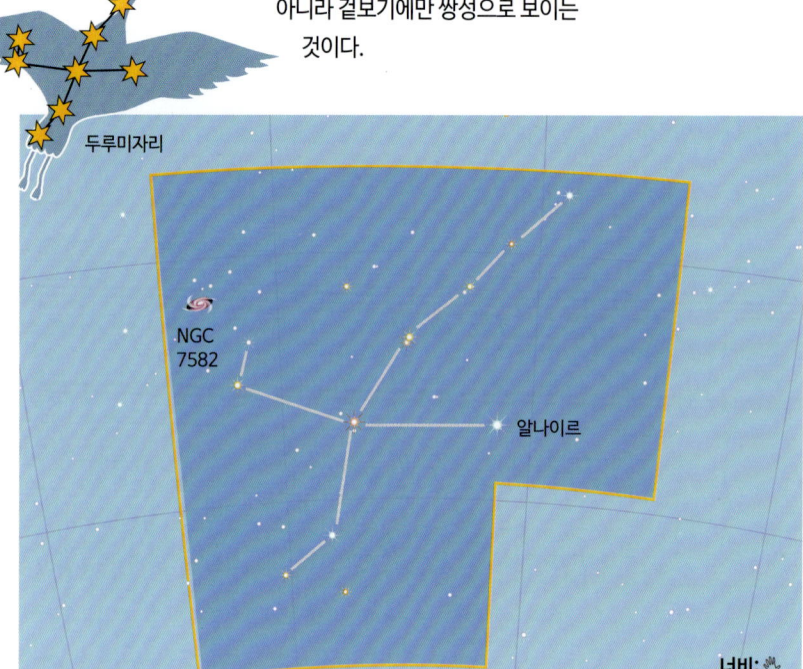
두루미자리
NGC 7582
알나이르
너비:

불사조자리

에리다누스강의 남쪽 끝 근처에 있는 별자리다. 불사조자리는 16세기 후반 동인도 제도로 항해하던 네덜란드의 탐험가들이 만들어 낸 12개의 새로운 별자리 중 가장 크다. 500년마다 자신의 재에서 다시 태어난다는 전설의 새를 표현하고 있다.

안카
남반구
불사조자리
너비:

큰부리새자리

16세기 후반 네덜란드의 항해사들이 만든 남반구 하늘 별자리다. 큰 부리를 가진 적도 지방의 새를 표현하고 있다. 큰부리새자리에는 우리에게서 200,000광년 떨어진 곳에 있는 작은 은하 소마젤란성운(SMC)이 있다. 맨눈으로 보면 SMC는 떨어져 있는 은하수의 일부로 보인다. SMC의 양쪽 옆에는 구상 성단 큰부리자리새 47과 NGC 362가 있는데 실제로는 우리에게 훨씬 더 가까이 있다.

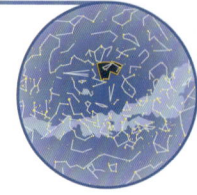
남반구

NGC 362
큰부리새자리 47(NGC 104)
SMC
너비:

큰부리새자리

구상 성단 47
맨눈에는 구상 성단 큰부리자리새 47(NGC 104)가 하나의 뿌연 별처럼 보인다. 하지만 큰 망원경으로 보면 왼쪽 사진처럼 빛들의 집단이며 각각의 별로 구분되는 것을 확인할 수 있다. 우리 지구에서 16,000광년 거리에 있다.

물뱀자리

대마젤란성운과 소마젤란성운 사이를 기어 다니는 바다뱀을 표현한 별자리다. 16세기 네덜란드의 탐험가들이 만들었다. 고대 그리스 시대부터 알려져 있던 큰 바다뱀자리 히드라와 혼돈하지 않아야 한다. 물뱀자리에는 한 쌍의 적색 거성 물뱀자리 파이 별이 있는데, 쌍성처럼 보이지만 우리에게서 다른 거리에 있다. 물뱀자리 파이 별은 쌍안경으로 구별해서 볼 수 있다.

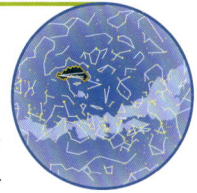
남반구

시계자리

전자시계 시절 이전에 정확한 시간 관리를 위해 천문대에서 사용하던 긴 시계추를 가진 시계를 표현하고 있다. 1750년대 프랑스의 천문학자 니콜라스 루이드 드 라카유가 과학기술 기기들을 기념하여 만든 남반구 하늘의 별자리 중 하나이다. 시계자리는 어둡고, 작은 망원경으로 볼 수 있을 만한 흥미로운 천체는 거의 없다.

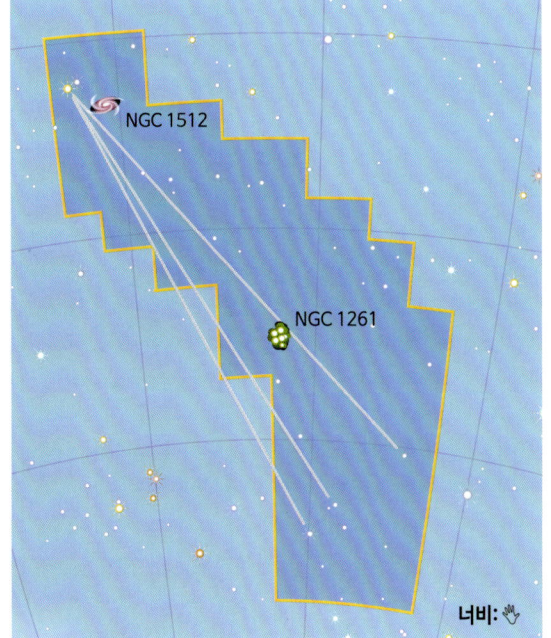
시계자리

그물자리

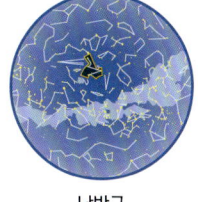
남반구

1750년대에 프랑스의 천문학자 니콜라 루이 드 라카유가 남아프리카 희망봉에서 남반구 별들의 지도를 만들 때 만들어 낸 14개의 별자리 중 하나인 작은 별자리다. 그물자리는 니콜라스가 별들의 위치를 정확하게 측정할 때 도움이 되었던 그의 망원경 접안렌즈에 있는 십자 눈금을 표현한다. 관심 가질 만한 대상은 쌍안경으로 구별해 볼 수 있는 노란색 별의 쌍인 그물자리 제타 별이다.

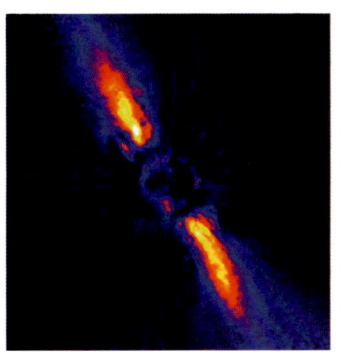
그물자리

화가자리

1750년대에 프랑스의 천문학자 니콜라스 루이드 드 라카유가 만들어 낸 또 하나의 별자리다. 화가가 쓰는 도구인 이젤을 표현하고 있다. 화가자리에는 작은 망원경으로 쉽게 구별해서 볼 수 있는 흥미로운 쌍성인 화가자리 요타 별이 있다.

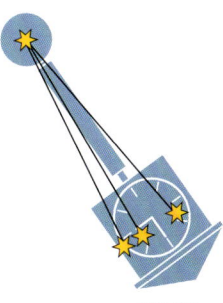
남반구

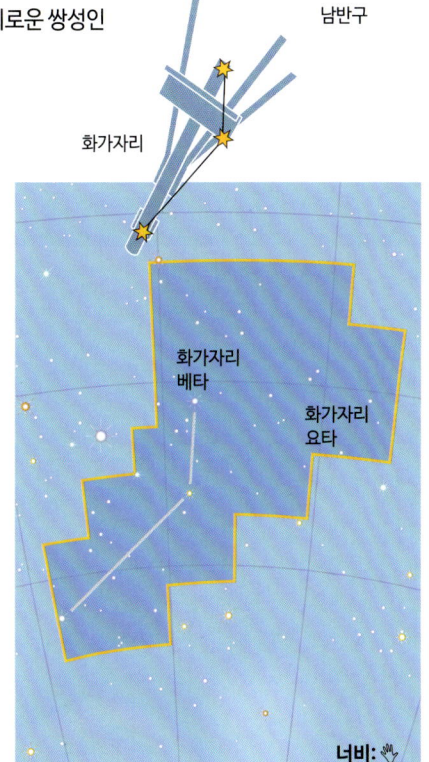
화가자리

화가자리 베타 별
화가자리에서 두 번째로 밝은 별인 베타 별은 먼지와 기체 원반으로 둘러싸여 있다. 원반에서 행성들이 만들어지고 있는 것으로 생각된다. 이 원반은 특수한 장비를 갖춘 큰 망원경으로만 볼 수 있다.

황새치자리

16세기 후반 네덜란드의 선원들이 만들어 낸 남반구 하늘 별자리다. 황새치라는 적도 지방의 물고기를 표현한 것인데 금붕어자리라고도 불린다. 황새치자리에서 관측할 주요 대상은 우리은하의 위성 은하 두 개 중 더 큰 대마젤란성운(LMC)이다. 또 다른 흥미로운 것은 뿌연 별처럼 보이는 타란툴라 성운(NGC 2070)이다.

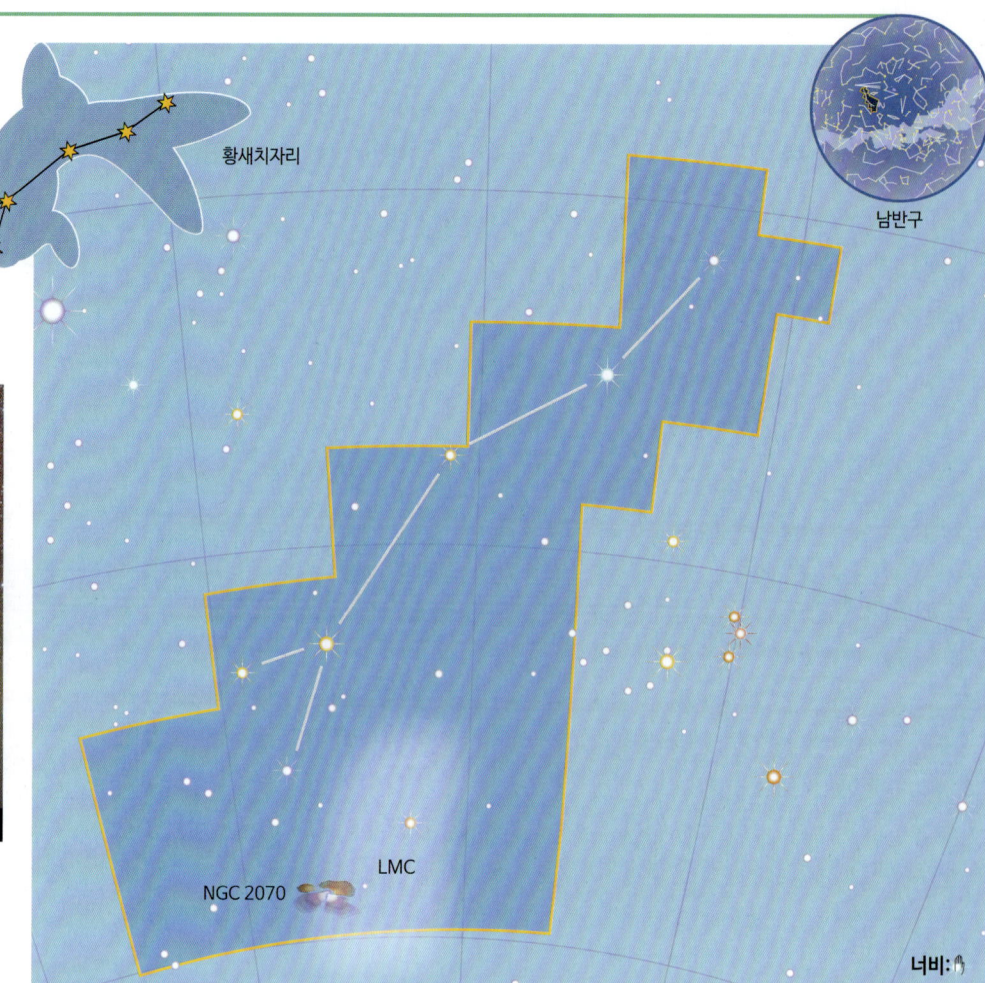

대마젤란성운
대마젤란성운은 맨눈으로 쉽게 볼 수 있고, 우리은하에서 떨어져 나온 일부처럼 보인다. 쌍안경으로 보면 많은 성단과 성운을 볼 수 있다. 약 170,000광년 떨어져 있다.

날치자리

16세기 후반 동인도 제도로 항해하던 도중 남반구 하늘의 별들을 관측하던 네덜란드의 탐험가들이 만들어 낸 별자리다. 항해 도중에 본 이국적인 생명체 중 하나인 날치를 표현하고 있다. 날치자리 감마 별과 엡실론 별은 작은 망원경으로 쉽게 구별해서 볼 수 있는 쌍성이다.

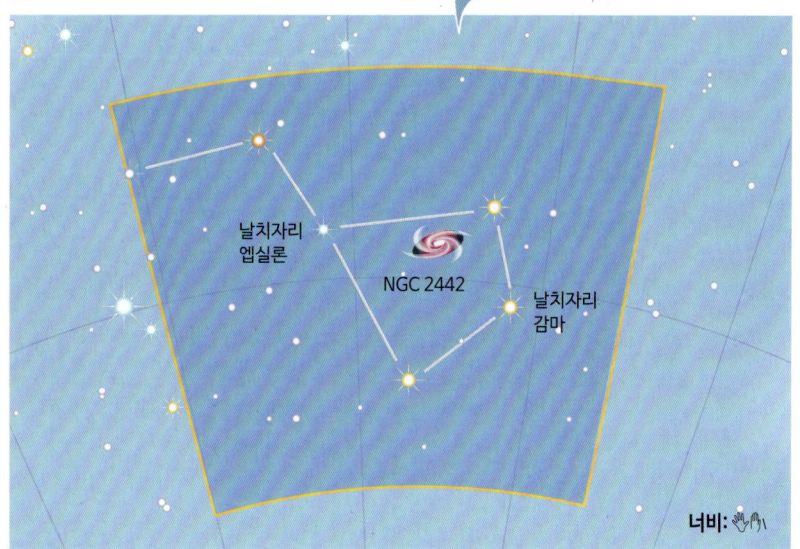

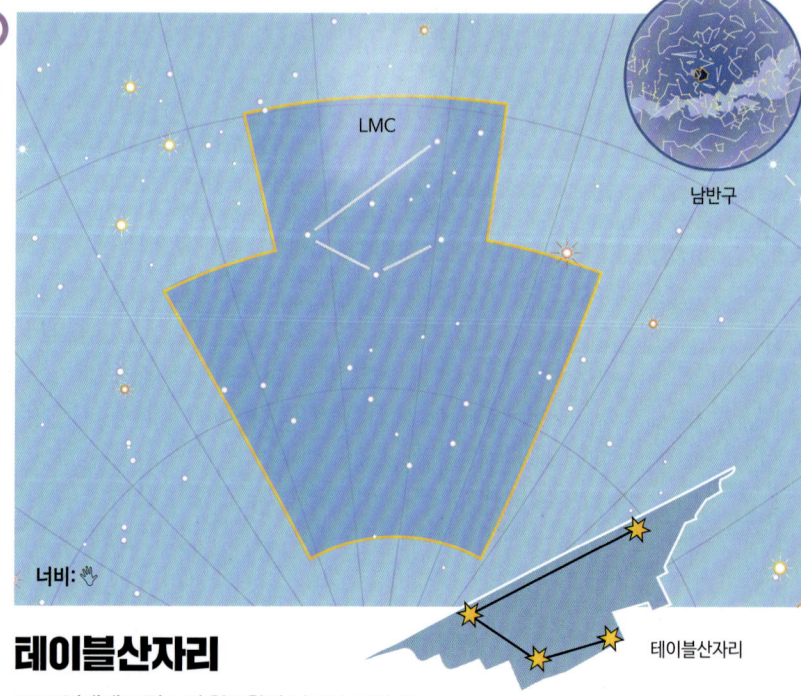

테이블산자리

1750년대에 프랑스의 천문학자 니콜라 루이 드 라카유가 남아프리카 희망봉에서 남반구 별들의 지도를 만들 때 만들어 낸 14개의 별자리 중 하나인 작은 별자리다. 그물자리는 니콜라스가 별들의 위치를 정확하게 측정할 때 도움이 되었던 그의 망원경 접안렌즈에 있는 십자 눈금을 표현한다. 관심 가질 만한 대상은 쌍안경으로 구별해 볼 수 있는 노란색 별의 쌍인 그물자리 제타 별이다.

극락조자리

16세기 후반 동인도 제도로 항해하던 네덜란드의 탐험가들이 만들었다. 과거에는 모자나 옷을 장식하던 아름다운 깃털로 유명한 극락조라는 새를 표현한 별자리다. 극락조자리 델타 별은 맨눈이나 쌍안경으로 구별해서 볼 수 있으며, 서로 연관되어 있지 않은 적색 거성의 쌍이다.

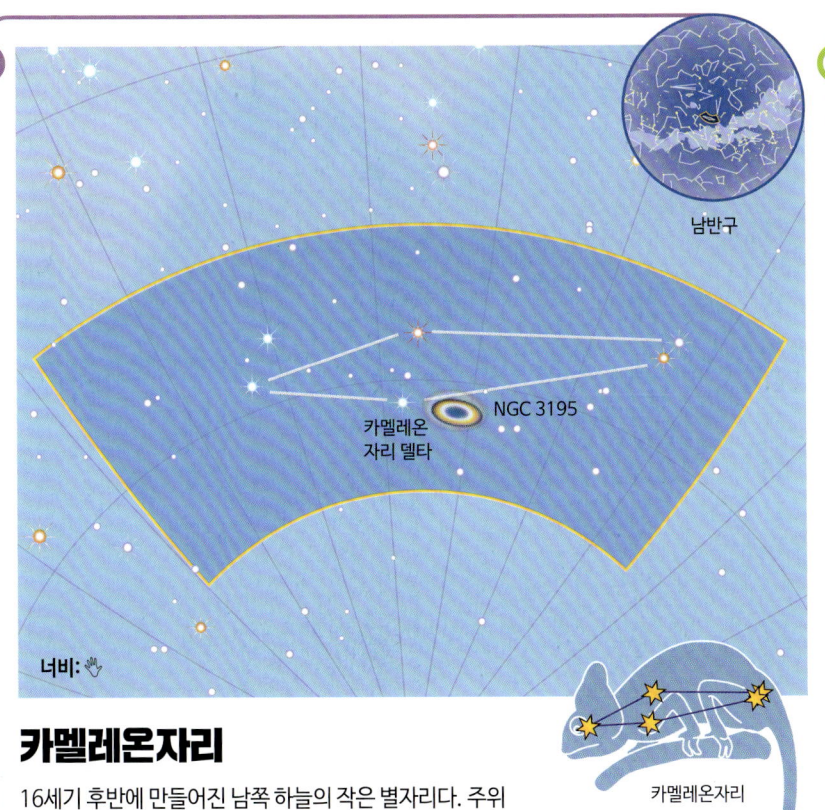

카멜레온자리

16세기 후반에 만들어진 남쪽 하늘의 작은 별자리다. 주위 환경에 맞춰 피부색을 변화시키는 파충류 카멜레온의 이름을 딴 것이다. 옆에는 파리자리가 있다. 카멜레온이 파리를 먹으므로 아주 적합해 보인다. 관심 가질 만한 대상은 쌍안경으로 쉽게 구별해서 볼 수 있는 쌍성 카멜레온자리 델타 별이다.

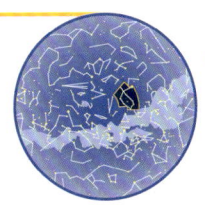

공작자리

멋진 부채 모양의 꼬리를 가진 새인 공작을 표현하고 있다. 16세기 후반 네덜란드의 선원들이 만든 12개의 남반구 하늘 별자리 중 하나이다. 주목할 만한 대상은 쌍안경으로 쉽게 볼 수 있는 크고 밝은 구상 성단 NGC 6752와 사진으로 잘 보이는 짧은 중심 막대를 가진 아름다운 나선은하 NGC 67444이다.

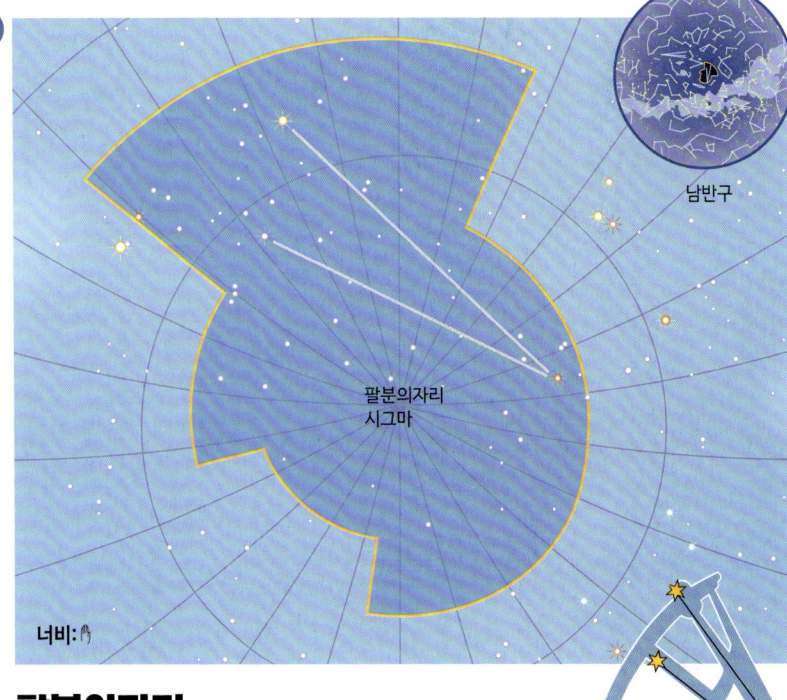

팔분의자리

팔분의자리에는 천구의 남극이 있다. 북반구 하늘에 북극성이 있는 것과는 달리 남반구 하늘에는 밝은 남극성이 없다. 천구의 남극에서 가장 가까운 별은 팔분의자리 시그마 별이지만 아주 어둡다. 1750년대 프랑스의 천문학자 니콜라 루이 드 라카유가 만든 별자리이다. 육분의가 나오기 전에 항해에 사용하던 기기인 팔분의를 표현하고 있다.

참고 자료

여기에서는 행성, 우주탐사 임무, 별, 은하에 대한 사실과 그림들을 보여 주고, 유성우, 혜성, 일식을 볼 수 있는 가장 좋은 시간을 알려 준다. 낱말 풀이에서는 이 책에 나오는 용어들을 정리하였다.

태양계 자료

우리 태양계는 태양과 태양 중력의 영향을 받고 있는 8개의 행성과 위성, 수를 알 수 없는 왜소행성, 소행성, 혜성, 작은 천체들을 포함하는 모든 천체로 이루어져 있다. 가장 멀리 있는 천체들(오르트 구름에서 궤도를 도는 혜성들)은 태양에서 1광년이나 떨어져 있다.

태양은 태양계에 있는 모든 행성과 천체들을 모두 합친 것보다 약 **670배 더 무겁다.**

행성

행성은 공식적으로 태양 주위를 돌고, 구형을 이룰 정도로 충분한 질량을 갖추었고, 비슷한 궤도의 다른 천체들을 지배할 만한 강한 중력을 가지고 있는 천체로 정의된다. 현재 천문학자들은 행성을 8개로 정의한다. 4개는 태양에 가까운 암석 세계이고 4개는 더 멀리 있는 훨씬 큰 거대 행성이다.

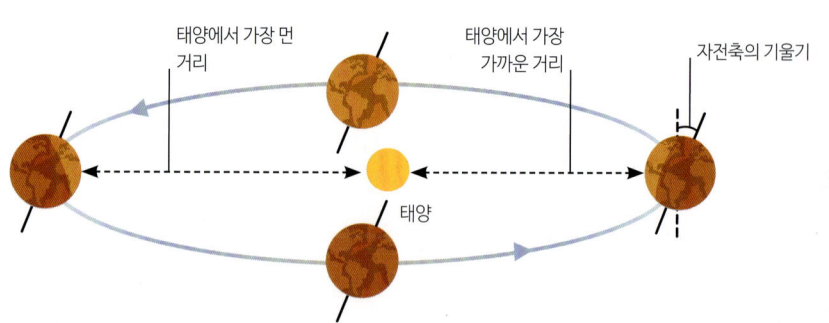

태양 주위를 도는 행성의 궤도

행성의 자료

	수성	금성	지구	화성	목성	토성	천왕성	해왕성
지름	4,880km	12,104km	12,756km	6,792km	142,984km	120,536km	51,118km	49,528km
질량 (지구 = 1)	0.06	0.82	1	0.11	318	95	14	17
자전 주기 (지구 시간으로)	1,408시간	5,833시간	23.9시간	24.6시간	9.9시간	10.7시간	17.2시간	16.1시간
표면 중력 (지구 = 1)	0.38	0.91	1	0.38	2.36	1.02	0.89	1.12
자전축의 기울기	0.01°	2.6°	23.4°	25.2°	3.1°	26.7°	82.2°	28.3°
위성 수	0	0	1	2	79+	82+	27+	14+
태양에서 가장 가까운 거리	4600만 km	1억 700만 km	1억 4700만 km	2억 700만 km	7억 4100만 km	13억 5300만 km	27억 4100만 km	44억 4500만 km
태양에서 가장 먼 거리	7000만 km	1억 900만 km	1억 5200만 km	2억 4900만 km	8억 1700만 km	15억 1500만 km	30억 400만 km	45억 4600만 km
태양 공전 주기 (지구 시간으로)	88일	225일	365.26일	687일	12년	29년	84년	165년
평균 공전 속도	48km/s	35km/s	30km/s	24km/s	13km/s	10km/s	7km/s	5km/s

유성우

혜성이나 소행성에서 떨어져 나온 많은 암석 알갱이들은 좁은 흐름으로 모인다. 지구의 궤도가 이런 흐름들과 만나면 알갱이들이 지구의 대기에서 타 유성이 되고 예측할 수 있는 유성우가 생긴다.

주요 유성우

이름	극대 시기	최대 유성 수	모혜성 또는 모소행성
사분의자리 유성우	1월 4일	시간당 120개	2003 EH1
거문고자리 유성우	4월 22일	시간당 10개	C/1861 G1 (대처)
물병자리 에타 유성우	5월 5일	시간당 30개	1P/핼리 혜성
페르세우스자리 유성우	8월 12일	시간당 100개	109P/스위프트-터틀 혜성
쌍둥이자리 유성우	12월 14일	시간당 120개	3200 파에톤

왜소행성

왜소행성은 태양 주위를 도는 독자적인 궤도를 가지고 있는 구형의 천체지만 같은 궤도의 다른 천체들을 쓸어 버릴 정도로 중력이 강하지는 않다. 왜소행성은 대부분 카이퍼 벨트와 해왕성 궤도 너머에 흩어져 있는 원반 지역에서 발견되지만, 주 소행성대의 가장 큰 소행성인 케레스도 왜소행성에 포함된다.

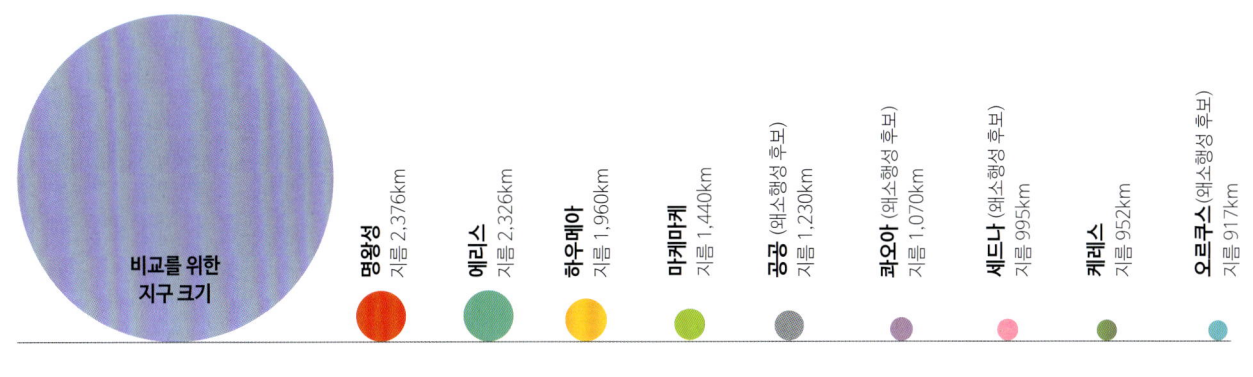

비교를 위한 지구 크기

- 명왕성 지름 2,376km
- 에리스 지름 2,326km
- 하우메아 지름 1,960km
- 마케마케 지름 1,440km
- 공공 (왜소행성 후보) 지름 1,230km
- 콰오아 (왜소행성 후보) 지름 1,070km
- 세드나 (왜소행성 후보) 지름 995km
- 케레스 지름 952km
- 오르쿠스 (왜소행성 후보) 지름 917km

혜성

대부분의 혜성은 태양계 바깥 경계에 숨어 있는 꽁꽁 언 얼음 천체이지만, 일부는 주기적으로 태양에 가까이 다가와 빛을 발하는 궤도를 가지고 있다.

예측 가능한 혜성

등록번호/이름	궤도 주기	관측 수	다음 관측 시기
1P/핼리	75년	30	2061년 7월
2P/엥케	3년 3개월	64	2023년 10월
6P/더레스트	6년 6개월	20	2028년 3월
9P/템펠 1	5년 5개월	14	2022년 1월
17P/홈즈	6년 10개월	10	2028년 1월
21P/지아코비니-지너	6년 6개월	16	2025년 3월
29P/슈바스만-바흐만 1	15년	8	2034년 3월
39P/오테르마	19년	4	2023년 7월
46P/비르타넨	5년 5개월	11	2024년 4월
50P/아렌드	8년 3개월	9	2024년 5월
55P/템펠-터틀	33년	5	2031년 5월
67P/츠르모프-게라시멘코	6년 5개월	7	2028년 4월
81P/와일드 2	6년 5개월	5	2022년 11월
109P/스위프트-터틀	133년	5	2126년 7월

일식

완전한 우연의 일치로 태양과 달은 지구의 하늘에서 거의 정확하게 같은 크기로 보인다. 그 결과로 달은 가끔씩 태양 앞을 지나가며 태양을 가려 일식을 일으킨다. 태양이 완전히 가려져 태양의 바깥쪽 엷은 대기만 보이는 개기일식은 아주 드물고 극히 일부 지역에서만 일어난다. 하지만 부분일식은 더 흔하게 볼 수 있다.

개기일식

날짜	관측 가능한 지역
2024년 4월 8일	멕시코, 미국 중부, 캐나다 동부
2026년 8월 12일	북극, 그린란드, 아이슬란드, 스페인
2027년 8월 2일	모로코, 스페인, 알제리, 리비아, 이집트, 사우디 아라비아, 예멘, 소말리아
2028년 7월 22일	오스트레일리아, 뉴질랜드
2030년 11월 25일	보츠와나, 남아프리카, 오스트레일리아
2033년 3월 30일	러시아 동부, 알래스카
2034년 3월 20일	아프리카, 중동, 아시아
2035년 9월 2일	중국, 한국, 일본, 태평양
2037년 7월 13일	오스트레일리아, 뉴질랜드
2038년 12월 26일	오스트레일리아, 뉴질랜드, 남태평양
2039년 12월 15일	남극
2041년 4월 30일	앙골라, 콩고, 우간다, 케냐, 소말리아
2042년 4월 20일	말레이시아, 인도네시아, 필리핀, 북태평양
2043년 4월 9일	북아메리카, 동북아시아
2044년 8월 23일	북아메리카
2045년 8월 12일	북아메리카, 중앙 아메리카, 남아메리카

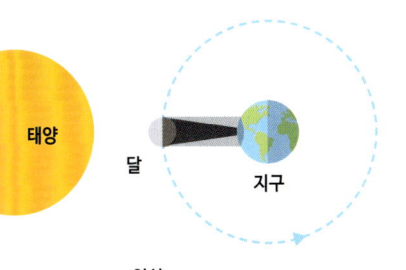

태양 / 달 / 지구 / 일식

행성 탐사

1950년대 후반 이후 우리는 지구 궤도를 넘어 대부분 다른 행성을 향한 로봇 탐사선을 수십 개 보내 왔다. 어떤 것은 다른 목적지를 향해 가는 도중에 잠깐 가까이 지나는 근접 통과만 했지만 더 오래 머문 것도 있다. 궤도선은 긴 시간 동안 행성의 위성이 되고, 착륙선과 로버는 표면을 조사할 뿐만 아니라 탐사도 한다.

암석 세계

지구의 바로 이웃인 금성과 화성은 많은 탐사선이 열심히 연구한 대상이다. 여기에는 중요한 성공과 알아 둘 만한 최초의 사례, 몇몇 재미있는 실패들만 소개한다. 가장 안쪽에 있는 행성인 수성은 궤도를 너무 빠르게 돌기 때문에 가기가 어려워 방문도 거의 하지 않았다.

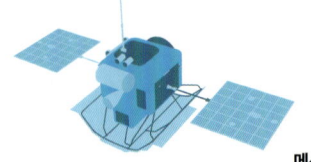
메신저

수성

탐사선	국가	도착 연도	유형	결과
마리너 10호	미국	1974	다중 근접 비행	성공
메신저	미국	2011	궤도선	성공
베피콜롬보	유럽과 일본	2025	궤도선	진행중

베네라

마젤란

금성

탐사선	국가	도착 연도	유형	결과
마리너 2호	미국	1962	근접 비행	성공
베네라 4호	소련/러시아	1967	근접 비행	성공
마리너 5호	미국	1967	근접 비행	성공
베네라 7호	소련/러시아	1970	착륙선	성공
베네라 9호	소련/러시아	1975	궤도선/착륙선	성공
파이어니어 금성 궤도선	미국	1978	궤도선	성공
파이어니어 금성 다중 탐사선	미국	1978	대기 탐사선	성공
베네라 11호	소련/러시아	1978	근접 비행/착륙선	성공
베네라 15호	소련/러시아	1983	궤도선	성공
베가 1호	소련/러시아	1985	근접 비행/착륙선/기구	부분 성공 (착륙 실패)
베가 2호	소련/러시아	1985	근접 비행/착륙선/기구	성공
마젤란	미국	1990	궤도선	성공
비너스 익스프레스	유럽	2006	궤도선	성공
아카츠키	일본	2015	궤도선	성공

마리너

마스 익스프레스

화성

임무	국가	도착 연도	유형	결과
마리너 4호	미국	1965	근접 비행	성공
마리너 6호	미국	1969	근접 비행	성공
마리너 7호	미국	1969	근접 비행	성공
마리너 9호	미국	1971	궤도선	성공
마스 2호	소련/러시아	1971	궤도선/착륙선	부분 성공 (착륙 실패)

바이킹 1호	미국	1976	궤도선/착륙선	성공
바이킹 2호	미국	1976	궤도선/착륙선	성공
포보스 2호	소련/러시아	1989	포보스 궤도선/착륙선	부분 성공 (착륙 실패)
마스 패스파인더	미국	1997	착륙선/로버	성공
화성 전역 조사선	미국	1997	궤도선	성공
마스 오디세이	미국	2001	궤도선	성공
마스 익스프레스/비글 2호	유럽	2003	궤도선/착륙선	부분 성공 (착륙 실패)
스피릿(MER-A)	USA	2004	로버	성공
오퍼튜니티(MER-B)	미국	2004	로버	성공
화성 정찰 위성	미국	2006	궤도선	성공
피닉스	미국	2008	착륙선	성공
큐리오시티	미국	2012	로버	성공
화성 궤도 탐사선 (망갈리안)	인도	2014	궤도선	성공
메이븐(화성 탐사 계획)	미국	2014	궤도선	성공
엑소마스	유럽/러시아	2016	궤도선/착륙선	부분 성공 (착륙 실패)
인사이트	미국	2018	궤도선/착륙선	성공
아말	아랍에미리트	2021	궤도선	성공
톈원-1	중국	2021	궤도선/로버	성공
퍼서비어런스	미국	2021	로버	성공

거대 행성

거대 행성은 조사할 표면을 가지고 있지는 않지만 대기, 고리, 위성 모두 흥미롭다. 1970년대와 1980년대에 여러 번의 근접 통과 임무 이후 목성과 토성은 장기 궤도선으로 조사가 이루어졌다. 탐사선 하나가 목성의 대기로 들어갔고 착륙선 하나가 토성의 가장 큰 위성 타이탄에 착륙했다.

주노 / 갈릴레오

목성

임무	국가	도착 연도	유형	결과
파이오니어 10호	미국	1973	근접 비행	성공
파이오니어 11호	미국	1974	근접 비행	성공
보이저 1호	미국	1979	근접 비행	성공
보이저 2호	미국	1979	근접 비행	성공
갈릴레오	미국	1995	궤도선/대기 탐사선	성공
카시니	미국과 유럽	2000	근접 비행	성공
뉴호라이즌스	미국	2006	근접 비행	성공
주노	미국	2016	궤도선	성공

토성

임무	국가	도착 연도	유형	결과
파이오니어 11호	미국	1979	근접 비행	성공
보이저 1호	미국	1980	근접 비행	성공
보이저 2호	미국	1981	근접 비행	성공
카시니-하위헌스	미국과 유럽	2004	궤도선/타이탄 착륙선	성공

천왕성과 해왕성

임무	국가	도착 연도	유형	결과
보이저 2호	미국	1986 (천왕성) 1989 (해왕성)	근접 비행	성공

별과 은하들

밤하늘에 있는 거의 대부분의 천체들은 우리 태양계 훨씬 너머에 있다. 우리가 볼 수 있는 모든 개개의 별들은 우리은하의 구성원이고 아마추어 관측 장비로 볼 수 있는 대부분의 성단과 성운도 마찬가지다. 우리은하 밖에도 수없이 많은 은하들이 있고 그 대부분은 너무 멀어서 보이지 않는다.

관측 가능한 우주에는 약 **2000억** 개의 은하가 있고 우리은하에는 그와 비슷한 수의 별이 있다.

가장 가까운 별들

지구에서 가장 가까이 있는 별들은 대부분 적색 왜성이고, 종종 쌍성 혹은 다중성을 이루고 있으면 가까이 있음에도 너무 어두워서 잘 보이지 않는다. 하지만 태양과 비슷한 별들도 몇 개 있고 수명을 다한 백색 왜성 짝을 가진 밝은 흰색 별도 있다. 그리고 지구 가까이에는 갈색 왜성이라는 별과 비슷한 천체도 많이 있다. 갈색 왜성은 중심부에서 핵융합을 시작할 정도로 충분한 질량을 가지지 못한 별이다.

기호
- 적색 왜성
- 흰색 주계열성
- 노란색 주계열성
- 백색 왜성
- 주황색 주계열성
- 갈색 왜성

별의 종류	별의 이름	거리	별자리	겉보기 등급	관측 방법
	태양	8광분	-	-26.7	맨눈
	프록시마 켄타우리	4.2광년	켄타우루스자리	11.1	망원경
	알파 켄타우리 A/B	4.4광년	켄타우루스자리	0.01/1.34	맨눈
	바너드별	6.0광년	뱀주인자리	9.5	망원경
	루만 16 A/B	6.6광년	돛자리	10.7	망원경
	WISE 0655-0714	7.2광년	바다뱀자리	13.9	망원경
	볼프 359	7.8광년	사자자리	13.4	망원경
	랄랑드 21185	8.3광년	큰곰자리	7.5	쌍안경
	시리우스 A/B	8.6광년	큰개자리	-1.46/8.44	맨눈/망원경
	루이텐 726-8	8.7광년	고래자리	12.5/13.0	망원경
	로스 154	9.7광년	궁수자리	10.4	망원경
	로스 248	10.3광년	안드로메다자리	12.3	망원경
	에리다니우스자리 엡실론	10.5광년	에리다누스자리	3.73	맨눈
	라카유 9352	10.7광년	남쪽물고기자리	7.3	쌍안경
	로스 128	10.9광년	처녀자리	11.1	망원경
	WISE 1506+7027	11.1광년	작은곰자리	14.3	망원경
	물병자리 EZ A/B/C	11.3광년	물병자리	13.3/13.3/14.0	망원경
	프로키온 A/B	11.4광년	작은개자리	0.4/10.7	맨눈/망원경
	백조자리 61 A/B	11.4광년	백조자리	5.2/6.0	맨눈/쌍안경
	스트루베 2398 A/B	11.5광년	용자리	8.9/9.7	망원경
	그룸브리지 34 A/B	11.6광년	안드로메다자리	8.1/11.1	망원경

가장 밝은 별

별의 밝기는 겉보기 등급으로 측정된다. 가장 밝은 별은 가장 작은 수를 가진다. 6등급이 맑고 어두운 하늘에서 맨눈으로 볼 수 있는 한계에 가깝다. -26.7등급을 가지는 태양은 하늘에서 가장 밝은 천체지만, 밤에는 맨눈으로 수천 개의 별을 볼 수 있고 쌍안경이나 망원경으로는 수백만 개를 볼 수 있다.

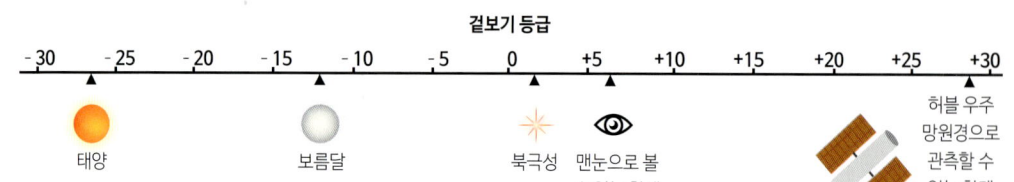

겉보기 등급: -30, -25, -20, -15, -10, -5, 0, +5, +10, +15, +20, +25, +30
- 태양
- 보름달
- 북극성
- 맨눈으로 볼 수 있는 한계
- 허블 우주 망원경으로 관측할 수 있는 한계

성운

성운은 거대한 별 생성 덩어리부터 죽어 가는 별에서 뿜어낸 연기 같은 고리까지 다양한 모양과 크기를 가진 성간 기체와 먼지 구름이다. 아래에 몇 개의 가장 밝은 성운들을 소개한다.

이름: 용골자리 성운(카리나 성운)
목록 번호: NGC 3372
별자리: 용골자리
등급: 1
거리: 6,500광년
종류: 발광 성운
관측 방법: 맨눈

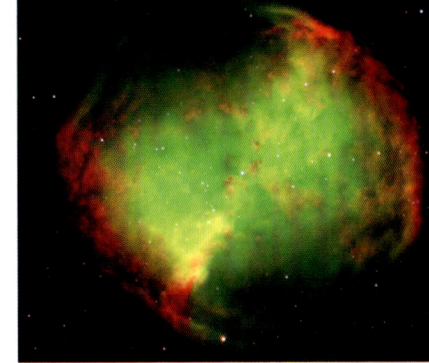

이름: 아령 성운
목록 번호: M27
별자리: 여우자리
등급: 7.5
거리: 1,360광년
종류: 행성상 성운
관측 방법: 쌍안경

이름: 오리온자리 성운
목록 번호: M42
별자리: 오리온자리
등급: 4
거리: 1,340광년
종류: 발광 성운
관측 방법: 맨눈

이름: 나사 성운
목록 번호: NGC 7293
별자리: 물병자리
등급: 7.6
거리: 700광년
종류: 행성상 성운
관측 방법: 쌍안경

이름: 석호 성운
목록 번호: M8
별자리: 궁수자리
등급: 6
거리: 4,100광년
종류: 발광 성운
관측 방법: 맨눈

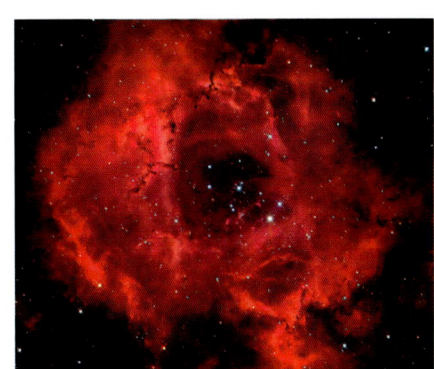

이름: 장미 성운
목록 번호: NGC 2237
별자리: 외뿔소자리
등급: 9
거리: 5,200광년
종류: 발광 성운
관측 방법: 쌍안경

은하

하늘에서 가장 밝은 은하는 대체로 우리은하에서 가장 가까운 은하들이다. 아래 목록은 쌍안경이나 맨눈으로 관측할 수 있는 가장 흥미로운 은하들이다.

기호

✴ 불규칙은하　　🌀 막대나선은하
🌀 나선은하　　● 타원은하

종류	이름	목록 번호	별자리	겉보기 등급	거리	관측 방법
✴	대마젤란성운(대마젤란은하)	LMC	황새치자리/테이블산자리	0.9	160,000광년	맨눈
✴	소마젤란성운(소마젤란은하)	SMC	큰부리새자리	2.7	200,000광년	맨눈
🌀	안드로메다은하	M32	안드로메다자리	3.4	2,500,000광년	맨눈
🌀	삼각형자리 은하	M33	삼각형자리	5.7	2,900,000광년	쌍안경
●	켄타우루스자리 A	NGC 5128	켄타우루스자리	6.8	13,700,000광년	쌍안경
🌀	보데 은하	M81	큰곰자리	6.9	11,800,000광년	쌍안경
🌀	바다뱀자리 은하	M83	바다뱀자리	7.5	15,200,000광년	쌍안경
🌀	조각가자리 은하	NGC 253	조각가자리	8.0	11,400,000광년	쌍안경

낱말 풀이

감마선
파장이 아주 짧은 전자기 에너지 파동.

거주 가능
생명체가 살기에 적합하다는 뜻.

광구
태양의 대기 바닥에 있는 얇은 기체층으로 가시광선이 방출되는 곳.

광년
진공에서 빛이 1년 동안 이동하는 거리.

구상 성단
큰 은하의 주위를 도는 공 모양의 별 집단.

궤도
다른 물체의 중력으로 어떤 물체가 주위를 도는 경로. 행성들의 궤도는 대부분 타원 모양이다.

궤도선
어떤 천체의 주위를 돌고 착륙은 하지 않도록 만들어진 우주선.

근일점
행성이나 혜성 또는 소행성의 궤도에서 태양에서 가장 가까운 지점.

낙진
화산 폭발로 생겨나서 주변에 떨어지는 가루.

뉴턴
힘의 단위로 1킬로그램의 물체에 작용해서 매초마다 1미터의 가속도를 얻게 하는 힘.

달의 바다
달 표면에서 지구에서는 어둡게 보이는 크고 편평한 지역. 처음에는 호수나 바다로 여겨졌으나 지금은 용암이 흘러서 굳은 곳으로 알려져 있다.

대기
행성을 둘러싸고 있는 기체 층. 태양이나 별의 가장 바깥쪽 기체층을 말하기도 한다.

대류권
지구 표면에서 6~20킬로미터 높이의 대기 층.

등급
우주에 있는 물체의 밝기를 숫자로 표시한 것. 밝은 물체는 작거나 음의 수를 가지고 어두운 물체는 큰 수를 가진다.

로버
행성과 위성의 표면에서 멀리 이동하는 차량.

맨틀
행성이나 위성의 핵과 지각 사이에 있는 뜨거운 암석의 두꺼운 층.

모듈
우주선의 일부.

모행성
위성이 공전할 때, 그 중심에 있는 행성.

목록 번호
수천 개의 별과 성운과 성단을 목록으로 정리해서 붙인 번호.

물질
고체나 액체, 혹은 기체로 존재하는 어떤 것.

미행성
태양계 초기에 만들어진 작은 암석이나 얼음. 이들이 중력으로 뭉쳐 행성을 만든다.

밀도
특정 부피를 차지하고 있는 물질의 양.

반구
구의 한쪽 절반. 지구는 적도에 의해 남반구와 북반구로 나뉜다.

반영
물체가 만들어 내는 밝은 바깥쪽 그림자. 이 영역에 있는 사람은 그림자를 만드는 광원의 일부를 볼 수 있다. 흑점의 좀 더 밝고 덜 차가운 지역.

발광 성운
별과 별 사이에 있는 기체가 고온의 별로부터 나오는 에너지를 받아 가열되어 여러 가지 색의 빛을 내는 구름.

발사체
우주선이나 인공위성을 우주로 보내는 데 사용되는 운반 장치.

별
중심부에서 핵융합으로 에너지를 만들어 내는 빛나는 둥근 플라스마.

별자리
하늘의 특정 지역을 가리키는 이름으로 국제 천문 연맹이 정한다. 전체 하늘은 88개의 별자리로 나뉜다. 대부분은 별들의 뚜렷한 모양에 기반한다.

별자리판
특정한 날과 시간에 하늘의 어느 부분을 볼 수 있는지 알려 주는 원반 모양의 겹쳐진 별 지도.

본영
물체가 만드는 그림자의 어두운 중심 부분. 이 영역에 있는 사람은 그림자를 만드는 광원을 볼 수 없다. 흑점의 더 어둡고 차가운 영역을 일컫는 말이기도 하다.

블랙홀
중력이 너무 강해서 빛조차도 탈출할 수 없는 우주의 물체.

블레이자
중심에 초거대질량 블랙홀을 가진 활동 은하.

빅뱅
오래전 우주를 만들어 낸 폭발. 빅뱅 이론에 따르면 우주는 극도로 밀도가 높고 뜨거운 상태에서 시작되어 팽창을 계속하고 있다. 빅뱅은 시간, 공간, 물질의 기원이다.

빛 공해
밤에 조명이나 네온사인 같은 불빛 때문에 공기 중의 먼지층이 희뿌옇게 되어 기상 관측에 방해가 되는 피해.

성운
기체와 먼지로 이루어진 우주의 구름.

성층권
지구 표면에서 8~50킬로미터 높이의 대기 층.

소행성
태양 주위를 도는 암석이나 금속으로 이루어진 작고 불규칙하게 생긴 태양계 천체.

소행성대
수많은 소행성을 가지고 있는, 화성과 목성 궤도 사이의 도넛 모양의 지역.

시공간
3차원 공간(길이, 넓이, 높이)과 시간 차원이 결합된 것.

시퍼트은하
중심에 초거대질량 블랙홀이 있고 대체로 나선 모양을 띤 활동 은하.

식 현상
한 천체가 다른 천체의 그림자 속을 지나가거나 일시적으로 관측자의 시야를 가로막는 현상. 일식일 때는 달의 그림자가 지구에 생긴다. 월식일 때는 지구의 그림자가 달에 생긴다.

쌀알무늬
태양이나 다른 별 표면에 있는 반점.

아원자 입자
원자보다 작은 입자.

안테나
전파 신호를 주고받는 데 사용되는 우주선이나 망원경의 막대나 접시 모양의 구조물.

암석권
행성이나 위성의 고체인 단단한 바깥 층.

암흑 물질
중력 효과로만 감지되는 보이지 않는 물질.

암흑 에너지
우주를 가속팽창시키고 있다고 과학자들이 믿고 있는 에너지.

엑스선
자외선보다 파장이 길고 감마선보다 짧은 전자기 복사.

열권
지구 표면에서 80~600킬로미터 높이의 대기 층.

오로라
일부 행성들의 극 근처에 나타나는 빛의 형태. 태양풍 입자들이 행성의 자기장에 잡혀 대기로 끌려 들어가 원자들과 충돌하여 빛을 내는 것이다.

왜소행성
구형을 이룰 정도로는 크지만 같은 궤도에 있는 모든 잔해를 지배할 수 있을 정도는 아닌 행성.

외계행성
태양이 아닌 다른 별의 주위를 도는 행성. 1995년 최초의 외계행성을 발견한 두 사람(미셸 마요르, 디디에 쿠엘로)은 2019년 노벨 물리학상을 수상했다.

용융
고체가 열을 받아서 액체로 되는 현상.

우리은하
태양계를 포함하고 있는 막대나선은하. 밤하늘을 가로지르는 흐린 빛의 띠로 맨눈으로 볼 수 있다.

우주 비행사
우주에서 여행과 생활을 할 수 있도록 훈련받은 사람.

우주 유영
우주선 밖에서 움직이는 것으로 우주 비행사들이 주로 수리를 하거나 기기 시험을 하기 위한 활동을 가리킨다.

우주의 가속팽창
특정 거리에 있는 은하가 시간이 지남에 따라 점점 더 빨리 멀어지는 것.

운석
유성이 땅에 도착하여 충돌하는 것. 구성 성분에 따라 석질 운석, 철질 운석, 석철질 운석으로 나뉜다.

원일점
행성이나 혜성 또는 소행성의 궤도에서 태양에서 가장 멀리 떨어진 지점.

원자
독자적으로 존재할 수 있는 가장 작은 화학 원소 입자.

위상
위성이나 행성이 태양빛을 받아 보이는 부분. 달은 30일을 주기로 위상이 달라진다.

위성
자신보다 더 큰 물체의 주위를 도는 물체.

유성
유성체가 지구 대기로 들어오면서 마찰에 의해 타서 보이는 빛의 선.

유성체
우주를 돌아다니는 암석, 금속, 얼음 입자.

은하
수백만에서 수조 개의 별, 기체, 먼지가 중력으로 서로 묶여 있는 집단.

입자
고체, 액체, 기체의 극히 작은 부분.

자기장
행성, 별, 혹은 은하가 만들어 내어 이들을 둘러싸며 우주로도 뻗어나가는 힘의 장.

자외선 복사
가시광선보다 파장이 길고 엑스선보다 짧은 전자기 복사.

자전축
행성이나 별의 중심을 통과하는 가상의 선으로 행성이나 별이 이 선을 기준으로 자전을 한다.

적도
행성의 북극과 남극의 가운데를 지나가는 가상의 선. 위도의 기준이 된다.

적색 거성
표면 온도가 낮고 붉은색을 띠는 크고 밝은 별. 핵에서 수소가 아니라 헬륨을 '태우고' 있으며 생의 마지막 단계에 다가가고 있다.

적외선
전파보다는 파장이 짧고 가시광선보다는 긴 전자기 복사. 우주에 있는 많은 물체들이 주로 방출하는 복사의 형태이다.

전자기 복사
공간과 물질을 통과하여 지나갈 수 있는 에너지 파동. 가시광선, 엑스선, 초단파 등은 모두 전자기 복사의 일종이다.

조석력
해수면의 높이 차이를 일으키는 힘.

주계열성
수소를 헬륨으로 바꾸면서 빛나는 태양과 같은 보통의 별. 주계열 별은 헤르츠스프룽·러셀도에서 주요한 띠 영역을 차지하고 있다.

중간권
지구 표면에서 50~80킬로미터 높이의 대기층.

중력
질량과 에너지를 가진 모든 물체들이 서로를 향해 끌어당기는 힘. 위성이 행성 주위를 돌고 행성이 태양 주위를 돌게 만드는 힘이다.

중성미자
빅뱅과 별의 핵융합 과정에서 만들어진 아원자 입자.

중성자
전하를 가지고 있지 않은 아원자 입자. 수소를 제외한 모든 원자핵에서 발견된다.

중성자별
대부분 중성자로 이루어진 밀도가 높은 붕괴한 별.

지각
행성이나 위성 가장 바깥쪽은 단단하고 얇은 층.

채층
태양과 같은 별 표면 위의 기체 층. 코로나와 함께 별의 바깥 대기를 구성한다.

초단파
적외선과 가시광선보다는 파장이 길고 전파보다는 짧은 전자기 복사.

추력
로켓이나 우주선을 앞으로 밀어 주는 엔진의 힘.

코로나
태양이나 별 대기의 가장 바깥쪽 부분. 일식 동안에 하얀 헤일로로 보인다.

퀘이사
준항성체(QUASi-stellAR radio source)를 뜻하며, 중심에 초거대질량 블랙홀을 가진 멀리 있는 활동 은하의 엄청나게 밝은 핵.

크레이터
행성, 위성, 소행성 혹은 다른 천체의 표면에 그릇처럼 움푹 팬 자국.

탈출 속도
행성이나 위성의 중력을 탈출하기 위해서 어떤 물체가 움직여야 하는 최소 속도. 지구의 탈출 속도는 초속 11.2킬로미터이다.

탐사선
우주를 탐사하고 정보를 지구로 보내주도록 만들어진 무인 우주선. 특히 천체의 대기나 표면을 탐사한다.

태양 플레어
엄청난 양의 전자기 에너지 방출과 함께 빛나는 태양의 표면.

태양풍
태양에서 연속적으로 흘러나오는 빠르게 움직이는 하전 입자들.

펄서
회전하면서 복사 광선을 방출하는 중성자별.

플라스마
에너지가 아주 높은 형태의 기체. 태양은 플라스마로 이루어져 있다.

하전 입자
양전하나 음전하를 가진 입자

핵
원자의 단단한 중심부. 혜성의 단단한 얼음 몸체도 핵이라고 부른다.

핵융합
두 원자핵이 더 무거운 원자핵을 만들면서 많은 양의 에너지를 방출하는 과정.

행성
별의 주위를 도는 구형 물체로 궤도에 있는 잔해들을 지배할 정도로 질량이 충분히 큰 것.

행성상 성운
별 일생의 마지막에 만들어지는 별을 둘러싸는 빛나는 구름.

헤르츠스프룽·러셀도
별들의 온도와 밝기를 보여 주는 다이어그램.

헤일로
태양 같이 빛을 내는 발광체 주위로 나타나는 동그란 빛의 띠인 후광을 뜻한다. 천문학에서는 구형으로 넓게 펴져 있는 은하의 성분을 가리키기도 한다.

혜성
타원 궤도로 태양 주위를 도는 먼지와 얼음으로 이루어진 물체. 태양에 가까워지면 얼음이 증발하기 시작하여 먼지와 기체 꼬리가 생긴다.

홍염
태양의 광구에서 방출되는 큰 불꽃 같은 플라스마 기둥.

흑점
태양 광구의 강한 자기장 활동이 일어나는 영역으로 주변보다 어둡게 보임.

찾아보기

굵은 글씨로 표시된 숫자는 항목이
중요하게 설명된 페이지를 나타냅니다.

ㄱ

가가린, 유리 117, **124~125**
가니메데 46, 47
가이아 120
가짜 십자성 159
간헐천(해왕성의) 63
갈릴레오 우주선 115, 126, 199
갈릴레오 위성 (목성) 47
갈릴레이, 갈릴레오 47, 54, 117
강착 원반 89, 90
거대 행성 8, 11
　자료 196
　탄생 13
　탐사 199
　목성, 해왕성, 토성, 천왕성 항목 참조
거문고자리 **167**
거성 72, 90
거울(망원경) 118, 119, 121, 155
거주 가능 지역 77
게성운 171
게자리 153, **170**
계절
　명왕성 65
　지구 21
　천왕성 61
　화성 33
고더드, 로버트 116
고래자리 **178**
고리
　목성 45
　천왕성 61
　토성 10, 50, 51, **52~55**
　해왕성 63
고리 성운 167
고물자리 **186**
고양이눈 성운 121, **163**
공공 197
공기펌프자리 **181**
공작자리 **193**
공전 궤도면 9
과학 소설 117
광구 15, 202
광년 71, 96, 202
광학 망원경 115
구름

지구 22
목성 45
토성 50, 51
금성 18
구상 성단 90, 202
큰부리새자리 47(47 투카니) 158, 190
M15 177
M71 175
NGC 6584 189
국부은하군 106
국제 우주 정거장 (ISS) 114, 130, 143, **144~145**
궁수자리 153, **183**
궁수자리 왜소은하 107
궤도 13
　공전 9
　국제 우주 정거장 144
　뜨거운 목성 79
　소행성대 10
　수성 11, 16
　지구 11, 21
　타원 11, 66
　토성의 위성 56, 57
　해왕성 11
　행성 196
　혜성 11, 66
　화성 10, 33
궤도 모듈 130
궤도선 126, 198~199
그레일 달 탐사 27
그물자리 **191**
극대 망원경 (ELT) **118~119**
극락조자리 **193**
극지방
　지구 20
　토성 51
근접 통과 비행 126, 198~199
금성 **18~19**
　자료 196
　자전 10
　탐사 127, 198
기린자리 **164**
기체 구름 74, 75, 80, 110
까마귀자리 **181**

ㄴ

나비 성단 (전갈자리) 90

나비 성운 **82~83**
나사 성운 177, 201
나선은하 101, 104, 105, 106, 111
　우리은하 99
　M101 165
　M66 173
　M83 180
나이르알사이프 74
나침반자리 **186**
남십자자리 158, 159, **182**
남반구 하늘 158~159, 161
남십자자리 158, 159, **182**
남쪽물고기자리 **184**
남쪽 바람개비 은하 180, 201
남쪽삼각형자리158, **188**
남쪽왕관자리 **189**
남쪽 지시봉 158
남쪽 플라이아데스 158, 159, 18
녹스 미궁 (화성) 34
뉴셰퍼드 147
뉴턴, 아이작 9, 97, 117
뉴호라이즌스 65, 199

ㄷ

다중성 **90~91**
다프니스 (위성) 53, 57
달 (지구의 위성) **24~27**
　기념품 137
　루나 게이트웨이 122
　미래의 탐사 임무 146
　아르테미스 계획 122, 147
　아폴로 계획 115, 117, **134~135**, **136~137**, 138~139
　일식 30, 31
　착륙 24~25, 113, 115, 117, 136~137, 138~139
　충돌 크레이터 28~29
　탐사 **26~27**
　형성 24
달리 카스마 (금성) 18
달 착륙선 136~137
달 착륙선 (아폴로) 134, 135, **136~137**
달 탐사선 27
달 탐사선 (로버) 26~27, 117, **138~139**
대기 23, 202
　금성 18

레아와 디오네 57
명왕성 65
목성 45
별 70
수성 17
이오 48
지구 20, 22, 23
천왕성 60
타이탄 59
토성 50
화성 3, 14, 69
해왕성 62
대류층 (별) 70
대류권 23
대륙 21
대마젤란성운(LMC) 106, 159, 192, 201
대적반 (목성)44
대흑반 (해왕성) 62
더듬이 은하 105
데스티니 실험실 144
데이모스 33
델타 세페이 162
도마뱀자리 **169**
독수리 성운 100, 121, 175
독수리자리 **176**
돌고래 은하 105
돌고래자리 **176**
돛자리 159, **187**
두루미자리 **190**
드레이크 방정식 148~149
드레이크, 프랜시스 148
드론 인제뉴이티 37
디오네 57
딥 임팩트 126
뜨거운 목성 77, **78~79**

ㄹ

라이카 117
러셀, 헨리 73
레아 56
레인저 우주선 26, 27
렌즈(망원경) 118, 119, 155
렌즈 효과
　블랙홀 89
　중력 107
로버 26~27, 126, **128~129**, 146, 198~199, 203

로봇 우주선 27, 115, 146
로제타 우주선 66, 126
로켓 113, 114~115, 116, **122~123**
로켓 엔진 122
루나 게이트웨이 122
루나 프로스펙터 27
루노호트 1호와 2호 26, 27, 117
류구 117
리겔 73, 179

ㅁ

마리너 9호(탐사선) 35, 115, 198
마르스 2, 3, 6호 (탐사선)33, 36, 198
마스 익스프레스 37, 199
마스 패스파인더 36, 199
마젤란 탐사선 198
마차부자리 **164**
마케마케 65, 197
마트몬 화산 (금성) 18
막대나선은하 101, 106
　우리은하 100
　NGC 1300 185
　NGC 1365 101, 185
말머리 성운 75, 179
망원경 117, **118~119**, 155
　작동 원리 119
　종류 115
망원경자리 **189**
매리너스 협곡 (화성) 32, 34~35
맨틀 203
　금성 19
　달 24, 25
　수성 17
　이오 48, 49
　지구 23
　천왕성 60
　타이탄 59
　화성 33
　해왕성 63
머리털자리 **172**
머큐리 우주선 141
먼지 고리 102, 103
먼지 구름 74, 75, 80
메신저 우주 탐사선 115, 198
메이븐 (화성 탐사 계획) 199
면사포 성운 168
명왕성 9, 64, 65, 197
모래 언덕 (화성) 34

목동자리 166
목성 44~49
　위성 46~49
　자료 196
　자전 11
　탐사 115, 127, 199
물
　유로파와 엔켈라두스 57, 149
　지구 20, 21, 22
　화성 149
물고기자리 153, **178**
물뱀자리 **191**
물병자리 153, **177**
물질 96~97, 110, 203
미국 케네디 우주 센터 122, 134
미란다 60
미르 우주 정거장 116
미마스 52
미어, 제시카 143
미자르 165
미행성 13, 202
밀도 202
　중성자별 87

ㅂ

바깥 위성들 (목성) 47
바깥쪽 행성 8, 9, 11
바다 22
바다뱀자리 **180**
바람개비은하 107
바이코누르 우주 센터 124
바이킹 우주선 36, 37, 116, 199
발사장 114
밤눈 154
밤하늘 150~193
　남반구 별 건너가기 158~159
　별 지도 160~161
　북반구 별 건너가기 156~157
　천구 152~153
방추은하 181
방패자리 175
방패자리-켄타우루스자리 팔 100
배린저 크레이터 29
백색 왜성 71, 72, 80~81, 83, 90, 91
백조자리 **168**
뱀자리 **174~175**
뱀주인자리 153, **175**
벌집 성단 170
변광성 70
별 **68~93**, 203
　구조 70
　밝기 70, 200

별자리 162~193
빅뱅 110~111
새로 태어난 74, 104
색 73
연구 70
움직이는 155
위치 알기 154
일생 80~81
작동 원리 **70~71**
작용하는 힘 70
종류 **72~73**
죽음 70, 79, 83, 85, 88
지구에서 거리 71
지도 160~161
참고 자료 200
탄생 **74~75**, 80
형성 과정 12, 75
별 건너가기
　남반구 158~159
　북반구 156~157
별 보는 법 154~155
별빛 70
별에 작용하는 압력 70, 80
별의 구름 92~93
별의 죽음 70
　뜨거운 목성들 79
　블랙홀 88
　적색 초거성 85
　행성상 성운 83
별자리 152, **162~193**, 202
　움직이는 별자리 155
　황도 12궁 153
별자리판 154~155
별 질량 블랙홀 88
베가 우주선 198
베네라 우주 탐사선 115, 198
베타 켄타우리 158
베텔게우스 81
베피콜롬보 198
보데 은하 (M81) 101, 156, 157, 201
보잉 스타라이너 114
보통 물질 97
복사
　별 70
　빅뱅 110
북극성 156, 157, **162**
북두칠성 156, 165
북반구 하늘 156~157, 160
북아메리카 성운 168
북쪽왕관자리 **174**
분자 구름 74, 75
불규칙은하 101
불꽃별 성운 164

불사조자리 **190**
블랙홀 70, 81, 84, 86, **88~89**, 90, 92, 100, 102, 103, 202
블레이자 103, 202
　M87 103
비글 2호 착륙선 36, 37, 199
비둘기자리 **186**
비크람 27
빅뱅 96, **110~111**, 202
빛
　속력 15
　파장 70
　휘어지는 89, 106
빛 공해 154
쁘라가얀 27

ㅅ

사건의 지평선 88
사냥개자리 104, **166~167**
사령선 (아폴로 우주선) 34, 135, 136, 137
사막 21
사자자리 153, **173**
사자자리 은하단 107
산개 성단 90
　IC 2391 158, 159
산란물 커튼 28, 29
산소 57
살류트 1호 116, 144
살쾡이자리 **164**
삼각형자리 **169**
삼각형자리 은하 107, 201
삼렬성운 183
상대성 이론 89
상호작용 쌍성 90~91
새로 태어난 별 74, 104
새턴 V 로켓 123, 134
생명
　물 149
　외계 생명체 탐색 148~149
　지구에서 20, 21, 22
　화성에서 36, 39
서베이어 우주선 27
서비스 모듈 (소유즈) 130
서비스 모듈 (아폴로) 134, 135, 136, 137
석류석별 156
석호 성운 201
성간 기체 74
성간 먼지 구름 99
성단 90
　M13 166

M4 183
M47 186
NGC 457 156, 157
NGC 6067 188
성운 201
게 171
고리 167
고양이눈 121, **163**
나비 **82~83**
나사 177, 201
독수리 100, 121, 175
말머리 75, 179
면사포 168
불꽃별 164
북아메리카 168
삼렬 183
석호 201
아령 176, 201
에스키모 172
오리온자리 **74~75**, 179, 201
올빼미 165
용골자리 75, 116, 158, 159, 187, 201
장미 180, 201
태양계 13
8자 폭발 187
세드나 9, 197
센타우루스 소행성 64
셀레네 달 탐사 27
소마젤란성운 (SMC) 107, 158, 159, 201
소용돌이 은하 **104~105**, 166
소유즈 우주선 114, **130~131**
소저너 36
소행성대 9, **40**, 42, 64, 197, 202
소행성 9, 10, 21, **40~41**, 64, 202
　충돌 크레이터 28
솜브레로 은하 121, 173
수레바퀴 은하 105
수성 11, **16~17**
　자료 196
　탐사 115, 198
수성의 절벽 16
수소 50, 70, 74, 75, 80, 81
스마트-1 달 탐사 27
스카이랩 116
스콧, 데이비드 137
스톤헨지 116
스파게티화 89
스푸트니크 우주선 117, 124
스페이스십투 131, 147
스피릿 로버 36, 128~129, 199
스피큘 15

시가 은하 (M82) 157
시간 늘이기 89
시계자리 **191**
시공간 89, 97, 202
시차 71
시퍼트은하 103, 202
신비의 산 (용골자리 성운) 75
신성 90, 91
쌍둥이자리 153, **172**
쌍성 90
쌍안경 155

ㅇ

아기별 74~75
아레시보 전파 망원경 149
아령 성운 176, 201
아로코트 65
아르테미스 계획 122, 147
아원자 입자 110, 203
아인슈타인, 알베르트 88, 97
야카츠키 198
아틀란티스 호 114
아폴로 계획 27, 115, 122, 123, **134~137**
　달 착륙선 136~137
　아폴로 11호 27, 136, 139
　아폴로 15호 137
　아폴로 17호 24~25
　우주복 141
　월면차 (LRV) 138~139
안드로메다은하 96, 105, 106, 119, 201
안드로메다자리 **169**
안드로메다자리 입실론 b 79
안쪽 행성 (내행성) 8, 9, 10
안타레스 84, 96
알비레오 168
알파 켄타우리 158
알페카 174
암석 샘플 128
암석 행성 8, 10
　자료 196
　탐사 198~199
　형성 12
　금성, 수성, 지구, 화성 참조
암스트롱, 닐 117, 136, 137
암흑 물질 96, **97**, 106, 202
암흑 에너지 96, 202
양자리 153, 170
양치기 위성 (토성) 53
앨런 전파 망원경 집합체 (ATA) **148**
어윈, 제임스 137

찾아보기

엔켈라두스 52, 57, 149
엥케 혜성 66
여크스 망원경 118
염소자리 153, **184**
에너지 70, 96, 110
에리다누스 자리 **185**
에리스 9, **64**, 65, 197
에스키모 성운 172
에이벨 1185 106
에이벨 1689 106
엑스선 119, 120, 203
엑스선 망원경 115
엑스선 쌍성 90
열 차폐막 127
오로라 202
    목성 45
오르쿠스 197
오르트 구름 9, 65, 196
오리온 성운 **74~75**, 179, 201
오리온 우주선 114
오리온자리 73, **179**
오리온자리 팔 (은하수) 101, 109
오퍼튜니티 (로버) 36, 129, 199
온도
    지구 20, 21, 22, 23
    뜨거운 목성 79
    화성 39, 147
    수성 16
    해왕성 63
    금성 18
온실 (화성) 147
올드린, 버즈 117, 136
올림푸스산 32
올빼미 성운 165
왜소은하 104~105, 107
    NGC 5195 104
왜소행성 9, 40, **64~6**5, 197, 202
왜성 72
외계 148~149
외계 생명체 148~149
    전파 신호 148
외계 지적 생명체 탐사 (SETI) 148
외계행성 **76~77**, 202
외권 23
외부 기동 장치가 달린 우주복 141
외뿔소자리 **180**
용골자리 158, 159, **187**
용골자리-궁수자리 팔 (우리은하) 101
용골자리 성운 75, 116, 158, 159, 187, 201
용자리 156, **163**
우주 **96~97**
    관측 가능 109

구성 성분 96~97
규모 109
기원 96
빅뱅 110~111
팽창하는 96~97, 110, 111
우주 관광 147
우주로 간 동물들 116~117
우주론 학자 96
우주 망원경 120~121
우주 발사 시스템(SLS)
    로켓 114, 122~123
    아르테미스 계획 122, 147
우주복 **140~141**, 143
우주 유영 117, 140~141, 142~143, 145
우주 비행사 113, 202
    우주복 140~141
    우주 유영 142~143
    유인 우주선 130~131
    최초 124~125
우주 왕복선 114, 116, 131, 132~133
우주 왕복선 프로그램 133
우주에 사람을 보내려는 경쟁 26, 124
우주의 거리 96
우주의 모양 108
우주의 바나나 106
우주 정거장 114, 116, 143, 144~145
우주 탐사 **112~149**
    미래 146~147
    역사 116~117
    참고 자료 198~199
우주 탐사선 114, **126~127**, 198~199, 203
    타이탄 58
    화성 33, 36~37
운동 에너지 28, 29
운석 12, **42~43**, 203
    충돌 28~29
    화성 149
울프-룬드마크-멀롯 은하 107
원시 행성계 원반 74
원자 110, 202
월면차(LRV) 27, 137, **138~139**
월식 31
웜홀 89
웰스, 허버트 조지 117
위성
    명왕성 65
    목성 **46~49**
    천왕성 60
    태양계 9
    토성 50, 52, 53, **56~59**
    화성 33

해왕성 63
윌라메트 운석 42
유럽 우주국(ESA)의 우주 탐사 27, 36~37, 198~199
유로파 **46**, 47, 149
유성 **42~43**
유성우 42, 196
유성체 42
유인 우주선 15, 117, 130~131
미래 146~147
최초 124~125
육분의자리 **181**
은하 95, 96, 97, **100~107**, 202
    궁수자리 왜소은하 107
    나선은하 99, 101, 104, 105, 106, 111, 165, 173, 180
    대마젤란성운 106, 159, 192, 201
    더듬이 은하 105
    모양 101
    바람개비은하 107
    방추 181
    보데 은하(M81) 101, 156, 157, 201
    볼프-룬드마크-멀롯 은하 107
    불규칙은하 101
    빅뱅 110~111
    삼각형자리 106, 201
    새로 태어난 우주 121
    소마젤란성운 107, 158, 159, 201
    소용돌이 104~105, 166
    솜브레로 121, 173
    수레바퀴 105
    시가 은하 (M82) 157
    시퍼트은하 103, 203
    안드로메다은하 96, 105, 106, 119, 201
    왜소은하 104~105, 107
    우리은하(은하수) 80, 90, 92~93, 96, **98~99**, **100~101**, 105, 106, 107, 108, 109, 154~155, 157, 158, 159, 161, 203
    전파은하 103
    조각가자리 은하 201
    참고 자료 201
    충돌 **104~105**
    타원은하 101, 106, 107
    활동 은하 **100~101**, 104
    M81과 M82 101, 156, 157
    NGC 1566 103
은하단 106~107
은하수(우리은하) 90, 92~93, 96, **98~99**, **100~101**, 106, 107, 154~155, 161, 203

나선 팔 80
남반구의 밤하늘 158, 159
북반구의 밤하늘 157
안드로메다은하와의 충돌 105
우주에서 108, 109
은하 중심 100
이리자리 **182**
이산화탄소 18
이오 46, 47, **48~49**
인디언자리 **189**
일식 30~31, 197, 202
임무 제어실 (미국 휴스턴) 135
임시 크레이터 29
입자 제트 102

ㅈ

자외선 70, 75, 119, 120, 203
자전축 202
    기울기 (지구) 21
    지구 21
    천왕성 61
    토성 51
작은개자리 **178**
작은곰자리 157, **162**
작은 별 80~81
작은사자자리 **172**
장미성운 180, 201
적경 152~153
적경 152~153
적색 거성 70, 72, 80~81, 90, 91, 203
적색 왜성 71, 72, 80
적색 초거성 73, 80, 81, 84~85
적외선 119, 202
적외선 망원경 115
적위 152
전갈자리 90, 153, **183**
전자기 복사 70, 203
전자기 스펙트럼 70
전파 115, 119
전파 망원경 115, 148
전파은하 103
제단자리 189
제미니 우주선 131
제임스 웹 우주 망원경 121
조각가자리 **184**
조각가자리 은하 201
조각칼자리 **185**
조랑말자리 **176**
조석력 (이오) 48, 49
존슨 우주 센터 (미국 휴스턴) 135
졸프-룬드마크-멀롯 은하 107
주계열성 73, 202

주노 우주선 **45**, 199
주벤엘게누비 174
주황색 거성 73
주황색 주계열성 71
중간권 23, 203
중력 110, 202
    다중성 90
    달 24, 137
    법칙 97
    별 70, 74, 75, 80
    블랙홀 88, 89
    수성 17
    왜소은하 9
    우주 97, 108
    은하단 106
    이오 48, 49
    충돌하는 은하 104, 105
    행성의 형성 13
    해왕성 62, 63
    중성자별 87
    태양 9, 11, 117
    토성 50, 52, 54, 57
중력 렌즈 106
중성자별 80~81
중성자 110
중성자별 81, 84, **86~87**, 90, 203
지각
    금성 19
    달 25
    수성 17
    이오 49
    지구 22, 23
    타이탄 59
    화성 33
    혜성 66
지각 판 23
지구 **20~23**
    곡률 9
    궤도 11
    내부 **22~23**
    별까지의 거리 71
    사람의 영향 21
    우주에서 108, 109, 153
    자료 196
    자전 152~153
    천구 152~153
    충돌 크레이터 28~29
    태양과의 거리 9
지구 근접 소행성 41, 146
지동설 153
직각자리 **188**
질량-에너지 96

ㅊ

착륙선 126
찬드라얀 1호 달 탐사 27
창어 달 탐사 27
천구 **152~153**
　극 152~153, 156
　적도 152, 161
천문단위 9, 10
천문학 116
　별 보는 법 154~155
천문학자 96
천왕성 **60~61**
　자료 196
　자전 11
　탐사 115, 199
천칭자리 153, **174**
철 80
청색 극대거성 73
청색 왜성 80~81
청색 초거성 72
초거대질량 블랙홀 88
초단파 115
초신성 13, 75, 80, 81, 84, 86, 88
　1a형 91
초은하단 107, 109
초은하단 필라멘트 109
추력 (로켓) 122, 203
충돌 은하 **104~105**
충돌 크레이터 **28~29**

ㅋ

카론 65
카리나 성운 75, 116, 158, 159, 187, 201
카메라 (로버) 129
카멜레온자리 **193**
카시니 간극 (토성) 52
카시니 우주선 51, 52, 54, 58, 115, **126~127**, 199
카시오페이아자리 156, 157, **163**
카이퍼 벨트 9, 11, 64, 65, 197
칼로리스 분지 (수성) 16
칼리스토 **47**
컴퍼스자리 **188**
컵자리 **181**
케레스 40, 64, 65, 197
케페우스자리 156, **162**
케플러 5b와 7b 79
케플러 우주 망원경 116
케플러-62 시스템 76~77
켄타우루스자리 158, **182**
켄타우루스자리 A 201

코로나 30, 202
코마 (혜성) 66, 67
코페르니쿠스, 니콜라우스 117, 153
코페르니쿠스 크레이터 (달) 25
콜린스, 마이클 136
콰오아 197
퀘이사 103, 203
　3C 273 103
큐리오시티 로버 37, 38~39, 115, 199
큰개자리 **178**
큰곰자리 157, **165**
큰부리새자리 158, **190**
클린턴, 빌 149

ㅌ

타원 궤도 11, 66
타원은하 101, 106, 107
타이탄 51, 56, **58~59**, 126, 127
타이탄의 호수 58, 59
태양계 **6~13**, 100
　구조 9
　우주에서 108, 109
　자료 **196~197**
　탄생 12~13, 111
태양 **14~15**
　탄생 12, 13
　일식 30, 31, 197
　주위 별 지도 120
　행성의 움직임 11, 153
　크기 8
　태양계 **6~13**, 196~197
태양계 성운 13
태양 주기 15
태양풍 15, 203
테이블산자리 **192**
템펠 1 혜성 126
텐원-1 199
토끼자리 **186**
토성 **50~59**
　고리 10, 50, 51, **52~55**
　위성 53, **56~57**
　자료 196
　자전축 기울기 51
　탐사 51, 115, 126, 127, 199
투타티스 **40~41**
투판 파테라 (이오) 48
트라페지움 74, 179
트로이 소행성군 40
트리톤 63
특이점 88, 89

ㅍ

파리자리 **188**
파이오니어 우주선 198, 199
파장 70, 115, 119
팔분의자리 **193**
패스파인더 탐사선 36
팬케이크 돔 19
퍼서비어런스 36, 37, 126, 129, 199
펄사 86, **87**, 203
페가수스자리 **177**
페르세우스자리 **170**
페르세우스자리 팔 (은하수) 101
펠레 화산 (이오) 49
포보스 33
포보스 궤도선/착륙선 199
포일라코프, 발레리 144
폭풍
　목성 44, 49
　지구 22
　천왕성 61
　토성 51
　해왕성 62
폴라, 크리스티앙 41
프록시마 켄타우리 71, 96
플라스마 토러스 49
플라이아데스 171
피닉스 착륙선 36, 199
필레 착륙선 66, 126

ㅎ

하강 모듈 130
하야부사 2호 117
하우메아 **64**, 65, 197
하위헌스, 크리스티안 126
하위헌스 우주 탐사선 51, 58, 126~127, 199
하이페리온 56
항성풍 75
해바라기 은하 166
해왕성 11, **62~63**
　자료 196
　탐사 115, 199
핵
　금성 19
　달 24
　목성 44
　별 70, 74, 75, 80, 81
　블랙홀 88
　수성 17
　원자 110, 203
　이오 48
　적색 초거성 85

지구 22, 23
천왕성 61
타이탄 59
태양 14
토성 51
화성 32
해왕성 62
혜성 66, 67
핵융합 69, 70, 75, 80, 81, 203
행성 8~9, 203
　자료 196
　탄생 74
　탐사 **198~199**
　태양에서의 거리 10~11
　형성 12, 13, 75
행성상 성운 80, 81, 83, 203
행성의 궤도 운동 11, 153, 196
허리케인(토성) 51
허블 우주망원경 74, 97, 116, 120~121
허셜, 윌리엄 60
헤르츠스프룽, 에이나르 73
헤르츠스프룽 • 러셀도 73, 202
헤르쿨레스자리 90, **166~167**
헤르쿨레스자리 A 103
헤일-밥 혜성 66, 197
헬륨 50, 80, 81
현미경자리 **184**
혜성 9, 11, **66~67**, 197, 202
　구조 66
　꼬리 66
　엥케 66
　주기 197
　착륙 117
　충돌 크레이터 28
　템펠 1 126
　헤일-밥 66, 197
　67P 66
호프 199
홍염 14, 203
화가자리 **191**
화가자리 베타 191
화로자리 **185**
화물 무게 (로켓) 123
화살자리 **175**
화석 149
화성 **32~39**
　미래 유인 탐사37, 117, **146~147**
　생활 149
　자료 196
　탐사 **36~37**, 128~129, 198~199
화성 궤도 탐사선(망갈리안) 199
화성 극지방 탐사선 36

화성의 생존 조건 147
화성 전역 조사선 199
화성 정찰 위성 34, 199
활동 은하 **100~101**, 104
황도 153
황새치자리 **192**
황색 주계열성 71
황소자리 153, **171**
흑색 왜성 80~81
흑점 14, 15, 203
흰색 주계열성 71
히아데스 성단 171
히텐 달 탐사 27
힘 110

기타

A~E고리 (토성) 52
HD 189733 b 78~79
HD 209458 b 79
LADEE 달 탐사 27
LCROSS 달 탐사 27
M81과 M82 은하 156, 157
SF 소설 117
WASP-12 79
8자 폭발 성운 187

도판 목록

The publisher would like to thank the following people for their assistance in the preparation of this book:
Ann Baggaley, Ashwin Khurana, Virien Chopra, and Rohini Deb for editorial assistance; Nick Sotiriadis, Bryan Versteeg, and the Maltings Partnership for additional illustrations; Steve Crozier for image retouching; Harish Aggarwal, Priyanka Sharma, and Saloni Singh for the jacket; Caroline Hunt for proofreading; and Helen Peters for the index.

Curator for the Smithsonian (for the first edition):
Andrew Johnston, Geographer, Center for Earth and Planetary Studies, National Air and Space Museum, Smithsonian

Smithsonian Enterprises:
Kealy Gordon, Product Development Manager
Jill Corcoran, Director of Licensed Publishing
Janet Archer, DMM Ecom and D-to-C
Carol LeBlanc, President, SE

The publisher would like to thank the following for their kind permission to reproduce their photographs:

(Key: a-above; b-below/bottom; c-centre; f-far; l-left; r-right; t-top)

2 **NASA:** Tony Gray and Tom Farrar (cl). 3 **Dreamstime.com:** Peter Jurik (cb). **ESO:** The design for the E-ELT shown here is preliminary. http://creativecommons.org/licenses/by/3.0 (cr). 9 **ESA:** OSIRIS Team MPS / UPD / LAM / IAA / RSSD / INTA / UPM / DASP / IDA (clb). **ESO:** E. Slawik http://creativecommons.org/licenses/by/3.0 (clb/Hale-bopp). **NASA:** (bl). **Science Photo Library:** Detlev Van Ravensvaay (clb/Pluto). 10 **NASA:** JPL (tc). 12 **Science Photo Library:** Jean-Claude Revy, A. Carion, ISM (br); Mark Garlick (clb). 13 **NASA:** JPL-Caltech / T. Pyle (SSC) (bc). 14 **BBSO / Big Bear Solar Observatory:** (clb). 15 **Corbis:** Daniel J. Cox (crb). 16 **NASA:** (clb). 17 **NASA:** Johns Hopkins University Applied Physics Laboratory / Carnegie Institution of Washington (br). 18 **NASA:** (tl); JPL (cra). 19 **NASA:** JPL (tr). 20 **FLPA:** Chris Newbert / Minden Pictures (cl). 21 **Corbis:** Frans Lanting (cb, bc). **NASA:** Robert Simmon, using Suomi NPP VIIRS data provided courtesy of Chris Elvidge (NOAA National Geophysical Data Center). Suomi NPP is the result of a partnership between NASA, NOAA, and the Department of Defense. (crb). 22 **Corbis:** Stocktrek Images (cra). **NASA:** Hal Pierce, NASA / GSFC (bl). 24 **Getty Images:** Dana Berry (cla). **NASA:** (tr). 25 **NASA:** (tr). 29 **Corbis:** Jim Wark / Visuals Unlimited (tc). 30 **NASA:** Carla Thomas (tl). 31 **Alamy Images:** Alexey Stiop (bc). **Corbis:** Brian Cassey / epa (tl). 32 **Corbis:** Walter Myers / Stocktrek Images (bl). **NASA:** JPL / MSSS / Ed Truthan (tc). 33 **NASA:** JPL-Caltech / University of Arizona (crb, fcrb). 34 **ESA:** DLR / FU Berlin (cra). **NASA:** JPL / University of Arizona (ca). 34-35 **NASA:** (tl). **Kees Veenenbos:** (b). 36 **NASA:** (bc); Edward A. Guinness (bl). 37 **NASA:** JPL-Caltech (bl, br). 38-39 **NASA:** JPL-Caltech / MSSS. 41 **NASA:** JPL-Caltech / UCLA / MPS / DLR / IDA (tr). 42 **Alamy Stock Photo:** Citizen of the Planet / Scott Murphy (br). 44 **NASA:** (bl). 45 **NASA:** Hubble Heritage Team (STScI / AURA) Acknowledgment: NASA / ESA, John Clarke (University of Michigan) (tc); JPL, Galileo Project, (NOAO), J. Burns (Cornell) et al. (crb). 47 **NASA:** JPL (c). 48 **NASA:** (bl). 49 **NASA:** JPL / University of Arizona (br). 51 **NASA:** (br); JPL-Caltech / SSI (tl, tc, cr). 52 **NASA:** JPL-Caltech / SSI (tr, crb). 54-55 **NASA:** JPL-Caltech / SSI. 58 **NASA:** ESA / NASA / JPL / University of Arizona (c); JPL-Caltech / ASI / JHUAPL / Cornell / Weizman (cl); JPL-Caltech / ASI / USGS (bl). 61 **W.M. Keck Observatory:** Lawrence Sromovsky, University of Wisconsin-Madison (br). 62 **Corbis:** NASA / Roger Ressmeyer (clb). 63 **NASA:** JPL (cb). **Dr Dominic Fortes, UCL:** (tc). 64 **NASA:** (tr). 65 **NASA:** (tr); Johns Hopkins University Applied Physics Laboratory / Southwest Research Institute / Alex Parker (ca, tl). 66 **Corbis:** Andrew Bertuleit Photography (clb). **ESA:** Rosetta / MPS for OSIRIS Team MPS / UPD / LAM / IAA / SSO / INTA / UPM / DASP / IDA (clb/comet). **ESO:** E. Slawik (bc) http://creativecommons.org/licenses/by/3.0. 74 **NASA:** ESA and L. Ricci (ESO) (cb); K.L. Luhman (Harvard-Smithsonian Center for Astrophysics, Cambridge, Mass.); and G. Schneider, E. Young, G. Rieke, A. Cotera, H. Chen, M. Rieke, R. Thompson (Steward Observatory, University of Arizona, Tucson, Ariz.) http://creativecommons.org/licenses/by/3.0 (tr). 75 **NASA:** ESA, and the Hubble Heritage Team (AURA / STScI) (crb); ESA, M. Livio and the Hubble 20th Anniversary Team (STScI) (br). 77 **ESO:** http://creativecommons.org/licenses/by/3.0. **Danielle Futselaar / SETI Institute (Collaborative work):** (cra). 79 **NASA:** ESA / G. Bacon (cra); ESA, Alfred Vidal-Madjar (Institut d'Astrophysique de Paris, CNRS) (fcra). 82-83 **NASA:** ESA and the Hubble SM4 ERO Team. 84 **Science Photo Library:** Royal Observatory, Edinburgh (bl). 87 **Corbis:** Chris Cheadle / All Canada Photos (crb). 88 **NASA:** JPL-Caltech (bl). 89 **A. Riazuelo, IAP/UPMC/CNRS:** (cr). 90 **Adam Block/Mount Lemmon SkyCenter/University of Arizona (Board of Regents):** T. Bash, J. Fox (clb). **Sergio Eguivar:** (cla). 92-93 **Two Micron All Sky Survey, which is a joint project of the University of Massachusetts and the Infrared Processing and Analysis Center/California Institute of Technology, funded by the National Aeronautics and Space Administration and the National Science Foundation.** 94 **NASA:** ESA, S. Beckwith (STScI), and The Hubble Heritage Team (STScI / AURA) (cl). 96-97 **Science Photo Library:** Take 27 Ltd. (bc). 97 **Alamy Images:** Paul Fleet (br). **Chandra X-Ray Observatory:** X-ray: NASA / CXC / CfA / M. Markevitch et al.; Optical: NASA / STScI; Magellan / U.Arizona / D.Clowe et al.; Lensing Map: NASA / STScI; ESO WFI; Magellan / U.Arizona / D.Clowe et al. http://creativecommons.org/licenses/by/3.0 (tr). **Dorling Kindersley:** Whipple Museum of History of Science, Cambridge (cr). **NASA:** R. Williams (STScI), the Hubble Deep Field Team (tl). 98-99 **Mark Gee.** 100 **CFHT/Coelum:** J.-C. Cuillandre & G. Anselmi (clb/M16). **NASA:** ESA, SSC, CXC, and STScI (clb). 101 **NASA:** CXC / SAO, JPL-Caltech, Detlef Hartmann (cra); CXC / MSU / J.Strader et al, Optical: NASA / STScI (crb); ESA / Hubble (br). **SSRO:** R.Gilbert,D.Goldman,J.Harvey,D.Verschatse, D.Reichart (cr). 103 **NASA:** ESA, S. Baum and C. O'Dea (RIT), R. Perley and W. Cotton (NRAO / AUI / NSF), and the Hubble Heritage Team (STScI / AURA) (cra); ESA / Hubble & Flickr user Det58 (cr); ESA and the Hubble Heritage Team (STScI / AURA); Acknowledgment: P. Cote (Herzberg Institute of Astrophysics) and E. Baltz (Stanford University) (br). **ESA / Hubble:** Hubble & NASA (crb). 105 **NASA:** ESA, Curt Struck and Philip Appleton (Iowa State University), Kirk Borne (Hughes STX Corporation), and Ray Lucas (STSI) (cra); ESA and the Hubble Heritage Team (STScI / AURA) (cr); ESA, and the Hubble Heritage Team STScI / AURA)-ESA / Hubble Collaboration (crb); ESA; Z. Levay and R. van der Marel; T. Hallas; and A. Mellinger (br). 106 **Adam Block/Mount Lemmon SkyCenter/University of Arizona (Board of Regents):** (cl). **CFHT/Coelum:** J.-C. Cuillandre & G. Anselmi (c). **ESO:** Digitized Sky Survey 2 http://creativecommons.org/licenses/by/3.0 (ca). **NASA:** ESA, the Hubble Heritage Team (STScI / AURA), J. Blakeslee (NRC Herzberg Astrophysics Program, Dominion Astrophysical Observatory), and H. Ford (JHU) (br). **ESA / Hubble:** (bl). 107 **NASA:** ESA / Hubble & Digitized Sky Survey 2. Acknowledgment: Davide De Martin (ESA / Hubble) (crb); Swift Science Team / Stefan Immler (br). 110 **NASA:** WMAP Science Team (tc). 114 **Alamy Stock Photo:** Military News (bc). **NASA:** (clb, bl); Tony Gray and Tom Farrar (ca); JPL-Caltech (br). 116-117 **Dreamstime.com:** Justin Black (tc). 116 **Dreamstime.com:** Jahoo (cr). **NASA:** (ca, bl, crb); JPL (cb); Ames / JPL-Caltech (br); ESA and M. Livio and the Hubble 20th Anniversary Team (STScI) (bc). 117 **Alamy Images:** DBI Studio (c); Danil Roudenko (br). **Dorling Kindersley:** The Science Museum, London (tr). **Shutterstock.com:** Uncredited / AP (bl). **Getty Images:** Universal History Archive (ca). **NASA:** (tc, cb); Hubble Heritage Team, D. Gouliermis (MPI Heidelberg) et al., (STScI / AURA), ESA (bc). 118-119 **European Southern Observatory:** The design for the E-ELT shown here is preliminary http://creativecommons.org/licenses/by/3.0. 119 **ESA:** Herschel / PACS / SPIRE / J. Fritz, U. Gent (br). **ESO:** L. Cal ada http://creativecommons.org/licenses/by/3.0 (tc). **Adam Evans:** (crb/Visible). **NASA:** GALEX, JPL-Caltech (fcrb); ROSAT, MPE (crb); JPL-Caltech / Univ. of Ariz. (fcrb/mid-infrared). **Science Photo Library:** Dr. Eli Brinks (fbr). 121 **NASA:** (tl); Hubble Heritage team, JPL-Caltech / R. Kennicutt (Univ. of Arizona), and the SINGS Team (cr); ESA, HEIC, and The Hubble Heritage Team (STScI / AURA), R. Corradi (Isaac Newton Group of Telescopes, Spain) and Z. Tsvetanov (NASA) (crb); ESA, and the Hubble Heritage Team (STScI / AURA) (br). 122 **NASA:** (br); Artist concept (tl). 123 **NASA:** (cra). 124 **NASA:** F. Espenak , GSFC (bl). 125 **Rex Features:** Sovfoto / Universal Images Group (c). 128 **NASA:** JPL-Caltech / Cornell (bl). 129 **NASA:** JPL-Caltech / Cornell University (cl). 130 **ESA:** T. Peake (br). **NASA:** Bill Ingalls (cla). 132-133 **NASA.** 134 **NASA:** (cl). 135 **Corbis:** Bettmann (cra). **NASA:** (tc). 137 **NASA:** (crb, br). 139 **NASA:** J.L. Pickering (cr). 141 **NASA:** (br, cra); JSC (crb); Joel Kowalsky (tr). 142-143 **Alamy Stock Photo:** Geopix. 144 **NASA:** (crb). 145 **NASA:** Tracy Caldwell Dyson (ca). 146-147 **Bryan Versteeg:** (Mars Habitat artworks). 147 courtesy **Virgin Galactic:** (bl). **Alamy Stock Photo:** Stocktrek Images, Inc. (br). 148 **Ohio State University Radio Observatory:** North American Astrophysical Observatory: **Science Photo Library:** Dr Seth Shostak (b). 149 **ESA:** DLR / FU Berlin (G. Neukum) (c). **NASA:** (crb); Galileo Project, JPL, Ted Stryk (br). **NRAO : SETi** (bl). 150 **Science Photo Library:** Rick Fischer / Masterfile (cl). **NASA:** NASA, ESA, K. Kuntz (JHU), F. Bresolin (University of Hawaii), J. Trauger (Jet Propulsion Lab), J. Mould (NOAO), Y.-H. Chu (University of Illinois, Urbana), and Canada-France-Hawaii Telescope / J.-C. Cuillandre / Coelum, G. Jacoby, B. Bohannan, M. Hanna / NOAO / AURA / NSF (c). **Peter Michaud (Gemini Observatory):** AURA, NSF (cr). 153 **Corbis:** (cra). 154 **Dreamstime.com:** Andrew Buckin (tr). 154-155 **Corbis:** Bryan Allen (bc). 156 **Corbis:** Rick Fischer / Masterfile (cr). 157 **Corbis:** Alan Dyer, Inc / Visuals Unlimited (br). **Peter Michaud (Gemini Observatory):** AURA, NSF (cr). **Science Photo Library:** Eckhard Slawik (crb). 159 **Corbis:** Alan Dyer, Inc / Visuals Unlimited (tr, br, ca). **Chris Picking:** (cr). **Science Photo Library:** Celestial Image co. (crb). 163 **NASA:** J. P. Harrington (U. Maryland) and K. J. Borkowski (NCSU) (cr). **NOAO / AURA / NSF:** Hillary Mathis, N.A.Sharp (bl). 164 **NOAO / AURA / NSF:** Adam Block (bl). 165 **NASA:** NASA, ESA and the Hubble Heritage Team STScI / AURA). Acknowledgment: A. Zezas and J. Huchra (Harvard-Smithsonian Center for Astrophysics) (cl); NASA, ESA, K. Kuntz (JHU), F. Bresolin (University of Hawaii), J. Trauger (Jet Propulsion Lab), J. Mould (NOAO), Y.-H. Chu (University of Illinois, Urbana), and Canada-France-Hawaii Telescope / J.-C. Cuillandre / Coelum, G. Jacoby, B. Bohannan, M. Hanna / NOAO / AURA / NSF (bc). **NOAO / AURA / NSF:** (bl). 166 **Adam Block/Mount Lemmon SkyCenter/University of Arizona (Board of Regents):** (c, br). **NASA:** ESA, S. Beckwith (STScI), and The Hubble Heritage Team (STScI / AURA) (tc). 167 **NASA:** The Hubble Heritage Team (AURA / STScI / NASA) (br). 168 **Adam Block/Mount Lemmon SkyCenter/University of Arizona (Board of Regents):** (bl). **NOAO / AURA / NSF:** N.A.Sharp, REU program (br). 170 **NASA:** Stuart Heggie (br). 171 **Corbis:** Tony Hallas / Science Faction (bl). **NASA:** ESA / ASU / J. Hester (bc). **Jose Mtanous:** (crb) 172 **NASA:** Andrew Fruchter (STScI) (cla). 173 **NASA:** The Hubble Heritage Team (STScI / AURA) (clb). **Science Photo Library:** NASA / JPL-CALTECH / CXC / Ohio State University / C. Grier et al. / STSCI / ESO / WFI (cr). 174 **Corbis:** Roger Ressmeyer (bl). 175 **ESO:** http://creativecommons.org/licenses/by/3.0 (ca). **NASA:** ESA / Hubble (br). 176 **ESO:** http://creativecommons.org/licenses/by/3.0 (cr). 177 **ESO:** VISTA / J. Emerson. Acknowledgment: Cambridge Astronomical Survey Unit http://creativecommons.org/licenses/by/3.0 (bl). **NOAO / AURA / NSF:** (cl). 179 **ESO:** http://creativecommons.org/licenses/by/3.0 (bc). **NASA:** ESA, K.L. Luhman (Harvard-Smithsonian Center for Astrophysics, Cambridge, Mass.); and G. Schneider, E. Young, G. Rieke, A. Cotera, H. Chen, M. Rieke, R. Thompson (Steward Observatory, University of Arizona, Tucson, Ariz.) (bl); ESA, M. Roberto (Space Telescope Science Institute / Esa) and the Hubble Space Telescope Orion Treasury Project Team (br). 180 **Corbis:** Visuals Unlimited (cla). **ESO:** http://creativecommons.org/licenses/by/3.0 (br). 181 **Chandra X-Ray Observatory:** ESO / VLT (cra). 183 **ESO:** http://creativecommons.org/licenses/by/3.0 (cla). **NASA:** STScI, Wikisky (br). 185 **ESO:** http://creativecommons.org/licenses/by/3.0 (bc). **NASA:** ESA, and The Hubble Heritage Team (STScI / AURA). Acknowledgment: P. Knezek (WIYN) (cra). 186 **ESO:** http://creativecommons.org/licenses/by/3.0 (bc). 187 **Roberto Mura:** (bl). **NASA:** N. Smith (University of California, Berkeley), and The Hubble Heritage Team (STScI / AURA) (br); The Hubble Heritage Team (STScI / AURA / NASA) (cl). 188 **Meire Ruiz:** (br). 189 **John Ebersole:** (cl). **Science Photo Library:** NASA / ESA / STScI (bl). 190 **ESO:** M.-R. Cioni / VISTA Magellanic Cloud survey. Acknowledgment: Cambridge Astronomical Survey Unit http://creativecommons.org/licenses/by/3.0 (br). 191 **ESO:** (crb). 192 **ESO:** Y. Beletsky (LCO) http://creativecommons.org/licenses/by/3.0 (br). 194 **Corbis:** Dennis di Cicco (cr). **NASA:** JPL-Caltech. **NOAO / AURA / NSF:** SSRO / PROMPT / CTIO (c). 197 **Corbis:** Dennis di Cicco (cl). 201 **Brian Davis:** (cr). **ESO:** (cra). **NASA:** ESA, The Hubble Heritage Team (AURA / STScI) (cla); ESA, M. Robberto (Space Telescope Science Institute / ESA) and the Hubble Space Telescope Orion Treasury Project Team (br): JPL-Caltech (cr). **NOAO / AURA / NSF:** SSRO / PROMPT / CTIO (clb)

All other images © Dorling Kindersley

For further information see:
www.dkimages.com